Römische Studien
der Bibliotheca Hertziana
Band 1

Andreas Tönnesmann

Der Palazzo Gondi in Florenz

Werner'sche Verlagsgesellschaft Worms
1983

Römische Studien
der Bibliotheca Hertziana

*Herausgegeben von Christoph Luitpold Frommel
und Matthias Winner
Redaktion Christof Thoenes*

Gedruckt mit Unterstützung
der Geschwister Boehringer Ingelheim Stiftung für Geisteswissenschaften
und des Förderungs- und Beihilfefonds Wissenschaft der VG Wort

© 1983 Werner'sche Verlagsgesellschaft mbH Worms
Alle Rechte vorbehalten
Satz: Roddert Fotosatz, Mainz
Reproarbeiten: Litho-Studio Lenhard, Stuttgart
Druck: Brausdruck, Heidelberg

Printed in Germany
ISBN 3−88462−023−1

Inhaltsverzeichnis

Geleitwort VII

Vorwort des Verfassers IX

   I. Bauherr, Besitzer, Architekt 1
     1. Der Bauherr 1
     2. Besitzfolge nach 1501 10
     3. Der Architekt 10

  II. Baugeschichte 12
     1. Das Baugrundstück 12
     2. Der Neubau 17
        a) Die Hauptdaten der ersten Bauphase (1490/1501) 17
        b) Der Bauzustand nach den Quellen von 1498 und 1537 18
        c) Die Bauhöhe von 1501 18
        d) Die chronologische Abfolge der Arbeiten 18
        e) Zusammenfassung 20
     3. Baunachrichten des 16. bis 18. Jahrhunderts 20
        a) 16. Jahrhundert 20
        b) 17. und 18. Jahrhundert 21
     4. Restaurierung des 19. Jahrhunderts 21
        a) Voraussetzungen 21
        b) Grundriß 22
        c) Aufriß 23
        d) Restaurierung und Ergänzung der Bauplastik 23
        e) Zusammenfassung 24
     5. Spätere Umbauten 24
     6. Chronologische Übersicht 24

 III. Rekonstruktion 26
     1. Der Bauzustand von 1501 26
        a) Urbanistische Situation 26
        b) Außenbau 27
        c) Hof 28
        d) Innenbau 29
     2. Das ursprüngliche Projekt 30

 IV. Beschreibung und Analyse 33
     1. Die Fassade 33

2. Der Innenbau 41
    a) Eingang und Hof 42
    b) Kapitelle und Konsolen des Hofes 47
    c) Treppe und Piano Nobile 52

V. Der Palazzo Gondi und der Florentiner Palastbau im Quattrocento 64
  1. Palast und städtebauliche Umgebung 64
  2. Die Fassade des Palazzo Medici und ihre Nachfolge bis 1500 71
  3. Die Innendisposition 80
    a) Der vierseitige Portikushof 81
    b) Die Hoftreppe 84
    c) Die Innenräume 85

VI. Zum frühen Stil Giulianos da Sangallo 88
  1. Herkunft und Ausbildung 88
  2. Eine frühe Zeichnung im Codex Barberini 90
  3. Die Bauten (1473/1490) 92

Exkurs: Zur Autorschaft des Palazzo Strozzi 115

Dokumente 118

Abkürzungen 138

Literaturverzeichnis 139

Abbildungsnachweis 148

English Summary 149

Personen- und Ortsregister 151

Stammtafel der Familie Gondi . . . . vordere Umschlagklappe

Palazzo Gondi, Maßtabelle der Fassade . . . . hintere Umschlagklappe

Geleitwort

Die Publikationen der Bibliotheca Hertziana waren stets auf die Forschung des Institutes selbst abgestimmt. So begann der erste Direktor Ernst Steinmann die »Römischen Forschungen«, eine lockere Folge von Monographien, die zunächst vor allem Michelangelo gewidmet waren. Steinmanns Nachfolger Leo Bruhns begründete dann 1937 das »Kunstgeschichtliche Jahrbuch der Bibliotheca Hertziana«, 1939 in »Römisches Jahrbuch für Kunstgeschichte« umbenannt, für Arbeiten von Institutsmitgliedern, die nicht in Buchform erscheinen sollten. »Forschungen« wie »Jahrbuch« wurden unter Franz Graf Wolff Metternich und Wolfgang Lotz weitergeführt. Was nach wie vor fehlte, war eine bescheidener aufgemachte Reihe, die herausragenden Dissertationen jüngerer Institutsmitglieder sowie vergleichbaren Arbeiten zur italienischen Kunstgeschichte offenstand.

Diese Aufgabe ist den »Römischen Studien« zugedacht, deren erster Band hiermit vorgelegt wird. Wenn die Monographie über einen Florentiner Palast am Anfang steht, unterstreicht dies nur unsere Absicht, die Reihe keineswegs auf Studien über Rom zu beschränken. Andererseits war Giuliano da Sangallo, der Architekt des Palazzo Gondi, aufs engste mit Rom und seinen Altertümern verbunden.

Der Start des Unternehmens zum gegenwärtigen Zeitpunkt war nur mit Hilfe der Geschwister Boehringer Ingelheim Stiftung für Geisteswissenschaften und des Förderungs- und Beihilfefonds Wissenschaft der Verwertungsgesellschaft Wort möglich. Ihnen und dem wagemutigen Verleger sei an dieser Stelle herzlich gedankt.

Christoph Luitpold Frommel
Matthias Winner

Vorwort des Verfassers

Die vorliegende Studie ist als Dissertation an der Universität Bonn entstanden. Im Frühjahr 1980 waren die ersten fünf Kapitel abgeschlossen; seither wurde das Schlußkapitel hinzugefügt.

In besonderer Weise bin ich Professor Christoph Luitpold Frommel verpflichtet, der die Entstehung der Arbeit mit fördernder Kritik begleitet hat. Ihm ist auch, gemeinsam mit Professor Matthias Winner, die Aufnahme des Buches in die »Römischen Studien« zu verdanken. Für Rat und praktische Hilfe danke ich Emanuela v. Branca, Professor Reiner Haussherr, Fritz-Eugen Keller, Paul v. Naredi-Rainer, Anna Maria Odenthal, Joachim Poeschke, Professor Howard Saalman, Christof Thoenes, Claudia Tönnesmann und besonders meiner Frau.

Die Bibliotheca Hertziana und das Kunsthistorische Institut in Florenz haben die Arbeit auf vielfältige Weise unterstützt. Stipendien gewährten die Republik Italien, der Deutsche Akademische Austauschdienst und die Studienstiftung des deutschen Volkes. Die Drucklegung wurde ermöglicht durch namhafte Beiträge der beiden im Geleitwort genannten Stiftungen. Ferdinand Werner hat keine Mühe gescheut, aus dem Manuskript ein Buch werden zu lassen.

Die Arbeit ist meinen Eltern in Dankbarkeit gewidmet.

Rom, im Juli 1983   A.T.

I. Bauherr, Besitzer, Architekt

1. Der Bauherr

Giuliano di Leonardo Gondi wurde am 4. Juni 1421 in Florenz geboren[1]. Seine Familie stammte ursprünglich aus dem Pesatal[2], war aber schon seit langem in Florenz ansässig. Der Name Gondi begegnet erstmals im Jahre 1248 und ersetzt seitdem den älteren Familiennamen Bilicozzi[3]. Im Wappen führen die Gondi zwei gekreuzte Streitkolben.

Die frühesten Erwähnungen der Bilicozzi stehen im Zusammenhang mit einer Stadtresidenz an der späteren Piazza degli Strozzi, als deren Besitzer sie seit 1152 bezeugt sind[4]. Der Baukomplex bestand aus einem Turmhaus mit angrenzender Familienloggia und vertrat damit einen anspruchsvollen Architekturtypus, der ursprünglich dem Adel vorbehalten war und noch nach der Verschmelzung des Feudaladels mit der kaufmännischen Patrizierschicht den hohen sozialen Rang seiner Besitzer veranschaulichte[5]. In unmittelbarer Nachbarschaft lagen die Häuser der Strozzi, mit denen die Bilicozzi und Gondi in einer Konsorterie zusammengeschlossen waren. Beide Familien führen ihren Ursprung auf das frühmittelalterliche Rittergeschlecht der Filippi zurück[6].

Über die politische und wirtschaftliche Bedeutung der Familie ist bis zum frühen Quattrocento wenig bekannt. In den Ämterlisten der Republik erscheint ihr Name verhältnismäßig selten[7]. Aus den 1320er Jahren sind Dokumente überliefert, die auf eine Beteiligung einzelner Familienmitglieder am Florentiner Außenhandel schließen lassen[8].

---

[1] Zu Giulianos Biographie: CORBINELLI 1705, I, 192—199. Corbinellis Werk, das einen ausführlichen Dokumentenanhang enthält, behandelt die Familiengeschichte vom 12. bis zum frühen 18. Jh.; vgl. dazu RIDOLFI 1928. Als wirtschaftshistorisch orientierte Studie zur Familiengeschichte vgl. GOLDTHWAITE 1968, 157—186; ein kurzer Abschnitt zu Giuliano ebd., 161—164. — Zur Quellenlage: Giulianos schriftlicher Nachlaß ist verschollen. Vereinzelte Abschriften einiger Dokumente: ASF, Carte Gondi (vgl. PAOLI 1883); vgl. auch ASF, Carte Dei, s.v. Gondi.
Mit Giovanna Francesca Gondi, dem letzten Nachfahr Giulianos, gelangte das Familienarchiv im späten 17. Jh. an das Nonnenkloster Ritiro della Quiete bei Careggi (RIDOLFI 1928). Ein Inventar dieses Bestandes: ASF, Carte Mannelli-Riccardi, Fondo Gondi, Filza IV (214). An einer Neuinventarisierung wird gearbeitet. Teile des Klosterarchivs, darunter auch Gondi-Material, gelangten nach dem Zweiten Weltkrieg an die Lea-Library der University of Pennsylvania (HIRSCH 1963); sie enthalten keine in unserem Zusammenhang relevanten Dokumente (freundl. Mitteilung von Prof. C. L. Frommel). Der dem Kloster verbliebene Bestand weist Originaldokumente erst ab ca. 1550 auf; von älteren Schriftstücken sind lediglich vereinzelt Abschriften vorhanden, die für diese Arbeit ausgewertet wurden.
[2] »Furono signori di castello in Val di Pesa« (ASF, Carte Dei, s. v. Gondi, fol. 20^{r-v})
[3] CORBINELLI 1705, I, 14f
[4] LEINZ 1977, 511—514
[5] LEINZ 1977, 65ff
[6] LEINZ 1977, 512, mit Berufung auf G. Villani; vgl. ebd. 689f
[7] CORBINELLI 1705, I, 414—420
[8] DAVIDSOHN Forschungen III, 159; DAVIDSOHN Geschichte IV.2, 468

Genaueres weiß man erst über Simone di Geri Gondi, Giulianos Urgroßvater, der 1352 Mitglied der Arte de'Mercatanti wurde und 1403 als vermögender Bürger starb. 1358 hatte man ihn und seine Nachkommen unter der Beschuldigung ghibellinischer Gesinnung auf 80 Jahre von der Übernahme politischer Ämter ausgeschlossen[9].

Noch Giulianos Vater Leonardo (1400—1449) unterlag diesem Bann und scheint sich Zeit seines Lebens politischer Aktivitäten enthalten zu haben. Statt dessen steht seine Biographie[10] im Zeichen eines unternehmerischen Aufstiegs, der dem Werdegang seiner Söhne den Boden bereitete. Konnte er anläßlich des ersten Catasto von 1427 noch keine geschäftlichen Investitionen verzeichnen — sein früh verstorbener Vater scheint kein großes Vermögen hinterlassen zu haben —, so trat er 1428 eine Erbschaft an, die ihm die Gründung eines eigenen Unternehmens ermöglichte. Die finanzielle Basis war zwar bescheiden, aber Leonardo verstand es, seine Chance zu nutzen. Sofort ging er daran, Grund- und Immobilienbesitz in Barkapital umzuwandeln, darunter auch seinen Anteil an der alten Familienresidenz, den er am 6. September 1428 für 230 Fiorini an Palla Strozzi verkaufte[11]. Dieser Schritt bedeutete nicht nur die Aufgabe des angestammten, familiäre Tradition bezeugenden Wohnsitzes, sondern zugleich die endgültige Loslösung aus der überkommenen Lebensform der Konsorterie. Daß Leonardo dennoch den Palast als totes Kapital erkannte und dem Aufbau seiner neuen wirtschaftlichen Existenz entschlossen preisgab, zeigt eine nüchtern kalkulierende, auf Gewinn und Expansion bedachte Mentalität, die auch Giulianos späteres Handeln weitgehend bestimmen sollte[12].

Wenige Jahre nach dem Verkauf seines Grundbesitzes besaß Leonardo schon wieder ein kleines Landgut[13], das aber vermutlich weniger der Villeggiatura als der Lebensmittelversorgung der Familie diente. Es erscheint bezeichnend, daß noch die nachfolgende Generation lange Zeit auf eine eigene Stadtresidenz verzichtete und sich mit einer Mietwohnung begnügte[14], bis Giuliano 1455 ein Stadthaus im Quartier von S. Croce erwarb[15]. Erst als 1490 mit dem Neubau des Familienpalastes begonnen wurde, erhielten die Gondi wieder einen Wohnsitz, der ihrem angestammten sozialen Rang und ihrer neuen wirtschaftlichen Bedeutung entsprach.

Struktur und Entwicklung des Familienunternehmens lassen sich anhand der Quellen in großen Zügen nachzeichnen. Seinen Kern bildete eine Handelsgesellschaft zum Vertrieb von Blattgold, die, wie Giulianos Testament von 1501 bestätigt[16], 1428 gegründet wurde und seit 1433 in allen Steuererklärungen der Familie verzeichnet ist[17]. Der Handel mit gesponne-

---

[9] GOLDTHWAITE 1968, 158f

[10] CORBINELLI 1705, I, 185; GOLDTHWAITE 1968, 159—161

[11] Dok. I, Z. 3—7. Die andere Hälfte des Palastes wurde offenbar erst 1471 an die Strozzi verkauft: LEINZ 1977, 511

[12] Zur Mentalität des Florentiner Unternehmertums vgl. MARTIN 1974, 30ff

[13] GOLDTHWAITE 1968, 160. Das Gut muß vor 1451 verkauft worden sein, da es in Giulianos Steuererklärung von 1451 (Dok. I) nicht mehr erwähnt wird. Erst 1457 ist wieder ein »podere« im Besitz der Familie bezeugt (Dok. III, Z. 9; s.u., Anm. 31)

[14] Vgl. Dok. I, Z. 10f. 1449 ist Giulianos Wohnsitz im Pfarrbezirk von SS. Apostoli nachgewiesen: S.u., Anm. 53

[15] S. u., 12

[16] Dok. XII, (§ 19)

[17] GOLDTHWAITE 1968, 160f; Dok. I, Z. 9; Dok. III, Z. 10—15; Dok. V, Z. 9—11; Dok. VII, Z. 5—10. Ob dem Handelsunternehmen eine Produktions- oder Verarbeitungsmanufaktur angeglie-

nem und geschlagenem Gold gehörte nicht zu den traditionell führenden Gewerbezweigen der Florentiner Wirtschaft, hatte aber seit dem 14. Jahrhundert ständig an Bedeutung zugenommen[18]. Da Leonardo in den folgenden Jahren Kapitalbeteiligungen an zwei weiteren Handelsfirmen unterhielt und vereinzelt auch Darlehen vergab[19], kann man vermuten, daß er sich schon bald erfolgreich als Unternehmer etabliert hatte.

Als Leonardo 1449 starb, erbten seine Söhne Giuliano und Antonio das Unternehmen zu gleichen Teilen. Da Antonio aber erst sechs Jahre alt war, übernahm Giuliano zunächst allein die Führung der Geschäfte.

Im Catasto von 1457 fügt Giuliano den wenigen Angaben über die »bottega del mestiero dell'oro« eine Liste seiner Debitoren und Kreditoren an, die eine Vorstellung über das inzwischen erreichte Geschäftsvolumen geben kann: Den Schulden von 14812 Fiorini stehen Forderungen von 16867 Fiorini gegenüber, von denen etwa zwei Drittel als zweifelhaft deklariert sind[20]. Wenn diese Angaben auch ausdrücklich im Zusammenhang mit der Handelsgesellschaft stehen, so scheinen sie sich doch auf Geldkredite, nicht auf Warengeschäfte zu beziehen. Da in Florenz Großhandel und Bankwesen gemeinsam der Kontrolle der Arte de'Mercatanti unterlagen, lassen sich beide Geschäftszweige im nachhinein nicht immer eindeutig voneinander trennen[21].

Erst 1469 werden »einige Kreditgeschäfte außerhalb der genannten Bottega« deklariert[22], womit auf die inzwischen vollzogene Etablierung eines Bankhauses hingewiesen ist. Während das Florentiner Kreditwesen in den sechziger Jahren eine schwere Krise erlebte, die eine Reihe alteingesessener Bankhäuser fallieren ließ[23], scheint das noch junge Unternehmen der Gondi-Brüder seine Stellung weiter gefestigt zu haben. Dafür spricht auch, daß Giuliano wiederholt von italienischen Fürsten als Geldgeber in Anspruch genommen wurde: 1457 findet sich Federigo da Montefeltre[24], 1501 Ercole I. d'Este unter seinen Schuldnern[25].

In den Steuerakten von 1480 geben die Brüder neben einer weiteren, der Arte della Seta angehörenden Bottega eine Niederlassung in Neapel an[26], wo für Giuliano schon seit den fünfziger Jahren ein Schwerpunkt seiner Geschäftsinteressen lag[27]. Erhaltene Zahlungsbelege weisen darauf hin, daß die Gondi-Bank dem Neapolitaner Königshaus als Finanzverbindung nach Florenz diente[28]. Daraus, daß Giulianos Söhne sich in Konstantinopel,

---

dert war, geht aus den Quellen nicht hervor. A. Doren weist darauf hin, daß Produktion und Großhandel oft in einer Hand lagen, vom Detailhandel aber durch Zunftverordnungen streng getrennt waren. Als »bottega« wurden nicht nur Werkstätten und Ladenlokale, sondern auch die Geschäftsräume eines Großhändlers oder Bankiers bezeichnet (DOREN 1901, 145, 217).

[18] DAVIDSOHN Geschichte IV. 2, 15 f
[19] GOLDTHWAITE 1968, 161
[20] Dok. III, Z. 14 f und Anm. 1—3
[21] Die Verteilung der wirtschaftlichen Interessen auf Handel und Bankwesen entsprach einer in Florenz üblichen Geschäftspraxis (DOREN 1901, 216 ff); zum Vergleich sei auf das Beispiel des Filippo Strozzi hingewiesen (GOLDTHWAITE 1968, 52 ff).
[22] Dok. V, Z. 8—11. An dieser Stelle ist Antonio erstmals als Teilhaber genannt.
[23] ROOVER 1963, 358 ff
[24] Dok. III, Anm. 2
[25] Dok. XII, (§ 22)
[26] Dok. VII, Z. 7 f
[27] GOLDTHWAITE 1968, 161, Anm. 19
[28] Vgl. die Dokumente bei FABRICZY 1897, 87 ff, 96, 108

Ungarn und Neapel aufhielten, lassen sich die internationalen Handelsbeziehungen der Firma ablesen[29].

Diese Zeugnisse ergeben zwar zusammen noch kein geschlossenes Bild, lassen aber erkennen, daß Giuliano und Antonio das väterliche Unternehmen in der zweiten Jahrhunderthälfte zu einer bedeutenden Bank- und Handelsgesellschaft ausweiten konnten. Vor dem Hintergrund einer allgemein rückläufigen Wirtschaftsentwicklung kann man diesen Erfolg als Beweis außergewöhnlicher kaufmännischer Fähigkeiten ansehen.

Mit seinem Vater verband Giuliano nicht zuletzt ein auffallendes Desinteresse an Grundbesitz. Ein Wohn- und Geschäftshaus, das er 1455 zur eigenen Nutzung erworben hatte und später für seinen Palastbau um einige Nachbargrundstücke erweiterte[30], bildete lange Zeit sein einziges Immobilienvermögen[31].

Während ein Großteil des besitzenden Bürgertums von der Jahrhundertmitte an zunehmend in Landbesitz investierte, um der sich verschlechternden Wirtschaftslage vermeintliche Sicherheiten entgegenzusetzen[32], zog Giuliano es offenbar vor, seine geschäftlichen Gewinne in das Unternehmen zurückfließen zu lassen und so dessen Expansion zu fördern.

Giulianos Bauprojekt der neunziger Jahre, das dem Unternehmen zweifellos bedeutende Mittel entzog, kann also kaum als Konsequenz rationaler Investitionsprinzipien gedeutet werden[33], sondern muß geradezu als deren Umkehrung erscheinen.

Fragt man nach den tiefer liegenden Beweggründen für den Palastbau, so kann Giulianos Stellung im öffentlichen Leben der Kommune nicht außer acht bleiben. Allem Anschein nach zeigte er wenig Neigung, in der durch die Medici kontrollierten Republik eine repräsentative politische Rolle zu spielen. Aus familiären Erfahrungen heraus war ihm das Risiko jedes politischen Engagements vertraut, und vermutlich dachte er realistisch genug, um nicht durch falsche Parteinahme seine geschäftlichen Unternehmungen aufs Spiel zu setzen.

Während der Medici-Herrschaft hatte Giuliano nur wenige öffentliche Ämter inne[34]: 1464 reiste er, als Geldgeber Federigos da Montefeltre für diese Aufgabe prädestiniert, in offizieller Mission nach Urbino; 1468 war er als Priore Mitglied der Signoria, des auf zwei Monate gewählten höchsten politischen Gremiums der Republik.

---

[29] Dok. VII, Z. 15—17

[30] Zur Grundstücksgeschichte s. u., 12ff. Von 1428 bis 1455 hatte die Familie zur Miete gewohnt (vgl. Dok. I, Z. 11); 1449 ist Giulianos Domizil im Pfarrbezirk von SS. Apostoli nachgewiesen (s. u., Anm. 53).

[31] Das 1457 erstmals in Giulianos Besitz nachgewiesene Landgut im Bezirk von S. Stefano del Pane (nördlich von Florenz; s. o., Anm. 13) ging vor 1469 in den alleinigen Besitz Antonios über: Dok. III, Z. 9; Dok. V, Z. 4—7 mit Hinweis auf die zuvor erfolgte Erbteilung (vgl. die irrige Darstellung bei GOLDTHWAITE 1968, 162). — Zum Vergleich: Cosimo de' Medici besaß 1433 ungefähr 100 »poderi«, ein Grundvermögen, das durch seinen Sohn Piero noch beträchtlich vermehrt wurde (ANZILOTTI 1915, 93).

[32] ANZILOTTI 1915; MARKS 1954, 52ff

[33] Anzilotti erklärt auch die zahlreichen Palastbauten der Jahre 1450 bis 1500 als Flucht des vermögenden Bürgertums in beständige Wertanlagen, was für einzelne Bauherren zutreffen mag (ANZILOTTI 1915). Zu den ökonomischen Aspekten des Palastbaus vgl. auch GOLDTHWAITE 1972, 992ff.
An dieser Stelle sei auf die Konsequenzen der Steuerreformen von 1495 und 1500 hingewiesen: Während die Umstellung der kombinierten Vermögenssteuer des Catasto auf die reine Grundsteuer der Decima die Grundbesitzer schwer belastete, wurde Giuliano eher begünstigt, da Wohnbauten zur eigenen Nutzung in Florenz seit 1427 steuerfrei waren (MARKS 1954, 52ff; ROOVER 1963, 24f). Im Mai 1489 wurde eine solche Steuerbefreiung offenbar erneut verfügt (LANDUCCI 1883, 29, Anm. 2).

[34] CORBINELLI 1705, I, 193f

Trotz dieser nach außen demonstrierten Zurückhaltung wurde er im Januar 1474 unter einen politischen Bann gestellt, der ihn von der Übernahme jedweden öffentlichen Amtes ausschloß. Wenn auch die Hintergründe dieser Entscheidung nicht überliefert sind, so kann man doch davon ausgehen, daß Giuliano hinter den Kulissen politische Ambitionen verfolgt hatte, die den Absichten des Magnifico zuwiderliefen.

Daß Ferrante von Aragon drei Jahre später einen Botschafter nach Florenz sandte, um Giulianos Rehabilitierung zu erreichen, beweist, welche Bedeutung der Florentiner Geschäftsmann und Bankier für das Neapolitaner Königshaus erlangt hatte[35]. Die Mission führte — sicherlich nicht ohne Zustimmung Lorenzos — zum Erfolg[36]; kurze Zeit später bereits war Giuliano als Offiziale del Monte an der Kontrolle der Staatsfinanzen beteiligt[37]. Seine Position im Spannungsfeld zwischen Lorenzo und Ferrante läßt vermuten, daß er jenem Kreis von Ratgebern angehörte, der aus finanzpolitischen Erwägungen heraus Lorenzo im Frühjahr 1480 zum Friedensschluß mit Neapel bewog[38]. Davon abgesehen aber scheint er bis zum vorläufigen Ende der Medici (1494) politische Abstinenz geübt zu haben.

Erst nach der Vertreibung Pieros di Lorenzo engagierte sich der nun über Siebzigjährige noch einmal in der Politik. Bereits 1494, im Jahr des Umsturzes, demonstrierte er öffentlich republikanische Gesinnung, indem er eine Ehrenpension des Königs von Neapel mit der Begründung zurückwies, als Bürger einer freien Stadt könne er keine Zuwendungen eines ausländischen Fürsten entgegennehmen[39].

Am 1. September 1495 wurde er zum Priore[40], in den folgenden Jahren zweimal zum Conservatore di Legge[41] gewählt.

Es fällt nicht leicht, Giulianos Position innerhalb der verwirrenden, durch Parteienstreit und wechselnden Interessenkoalitionen gekennzeichneten politischen Szenerie dieser Jahre zu

---

[35] Corbinelli erwähnt in diesem Zusammenhang, Ferrante oder sein Nachfolger Alfonso hätten Giuliano das Recht verliehen, eine Fürstenkrone im Wappen zu führen (CORBINELLI 1705, I, 194). Die Quelle (»... si nous encroyons la tradition ...«) ist jedoch zweifelhaft. Daß sich im Dekorationsprogramm des Palastes kein direkter Hinweis auf eine solche Ehrung findet, könnte man indes mit politischen Rücksichten seitens des Bauherrn erklären. Giulianos persönliche Impresen, ein Diamant im Feuer und zwei flammensprühende Füllhörner (Abb. 69), sollen ebenfalls zusammen mit der Fürstenwürde verliehen worden sein (CORBINELLI 1705, I, 194). Nach Corbinelli führte Giuliano als Devise: »Non sine labore«. So gut ihm dieser Wahlspruch angestanden hätte, so zweifelhaft ist die Richtigkeit der Überlieferung. In der Baudekoration begegnet stets die abgekürzte Devise »S. I. N.«, die sich mangels dokumentarischer Hinweise nicht auflösen läßt.

[36] In der Entscheidung der Signoria vom 8. IV. 1477 heißt es: »Et attendentes quod de praesenti mense Serenissimus Rex Ferdinandus per suum oratorem ad hoc specialiter transmissum cum suis litteris instantissime petit, ut dictus Iulianus a tali privatione liberetur, ... ordinaverunt et deliberaverunt: Quod ex nunc dictus Iulianus Leonardi de Gondis intelligatur causa et gratia dumtaxat dicti Regis Ferdinandi liber et absolutus a dicta condemnatione ...« (CORBINELLI 1705, I, 236f). Das Dokument trägt wenig dazu bei, die politischen Hintergründe der Entscheidung aufzuklären.

[37] GOLDTHWAITE 1968, 63

[38] Vgl. MARKS 1960, 137

[39] »Giulian Gondi, il Vecchio rinunziando per atto pub. di Notaio, ad una provisione di trecento scudi l'anno, fattigli dal Re Alfonso vecchio d'Aragona Re di Napoli, col dire che a Cittadino di Città libera non era lecito haver provisione da Principe forastiero, che animo generoso e magnanimo mostrò egli?« (MINI 1593, 114)

[40] CORBINELLI 1705, I, 197

[41] GOLDTHWAITE 1968, 163

definieren[42]. Das Zeugnis des Historikers Piero Parenti[43] legt die Vermutung nahe, daß er den »Arrabiati« nahestand — jener vor allem durch finanzkräftige Patrizier getragenen Faktion, die zunächst gemeinsam mit Savonarola und dessen Anhängern den Sturz Pieros betrieben hatte, sich dann aber gegen Savonarolas Ideal der Volksherrschaft wandte und zu seinem innenpolitischen Hauptgegner wurde. Ihre Absicht bestand darin, die oligarchische Regierungsform der Zeit vor 1434 und damit verlorene Standesprivilegien zu erneuern.

Über allen Parteienstreit hinweg verhielt sich die wirtschaftliche und soziale Führungsschicht in jenen Fragen geschlossen, die die Sicherung ihres politischen Einflusses gegen eine Machtbeteiligung des Kleinbürgertums betrafen[44]. Vermutlich standen die »primati« selbst als treibende Kraft hinter der 1494 einsetzenden Verfassungsreform, die dem Mittelstand zwar im neugebildeten »Consiglio Maggiore« größeres politisches Gewicht verlieh, die hohen Staatsämter aber weiterhin in den Händen der Oberschicht konzentrierte.

Darüber hinaus spielten wirtschafts- und finanzpolitische Überlegungen eine motivierende Rolle für viele Patrizier, die sich nach 1494 zu öffentlichem Engagement gedrängt sahen: Zum einen wirkte sich der Krieg um Pisa verheerend auf die kommunalen Finanzen aus, so daß die vermögenden Bürger — darunter auch Giuliano — zur Vergabe immer höherer Kredite an die Staatskasse veranlaßt wurden[45]; zum anderen brachte die außenpolitische Isolierung — hervorgerufen durch Savonarolas kompromißlose Haltung gegenüber Rom — schwerwiegende Nachteile für die Florentiner Exportwirtschaft mit sich[46]. So mußte es den am Außenhandel beteiligten Kaufleuten als vordringliches Ziel einer realistischen Politik erscheinen, das feindliche Verhältnis zu Rom und den verbündeten Ligamächten Mailand und Neapel auszugleichen.

Daß es auch Giuliano darum ging, das politische Handeln an den Grundsätzen ökonomischer Opportunität auszurichten, wird aus der Stellungnahme ersichtlich, die er im März 1498 zu einem kurz zuvor erlassenen päpstlichen Mahnschreiben abgab. Alexander VI. hatte in einem Breve vom 9. März sein Predigtverbot gegen Savonarola erneuert und den Florentinern, sollten sie den Gehorsam verweigern, mit einem Interdikt gegen die Stadt gedroht[47]. In der daraufhin einberufenen Bürgerversammlung setzte sich Giuliano nachdrücklich dafür ein, den Forderungen des Papstes nachzugeben und Savonarola fallen zu lassen[48]. Zur Begründung führt er vor allem die Gefahren an, die ein päpstliches Interdikt für die Florentiner Warensendungen mit sich bringen werde, und er vergißt nicht, auf die Kon-

---

[42] Eine konzentrierte Analyse der innenpolitischen Situation bei RUBINSTEIN 1960 (mit Hinweisen auf Quellen und ältere Literatur).

[43] Danach war Giuliano im Mai 1499 an einer geheimen Koalition (»intelligenza«) beteiligt, die den Zusammenschluß alter Medici-Anhänger mit den Parteigängern Savonarolas zu verhindern trachtete (SCHNITZER Quellen und Forschungen, IV, 287).

[44] RUBINSTEIN 1960, 159ff (auch zum Folgenden)

[45] Zur Situation des Monte Comune 1490—1502: MARKS 1954, 60ff. Giulianos Forderungen an die Staatskasse sind in seinem Testament mehrfach erwähnt (Dok. XII, § 21 und § 22).

[46] Florentiner Kaufleute berichten am 14. III. 1498 aus Rom an die Signoria, der Papst habe gedroht, alle im Kirchenstaat befindlichen Florentiner in Haft zu nehmen und ihre Waren zur Plünderung freizugeben (SCHNITZER Quellen und Forschungen, II, 43).

[47] PASTOR Gesch. d. Päpste, III. 1, 492ff; SCHNITZER Quellen und Forschungen, II, 38ff

[48] Das Protokoll der »pratica« vom 14.III.1498 publiziert bei LUPI 1866 (s. Anm. 49). Vgl. weiterhin: SCHNITZER Quellen und Forschungen, II, 41; VILLARI 1910, II, 119f; PASTOR Gesch. d. Päpste, III. 1, 502; WEINSTEIN 1970, 230

sequenzen hinzuweisen, die er persönlich bei einer Fortsetzung der bisherigen Politik zu tragen habe[49].

Es ist wohl kein Zufall, daß Guiliano, der sich zuvor fast ausschließlich privaten Geschäften gewidmet hatte, in seinen letzten Lebensjahren zugleich als Bauherr und Politiker ins Licht der Öffentlichkeit trat. Vielmehr bieten sich Anhaltspunkte dafür, daß beide Bereiche in seinem eigenen Verständnis eng zusammengehörten. Ihren sinnfälligsten Ausdruck findet diese Verknüpfung in dem überlieferten, wenn auch nicht ausgeführten Vorhaben, am Außenbau des Palastes eine römische Konsulstatue anzubringen[50]. Wohl jeder Zeitgenosse hätte darin eine Anspielung auf die Person des Bauherrn erkannt, zumal Giuliano in jenen Jahren dem höchsten politischen Gremium der Florentiner Republik angehörte. Auch die seinerzeit aufmerksam registrierte Einflußnahme Lorenzos de'Medici auf die Vorbereitung des Bauprojekts[51] könnte man vor diesem Hintergrund als Hinweis auf eine politische Relevanz des Palastbaus verstehen.

So zuverlässig sich Giulianos Laufbahn als Geschäftsmann und Politiker nachzeichnen läßt, so wenig wissen wir über seine privaten Lebensumstände. Lediglich die wichtigsten familiären Daten sind überliefert[52]: Nach erster, nur kurzer Ehe mit einer Strozzi heiratete er 1449 Lisabella di Matteo Corsi[53], 1460 Antonia di Rinieri Scolari[54]. Durch die Heiraten seiner Geschwister war er zudem mit den Medici, Salviati und Corbinelli verschwägert. Aus der zweiten und dritten Ehe gingen zwölf Kinder — acht Söhne und vier Töchter — hervor, von denen fünf noch vor dem Vater starben; außerdem weiß man von zwei illegitimen Nachkommen.

In seiner Steuererklärung von 1480 gibt Giuliano Auskunft über den Lebenswandel und die geplante Zukunft seiner Söhne: Während der Älteste, Leonardo, kurz als Nichtstuer bezeichnet wird, befinden sich die Nächstgeborenen, Giovambattista, Bilicozzo und Simone, auf Geschäftsreise im Ausland; der vierzehnjährige Federigo erlernt die Buchführung, ist also ebenfalls zum Eintritt in das Familienunternehmen bestimmt[55]. Als Simone mit 23 Jahren in Ungarn stirbt, verfaßt sein Reisebegleiter, der Humanist Francesco Bandini,

---

[49] »... Costui predica che non è Papa et non si gli de' credere, et cose che non si direbbono a uno cuoco. Costui farà una setta di fraticelli come altra volta fu in questa città, et è una secta di heresia che voi fate in questa terra. Abbiamo noi a opporsi a tucta Italia et a' potentati d'Italia et al Sommo Pontefice? Le censure di Roma vogliono dire che noi siamo ribelli di Sancta Chiesa, et molti mercatanti non hanno mandate le robe a Napoli et in altri luoghi per non esser rubati, né scannati ... Io vi prego, signori miei, che voi vogliate avere cura di questo; et quando questo non basti, communicatelo al consiglio grande. Et io ho sparso el vino per tucta Italia e fuori, et se viene interdecto alcuno, io non posso fare il dovere a persona. Et crede [credete?] che frate Hieronimo, vedute queste censure, s'umilierà a obedire o e' verrà a chiedervi licentia per andarsene.« (LUPI 1866, 44)

[50] s. u., 11

[51] s. u., 14f

[52] Zum Folgenden: CORBINELLI 1705, I, 192—199; Dok. I, Z. 12—17; Dok. III, Z. 16—26; Dok. V, Z. 12—27; Dok. VII, Z. 11—24

[53] Die Heirat mit Lisabella Corsi brachte Giuliano eine Mitgift von 1400 Fiorini ein: »1449 — Iulianus Leonardi Gondi Pop. SS. Apostolorum fuit confessus habuisse ab Iacopo et Matteo Fr: et fil: olim Mattei Dominici de Corsis pro dote D. Isabelle fil: dicti Mattei et ux: dicti Iuliani f. 1400 ...« (ASF, Carte Dei, s. v. Gondi, fol. 67ᵛ)

[54] Die Mitgift betrug 748 Fiorini: »1460 — ... Iulianus Leonardi alterius Leonardi de Gondis civis, et mercator florentinus fuit confessus habuisse pro parte dotis D. Antonie eius uxoris, et filie Rainerii de Scolariis f. 748« (ASF, Carte Dei, s. v. Gondi, fol. 5ᵛ)

[55] Dok. VII, Z. 14—20

einen postumen Dialog mit dem Freund, den er mit Empfehlungen an den Vater und die Brüder des Verstorbenen nach Florenz sendet[56]. Wenn die Dichtung auch keinen Hinweis auf eine Verbindung der Familie zum neuplatonischen Kreis um Lorenzo de' Medici enthält, so bezeugt sie doch, daß Giuliano seinen Söhnen eine humanistische Erziehung zuteil werden ließ.

Giulianos Testament[57], die umfangreichste Quelle zu seiner Biographie, trägt das Datum des 3. Mai 1501. Als Universalerben werden die vier noch lebenden Söhne Leonardo, Giovambattista, Federigo und Alfonso eingesetzt; ein Fünftel des Erbes erhalten die männlichen Nachkommen des kurz zuvor verstorbenen Bilicozzo[58]. Die Verfügungsgewalt über seinen Nachlaß überträgt Giuliano jedoch nicht den Erben, sondern drei unabhängigen Testamentsvollstreckern[59], von denen einer auch als sein politischer Weggefährte bekannt ist[60].

Unter einer Vielzahl von Vermächtnissen verdienen auch diejenigen an die Dienerschaft Interesse, da sie einen Einblick in Giulianos Hausstand geben und zudem in ihrer persönlich gehaltenen Formulierung die Fürsorgepflicht des Hausherrn gegenüber seiner »familia« widerspiegeln. Vier Bediente, darunter zwei Negerinnen aus Guinea, werden aus der Leibeigenschaft entlassen; einer weiteren Dienerin räumt Giuliano wegen ihrer »einzigartigen Treue und Hingabe« besondere Vergünstigungen ein[61].

Demgegenüber sind die Legate an die eigenen Familienmitglieder nüchterner formuliert[62]. Alle Söhne sowie die unverheiratete Tochter Cassandra werden mit Geldvermächtnissen bedacht; außerdem regelt Giuliano die Versorgung seiner verwitweten Schwiegertochter, ihrer Kinder und der verwaisten illegitimen Enkelinnen.

Breiten Raum nehmen die geschäftlichen Verfügungen ein: Die vier Söhne, die offenbar bereits Kapitalanteile an der Handelsgesellschaft unterhalten, sollen den Goldhandel und die angegliederten Unternehmenszweige mindestens fünf Jahre über seinen Tod hinaus gemeinsam weiterführen[63]. Allerdings scheinen sich die Erben dieser Verpflichtung entzogen und das Unternehmen bald nach dem Tod des Vaters aufgelöst zu haben[64].

Schon die einleitenden Sätze seines Testaments hatte Giuliano zum Anlaß genommen, über die eigene Lebensleistung Rückschau zu halten[65]. Unter dem gleichen Vorzeichen steht dann die Verfügung über die Anlage eines Nachlaßinventars. Diese Maßnahme wird nicht mit praktischen oder juristischen Notwendigkeiten begründet, sondern mit der Überlegung, daß er seinen Reichtum unter großen Anstrengungen erworben habe und dieses Verdienst für die Nachwelt dokumentiert wissen wolle[66]. Der gleiche Gedanke, daß nämlich der Nachruhm eines Geschäftsmannes in erster Linie durch seinen Wohlstand gerechtfertigt werde, spielt in Albertis »Libri della famiglia« eine wichtige Rolle — wenn auch mit dem Akzent,

---

[56] Edition und Kommentar: KRISTELLER 1956, 411—435
[57] Dok. XII.
[58] Dok. XII, (§ 27)
[59] Dok. XII, (§ 38)
[60] Paolo Falconieri war zusammen mit Giuliano Teilnehmer der »intelligenza« vom Mai 1499 (vgl. o., Anm. 43)
[61] Dok. XII, (§§ 9—12)
[62] Dok. XII, (§§ 13—18, 20, 25)
[63] Dok. XII, (§ 19)
[64] Dok. XIII
[65] Dok. XII, (§ 2)
[66] Dok. XII, (§ 26). Das Inventar muß als verloren gelten. Daß es tatsächlich angefertigt wurde, bestätigt eine »Conferma dell'Inventario dell'Eredità del Sg. Giuliano Gondi, 1501«, die jedoch nichts über den Inhalt des Dokumentes aussagt (AQF, Filza 38 P², No. 1440).

daß diejenige Familie besonderes Ansehen verdiene, die ihren Reichtum über viele Generationen habe erhalten können[67].

Zweifellos empfand es Giuliano bei allem Selbstbewußtsein als Mangel, daß er nicht auf eine entsprechende Familientradition zurückblicken konnte. Wenn er bemüht ist, die Geschichte seines Handelshauses und das Verdienst seiner Vorfahren um das Unternehmen herauszustellen, so tritt damit neben den Stolz auf die persönliche Leistung das Bedürfnis, die familiäre Vergangenheit im Licht des eigenen Erfolges zu sehen[68].

Sichtbare Zeichen dieses Erfolges waren die beiden Bauvorhaben, auf die Giuliano schließlich ausführlich zu sprechen kommt. Zunächst erteilt er den Auftrag, in S. Maria Novella eine Familienkapelle zu erwerben und neu auszustatten[69]. Hatte die Familie ursprünglich eine Begräbnisstätte in S. Maria degli Ughi, der Pfarrkirche des alten Palastes, besessen[70], so lagen Giulianos unmittelbare Vorfahren bereits in S. Maria Novella begraben[71]. Eine eigene Familienkapelle bestand jedoch bis dahin weder in der einen noch in der anderen Kirche.

Die Finanzierung der Kapellenstiftung ist bis ins einzelne geregelt. Die Bau- und Ausstattungskosten sollen aus der Tilgung zweier genau bezeichneter Kredite bestritten werden. Da sie mit 1500 Fiorini vergleichsweise hoch angesetzt sind[72], kann man vermuten, daß die Unterbringung der Kapelle in einem der repräsentativen Chorseitenräume bereits mit den Mönchen von S. Maria Novella abgesprochen war. Die Entscheidung über alle Fragen der architektonischen Gestalt und der Ausstattung bleibt hingegen den Testamentsvollstreckern überlassen.

Als Dotierung sind die Einrichtung einer Kaplanstelle sowie eine jährliche Geldsumme von mindestens 25 Fiorini vorgesehen. Dreimal wöchentlich sollen »in perpetuum« Votivmessen für den Verstorbenen gelesen werden; darüber hinaus werden gegen entsprechende Legate bei fünf anderen Konventen jeweils 30 Meßfeiern, bei zehn weiteren Klöstern Totengebete bestellt[73].

Kommen in diesen Verfügungen die religiösen Beweggründe für eine Kapellenstiftung zum Ausdruck, so wird daneben das Motiv des persönlichen und familiären Nachruhms offen ausgesprochen[74]. Mit dem Streben nach dauerhafter »memoria« begründet Giuliano auch seine Forderung, den durch ihn begonnenen Bau des Familienpalastes zuendezuführen[75]. Auch dieses Vorhaben wird nachdrücklich der Sorge seiner Testamentsvollstrecker empfohlen: Sie erhalten nicht nur freie Hand bei der Entscheidung über die Ausgaben — Giuliano setzt lediglich eine Orientierungsmarke von 4000 Fiorini fest —, sondern werden sogar verpflichtet, die Erben gegebenenfalls auf dem Klageweg zur Einhaltung seiner Bestimmungen zu zwingen. Zusätzlich wird jede Veräußerung oder längerfristige Vermietung seines Immo-

---

[67] ALBERTI 1960, 140ff; vgl. auch BARON 1938, bes. 18ff
[68] Dok. XII, (§ 19)
[69] Dok. XII, (§§ 22, 39). Zur Cappella Gondi: MARCHINI 1939
[70] CORBINELLI 1705, I, 185
[71] Vincenzo Fineschi erwähnt die Gräber des Geri Gondi und seiner Nachkommen (FINESCHI 1787, 99, Anm. 4). Giulianos Vater Leonardo hatte noch zu Lebzeiten ein Bodengrab in S. Maria Novella erworben (CORBINELLI 1705, I, 185).
[72] Filippo Strozzis Testament von 1491 sieht als Gesamtkosten für die Ausstattung der entsprechenden Kapelle rechts des Chores einen Mindestbetrag von 1000 Fiorini vor, was ungefähr den tatsächlichen Kosten entsprach. Als Dotierung werden 250 Fiorini eingesetzt (BORSOOK 1970, 737 und 740).
[73] Dok. XII, (§§ 6, 7)
[74] »... et in memoriam sui et aliorum de Ghondis ...« (Dok. XII, § 22)
[75] »ad preservandam memoriam suam et pro honore suorum filiorum et domus et familie de Ghondis« (Dok. XII, § 23)

biliennachlasses untersagt; andernfalls sollen die entsprechenden Vermögenswerte dem Ospedale degli Innocenti zufallen[76].

Die Gründe für dieses — jenerzeit verbreitete — Mißtrauen gegenüber den eigenen Nachkommen[77] liegen auf der Hand: Konnte doch Giuliano nicht mit der Bereitschaft seiner Erben rechnen, ihre individuellen Interessen einem kostspieligen und zugleich unrentablen Gemeinschaftsprojekt unterzuordnen. So ist es zu erklären, daß jene Vorhaben, die nach Giulianos Willen seinen Nachruhm garantieren sollten, allen Vorsichtsmaßnahmen zum Trotz schon bald nach seinem Tod zum Erliegen kamen: Das Familienunternehmen konnte nicht überdauern; der Palastbau blieb halbfertig liegen; die Ausstattung der Familienkapelle, an deren Fertigstellung noch das größte gemeinsame Interesse bestanden haben dürfte, wurde nur zögernd in Angriff genommen.

Giulianos Todesdatum ist nicht genau überliefert. Er starb, wenige Tage nach der Abfassung seines Testaments, im Mai 1501.

2. Besitzfolge nach 1501

Im Jahr 1527 war der Palast von Federigo Gondi (1446—1537), dem einzigen damals noch lebenden Sohn Giulianos, und den Söhnen seines Bruders Giovambattista bewohnt[78]. Erst 1530 ist die Anwesenheit seines Neffen Giuliano di Leonardo (1504—1565) in Florenz bezeugt[79], der den Palast vermutlich gemeinsam mit seinen Verwandten bewohnte. 1537, nach Federigos Tod, muß es einen Erbstreit zwischen den Vettern gegeben haben, der durch einen Schiedsspruch geschlichtet wurde[80]. Da die Dokumente nur lückenhaft überliefert sind, weiß man nichts über den Ausgang des Streitfalls; der Palast jedenfalls wurde bis ins 17. Jh. unter Giulianos Nachkommen vererbt.

Als 1686 mit Federigo di Giuliano der letzte männliche Nachfahr des Erbauers gestorben war, gelangte der Bau in den Besitz der Brüder Vincenzo und Angelo di Amerigo Gondi aus der Florentiner Linie des Antonio di Leonardo. Seither wird der Palast von den Angehörigen dieses Familienzweigs bewohnt[81].

3. Der Architekt

Die traditionelle Zuschreibung des Palazzo Gondi an Giuliano da Sangallo geht auf Giorgio Vasari zurück[82]. Wenn Vasari auch in der Chronologie seiner Darstellung offenbar ein Fehler unterlaufen ist — Ferrante von Aragon starb erst im Januar 1494, als der Palast schon einige

---

[76] Dok. XII, (§ 36)
[77] Man vergleiche etwa Filippo Strozzis testamentarische Verfügungen über seinen Palastbau, zusammengefaßt bei GOLDTHWAITE 1973, 115.
[78] VARCHI ed. Arbib, I, 152ff
[79] VARCHI ed. Arbib, II, 496
[80] Dok. XIV
[81] GINORI LISCI 1972 II, 588
[82] Dok. XV

Jahre im Bau war —, so ist es gleichwohl möglich, daß sein Bericht einen wahren Kern enthält: Giuliano da Sangallo reiste um die Jahreswende 1488/89 nach Neapel, um dem König das Modell eines für ihn entworfenen Palastes zu überbringen[83]. Bei dieser Gelegenheit könnte Giuliano Gondi, der sich zweifellos oft am Neapolitaner Hof aufhielt und damals bereits mit den Grundstückskäufen für seinen Palast begonnen hatte, den Architekten kennengelernt und mit Planung und Ausführung des Baus beauftragt haben. Andererseits ist es auch denkbar, daß Lorenzo de'Medici, dessen Interesse für das Bauvorhaben mehrfach bezeugt ist, seinen Hausarchitekten an Giuliano Gondi vermittelte.

Glaubwürdig bestätigt wird Vasaris Zuschreibung durch einen Brief Francescos da Sangallo vom 27.II.1567, in dem er Vincenzo Borghini über seine Kenntnis von Florentiner Antikenfunden berichtet[84]. Zunächst schildert er jedoch die Besichtigung des 1506 in Rom entdeckten Laokoon durch seinen Vater und Michelangelo, die er selbst als Kind miterlebt hatte. Bei einem nachfolgenden Essen habe man sich, so Francesco, über verschiedene Florentiner Antiken unterhalten — unter anderem über die Statue eines Konsuls, die aus den Fundamenten der römischen Thermen zutage gefördert worden sei. Als sein Vater später mit dem Bau des Palazzo Gondi befaßt gewesen sei, habe er die Statue dorthin bringen lassen, um sie über der freistehenden Ecke des Gebäudes aufzustellen.

Obwohl das Dokument als authentischer Bericht über die Auffindung des Laokoon und als biographische Quelle für Michelangelo seit langem bekannt ist[85], hat seine Aussage über die Autorschaft des Palazzo Gondi bislang kaum Beachtung gefunden. Lediglich jene Angaben, die sich unmittelbar auf die Statue und ihren geplanten Aufstellungsort beziehen, gingen in Borghinis Abhandlung über den Ursprung der Stadt Florenz ein und sind seither in der Guidenliteratur tradiert worden[86].

---

[83] FABRICZY Chron. Prospekt (1902), 4
[84] Dok. XVI.
[85] Vgl. etwa GREGOROVIUS ed. Kampf, III, 2, 420f; FABRICZY Chron. Prospekt (1902), 10; FÖRSTER 1906, 159; VASARI/Barocchi II, 274 (Förster und Barocchi mit Berufung auf FEA 1790).
[86] Vgl. Dok. XVII; DEL MIGLIORE 1684, 480. J. Ross paraphrasiert den entsprechenden Passus des Briefes, muß seinen Wortlaut also gekannt haben (Ross 1905, 120f).

II. Baugeschichte

1. Das Baugrundstück

2   Ausgangspunkt für den späteren Palastbau wurde ein Wohn- und Geschäftshaus im Pfarrbezirk von S. Firenze[87] (I), das Giuliano Gondi am 27.VI.1455 für 1200 Fiorini von den Brüdern Girolamo und Galeotto Giugni erworben hatte. Der Kaufvertrag nennt die Grundstücksgrenzen des Hauses:
I. (1) Via de'Leoni (Piazza S. Firenze, Ostseite)
— (2) Via delle Prestanze (Via de' Gondi, Südseite)
— (3) und (4) Grundstücke der Arte di Calimala (West- und Nordseite)[88].

3   Der Verlauf der beiden Straßenfronten ist unmittelbar von den Grundrissen Giuseppe Poggis abzulesen; die rückwärtigen, an Nachbarbebauung anschließenden Grundstücksgrenzen hingegen lassen sich aus den Plänen nur indirekt erschließen[89].
Im Kaufvertrag wird das Haus als »domus magna« beschrieben, das über einen Hof, eine Loggia, Wohnräume, Kellergewölbe und einen Stall verfüge[90]. Aus den Grundrissen des 19. Jahrhundert gehen noch einige dieser Funktionen hervor: Das Erdgeschoß war in Bottegen
4   unterteilt, die an beiden Straßenseiten eigene Eingänge besaßen; das obere Stockwerk beherbergte die großzügiger bemessenen Wohnräume. Ein dokumentarisch bezeugter Binnenhof, der auf den Plänen nicht erscheint, muß in späterer Zeit überdeckt worden sein und ist wohl anstelle des nordwestlichen Eckraums zu lokalisieren. Auch muß das Haus ursprünglich eine eigene Treppe besessen haben, die vermutlich nach der Verbindung mit dem benachbarten Neubau beseitigt wurde.
5   Poggis Fassadenriß zeigt eine dreigeschossige Straßenfront an der Via de'Leoni, deren rustiziertes Erdgeschoß sich in drei Bottegen öffnet. Die unmittelbar neben dem nördlichen

---

[87] Das Terrain des Palastes gehörte ursprünglich zu zwei Pfarrbezirken: Der südliche Abschnitt zu S. Firenze, der nördliche zu S. Apollinare (Dok. XIX, Z. 32—35). In Giulianos Erklärung zur Decima von 1498 wird der ganze Neubau dem Bezirk von S. Apollinare zugerechnet (Dok. XI, Z. 5f). — Die Rekonstruktion der ursprünglichen Grundstücksverhältnisse beruht sowohl auf den Schriftquellen als auch auf den Plänen Giuseppe Poggis, die den Bauzustand des Palastes vor der Restaurierung von 1874 wiedergeben (Abb. 3—5). Die alte Bebauung an der Via delle Prestanze war damals noch so weit erhalten, daß die Aufnahmen eine Unterscheidung einzelner Grundstücke an dieser Stelle erlauben (vgl. u., Anm. 111).
[88] Dok. II, Z. 13—15
[89] Die Lagerekonstruktion geht von der Überlegung aus, daß das Haus während der ersten Bauphase des Palastes (1490—1501) als Ganzes erhalten blieb. Gegen den möglichen Einwand, das von uns als Grundstück II.3 rekonstruierte Gelände sei ebenfalls zum Bestand des Eckhauses zu rechnen, spricht schon eine kurze Analyse des Grundrißbildes: Offenbar sind beide Bauten erst nachträglich durch Mauerdurchbrüche miteinander verbunden worden (besonders deutlich im Obergeschoß); im Erdgeschoß mußte dabei ein Niveauunterschied überbrückt werden. — Gegen eine weitere Ausdehnung des Eckhauses nach Norden spricht die Lagerekonstruktion des Grundstücks II.2.
[90] Dok. II, Z. 11—13

Eingang abbrechende Bossenverzahnung läßt darauf schließen, daß das später durch den Neubau verdrängte Nachbarhaus II.1 die Straßenflucht nach Norden fortsetzte. Bis auf nachträglich eingefügte Fensterrahmen in den oberen Geschossen scheint Poggis Aufnahme den ursprünglichen Bauzustand wiederzugeben.

In den Steuerakten von 1457 erklärt Giuliano, er habe das Haus inzwischen mit seiner Familie bezogen und in den Eckräumen (des Erdgeschosses) seine Geschäftsräume untergebracht[91].

Vor 1469 muß eine Erbteilung zwischen den Brüdern stattgefunden haben, die Giuliano das Haus zur alleinigen Nutzung überließ[92]. Im Catasto dieses Jahres gibt Giuliano außerdem an, von der Arte di Calimala für 24 Lire jährlich[93] ein angrenzendes kleines Haus (»una chasetta alato alla mia«) gemietet zu haben, das als Brennholzlager, Hühnerstall und Küche genutzt werde[94].

1480 ist bereits von drei gemieteten Häusern die Rede, die alle in unmittelbarer Nachbarschaft des Eckhauses liegen[95]. Eines dieser Häuser wird von Ser Piero da Vinci, dem Vater Leonardos, als Untermieter bewohnt[96]; noch im Laufe desselben Jahres soll ihm aber gekündigt werden, da, wie Giuliano erklärt, der Wohnraum andernfalls für die Bedürfnisse seiner Familie nicht mehr ausreiche. Offenbar ist zu diesem Zeitpunkt noch daran gedacht, die Raumnot durch volle Ausnutzung der gemieteten Häuser mehr oder minder provisorisch zu bewältigen.

Das erste Anzeichen für die Planung eines Neubaus finden wir in den Nachrichten über den nächsten Grundstückskauf. Am 12.VIII.1485 erwirbt Giuliano von der Arte di Calimala jene drei Häuser, die er bislang schon als Mieter genutzt hat[97]. Ihre Grundstücksgrenzen lassen sich anhand des Kaufvertrags und der entsprechenden Eintragungen in die Zunftregister bestimmen:

II.1 (»domus«)   2
— (1) Via de'Leoni
— (2) Haus II.2
— (3) Via delle Prestanze
— (4) Besitz der Mercanzia (III, VI)
— (5) Erben des Niccolò degli Asini (IV)
— (6) Giuliano Gondi (I)[98]

II.2 (»domuncula«)
— (1) Via de'Leoni
— (2) Haus II.1
— (3) Giuliano Gondi (I)
— (4) Haus II.3[99]

[91] Dok. III, Z. 11 f. Der »canto de'Lioni« war — wie die gleichnamige Straße — nach dem städtischen Löwenzwinger benannt, der sich an der gegenüberliegenden Ecke Via de' Leoni / Via delle Prestanze befand.
[92] Dok. V, Z. 6 f
[93] Die Lira war die Geldeinheit der Silberwährung, die zur Goldwährung in keiner festen Relation stand; um 1500 entsprachen 7 Lire etwa einem Fiorino di suggello (ROOVER 1963, 31 f).
[94] Dok. V, Z. 28—30
[95] Dok. VII, Z. 25—29
[96] Leonardo verbrachte in diesem Haus bis 1476 einige Jahre seiner Jugend (SMIRAGLIA-SCOGNAMIGLIO 1900, 26 f), woran eine Inschrift des 19. Jahrhunderts erinnert (s. u., Anm. 138).
[97] Die Häuser stammten aus dem Besitz der Francesca degli Asini, Witwe des Lotto Castellani, und waren — vermutlich 1459 — der Arte di Calimala testamentarisch hinterlassen worden (vgl. Dok. IV).
[98] Dok. IX, Z. 12—15; Dok. IV, Z. 2—5
[99] Dok. IX, Z. 16 f; Dok. IV, Z. 7—9

II.3 (»domus sive situm pro residentia offitialium«)
— (1) Via delle Prestanze
— (2) Giuliano Gondi (I)
— (3) und (4) Häuser II.1 und II.2
— (5) Besitz der Mercanzia (III)[100].

Daß die Grundstücke II.1 und II.3 jeweils an die Via delle Prestanze und an das Eckhaus der Gondi (I) grenzten, scheint mit der Disposition des Terrains, wie sie sich auf Poggis Plänen darstellt, nicht vereinbar zu sein. Der Kaufvertrag selbst aber gibt einen Hinweis, wie der Widerspruch zu lösen ist: Vom letztgenannten Gebäude, dem Sitz der »offitiales« (II.3), wird gesagt, es sei mit dem ersten (II.1) in einer baulichen Einheit zusammengefaßt (»quod est comprehensum cum suprascripta domo«)[101]. Demnach wären im Kontrakt unter II.1 beide Häuser als Einheit, unter II.3 dagegen als getrennte Komplexe erfaßt. In ähnlicher Weise beschreibt Giuliano das Terrain, wenn er in der Decima von 1498 alle drei Häuser als Einheit behandelt[102]. Für diese Lösung spricht schließlich auch, daß der Vertrag bei der Lagebeschreibung des Amtssitzes (II.3) das Haus II.1 als benachbartes Gebäude aufführt, der entsprechende Vermerk aber unter II.1 fehlt.

Nach diesen Überlegungen können wir folgende Disposition der drei Grundstücke rekonstruieren:

Die »domuncula« oder »chasetta« (II.2) war im Süden durch Giulianos Eckhaus (I) begrenzt; ihre Ostfront setzte an der Via de'Leoni die Straßenfassade des Gondi-Hauses fort; im Westen schloß sich der Amtssitz (II.3), im Norden das Grundstück II.1 an.

Der Amtssitz (II.3) grenzte mit seiner Ostwand an das Gondi-Eckhaus (I) und die »domuncula« (II.2); die Südfront zeigte auf die Via delle Prestanze; im Westen folgte das Mercanzia-Grundstück III, im Norden das Haus II.1.

Das nördlich auf diese beiden Grundstücke folgende Haus II.1 lag mit seiner Fassade an der Via de'Leoni und erstreckte sich vermutlich etwa über die Tiefe des späteren Palasthofes. Im Westen wurde es durch Bauten der Mercanzia (VI), im Norden durch das Haus der Familie Asini (IV) begrenzt. An der Südseite folgten hintereinander die »domuncula« (II.2) und die zur Via delle Prestanze hin gelegenen Grundstücke II.3 und III[103].

Als Kaufpreis gab Giuliano neben einem Betrag von 100 Fiorini larghi eine Bottega an der Via Por S. Maria in Zahlung, die er zuvor von Lorenzo de' Medici erworben hatte[104]. Offenbar war die Arte di Calimala durch einen Fideikommiß verpflichtet, die Häuser nur im Tausch gegen anderen Grundbesitz zu veräußern[105]. Daß der Kontrakt im Palazzo Medici

[100] Dok. IX, Z. 18—22; Dok IV, Z. 11—14
[101] Dok. IX, Z. 18
[102] Dok. XI, Z. 9—12
[103] Die südliche Grundstücksgrenze lag auf dem Gebiet des heutigen Palasthofes, so daß auf Poggis Plänen keine unmittelbaren Spuren ihres Verlaufs zu erkennen sind.
[104] Dok. IX, Z. 25ff; Dok. IV, Z. 16—18; Dok. XI, Z. 20ff
Der Fiorino largo galt seit 1433 neben dem Fiorino di suggello als zusätzliche Einheit der Goldwährung; die offiziell festgelegte Wertspanne betrug 1464 20% zugunsten des Fiorino largo (ROOVER 1963, 31f). — Die zusätzliche Zahlung von 100 Fiorini larghi erklärt sich daraus, daß die Bottega mit 20 Fiorini larghi jährlich geringere Mieteinnahmen erbrachte als die verkauften Häuser mit 25 Fiorini larghi 24 Lire (vgl. Dok. VII, Z. 26f).
[105] Dok. IX, Z. 43—51; Dok. IV, Z. 22f

und mit Lorenzo als Bürge abgeschlossen wurde[106], ist ein erstes Anzeichen für das Interesse des Magnifico an Giulianos Bauvorhaben.

Vom Vertragsabschluß bis zum Baubeginn vergingen noch fünf Jahre. Ein Grund für den Aufschub dürfte gewesen sein, daß Giuliano erst 1490 ein weiteres Grundstück als Baugelände hinzukaufen konnte. Wie Tribaldo de'Rossi in seinem Tagebuch berichtet, fand am 5. Juni dieses Jahres im Palazzo dei Priori eine Beratung darüber statt, ob man Giuliano für die Erweiterung seines Hauses ein Grundstück aus kommunalem Besitz überlassen solle. Auf Vermittlung Lorenzos de'Medici habe man schließlich, so Rossi, den Handel zu einem angemessenen Preis abschließen können[107] — ein weiterer Hinweis auf Lorenzos Bemühen, Giuliano die Verwirklichung seiner Neubaupläne zu ermöglichen.

Rossi gibt nur eine ungenaue Lagebeschreibung des Grundstücks[108]. Detailliertere Angaben finden sich in Giulianos Erklärung zur Decima von 1498, wo folgende Grundstücksgrenzen genannt sind:

III. (»uno certo sito«)   2
— (1) Via delle Prestanze
— (2) und (3) Giuliano Gondi (II.3 und II.1)
— (4) Mercanzia (VI)[109].

Sowohl der niedrige Kaufpreis von 250 Fiorini[110] als auch die Bezeichnung »sito« (nicht: »casa«) weisen darauf hin, daß es sich hier um ein kleines Gebäude handelte, dessen ursprüngliche Abmessungen sich von Poggis Grundrissen nicht mehr ablesen lassen. Da außerdem die Westmauer der späteren Remise wegen ihrer geringen Stärke kaum mit einer der alten Baugrenzen gleichgesetzt werden kann, dürfte der frühere Grenzverlauf weiter südlich anzusetzen sein[111].

In den Quellen von 1485 wird das Haus als Besitz der Mercanzia aufgeführt. Wir müssen also entweder annehmen, daß das Grundstück inzwischen von der Kommune gekauft worden war, oder — die wahrscheinlichere Lösung — daß der Amtssitz der Mercanzia und die dazugehörigen Grundstücke seit jeher kommunales Eigentum waren[112].

Sechs Wochen nach diesem Besitzwechsel, am 20. Juli 1490, begannen die Arbeiten an Giulianos Palastbau.

Wann das nördlich des Grundstücks II.1 gelegene Haus der Brüder Asini hinzugekauft wurde, läßt sich nicht eindeutig feststellen. Dokumentarisch gesichert ist nur das Jahr 1498

---

[106] Dok. IX, Z. 3f u. Z. 47—51
[107] Dok. X, Z. 4—8
[108] Dok. X, Z. 5f. — Die unklare Bezeichnung des Grundstücks (»quel' arte de' ...«) könnte auf eine falsche Lesart des Editors zurückgehen; da der Kaufpreis an den Monte Comune bezahlt wurde (Dok. X, Z. 7f), muß es sich um kommunalen Besitz gehandelt haben. Da außerdem Giulianos Erklärung zur Decima von 1498 keinen anderen Grundstückskauf aus kommunalem Eigentum verzeichnet, müssen sich die Angaben dieser Quelle und Rossis Bericht auf ein- und dasselbe Haus beziehen.
[109] Dok. XI, Z. 16—19
[110] Dok. XI, Z. 19
[111] Reste der alten Grenzmauer III/VI waren bei Straßenarbeiten im Juni 1981 zu sehen: Die Mauer verlief dort, wo nach Poggi (Abb. 3) ein leichtes Abwinkeln der Mauerzeile anzunehmen ist.
[112] Die Mercanzia, das Florentiner Handelsgericht, war keine kommunale, sondern eine von den Zünften getragene Einrichtung; ihr Amtssitz an der Ostseite der Piazza della Signoria wurde aber auf Kosten der Kommune errichtet (1359ff): DAVIDSOHN Geschichte IV.1, 291.

als Terminus ante quem, da der Kauf in den Steuerakten dieses Jahres resümiert wird[113]. Baugeschichtliche Erwägungen sprechen dafür, den Besitzwechsel erst einige Zeit nach der Grundsteinlegung anzusetzen. Eine — wenn auch nicht eindeutige — Bestätigung dieser Annahme findet sich in der Steuererklärung der Brüder Asini von 1480, die das Jahr 1495 als Datum des Verkaufs nahelegt[114].

Im Catasto von 1469 nennen die Brüder Asini folgende Grundstücksgrenzen:

2 IV. (1) Via de'Leoni
— (2) Arte di Calimala (II.1, seit 1485 Gondi)
— (3) Chiasso del Fondello (Vicolo de'Gondi)
— (4) Erben eines Ser Antonio d'Antonio (V, später Niccolò Tanini)[115].

Mit der Nordgrenze dieser Parzelle endet noch heute der Baubestand des Palastes. An der Westseite führte der Chiasso del Fondello entlang, eine von der Via Condotta ausgehende Gasse, die heute weitgehend verbaut ist. Poggis Grundrissen zufolge endet sie an der Trennmauer zwischen Hofkomplex und nördlichem Seitentrakt. Aus einer topographischen Beschreibung des späten 17. Jahrhundert geht jedoch hervor, daß sich die Gasse ursprünglich weiter nach Süden fortsetzte und schließlich in die Via delle Prestanze einmündete[116]. Da nun als Westgrenze der Gondi-Grundstücke II.1 und III nicht der Chiasso del Fondello, sondern stets Mercanzia-Besitz genannt ist, können die Angaben der Brüder Asini nicht in allen Punkten den Gegebenheiten von 1485 entsprechen: An der Südseite der Parzelle IV lag offensichtlich nicht nur das Gondi-Grundstück II.1, sondern zusätzlich jener Mercanzia-
12 Besitz (VI), der sich noch auf Buonsignoris Florenzplan von 1584 als selbständiger Bautrakt zwischen Palast und Chiasso del Fondello abzeichnet. Erst im 17. Jahrhundert wurde an dieser Stelle der Westflügel jenseits des Hofes errichtet. Aus den genannten Geländeverhältnissen können wir folgern, daß die Südgrenze des Asini-Grundstücks (IV) etwa mit der südlichen Hofmauer übereinstimmte[117].

Damit sind alle Grundstücke aufgezählt, die bis 1498 in Giulianos Besitz gelangt waren[118]. Noch vor seinem Tod im Mai 1501 muß er das Haus des Niccolò Tanini (V) hinzugekauft haben, das zwar nicht mehr in den Neubau einbezogen wurde, aber 1537 als Grundbesitz aus seinem Nachlaß aufgeführt ist. Das entsprechende Dokument gibt folgende Lagebeschreibung:

2 V. (1) Via de'Leoni
— (2) Palazzo Gondi (Nordflügel, vorher IV)
— (3) Chiasso del Fondello
— (4) Erben des Niccolò Sacchetti (Nordseite)[119].

Weitere Angaben zu diesem Haus verdanken wir der bereits erwähnten Beschreibung des 17. Jahrhundert: Ursprünglich konnte man, an der Via de'Leoni eintretend, durch einen

---

[113] Dok. XI, Z. 13—15. Der Kaufpreis betrug 1200 Fiorini di suggello.
[114] Dok. VIII. Die später hinzugefügte Randglosse bezieht sich auf den Verkauf des Hauses an Giuliano, wobei die Angabe »95« möglicherweise als Jahreszahl zu verstehen ist.
[115] Dok. VI
[116] Zur genauen Rekonstruktion des Straßenverlaufs s.u., 27
[117] Mauerstärke und -technik lassen im Keller deutlich erkennen, daß hier Strukturen des Vorgängerbaus übernommen worden sind.
[118] Dok. XI, Z. 9—12
[119] Dok. XIV, Z. 3

»andito« in eine schmale Stichstraße an der Rückseite des Hauses gelangen, die weiter westlich in den Chiasso del Fondello einmündete[120]. Diese schachtartige Verbindung führt noch heute an der Nordseite des Palastes entlang. Der L-förmige Parzellengrundriß vereint zwei ursprünglich getrennte, zur Via de'Leoni bzw. zum Chiasso del Fondello orientierte Gebäude. Daß die Hausfassade an der Ostseite zwar im 19. Jahrhundert erneuert wurde, die alten Abmessungen aber beibehielt, zeigt der Vergleich des heutigen Zustandes mit einer Vedute des späten 18. Jahrhunderts.

Das Mercanzia-Grundstück VI wird noch im Nachlaßkatalog von 1537 als Westgrenze des Palastes genannt[121]. Vermutlich kauften es Giulianos Nachfahren erst nach 1686 hinzu, um die Voraussetzungen für einen Erweiterungsbau zu schaffen.

2. Der Neubau

a) Die Hauptdaten der ersten Bauphase (1490/1501)

Die Arbeiten an Giulianos Palastbau begannen, wie das Tagebuch des Tribaldo de' Rossi verzeichnet, am frühen Morgen des 20. Juli 1490 mit der Fundierung der neuen Bossenfassade. Am 29. Juli — so Rossi an anderer Stelle — war man damit befaßt, einen Fundamentgraben unter der Schwelle des Eingangsportals (»sotto la soglia dela porta sua«) mit Kies aufzufüllen[122].

Das Ende der Arbeiten läßt sich durch die Chronik des Giovanni Cambi zeitlich eingrenzen. Dort heißt es, daß die Arbeiten nach dem Tod Giuliano Gondis nicht weitergeführt worden seien (»e dopoi la morte di detto Giuliano non si seghui di murare«)[123]. Der Mai 1501 kann also als Terminus post quem für das Ende der Bautätigkeit gelten. Cambis Darstellung wird durch Vasaris Angaben in der Vita des Giuliano da Sangallo bestätigt[124].

Der bereits erwähnte Brief des Francesco da Sangallo, in dem von Ereignissen des Jahres 1506 die Rede ist, läßt eindeutig erkennen, daß dessen Vater zu diesem Zeitpunkt nicht mehr mit dem Gondi-Bau beschäftigt war[125].

---

[120] Dok. XVIII, Z. 26—29. Das Verständnis des Dokumentes wird dadurch erschwert, daß der Verfasser diese Stichstraße fälschlich als Via delle Prestanze bezeichnet. Mit »chiasso del Garbo« ist der frühere Chiasso del Fondello gemeint.

[121] Dok. XIV, 1

[122] Dok. X (vgl. FABRICZY Chron. Prospekt (1902), 18, und ebd. 5). — Der Baubeginn wurde erstmals richtig datiert bei GRANDJEAN/FAMIN 1815, 19. Andere Florentiner Chronisten setzen den Baubeginn in Zusammenhang mit dem des Pal. Strozzi (1489), ohne ein genaues Datum anzugeben: LANDUCCI 1883, 58; F. Baldovinetti in: FABRICZY 1905, 543; CAMBI 1785, 51; LAPINI 1900, 27.

[123] Dok. XIII

[124] Dok. XV, Z. 4f

[125] Dok. XVI, Z. 15

b) Der Bauzustand nach den Quellen von 1498 und 1537

2 Auf Rossis Tagebuchnotizen folgt als nächste Baunachricht Giuliano Gondis Steuererklärung von 1498, in der er über den Stand der Arbeiten Rechenschaft ablegt. Zusammen mit der Aufzählung aller zurückliegenden Terrainkäufe wird jeweils vermerkt, wie weit der Neubau die einzelnen Grundstücke bereits erfaßt hat. Daraus ergibt sich folgendes Bild: Im Norden ist der Neubau an die Stelle des Asini-Hauses (IV) getreten, hat also bereits seine heutige Ausdehnung erreicht; im Süden hat er die Häuser II.1 und II.2 sowie die rückwärtigen Teile der Altbauten an der Via delle Prestanze (II.3, III) verdrängt. Offenbar werden die fertiggestellten Bauglieder bereits gemeinsam mit dem benachbarten Eckhaus (I) bewohnt[126].

Nach der Aufstellung von 1537 liegt der »palazzo nuovo« zwischen den noch bestehenden Altbauten an der Via delle Prestanze im Süden und dem früheren Tanini-Grundstück (V) im Norden. Als weitere Baugrenzen werden an der Ostseite die Piazza S. Firenze (Via dei Leoni), im Westen teils Mercanzia-Bauten (VI), teils der Chiasso del Fondello genannt[127].

Aus den übereinstimmenden Aussagen beider Dokumente geht hervor, daß die Grundfläche des Neubaus nach 1498 nicht mehr erweitert wurde.

c) Die Bauhöhe von 1501

29 Hierzu fehlt in den Quellen jeder konkrete Hinweis. Der Bau selbst hingegen läßt noch in seinem heutigen Zustand Rückschlüsse auf die damalige Höhe zu: Die Bossenfassade hat an ihrer Nordkante keinen definitiven Abschluß erhalten, sondern bricht in allen drei Geschossen unvermittelt ab. Im Erdgeschoß sind Sockelbank und Bossen an ihrer Schmalseite abgeschnitten (lediglich die neben der nördlichen Portalrahmung versetzten Quader weisen einen Saumschlag auf, der sie als spätere Zutat kennzeichnet). Entsprechend ist im Piano Nobile

17 die Verzahnung der Quaderung offen geblieben. Das Kranzgesims schließlich bricht mit der Mauerkante ab, ohne um die Ecke herumzuführen. Diese Merkmale deuten darauf hin, daß der Bau noch weiter nach Norden fortgesetzt werden sollte. Da aber ein solches Vorhaben seit 1501 nicht mehr bestand, liegt der Schluß nahe, daß die Fassade zumindest an dieser Stelle schon vor Giulianos Tod ihre volle Höhe erreicht hatte.

8 Die über dem Kranzgesims aufsteigende Dachloggia ist weder vom heutigen Bauzustand her noch anhand der Quellen sicher zu datieren[128].

d) Die chronologische Abfolge der Arbeiten

2 Sowohl die Grundstücksverhältnisse als auch praktische Erfordernisse machten es notwendig, das Bauvorhaben in einzelnen, aufeinander folgenden Abschnitten zu verwirklichen: Zum einen stand bei Baubeginn erst ein Teil des insgesamt benötigten Geländes zur Verfügung — das Asini-Grundstück (IV) konnte wahrscheinlich erst 1495, der Tanini-Besitz (V) mit Sicherheit erst nach 1498 erworben werden —, zum anderen sollte das alte Wohnhaus (I)

[126] Dok. XI
[127] Dok. XIV
[128] s. u., 28

vermutlich so lange erhalten bleiben, bis ein entsprechender Teil des Neubaus dessen Funktionen übernehmen konnte. Dementsprechend tangieren Hof und Eingangstrakt an drei Seiten die Grundstücksgrenzen von 1490 (I, VI, IV).

Da bei Baubeginn der Zeitpunkt einer möglichen Terrainerweiterung vermutlich noch nicht abzusehen war, andererseits aber ein Teil des Neubaus möglichst bald bezugsfertig sein sollte, erscheint es folgerichtig, daß man sich 1490 zunächst auf die Errichtung eines in sich abgeschlossenen und funktionsfähigen Gebäudeabschnittes konzentrierte. Demgemäß ist der Kernbau allseitig durch tragende Mauern begrenzt, konnte also unabhängig von späteren Erweiterungsarbeiten bewohnt werden; ferner vereint er mit Loggienhof, Treppe und Sala Grande auf engem Raum die Grundelemente eines repräsentativen Privatpalastes. 24, 25

Diese Hypothese wird indirekt auch durch die Dokumente gestützt: Sie erklärt, warum mit dem Bau erst begonnen wurde, nachdem Giuliano das Grundstück III erworben und damit die Voraussetzung für die volle Tiefenerstreckung des Hofes geschaffen hatte. Daneben könnte Rossis Erwähnung der »porta« als Hinweis darauf verstanden werden, daß die Arbeiten beim Mittelportal begannen.

Wenn auch die Lage des Kernbaus durch die 1490 herrschenden Geländebedingungen determiniert wurde, so verrät seine regelmäßige Binnenstruktur doch eine weitgehende Unabhängigkeit von Orientierung und Mauerführung der Vorgängerbauten. Die Begrenzungsmauern bilden ein annähernd rechtwinkliges Koordinatensystem, dem Hof und Eingangstrakt eingeschrieben sind. Die Fassade, Grundlinie dieses Rechtecks, wurde nach Rossis Zeugnis über neuen Fundamenten errichtet. Offenbar ist sie darauf berechnet, die Fluchtlinie des Tanini-Hauses (V) geradlinig nach Süden fortzusetzen.

Im Erdgeschoß des Neubaus wurde das nach Osten abschüssige Geländegefälle ausgeglichen (die Eingangsebene liegt etwa 1/2 m über Straßenniveau), im Piano Nobile die Fußbodenhöhe mit der des benachbarten Eckhauses abgestimmt. Zusammen mit Giulianos Steuerprotokoll von 1498, das die nach wie vor intakte Funktion des alten Wohnhauses außer Frage stellt, weist dieser Befund darauf hin, daß Alt- und Neubauten auf längere Sicht gemeinsam genutzt werden sollten. 3, 4

Anscheinend stellte das Eckhaus von vornherein einen wichtigen Faktor der Neubauplanung dar. Mithin können wir auch davon ausgehen, daß die südliche Hofmauer, deren Position ja durch die Ausdehnung des Eckhauses bestimmt wurde, bereits vor 1501 geplant war und nicht erst, wie man einwenden könnte, einer späteren Planreduktion zuzurechnen ist. Nach Poggis Aufnahmen bildete dieser rechtwinklig zur Fassade verlaufende Mauerzug die Trennungslinie zwischen dem Neubau im Norden und den stehengebliebenen Altbauten im Süden. Die Nahtstelle war durch einen nach Westen spitz zulaufenden, mit der Neubaufassade abschließenden Zwickelraum überbrückt, der im Piano Nobile beide Baukomplexe zu einer durchgehenden Raumfolge verband.

Wenn das Asini-Grundstück (IV) erst 1495 in Giulianos Besitz gelangte, der Nordtrakt aber schon drei Jahre später weitgehend vollendet war, müssen sich die Arbeiten in der Zwischenzeit vornehmlich auf diesen Bauabschnitt konzentriert haben.

Wir konnten feststellen, daß der Nordflügel 1498 bereits seine volle Bautiefe erreicht hatte. Wie Poggis Grundrisse zeigen, ist nur sein vorderer (östlicher) Abschnitt auf die Mauerführung des Hofkomplexes abgestimmt: Der hinter der Fassade liegende Eingangsraum endet auf einer Linie mit den Arkaden der östlichen Hofloggia, so daß der entsprechende Raum des Piano Nobile die gleiche Tiefe besitzt wie die benachbarte Sala Grande. Die rückwärtigen Bauteile indessen gehen keine organische Verbindung mit dem Kernbau ein;

19

wie die Disposition des Lichthofes vermuten läßt, wurden hier Strukturen aus dem Vorgängerbau übernommen.

Mit der Nordseite stößt der Bautrakt an die unregelmäßige Grenzmauer des Tanini-Hauses (V), so daß die einzelnen Räume einen trapezförmig verzogenen Grundriß aufweisen. Der an die Sala Grande anschließende Raum des Piano Nobile zeigt Spuren eines Korrekturversuchs: Durch eine Abschrägung der rückwärtigen Quermauer wollte man seine Nordwestecke offenbar dem rechten Winkel annähern und so einen regelmäßigen Raumeindruck schaffen.

e) Zusammenfassung

3, 4 Allein dem Grundriß nach zu urteilen, scheint dem Bauherrn zunächst nur eine allmähliche Erweiterung seines alten Wohnhauses vorgeschwebt zu haben. Schritt für Schritt wurde der Neubau errichtet, bestimmt von den jeweils herrschenden Geländebedingungen und dem Wunsch nach möglichst rascher Bewohnbarkeit der einzelnen Bauabschnitte. Erst die Fassade läßt erkennen, daß den Arbeiten von vornherein ein größer dimensioniertes Gesamtprojekt zugrunde lag. Hier kam es nicht auf kurzfristige Bedürfnisse, sondern allein auf die einheitliche Wirkung des Außenbaus an, auch wenn dessen Vollendung vorerst noch in weite Ferne gerückt war. Diese unterschiedlichen Zielsetzungen machten es unvermeidlich, daß schon im Kern des Neubaus Konflikte zwischen Außen und Innen offen zutage treten. Vor allem mußten die Hofarkaden so viel schmaler bemessen werden als die Fassadenjoche, daß der Besucher beim Betreten des Inneren eine spürbare Verengung der Größenverhältnisse erfährt. Als weitere Folge dieser Unstimmigkeit trifft die nördliche Seitenmauer des Hofes auf eine Fensterachse der Fassade, so daß sich in allen zur Straße gelegenen Innenräumen die Fenster asymmetrisch verteilen.

3. Baunachrichten des 16. bis 18. Jahrhunderts

a) 16. Jahrhundert

Wie Benedetto Varchi berichtet, wurde der Palast während der Unruhen von 1527 belagert und geplündert; Steinwürfe beschädigten die Fassade[129].

Im Verlauf des 16. Jahrhunderts scheint das rechte (nördliche) Seitenportal geschlossen
14 worden zu sein: Der 1598 datierte Fassadenriß Giorgio Vasaris des Jüngeren zeigt über der durchlaufenden Sockelbank eine in das Portal eingelassene Fensternische mit geradem Simsabschluß; die Lünette ist durch ein Gitter geschlossen. Obwohl Vasaris Aufnahme in zahlreichen Details idealisierend vom ausgeführten Bau abweicht[130], kann sie in diesem Punkt
15, 17 als zuverlässig gelten, da das geschlossene Portal noch durch spätere Bildquellen bezeugt ist.

---

[129] Varchi ed. Arbib, I, 72, 132
[130] Die südliche Portalachse ist ergänzt; Geschoßproportionen, Rustikazeichnung und Gesimsprofile stimmen nicht mit der ausgeführten Fassade überein.

b) 17. und 18. Jahrhundert

1652 erhielt der damalige Besitzer, Giuliano di Federigo Gondi, die Erlaubnis des Großherzogs, eine Wasserleitung zum Brunnen auf der Piazza della Signoria anzulegen. Anschließend wurde der Brunnen im Palasthof errichtet[131].   45

Der Besitzwechsel von 1686 gab Anlaß zu größeren Umbauten im Inneren des Palastes[132]. Soweit wir wissen, betrafen die Arbeiten den Westflügel an der Rückseite des Hofes. Ob der Umbau mit Terrainerweiterungen verbunden war, ist nicht sicher belegt. Es kann aber als wahrscheinlich gelten, da andernfalls das Grundstück VI zwischen 1537 und 1686 in den Besitz der Familie gelangt sein müßte.

Die Baupläne lieferte Antonio Ferri[133]. Im Erdgeschoß wurden Nutzräume (unter anderem Stallungen) eingerichtet, in den oberen Geschossen Wohnräume. Erhalten ist ein reich ausgestattetes Brautzimmer (1710/11), an dessen Dekoration der Stukkateur Giovanni Battista Ciceri sowie die Maler Matteo Bonechi und Lorenzo il Moro beteiligt waren[134].

Von 1772 bis 1775 wurde nach Plänen von Zanobi del Rosso die Piazza S. Firenze umgestaltet[135]. Mulinellis Vedute zeigt ihren Zustand nach Abschluß der Arbeiten.   17

4. Restaurierung des 19. Jahrhunderts[136]

a) Voraussetzungen

Die 70er Jahre des 19. Jahrhunderts brachten günstige Umstände für die Vollendung des Palastfragments mit sich. Einerseits war der Besitzer, Marchese Eugenio Gondi, daran interessiert, den Bau nach Westen auszudehnen, andererseits wollte die Kommune die Via dei Gondi verbreitern, um eine funktionsfähige Verbindung zwischen der Piazza della Signoria und der Piazza S. Firenze zu schaffen. So konnte ein Geländetausch vorgenommen werden, der die Voraussetzungen für einen durchgreifenden Umbau im Sinne des Besitzers erfüllte: Dem Marchese wurde im Westen weiterer Baugrund zur Verfügung gestellt, die Stadt erhielt dafür einen Teil der Grundstücke an der Via de' Gondi, deren alte Bebauung die Straße nach Osten hin verengte.

Mit Entwurf und Ausführung der Baupläne wurde Giuseppe Poggi (1811—1901) betraut, der seit 1864 die umfassende Florentiner Stadterneuerung leitete und zu den führenden Architekten seiner Zeit zählte[137]. 1874 waren die Umbauten abgeschlossen[138]; genauere

---

[131] CORBINELLI 1705, I, 212; GINORI LISCI 1972, II, 588
[132] Vgl. hierzu GINORI LISCI 1972, II, 588f mit Berufung auf unzugängliche Dokumente aus dem Familienarchiv im Pal. Gondi.
[133] Zu Ferri neuerdings: ZANGHERI 1972
[134] Vgl. GINORI LISCI 1972 II, Abb. 475. Eine Besichtigung dieser Räume wurde mir nicht gestattet.
[135] PAATZ Kirchen, II, 101ff
[136] Die Darstellung stützt sich im wesentlichen auf Poggis Erläuterungen zu seinen Bauaufnahmen (Dok. XIX).
[137] Zu Poggi: BORSI 1970
[138] Das Datum wird bestätigt durch eine Inschrift über dem südlichen Hofeingang: »LEONARDO DA VINCI / VISSE LA BENAUGURATA GIOVINEZZA / IN UNA CASA DELL'ARTE DEI MER-

Daten sind nicht bekannt. Da Poggi den Bau vor Beginn der Arbeiten aufnehmen ließ, sind ein Fassadenriß sowie je ein Grundriß des Erdgeschosses und des Piano Nobile erhalten, die seinen vorherigen Zustand dokumentieren. Ein Vergleich mit jenen Plänen, die nach der Restaurierung angefertigt wurden, gibt Aufschluß über den Umfang der Arbeiten:

b) Grundriß

An der Via de' Gondi wurde die alte Bausubstanz bis zur Südmauer des Arkadenhofes niedergerissen und die Straßenflucht so begradigt, daß sich die Ecke zur Piazza S. Firenze um etwa 6 m nach Norden verschob. Dem Hofkomplex des Quattrocento fügte Poggi einen neuen Seitentrakt hinzu, dessen Südflanke dem korrigierten Straßenverlauf an der Via dei Gondi folgt und mit der geradlinig fortgesetzten Ostfassade in spitzem Winkel zusammentrifft. Das nach Osten abfallende Geländeniveau wurde innerhalb des neuen Südflügels ausgeglichen. Im Erdgeschoß schuf man von der Via de'Gondi aus einen neuen Zugang zum Hof. Westlich davon wurde eine Nebentreppe angelegt. In den südöstlichen Eckräumen richtete man ein Ladenlokal ein, das den alten Raum südlich des Andito einbezieht.

Während Hof- und Fassadentrakt — abgesehen von Mauerdurchbrüchen zu den Seitenflügeln — kaum Veränderungen der überkommenen Grundrißgestalt erkennen lassen, wurden Nord- und Westtrakt durchgreifend umgebaut. An der Rückseite des Hofes fand eine Remise Platz, die nicht nur direkt von der Seitenfront, sondern auch von der Platzseite aus zu erreichen war: Der Nordflügel diente nun als Wageneinfahrt, wofür das Bodenniveau abgesenkt werden mußte. Die Haupttreppe erhielt einen zweiten, von der Einfahrt aus begehbaren Unterlauf, der eine Verbreiterung des Wendepodestes von zwei auf drei Joche erforderte. Die Mauerstrukturen des Piano Nobile blieben so gut wie unverändert. Poggi verlängerte lediglich den Korridor über der westlichen Hofloggia, um den neuen Südflügel bequem mit dem Kernbau zu verbinden. Ferner erhielt das zwischen Treppe und Sala Grande vermittelnde Vestibül einen Zugang zum Nordflügel, der heute wieder geschlossen ist.

Der Erweiterungsbau grenzt im Süden an die Via de'Gondi, im Westen an die Rückseite des Palazzo della Mercanzia. Das Erdgeschoß setzt die Straßenfront des Südflügels in direkter Linie fort. Im Innern wurden neben einer Treppe und Nutzräumen ein Pferdestall sowie eine Wagenausfahrt untergebracht. Wo vorher der Chiasso del Fondello endete, zeigt der Grundriß nunmehr einen Lichthof. Die Obergeschosse sind um mehrere Meter hinter das Erdgeschoß zurückversetzt. Nach Poggis Intentionen sollten sich die angefügten Teile vom Kernbau optisch abheben und zudem von der Straße her besser belichtet werden. Die Mauerführung nimmt nicht auf die Via de'Gondi, sondern auf die anschließenden Räume des älteren Westflügels Bezug. Hauptraum des Piano Nobile ist eine großzügig bemessene Sala, die von Nebenräumen flankiert wird und mit den östlich benachbarten Räumen durch direkte Zugänge verbunden ist.

(Fortsetzung Fußnote 138)
CATANTI / CHE DA GIULIANO GONDI FU COMPRA E DISFATTA / NEL MURARE QUESTO PALAGIO / AL QUALE DANDOSI PERFEZIONE NEL MDCCCLXXIV / IL COMUNE E IL SIGNORE CONCORDI / VOLLE CHE LA MEMORIA DI TANTO NOME / AL NOBILE E VAGO EDIFICIO / ACCRESCESSE DECORO«.

c) Aufriß

Die Ostfassade wurde durch Anfügung einer südlichen Portalachse auf sieben Joche erweitert und damit nahezu symmetrisch ergänzt. Auf einen definitiven Nordabschluß mußte, wie Poggi mitteilt, verzichtet werden. An der Via de' Gondi erhielt der Bau eine zweite Schaufront, die die Formensprache der Sangallo-Fassade wiederholt, ihr System jedoch variiert: Während dort auf eine Portalachse zwei Fensterachsen folgen, wechseln an der Südseite Portal- und Fensterachsen miteinander ab.

29
31

Da der westliche Erweiterungsbau in der Fassadengestaltung selbständig behandelt ist, treten die um den Hof gruppierten Bauglieder an der Via de' Gondi als geschlossener Block in Erscheinung.

d) Restaurierung und Ergänzung der Bauplastik

Poggi bestätigt zwar die Restaurierung beschädigter Steinmetzarbeiten, läßt aber genauere Angaben vermissen. Ein Vergleich mit älteren Aufnahmen erweist, daß er an der Fassade auf die Einführung neuer Motive verzichtete.

Die Beurteilung des Hofes wird durch eine vor 1874 angefertigte Photographie des Treppenaufgangs erleichtert: Offenbar befanden sich nur die Wangenreliefs und die Geländerbaluster in so schlechtem Zustand, daß man einen Austausch gegen Kopien für notwendig hielt[139]. Basen und Kapitelle der Arkadensäulen waren hingegen noch gut erhalten. Weitere, nicht konservatorisch begründete Eingriffe betrafen eher nachgeordnete Details: Ein Durchbruch in der Stützmauer des Treppenlaufes wurde geschlossen, die vorher schlicht gearbeitete Antrittsstufe durch ein Exemplar mit abgeschrägter, profilierter Ecke ersetzt. Schließlich entfernte man einen Geländerknauf sowie einen steinernen Handlauf, der in die nördliche Wangenmauer eingelassen war.

43
64, 65

21, 43
63

Radikale Veränderungen erfuhr das Innere der Treppenanlage. Einer bereits vorhandenen, möglicherweise aus dem 17. Jahrhundert stammenden Türöffnung[140] in der rückwärtigen Podestwand stellte Poggi zwei Blendtüren gleichen Aussehens an die Seite. Die Erweiterung des Podestes erforderte ferner die Ergänzung einer Ziersäule, mehrerer Konsolen und eines Deckenfeldes. Die Konsolen und das Deckenrelief sind exakte Kopien nach vorhandenen Originalen; das Säulenkapitell geht auf einen freien Entwurf unter Verwendung des quattrocentesken Formenrepertoires zurück. Das Vestibül im Piano Nobile besaß ehemals eine Wandnische gegenüber dem einmündenden Treppenlauf, die während des Umbaus vermauert wurde.

67

4, 71

Der genaue Vergleich beider Poggi-Grundrisse läßt weitere Veränderungen der alten Raumgestalt erkennen. Während die Aufnahme des alten Zustandes nur eine Wandvorlage wiedergibt, nämlich vor der Scheidemauer zwischen Treppenlauf und hofseitigem Korridor, stimmt der spätere Grundriß mit dem heutigen Zustand überein. Hinzugekommen sind eine weitere Vorlage in der Mitte der rückwärtigen Querwand sowie vier Halbpilaster in den

4, 7

---

[139] Die Originale gelangten über die Collezione Bardini an das Victoria & Albert Museum in London: POPE-HENNESSY 1964, I, 183—187.

[140] Wenn der Westflügel erst im 17. Jh. errichtet wurde (vgl. o., 16), so müßte auch der Türdurchbruch aus dieser Zeit stammen. Der Rahmen wirkt zwar quattrocentesk; möglicherweise handelt es sich jedoch um eine Kopie nach der Tür im Unterbau des Podestes (Abb. 47).

71	Raumecken. Die Rahmenprofile an der nördlichen Schildwand stammen vermutlich ebenfalls aus dem 19. Jahrhundert, da sie auf eine nachträglich eingebrochene Türöffnung Bezug nehmen.

Für die Datierung des Gewölbestucks fehlen objektive Belege. Daß die Füllhornimprese der Gondi mißverständlich durch brennende Astbündel ersetzt wurde, deutet jedoch zumindest auf eine nachträgliche Restaurierung der Kassettenfelder hin[141].

Der westlich anschließende Korridor zeigt beim Treppenaufgang ebenfalls Spuren späterer Eingriffe. Während ursprünglich nur die mittlere Wangenmauer durch einen vollständigen Pilaster ausgezeichnet war, fügte Poggi den beiden flankierenden Gewölbekonsolen nachträglich Schäfte und Basen hinzu.

e) Zusammenfassung

Giuseppe Poggi verfolgte mit seinem Umbau im wesentlichen zwei Ziele: Einerseits wollte er den funktionellen Anforderungen von seiten des Bauherrn gerecht werden und den Innenbau konsequent modernisieren, andererseits den überlieferten Bestand so weit wie möglich erhalten. Dieses konservatorische Bewußtsein unterscheidet sein Projekt von den zahlreichen »Restaurierungen« im Florenz des ausgehenden 19. Jahrhunderts, die das Äußere historischer Bauten zwar sorgfältig instandsetzten, die alten Binnenstrukturen aber oft genug zerstörten[142].

5. Spätere Umbauten

Die obere Hofloggia wurde erst nach 1874 geschlossen[143]. Wie aus neueren Bauaufnahmen hervorgeht, blieb im übrigen der Zustand des 19. Jahrhunderts bis in die jüngste Vergangenheit erhalten[144].

6. Chronologische Übersicht

a) 1455
Giuliano Gondi kauft ein Wohnhaus an der Piazza S. Firenze.

b) 1485
Der Bauherr beginnt mit Grundstückskäufen in der Umgebung seines Wohnhauses.

[141] Zur stilistischen Analyse der bauplastischen Raumausstattung vgl. u., 56 ff
[142] Als prägnantes Beispiel sei der Pal. dello Strozzino angeführt, dessen Innenbau zu Beginn des 20. Jahrhunderts vollständig verloren ging (GINORI LISCI 1972, I, 249). Zu Poggis Restaurierungen weiterer Paläste: POGGI 1886; BORSI 1970.
[143] Vgl. den Schnitt bei STEGMANN/GEYMÜLLER V, Giuliano da Sangallo, Fig. 11 (hier Abb. 10), der erst nach 1874 angefertigt wurde.
[144] MONTANARI 1959/60. Die dort publizierten Pläne sind größtenteils ungenau.

c) 1490—1495

Am Anfang des Neubaus steht die Errichtung eines konstruktiv und funktionell abgeschlossenen Komplexes, dessen Ausdehnung durch die Terrrainverhältnisse bedingt ist und der Eingangstrakt, Hof und Treppe beherbergt.

d) 1495—1498

Nach einer Erweiterung des Bauplatzes wird der Nordtrakt errichtet.

e) 1501

Mit dem Tod des Bauherrn werden die Arbeiten abgebrochen. Die begonnenen Bauglieder sind in Grundriß und Aufriß weitgehend fertiggestellt und können gemeinsam mit dem alten Wohnhaus genutzt werden.

f) 1684

Nach dem Einzug eines neuen Besitzers wird der Westtrakt an der Rückseite des Hofes umgebaut bzw. neu errichtet.

g) 1874

Giuseppe Poggis Restaurierung und Erweiterung ist abgeschlossen.

III. Rekonstruktion

1. Der Bauzustand von 1501

a) Urbanistische Situation

Die heutige Umgebung des Palazzo Gondi entspricht nicht mehr der ursprünglichen Situation. Einschneidende Veränderungen brachten vor allem die Erschließung der Piazza S. Firenze (1772—1775) und die Erweiterung der Via de'Gondi (1874) mit sich.

Zur Rekonstruktion können neben Buonsignoris Florenzplan von 1584 zwei jüngst publizierte Lageskizzen der früheren Pfarrkirche S. Firenze von 1645 und 1649 herangezogen werden[145]. Aus den gleichen Jahren sind außerdem Straßenvermessungen überliefert. Bei gemeinsamer Auswertung dieser Quellen ergibt sich folgendes Bild:

Die alte Via de'Leoni begann im Norden an der Piazza S. Apollinare und führte in südlicher Richtung auf den Arno zu, wobei sich ihr Durchmesser zunächst kontinuierlich verringerte: An der südlichen Baugrenze des Palastes (I/II.1) scheint die Straße etwa 10 br. (ca. 6 m) breit gewesen zu sein[146]. An dieser Stelle öffnete sich die östliche Häuserzeile zum Vorplatz von S. Firenze, so daß Kirchenfassade und Eckhausfront (I) einander gegenüber lagen. Die Distanz zwischen Kirchenportal und Sockelbank des Eckhauses betrug genau 37 br. (21,60 m)[147]. Wie der Buonsignori-Plan zeigt, schob sich die Bebauung südlich der Kirchenfassade wieder bis an die Straßenflucht heran. Die Platzöffnung an der Straßenseite war etwa 18 br. (10,50 m) breit.

Entlang der Nordseite von S. Firenze verlief eine schmale Gasse, die Via del Canestruccio, die neben der Fassade in den Kirchenvorplatz einmündete und dem von Osten kommenden Betrachter einen Durchblick auf die Nahtstelle zwischen Palast- und Eckhausfront gewährte. Eine weiter nördlich anzunehmende Parallelstraße, der Chiassuolo de'Bucelli, scheint nach den Bildquellen nicht offen in die Via de'Leoni eingemündet zu sein: Sowohl Buonsignori als auch die Zeichner des 17. Jahrhunderts zeigen zwischen Piazza S. Apollinare und dem Vorplatz von S. Firenze eine geschlossene Baufluchtt.

Ursprünglich lag die fragmentarisch ausgeführte Neubaufront also an einer schmalen Straße, die keinen frontalen Betrachterstandpunkt erlaubte. Nur die Fassade des alten Eckhauses korrespondierte mit dem Vorplatz von S. Firenze und konnte als Ganzes überschaut werden.

Auf die 1874 erfolgte Verbreiterung der Via delle Prestanze (Via de'Gondi) wurde in der Baugeschichte hingewiesen. Die Straße führt, ausgehend von der Piazza della Signoria, in östlicher Richtung bis zur Ecke der Via de'Leoni und setzt sich von dort aus im Borgo de'Greci fort. Vor der Begradigung durch Poggi verengte sich die Straße zusehends von

---

[145] COFFEY 1978
[146] Die Maßangabe folgt der teilweise vermessenen Lageskizze von 1645 (Abb. 28). Nach COFFEY 1978, 91, war die Straße an der nördlichen Baukante (IV/V) etwa 12 br. (7 m), an der südlichen nur ca. 7 br. (4 m) breit.
[147] Straßenvermessung des 17. Jahrhunderts (COFFEY 1978, 106)

Westen nach Osten, so daß der »canto de'Leoni«, an der Nordseite durch das Gondi-Eckhaus (I) markiert, nur einen schmalen Durchgang von etwa 7 br. (4 m)[148] freiließ. Während die östliche Häuserzeile mit ihrer unregelmäßigen Folge schmaler Fassaden bei Buonsignori noch in ihrem ursprünglichen Zustand erscheint, wurde die alte Bebauung der Südseite im 16. Jahrhundert durch die Erweiterung des Palazzo Vecchio verdrängt. Ein anschauliches, wenn auch schematisiertes Bild des vorherigen Zustandes vermittelt die um 1500 entstandene Darstellung der Hinrichtung Savonarolas auf der Piazza della Signoria: Ähnlich der gegenüberliegenden Bauflucht reihten sich hier verschieden hohe, zwei- bis dreigeschossige Hausfassaden aneinander.   13

Nach der bereits erwähnten Beschreibung des 17. Jahrhunderts stellte der Chiasso del   2
Fondello ursprünglich eine durchgehende Straßenverbindung zwischen Via Condotta und Via delle Prestanze dar. Er soll etwa dort in die Via delle Prestanze eingemündet sein, wo nach 1686 der Gondi-Besitz endete[149]. Da Buonsignori an dieser Stelle eine geschlossene Häuserzeile darstellt, kann nur eine indirekte Verbindung durch einen überbauten Gang angenommen werden, wie sie in den alten Stadtteilen von Florenz häufig anzutreffen ist.

b) Außenbau

Der Zustand der Fassade vor dem Umbau von 1874 ist in mehreren Bauaufnahmen überliefert, von denen Poggis Aufriß als die genaueste gelten kann. Der sechs Fensterachsen umfas-   5
sende Fassadenabschnitt wurde im 19. Jahrhundert kaum verändert. Poggi beseitigte lediglich drei Stufen unterhalb des Nordportals, die erstmals 1815 durch Grandjean und Famin   18
belegt sind und ihrerseits nicht aus dem ursprünglichen Zusammenhang stammten. Wie die Stufen vor der Schließung des Nordportals im 16. Jahrhundert aussahen, ist nicht überliefert; vermutlich glichen sie denen des Hauptportals.

Bereits im 18. Jahrhundert wurden vier Fenstereinsätze entfernt, die noch auf Corbinellis   15
Fassadenansicht von 1705 in den beiden nördlichen Öffnungen der oberen Geschosse erscheinen: Bis zum Bogenansatz reichende Kreuzstöcke mit Quersprossen auf halber Höhe, darüber halbrunde Lünetten mit eingeschnittenen Okuli und flankierenden Reliefs, die je zwei Arme mit den Streitkolben des Gondi-Wappens darstellten[150]. Wie die Grundform der   11, 26
Gliederung, die man in den Hoffenstern des Palazzo Strozzi wiederfindet, so weisen auch die   133
am Palazzo Guadagni analog gebildeten Wappenreliefs[151] auf eine Datierung um 1500 hin. Ob weitere Fenstereinsätze durch den Bauabbruch von 1501 nicht mehr zur Ausführung gekommen oder erst nachträglich beseitigt worden sind, muß offen bleiben[152].

Ein 1645 datiertes Gemälde des Lorenzo Mariani[153] gibt erstmals jenen Attikaaufsatz   16
oberhalb des Kranzgesimses wieder, der noch auf Corbinellis Fassadenriß von 1705 erscheint, um 1775 aber schon nicht mehr vorhanden war (Mulinelli). Corbinelli zeigt eine   15, 17

---

[148] Das Maß ist aus der heutigen Straßenbreite und den Grundrissen des 19. Jahrhunderts errechnet.
[149] Dok. XVIII, Z. 18f. Die hier erwähnte »rimessa« dürfte den Stallungen in Poggis Erdgeschoßgrundriß entsprochen haben. — Zur Rekonstruktion des Straßenverlaufs s. Abb. 2
[150] Zur Rekonstruktion vgl. STEGMANN/GEYMÜLLER V, Giuliano da Sangallo, 16. Eine der Lünetten ist heute im Erdgeschoß des Hauses via de'Gondi 4 zu sehen (Nachzeichnung: Abb. 26).
[151] Gemeint sind die wappenhaltenden Arme in den Füllungen der Portalflügel.
[152] Der Fassadenriß Vasaris des Jüngeren (Abb. 14) zeigt alle Fenster mit leicht veränderten Einsätzen.
[153] Publiziert von COFFEY 1978

Reihe eng gestellter jonischer Säulchen, die mit einem durchlaufenden Gesims abschließt und die Fassade in voller Breite überquert. Aus seiner Darstellung läßt sich ein Höhenmaß von etwa 2 br. (1,17 m) errechnen; Mariani zufolge war der Aufsatz wenigstens doppelt so hoch.

62 Da über der Ecke zur Via delle Prestanze eine Statue aufgestellt werden sollte[154], hätte die Attika als Bindeglied zwischen Kranzgesims und bekrönendem Figurenschmuck in der ursprünglichen Fassadenplanung einen Sinn erfüllt. Auch der beinahe wörtliche Rückgriff auf
124 ein Motiv des Palazzo Pitti[155] läßt eher an eine Datierung in die erste Bauphase als an eine spätere Zutat denken. Während vergleichbare Gesimsaufsätze in den Zeichnungen Sangallos stets als Balustraden formuliert sind[156], findet sich das archaisch wirkende Motiv der jonischen Säulchen in seinem gebauten Werk wieder: Man vergleiche die äußere Brüstung der
175 Kuppellaterne von S. Maria delle Carceri in Prato, die sicher ins Jahr 1491 datiert ist[157].
5, 15 Der bis heute erhaltene, turmartige Dachaufsatz über den beiden nördlichen Fassadenjochen ist seit Corbinellis Fassadenriß von 1705 dokumentiert. Seine Lage im Grundrißbild entspricht dem Eingangsraum des nördlichen Seitentraktes; im Westen schließt sich heute eine Dachterrasse an. Die in einer Säulenloggia geöffnete Front ist im Aufriß selbständig behandelt: Sie nimmt keine Rücksicht auf die axiale Gliederung der unteren Geschosse, sondern ist auf die nördliche Baukante bezogen, die erst nach 1501 endgültig fixiert wurde. Während diese Merkmale an einer Zugehörigkeit zum ursprünglichen Bauprogramm zweifeln lassen, zeigen die Kapitelle eine enge Verwandtschaft zu den kompositen Säulen des Hofes, so daß ein zeitlicher Zusammenhang mit der ersten Bauphase naheliegt. Daher bietet es sich an, die Loggia in die erste Zeit nach der Planreduktion von 1501 zu datieren, bevor die Arbeiten endgültig eingestellt wurden[158].

c) Hof

3, Der Zustand des Hofes bis 1874 ist durch die Aufnahmen von Grandjean/Famin (1815),
19—22 Mylius (1867) und Poggi (1874) überliefert. Alle Pläne stimmen weitgehend mit dem heutigen Zustand überein und lassen nur wenige nachträgliche Veränderungen erkennen.
27 Die Türöffnungen der Portikuswände gehen vermutlich größtenteils auf den Umbau des 19. Jahrhunderts zurück. Grandjean/Famin zeigen die rückwärtige (westliche) Hofwand völlig geschlossen. Lediglich das Rundbogenportal in der Eingangswand und die Tür unterhalb des Treppenpodestes waren nach dem Zeugnis der Bildquellen mit Sicherheit schon vor 1874 vorhanden.

Grandjean/Famin zufolge war das Gebälk über der Arkadenzone mit einer (gemalten?) Friesdekoration versehen, die zwar im Detail klassizistischen Zeitgeschmack verrät, in der Grundform aber auf den Ursprungsbau zurückgehen könnte.

[154] S. u., 31
[155] Vgl. dort die aus jonischen Säulchen gebildeten Brüstungen über den Stockwerksgesimsen.
[156] Vgl. etwa die Entwürfe für S. Lorenzo UA 276v und UA 281r sowie den Entwurf für die Torre Borgia UA 134r, weiterhin die Rekonstruktion des Trajansforums Cod. Barb. fol. 5v.
[157] BARDAZZI et al. 1978, 320, Deliberazione vom 28. 11. 1491
[158] Als isoliertes Belvedere hat die Dachloggia im innerstädtischen Palastbau dieser Zeit keine Parallele. Große Fassadenloggien in Gestalt eines vierten Vollgeschosses setzen sich in Florenz seit dem frühen 16. Jh. durch (Pal. Guadagni). Die Dachloggia des Pal. Rucellai ist damit nur bedingt vergleichbar, da sie unsichtbar hinter die Fassadenflucht zurücktritt.

Marchini stellte in den Fensterrahmen des Piano Nobile Einsatzspuren von Kreuzsprossen fest[159], die sich aber schon 1815 nicht mehr an Ort und Stelle befanden (Grandjean/Famin). Anstelle der darüber liegenden Okuli hat man sich hochrechteckige Mezzaninfenster vorzustellen (Grandjean/Famin, Mylius).

Das Obergeschoß öffnete sich ursprünglich in einer umlaufenden Säulenloggia mit geradem Gesims. Nach Grandjean/Famin besaßen die Säulen korinthische, nach dem zuverlässigeren Zeugnis Stegmanns und Geymüllers jedoch dorisierende Kapitelle.

Die heute in der Westloggia des Erdgeschosses befindliche Statue war spätestens seit dem 18. Jahrhundert in der Nordloggia aufgestellt und flankierte dort den Treppenaufgang[160] (Grandjean/Famin). Ihren Standort im Hof fand sie vermutlich erst nach der Planänderung von 1501, als das Vorhaben, sie am Außenbau zur Geltung zu bringen, hinfällig geworden war.

Im mittleren Bogenzwickel der Westwand war nach Mylius jener gemeißelte Wappenschild aufgehängt, der sich heute im Treppenhaus befindet und ursprünglich möglicherweise an der Südwestecke des Außenbaus aufgehängt werden sollte[161].

Der Brunnen in der Mitte des Hofareals stammt aus der Mitte des 17. Jahrhunderts[162].

d) Innenbau

Auf die Grundrißveränderungen des 19. Jahrhunderts wurde bereits in der Baugeschichte eingegangen.

Im Erdgeschoß lassen sich heute nur noch der tonnengewölbte Andito und die beiden flankierenden Räume mit quattrocentesken Stichkappengewölben auf den Ursprungsbau zurückführen. Der Nordflügel war vor 1874 von Osten und Westen zugänglich. Das Innere gliederte sich in drei stichkappengewölbte Räume, einen Wirtschaftshof und eine Nebentreppe, die in ihrer Substanz bis heute erhalten ist.

Die Haupttreppe war ursprünglich nur vom Hof aus zugänglich und führte in zwei parallelen Läufen bis zum Piano Nobile. Der frühere Zugang vom Hof zur Kellertreppe ist heute vermauert. Die Rückwand des Wendepodestes ist vermutlich auf voller Breite geschlossen zu denken[163].

Für das Vestibül vor der Sala Grande bietet sich nach dem baugeschichtlichen Befund folgende Rekonstruktion an: Der dekorierte Pilaster zwischen Treppenmündung und Korridor stammt vermutlich noch aus dem ursprünglichen Zusammenhang. Statt des gegenüberliegenden Vollpilasters und der halbierten Eckpilaster hätte man sich hingegen Konsolen vorzustellen. Dieses Gliederungssystem entspräche in den Grundzügen dem des unteren Treppenpodestes, brächte aber die repräsentative Funktion des Vestibüls im reicheren Dekor zur Geltung. Poggis Neugestaltung fiel die erwähnte Wandnische zum Opfer. Sie wirkte vermutlich als Pendant zur benachbarten Saaltür, die im späteren 19. Jahrhundert zeitweise vermauert war. Schon im ursprünglichen Zustand dürfte der Raum gewölbt gewesen sein, da das zum Hof geöffnete Fenster in die Lünette hineinragt. Somit kann der heutige Raum-

---

[159] MARCHINI 1942, 91
[160] »comecché ella esiste presso alla scala del palazzo ...«: BORGHINI 1755, 28
[161] Analog zu allen entsprechenden Bauten seit dem Palazzo Medici wäre an dieser Stelle ein Wappen zu erwarten. Der an der heutigen Ecke angebrachte Wappenschild stammt aus dem 19. Jahrhundert.
[162] S. o., 21
[163] Vgl. o., 23

abschluß durch eine quergestellte Tonne möglicherweise Sangallo selbst zugeschrieben werden, wenngleich der gegenwärtige Stuckdekor vermutlich aus dem 19. Jahrhundert stammt[164]. Denkbar wäre aber auch ein Kreuzgratgewölbe, wie es der anschließende Korridor aufweist.

Die Raumaufteilung des Piano Nobile wurde durch Poggi nur unwesentlich verändert. Keller, Mezzanine und Obergeschoß entziehen sich einer Beurteilung, da sie auf den älteren Plänen nicht erfaßt sind und dem Besucher heute verschlossen bleiben.

2. Das ursprüngliche Projekt

Sangallos Gesamtplan ist weder durch Bildquellen noch durch Beschreibungen vollständig überliefert. Anhaltspunkte für seine Rekonstruktion finden wir jedoch im Testament des Bauherrn, das als einzige zeitgenössische Quelle auf die geplante Weiterführung der Arbeiten eingeht.

2, 24 Der in unserem Zusammenhang aufschlußreichste Passus enthält die Verfügung, der begonnene Bau solle bis zur Ecke der Via delle Prestanze fortgesetzt werden (»Et fiat huiusmodi perfectio et completio usque ad angulum Prestantiarum ...«)[165]. Offenbar bestand die Absicht, das südlich an den Hoftrakt grenzende Eckgrundstück (I) in den Neubau einzubeziehen.

Weitere Baumaßnahmen finden in Giulianos Testament keine ausdrückliche Erwähnung. Daß dennoch auch im Norden eine Erweiterung vorgesehen war, geht aus dem fehlenden nördlichen Bauabschluß ebenso hervor wie aus dem dokumentarisch gesicherten Ankauf des benachbarten Grundstücks V.

Für die Rekonstruktion der östlichen Straßenfront ergeben sich demnach folgende Grundmaße: Das ausgeführte Fassadenfragment erstreckte sich über eine Breite von 49,4 br. (28,85 m); im Süden standen bis zur Straßenecke 27,14 br. (15,85 m)[166], im Norden bis zur Grenze der Parzelle V weitere 18,15 br. (10,60 m)[167] zur Verfügung. Insgesamt hat man alsomit einer Fassadenlänge von 94,7 br. (55,30 m) zu rechnen.

Der Bauherr selbst bestätigt die Annahme, daß das Projekt die verfügbare Grundfläche voll ausnutzen sollte: An anderer Stelle seines Testaments heißt es, der Bau sei bislang zur Hälfte fertiggestellt (»domus magne ... pro dimidia iam perfecte«)[168]. Wenn Giuliano Gondi hier, wie auch sonst, von der Fassade ausgeht, so entspricht seine Angabe recht genau dem Verhältnis des ausgeführten Bauabschnitts zum Gesamten (49,4 br. zu 94,7 br.).

Die Forderung nach »choequatio« und »raghuaglium«[169] ist wohl als Anweisung zu verstehen, die vorspringende Straßenflucht des Eckhauses durch den Neubau zu begradigen. Setzt man die Fluchtlinie der fragmentarischen Palastfassade geradlinig nach Süden fort, so stimmt die rekonstruierte Baukante annähernd mit der alten Straßenecke überein.

Die Südgrenze an der Via delle Prestanze hätte sich wegen der geringen Straßenbreite an der alten Häuserzeile orientieren müssen. Allerdings wird man auch hier, wie bei der Ostfassade, davon ausgehen dürfen, daß eine Begradigung der Fluchtlinie vorgesehen war.

[164] S. o., 24
[165] Dok. XII, § 23, Z. 4f; vgl. dazu Vasari (Dok. XV, Z. 4f)
[166] Das Maß ist aus Poggis Grundrissen errechnet.
[167] Die Angabe beruht auf Vermessung der heutigen Hausfassade (s. o., 17).
[168] Dok. XII, § 40, Z. 2
[169] Dok. XII, § 23, Z. 5—7

Während die nördliche Baugrenze durch die Ausdehnung des Grundstücks V festgelegt war, läßt sich der geplante Verlauf der Westgrenze nur indirekt erschließen. Da Nordflügel und Grundstück V bereits bis an den Chiasso del Fondello heranreichten, war auf längere Sicht vermutlich auch jenseits des Hofes eine Erweiterung des Bauplatzes vorgesehen (Grundstück VI).

Die Rekonstruktion des Fassadenaufrisses kann sich wiederum auf Giulianos Testament stützen, das die Vollendung der Hauptfront nach dem Muster des Bestehenden ausdrücklich vorschreibt (»cum bozolis ... et facie anteriori domus nove hactenus complete«)[170]. Die bis 1501 ausgeführten sechs Fensterjoche weisen ein gleichbleibendes Achsmaß von 8,2 br. (4,79 m) auf[171]. Während sich in den beiden Obergeschossen identische Jocheinheiten aneinanderreihen (a-a-a ...), wechseln im Erdgeschoß je zwei Fenster mit einer Portalöffnung ab (a-a-b ...). Folgt man Giulianos Anweisung und überträgt dieses System auf die fehlenden Seitenabschnitte, so ergibt sich ein elf Joche umfassender Gesamtaufriß, in dem das Mittelportal die Symmetrieachse markiert. Die beiden äußeren Fensterjoche schließen mit leicht verbreiterten Mauerstücken ab[172].

23

Die Ecke zur Via delle Prestanze sollte nach dem Zeugnis Francescos da Sangallo mit einer antiken Statue geschmückt werden. Wenn die vorgesehene Position der Figur auch nicht genau beschrieben wird[173], so setzt ein solcher Akzent doch voraus, daß der Bau in der Diagonalansicht als geschlossene Einheit mit zwei gleichwertigen Außenfronten in Erscheinung treten sollte. Auch im urbanistischen Kontext kam der Südfront wenigstens die Bedeutung der Ostfassade zu, da sie von der Piazza della Signoria aus das Straßenbild dominiert hätte. Für eine detaillierte Rekonstruktion des Aufrisses fehlen jedoch objektive Anhaltspunkte.

Die ausgeführten Teile des Innenbaus, Hof und Nordflügel, nehmen nur etwa die Hälfte der gesamten Grundfläche in Anspruch. Da die Bautiefe des Südtraktes im Mittel etwa 12 m erreicht hätte, wäre für seine Belichtung zumindest ein weiterer Nebenhof erforderlich gewesen. Grundsätzlich bestanden aber an der Südseite damals günstigere Lichtverhältnisse als heute, da die Via delle Prestanze noch nicht durch den Erweiterungsbau des Palazzo Vecchio verschattet war.

24

Weiterhin mußte die Planung zwei ungünstig zueinander stehende Außenmauern berücksichtigen, die zusammen einen Winkel von etwa 70° gebildet hätten. Wie Poggis spätere Ergänzung zeigt, konnte unter nahezu den gleichen Voraussetzungen eine befriedigende Grundrißlösung verwirklicht werden.

Aufgrund der Quellenlage ist eine genauere Rekonstruktion des Grundrißbildes nicht möglich. Unabhängig davon aber, wie die Planung im einzelnen aussah, hätte der schon im Hofkomplex angelegte Gegensatz zwischen einer großzügigen Fassadenkonzeption und einem eher kleinteilig disponierten Innenbau auch die Gesamtlösung bestimmt.

---

[170] Dok. XII, § 23, Z. 4 ff
[171] Eine auf Poggis Plan des Piano Nobile sichtbare, geringfügige Verschiebung ließ sich durch Messung am Bau nicht bestätigen.
[172] Da das Mittelportal genau in der Mitte der Straßenfront gelegen ist, ergibt sich eine geringe Maßdifferenz zwischen den beiden Eckstücken nur dann, wenn man die Sockelbank auf dem Gebiet des Grundstücks I um die Südostecke herumführen läßt.
[173] Dok. XVI, Z. 13 ff. — Vincenzo Borghini, der Adressat des Sangallo-Briefes, läßt mit seiner Formulierung »in sul canto ...« keinen Zweifel daran, daß die Statue als Bekrönung der Ecke vorgesehen war: Dok. XVII. Für eine diagonale Ausrichtung der Figur spricht die Form des Sockels, der offenbar noch aus dem Quattrocento stammt.

Mit diesem — aus der Baugeschichte zu erklärenden — Konflikt steht der Palazzo Gondi nicht allein. Ähnliche Bedingungen waren schon für den Bau des Palazzo Rucellai maßgeblich, dessen Grundriß nahezu unabhängig von der Fassade geplant zu sein scheint[174]. Der hier nur angedeutete Vergleich mag zeigen, daß auch anspruchsvolle Palastbauten des Quattrocento eine konsequent verwirklichte Korrespondenz zwischen Innen und Außen nicht unbedingt voraussetzten.

Ein weiteres Kriterium für die Diskussion der vorgeschlagenen Lösung sind die Baukosten, die Giuliano mit höchstens 4000 Dukaten veranschlagt[175]. In Anbetracht des Bauumfangs und der aufwendigen Rustikafassade erscheint dieser Betrag recht niedrig, auch wenn man in Rechnung stellt, daß die kostspieligen Steinmetzarbeiten in Hof und Treppenhaus bereits ausgeführt waren. So erforderte der Bau des Palazzo Bartolini-Salimbeni, der ein entsprechendes Volumen nicht ganz erreicht, ohne Grundstückskosten einen Aufwand von etwa 5500 Dukaten[176]. Allerdings gewährt Giuliano den Testamentsvollstreckern die Freiheit, nötigenfalls die Kostengrenze zu überschreiten, so daß der Betrag als knapp kalkuliert gelten kann.

Schließlich bleibt zu prüfen, inwieweit sich andere denkbare Lösungen mit Giulianos Verfügungen vereinbaren lassen. Eine schmalere Fassade mit sieben oder neun Fensterachsen hätte die Grundrißplanung zweifellos erleichtert; es bliebe aber zu fragen, warum der Bauherr dann die Straßenecke als Orientierungsmarke für den Neubau festsetzte und außerdem den Bauplatz um das nördliche Nachbargrundstück erweiterte. Problematisch erscheint auch der Vorschlag, die Fassade in Anlehnung an den Palazzo Rucellai mit zwei Portalen zu rekonstruieren. In diesem Fall hätte der Bau im Süden mit dem ausgeführten Bestand enden, im Norden um zwei Fensterachsen ergänzt werden sollen[177]: eine Hypothese, die weder in den Dokumenten noch im Grundrißbild des ausgeführten Baus eine Bestätigung findet[178].

Für die hier vorgeschlagene Rekonstruktion kann geltend gemacht werden, daß sie einerseits den Anweisungen des Bauherrn in allen Punkten folgt, andererseits den eindeutig erwiesenen Zusammenhang zwischen Grundstücksmaßen und Fassadenplanung berücksichtigt.

---

[174] Vgl. MARCHINI 1978
[175] Dok. XII, § 23, Z. 8—13
[176] Vgl. BARTOLINI-SALIMBENI 1978, 26
[177] So MARCHINI 1942, 91; MARCHINI 1978, 24f
[178] Giuliano Gondis Testament fordert unmißverständlich die Fortsetzung des Neubaus nach Süden (Dok. XII, § 23, Z. 4f) und bestätigt damit das fragmentarische Grundrißbild, wie es durch Poggi überliefert ist (Abb. 3, 4). Marchinis Vorschlag beruht hauptsächlich auf dem Aufriß Corbinellis (Abb. 15), der den Eindruck erweckt, als sei die südliche Baukante über die Breite eines Fensterzwischenraums hinausgediehen. In diesem Punkt wird Corbinelli durch Poggis genauere Aufnahme (Abb. 5) eindeutig widerlegt. Die Annahme, das Eckhaus (I) sei zum ersatzlosen Abbruch bestimmt gewesen, mag auf den fehlerhaften Grundriß Grandjeans und Famins zurückgehen (vgl. MARCHINI 1942, 41, Fig. 4).

IV. Beschreibung und Analyse

Trotz tiefgreifenden stilistischen Wandlungen bleibt die Florentiner Palastarchitektur des 15. Jahrhunderts weitgehend traditionellen Grundmustern verpflichtet. Die Bindung an festgelegte Bautypen, in den meisten Fällen zweifellos vom Bauherrn gewünscht, ließ der gestalterischen Freiheit des Architekten oft nur begrenzten Spielraum.

Um charakteristische Merkmale leichter von typologischen Konstanten unterscheiden zu können, sollen deshalb schon in diesem Stadium der Betrachtung verwandte Bauten zum Vergleich herangezogen werden. Bei der Analyse des Außenbaus liegt eine systematische Gegenüberstellung mit dem Palazzo Strozzi nahe, der nicht nur gleichzeitig mit dem Palazzo Gondi erbaut wurde, sondern auch denselben Fassadentypus vertritt. Die Autorschaft des Palazzo Strozzi ist in der Forschung nach wie vor umstritten. Da eine Beteiligung Giulianos da Sangallo am Fassadenentwurf neuerdings wieder in Betracht gezogen wird, mag der Vergleich auch zur Beantwortung der Zuschreibungsfrage beitragen[179].

1. Die Fassade

Die rekonstruierte Fassadenansicht des Palazzo Gondi zeigt eine quergelagerte, einheitlich gegliederte Schaufläche, deren geschlossenes Erscheinungsbild auf den ersten Blick kaum etwas von den schwierigen Planungsbedingungen verrät. Lediglich die gedrungenen Verhältnisse des Umrisses weisen darauf hin, daß der Außenbau nicht auf einen völlig freien Entwurf zurückgeht: Einerseits mußte die Fassade eine erhebliche Längenausdehnung bewältigen, andererseits war sie möglichst niedrig zu halten, um eine ausreichende Belichtung des engen Hofes zu gewährleisten.

Da die Rekonstruktion keinen Anspruch auf absolute Maßgenauigkeit erheben kann, muß offen bleiben, ob Sangallo den Umriß des Fassadenrechtecks rational proportioniert hat. Gesamthöhe und Gesamtlänge verhalten sich im heutigen Zustand wie 1:2,2. Einschließlich des verlorenen Attikaaufsatzes, dessen Höhe sich nicht genau bestimmen läßt, könnten die Umrißproportionen dem Idealwert 1:2 entsprochen haben.

In der Aufrißgliederung knüpft Sangallo direkt an die Rustikafassade des Palazzo Medici an. Hier wie dort finden wir eine Folge von drei Geschossen, die nach oben hin niedriger werden und durch ein schrittweise zurückgestuftes Bossenrelief klar voneinander getrennt sind. Wirkt die Einteilung beim Palazzo Medici insofern willkürlich, als die Geschoßhöhen sprunghaft abnehmen, so verfährt Sangallo differenzierter, indem er ein Höhenmaß aus dem anderen ableitet. Das Erdgeschoß, vom Sockel bis zur Oberkante seines Gesimses genau 15 br. hoch, gibt mit seiner Höhe bis zum Gesimsansatz (13,8 br.) genau die Gesamthöhe des nächstfolgenden Stockwerks an. Sieht man von einer geringfügigen Abweichung ab, so erkennt man die gleiche Beziehung zwischen dem Piano Nobile und dem Obergeschoß, das

[179] S. u., Exkurs

einschließlich des Kranzgesimses eine Höhe von 13 br. erreicht. Da die Zwischengesimse ein annähernd konstantes Verhältnis zu den Geschoßhöhen wahren (1:13 bzw. 1:13,5), geht die Abstufung in kleinen, stetigen Schritten vor sich. Die bloße Schichtung horizontaler Einheiten, wie sie der Palazzo Medici vor Augen führt[180], wird zur allmählich aufwachsenden Geschoßfolge.

Ein ähnlich konsequentes System der Stockwerkseinteilung findet sich an keinem vergleichbaren Palast des Florentiner Quattrocento[181]. Zwar wurde auch beim Palazzo Strozzi der sprunghafte Höhenwechsel der Medici-Fassade vermieden; da jedoch die Differenz zwischen Erdgeschoß und Piano Nobile deutlich geringer ausfällt als diejenige zwischen den beiden oberen Geschossen, vermißt man das Prinzip der Stetigkeit, das beim Palazzo Gondi die beherrschende Rolle spielt[182]. Ein bezeichnendes Unterscheidungsmerkmal liegt ferner darin, daß die Zwischengesimse des Palazzo Strozzi nicht auf die jeweilige Geschoßhöhe abgestimmt sind, sondern in aufsteigender Folge höher statt niedriger werden.

Einen grundsätzlich verschiedenen Stellenwert nimmt im Zusammenhang beider Fassaden das Kranzgesims ein. Beim Palazzo Strozzi ist es durch eine hohe Frieszone von der Stockwerksfolge getrennt und daher eindeutig auf den ganzen Bau bezogen; das Verhältnis zur Gesamthöhe (1:13) wiederholt in etwa die Relation zwischen unterem Traufgesims und Erdgeschoß[183]. Sangallo hingegen läßt beim Palazzo Gondi das Kranzgesims direkt über dem Obergeschoß ansetzen, so daß es sich nur graduell von den Zwischengesimsen unterscheidet. Das Verhältnis zur Gesamthöhe liegt hier bei 1:23 und kann als rationale Größe kaum in Betracht kommen; statt dessen ist primär der proportionale Anteil an der Geschoßhöhe von Belang, der mit 1:7 ungefähr doppelt so groß ist wie derjenige der Zwischengesimse[184]. Im ursprünglichen Zustand brachte ein Attikaaufsatz in Form einer zierlichen Kolonnade den oberen Fassadenabschluß entschiedener zur Geltung[185], ohne daß er eine ähnlich beherrschende Wirkung wie beim Palazzo Strozzi erreicht hätte.

Das Jochsystem des Palazzo Gondi ist auf die überlängten Dimensionen der Straßenfront abgestimmt. Indem Sangallo die Fensterachsen so weit wie möglich auseinanderspreizt, vermeidet er eine dichtgedrängte Folge der Öffnungen, die die Fassade unruhig und unübersichtlich werden ließe. Zugleich schafft er sich die Möglichkeit, das Erdgeschoß durch einen

---

[180] Höhenmaße des Pal. Medici nach STEGMANN/GEYMÜLLER II, Michelozzo di Bartolommeo, Bl. 2: Sockel 0,53 m = 1 br.; Erdgeschoß ohne Sockel, mit Gesims 9,64 m = 16,5 br.; Piano Nobile gesamt 6,98 m = 12 br.; Obergeschoß mit Kranzgesims 7,37 m = 12,6 br.; 1. Gesims 0,55 m = 0,9 br.; 2. Gesims 0,40 m = 0,7 br.; Kranzgesims 2,35 m = 4 br.

[181] Ausgenommen bleibt Albertis Fassade des Pal. Rucellai, die nach musikalischen Proportionsgesetzen komponiert ist (NAREDI-RAINER 1977, 110 ff.). — Die Proportionsanalyse der Pitti-Fassade bei STEGMANN/GEYMÜLLER I, 65, Anm. 4, beruht auf ungenauen Maßen und einer unsicheren Detailrekonstruktion. Richtig ist jedoch, daß sich die Fassade des Palazzo Pitti in drei annähernd gleich hohe Geschosse gliedert und damit einem grundsätzlich anderen Kompositionsprinzip gehorcht als der Palazzo Medici. — Zu August Thiersch und seiner an Florentiner Palastfassaden demonstrierten Ähnlichkeitstheorie vgl. NAREDI-RAINER 1982, 143 ff.

[182] Höhenmaße des Pal. Strozzi nach STEGMANN/GEYMÜLLER IV, Benedetto da Maiano, Bl. 1: Sockel 0,57 m = 1 br.; Erdgeschoß gesamt 10,35 m = 17,7 br.; Piano Nobile geamt 9,35 m = 16 br.; Obergeschoß mit Fries und Kranzgesims 11,61 m = 19,9 br.; 1. Gesims 0,76 m = 1,3 br.; 2. Gesims 0,80 m = 1,4 br.; Fries 1,40 m = 2,4 br.; Kranzgesims 2,39 m = 4,1 br.

[183] Vgl. BURCKHARDT 1891, 102

[184] Vgl. BURCKHARDT 1891, 103

[185] S. o., 27 f

Wechsel großer und kleiner Formen rhythmisch zu artikulieren, ohne mit dem Achsengerüst in Konflikt zu geraten: Die großen Rundbogenportale setzen gliedernde Akzente, indem sie jeweils die beiden benachbarten Jocheinheiten mit ihren hochgestellten Rechteckfenstern an sich binden. Auf diese Weise bilden je drei Achsen einen in sich zentrierten Schwerpunkt. Da jedoch ein zusätzliches Fensterjoch die Fassade zu beiden Seiten hin abschließt, stehen die einzelnen Abschnitte nicht unabhängig nebeneinander, sondern streben insgesamt der Mitte zu. Die Symmetrieachse, obwohl formal nicht eigens ausgezeichnet, wirkt als dominierender Pol in einem balancierten Gesamtgefüge.

Im Vergleich dazu wirkt die Gliederung des Palazzo Strozzi eher schematisch. Das großformatige Eingangsportal erscheint hier nur als punktuelle Hervorhebung der Mitte. Obwohl es die flankierenden Fenster nach außen drückt, kann es sich inmitten der gleichmäßig gereihten Jocheinheiten nicht als zentraler Schwerpunkt behaupten.

Auch in den oberen Fensterreihen findet Sangallo zu einer spannungsreicheren Lösung als der Architekt des Palazzo Strozzi. Während hier die lichten Öffnungen genauso breit sind wie die Zwischenräume einschließlich der Rahmenprofile, wird beim Palazzo Gondi die schematische Teilung des Jochmaßes vermieden. Statt dessen sind die Mauerstreifen zwischen den Fensterrahmen ebenso breit bemessen wie die lichten Öffnungen, so daß die Fenster mit Rahmen etwas breiter, ohne Rahmen etwas schmaler ausfallen als die jeweiligen Zwischenräume. Dabei entspricht das Verhältnis des größeren Abschnitts zum kleineren genau den Regeln des Goldenen Schnittes. Ob das Euklidische Teilungsprinzip hier bewußt zugrunde gelegt wurde, läßt sich nicht eindeutig entscheiden[186]; doch erklärt es auch bei unbewußter Anwendung die sichere und harmonische Wirkung des rhythmischen Ablaufs.

Alle sichtbaren Teile des Außenbaus sind in Pietra Forte ausgeführt, einem graubraun getönten toskanischen Sandstein, der bei den meisten Florentiner Rustikafassaden Verwendung fand. Die sorgfältige Materialbearbeitung und der ausgefeilte »disegno« der Oberfläche verraten einen Architekten, der besonderen Wert auf die Perfektion des Details legte. Dafür spricht bereits die Sockelzone, die dem Bau auf voller Breite unterlegt ist. Während der untere Abschnitt die Kellerfenster aufnimmt, ist die waagerecht abschließende Gesimsplatte als Sitzbank ausgebildet. Unterhalb des Mittelportals muß der Sockel eine pyramidenförmig ansteigende, dem Eingang zugeordnete Freitreppe berücksichtigen: Das Sockelgesims läuft zunächst in gerader Flucht über den beiden unteren Stufen entlang, um dann oberhalb der dritten Stufe zurückzuschwingen und in einer kleinen, abwärts gedrehten Volute mit dem Treppenpodest zu verschmelzen. Mit dieser Formulierung, die das weich gerundete Gesimsprofil wirkungsvoll mit den scharfkantig geschnittenen Treppenstufen kontrastieren läßt, überwindet Sangallo ein bis dahin ungelöstes Dilemma: Obwohl der Palazzo Strozzi an der Westfassade gleichfalls über eine erhöhte Eingangsebene verfügt[187], setzt dort der Sockel vor dem Portal unvermittelt aus, so daß keine organische Verbindung mit den Treppenstufen zustandekommt. Bei Sangallo wird die Sockelbank zum durchgehenden Podium, das den repräsentativen Anspruch des Palastes zur Geltung bringt.

29, 32, 33

35

---

[186] Die Bedeutung des Goldenen Schnittes in der Architekturgeschichte wird zwar häufig überschätzt, doch findet sich hier eines der wenigen Beispiele seiner mathematisch genauen Anwendung. Während das geometrische Konstruktionsverfahren erst 1509 durch Pacioli propagiert wurde, spielte ein arithmetisches Näherungsverfahren beim Bau der Florentiner Domkuppel eine wichtige Rolle. Vgl. zu diesen Fragen neuerdings NAREDI-RAINER 1982, 185ff

[187] Die Zugänge an der Nord- und Ostseite liegen zu ebener Erde. Vgl. hierzu auch die Fassade des Pal. Antinori.

Bossenwerk und Rahmenprofile gliedern als plastische Elemente die Schaufront des Erdgeschosses. Im Gegensatz zur Rustika fußt die rundbogige Portalrahmung unmittelbar auf der Sockelplattform. Zwei eingetieften, durch Viertelstäbe vermittelten Faszien folgt eine geschwungene Karniesleiste, die deutlich aus der Fassadenflucht heraustritt. Um diesen gebogenen Architrav, dessen Profilschnitt von Brunelleschis Fensterrahmen am Palazzo di Parte Guelfa inspiriert ist, legt sich ein weiteres Karniesband, das am Fußpunkt des Portals in die Waagerechte überleitet und oberhalb der Sockelbank weiterläuft. Sein Profil setzt zunächst auf der Fluchtebene der äußeren Portalrahmung an, biegt dann in S-förmiger Schwingung zurück und mündet in einen abschließenden Viertelstab. Auch diese Formulierung geht auf ein charakteristisches Gliederungsmotiv Brunelleschis zurück: Vorbild ist hier das breite Karniesband, das im Innern von S. Maria degli Angeli die Kapellenwände zusammenbindet und dabei um die Türöffnungen herumläuft. Im Zusammenhang der Palastfassade erfüllt das Profil jedoch eine andere visuelle Funktion. Es tritt nicht als selbständiges Glied vor die glatte Wand, sondern entfaltet seine Wirkung erst in Verbindung mit den rustizierten Mauerzonen, die es wie eine rahmende Einfassung umgibt. Dadurch, daß das Band in waagerechter Lage breiter zugeschnitten ist als über den Portalen, kann es sich gegen die aufliegenden Quadermassen als eigenständiges Rahmenglied behaupten.

Deutet das Rahmenmotiv bereits eine ornamentale Auffassung der Rustika an, so verstärkt sich dieser Eindruck angesichts ihrer Durchbildung. Obwohl die Steinlagen im Sinne eines geschichteten Mauerverbandes angeordnet sind, scheinen die Quader nicht unmittelbar aneinanderzustoßen, sondern einzeln aus dem Hintergrund hervorzuwachsen: Jede Bosse weist allseits freiliegende Kantenschläge auf, die sichtbar von der weiter zurückliegenden Wandebene ausgehen. Die sorgfältig geglättete Oberfläche vermeidet eine fortifikatorische Wirkung, wie sie etwa für die zerklüftete Bossierung des Palazzo Medici bezeichnend ist.

Sangallos Gestaltung rechnet mit der verschattenden Wirkung des Lichteinfalls, die den Fugenschnitt wie ein dunkles Linienmuster hervorhebt und dadurch die dynamische Komposition der Rustika unterstreicht. Die breiten, geschlossenen Wandfelder unterhalb der Rechteckfenster sind als aufwachsende Folge gegliedert, die unten mit relativ hohen Quaderschichten einsetzt, nach oben hin aber die Lagerfugen immer dichter zusammenrücken läßt. Da die Stoßfugen bis hierhin ein regelmäßiges Muster ergeben, entsteht ein ruhiges und ausgeglichenes Bild. Mit der Kämpferlinie der Portale beginnt ein neuer Bewegungsschub: Am Anfang stehen wiederum hohe Steinschichten, die sich jedoch nunmehr in rascherer Folge verdichten. Schon unmittelbar über den Fenstern ist mit zwei niedrigen Lagen der Kulminationspunkt erreicht. Zugleich kompliziert sich die horizontale Abfolge der Quader: Zwischen den rechteckigen Öffnungen findet man langgestreckte, die Abstände visuell vergrößernde Formationen, zwischen Fenstern und Portalbögen jedoch kurze, dichtgedrängte Bossen, die die Öffnungen eng aneinander binden. Auf diese Weise paßt sich die Rustika dem rhythmischen Wechsel von Fenstern und Portalen an.

Im Gesamtbild der Rustika dominiert die Horizontale. Wirken schon die langgezogenen Quader über den Fensterrahmen als lastende Elemente, so unterstreichen auch die kranzförmig angeordneten Keilsteine über den Portalbögen die horizontale Tendenz, indem sie das Halbrund in den geschichteten Verband überleiten. Obwohl die trennenden Fugen konzentrisch verlaufen, alle Radialquader also im Ansatz gleich breit sind, liest man die Abfolge im Sinne einer rhythmischen Verlangsamung: Bei den ersten drei Keilsteinen fällt die vertikale Außenkante noch eindeutig länger aus als die horizontale Oberkante, dann — beginnend mit dem oberen Fensterabschluß — kehrt sich das Verhältnis zugunsten einer waagerechten Dominanz um. Der aufragende Schlußstein weist zwar nochmals in die Höhe, wird aber durch den aufliegenden Quader wieder nach unten gedrückt. Die beiden abschließenden Schichten bestätigen mit ihren hohen, waagerecht durchlaufenden Quadern endgültig den lastenden Gesamteindruck.

Der Reiz dieser Oberflächengestaltung wird dadurch gesteigert, daß das Fugenmuster keinem starren Schema gehorcht. An manchen Stellen wird dem Auge zunächst eine regelmäßige Gliederung suggeriert: so etwa beiderseits des Mittelportals durch eine beinahe symmetrische Quaderanordnung. Bei näherem Hinsehen aber treten immer wieder kleine Verschiebungen zutage, die das Gefüge einer systematischen Lesbarkeit entziehen. So läßt sich keine Stoßfuge von unten nach oben durchgehend verfolgen: An irgendeinem Punkt wird das Auge stets aufgehalten oder abgelenkt, sei es durch das Überspringen einer Quaderschicht, sei es durch eine seitliche Verrückung. Man könnte hier von einer »planmäßigen Zufälligkeit« sprechen, die zwar die unregelmäßige Verteilung der Bossen als traditionelles Element der Rustika beibehält, sie aber in das gestalterische Kalkül einbezieht[188]. Die Nuancen der Komposition lassen erkennen, daß Sangallo den Zuschnitt jeder einzelnen Bosse im Entwurf festgelegt haben muß.

Der Vergleich mit dem Palazzo Strozzi zeigt neben grundsätzlichen Gemeinsamkeiten wiederum bezeichnende Unterschiede im Detail. Beide Bauten verbindet die primär ornamentale Auffassung der Rustika, die in dieser Form an keiner früheren Florentiner Fassade auftritt. Allerdings ist der »disegno« der Oberfläche beim Palazzo Strozzi nicht so stark ausgeprägt. Zwischen Sockel und Portal einerseits und rustizierte Mauerflächen andererseits tritt zwar ebenfalls ein trennendes Profilband; sein Zuschnitt bleibt jedoch zu flach und zu schmal, um sich gegen die Rustika zu behaupten. Da es am Fußpunkt des Portals nach außen und nach innen umknickt, ist seine visuelle Funktion nicht klar definiert. An den Bauecken führt eine unprofilierte Leiste nach oben, die die Rustikalfelder seitlich begrenzt. Was die Behandlung der Bossen angeht, so bleibt die plastische Differenzierung zwischen hohen und niedrigen Lagen schwächer als beim Palazzo Gondi. Da außerdem die Randschläge schmaler ausfallen, verbinden sich die Bossen zu einer kontinuierlichen Textur, die in erster Linie als modellierte Außenhaut des Baus, weniger als plastische Dekoration der Wand empfunden wird. Die Anordnung der Quader verrät eine geringere Sensibilität für die kompositorische Durchbildung der Rustika. Die Abfolge von hohen und niedrigen Schichten nimmt keine Rücksicht auf die Lage der Öffnungen, sondern wirkt insgesamt zufällig. Erst in der obersten Zone des Erdgeschosses spürt man eine dynamische Entwicklung, da hier die Quaderschichten kontinuierlich flacher und niedriger werden. Kennzeichnendes Merkmal der Fassade bleibt jedoch, daß solche dynamischen Prozesse nur punktuell zur Wirkung kommen, statt die gesamte Oberfläche gliedernd zu durchdringen.

Betrachtet man die unteren Wandzonen des Erdgeschosses, so zerfällt das Erscheinungsbild in zwei deutlich unterschiedene Hälften: Linker Hand reihen sich in durchlaufenden Schichten entweder gleich lange oder alternierende Bossen aneinander; die Fensterzwischenräume sind vollkommen symmetrisch unterteilt. Die rechte (frühere)[189] Hälfte hingegen wird von einem unregelmäßigen, das Auge verwirrenden Fugennetz überzogen. Offenbar war die

---

[188] Für dieses Kompositionsprinzip hat wohl der Palazzo Rucellai die entscheidende Anregung gegeben.
[189] Nach Landucci, dessen Tagebuch die ersten Schritte der Baugeschichte minutiös dokumentiert, war die rechte Fassadenhälfte im Anfangsstadium weiter gediehen als die linke: LANDUCCI 1883, 59.

Rustikaformation nicht durch den architektonischen Entwurf festgelegt, sondern blieb als sekundäres Gestaltungselement den ausführenden Baumeistern überlassen. Erst oberhalb der Fensterzone wachsen die Bossen zu einem kohärenten Gefüge zusammen.

Unterschiedliche Entwurfsprinzipien verraten auch die Überfangbögen der Portale. Während der Architekt des Palazzo Strozzi nach herkömmlichem Muster Radialquader verwendet, deren gerundeter Umriß unvermittelt mit dem rechtwinkligen Bossengefüge kontrastiert, gliedern sich die abgetreppten Keilsteine des Palazzo Gondi tektonisch in den geschichteten Verband ein. Dieses in Florenz bis dahin unbekannte, später von Bramante, Giulio Romano und anderen weitergeführte Motiv hat Sangallo aus der antiken Architektur übernommen[190]. Möglicherweise bedeutet es hier eine Anspielung auf die Umfassungsmauer des Augustusforums, die im 15. Jahrhundert als Ruine eines antiken Palastes galt und deren Rustikastil schon dem Palazzo Medici und anderen Bauten des mittleren Quattrocento als Vorbild gedient hatte[191].

Wie sich dieses Motiv in den Zusammenhang der Palastfassade einfügt, ist kennzeichnend für Sangallos gestalterisches Vorgehen: Ohne den tradierten Architekturtypus grundsätzlich in Frage zu stellen, sucht er das gewohnte Bild durch antikisches Vokabular zu bereichern und behutsam zu erneuern.

Die Portal- und Fensterrahmen zeigen das gleiche, an der Antike geschulte Formbewußtsein, auch wenn ihre unmittelbaren Vorbilder in der zeitgenössischen Florentiner Architektur zu suchen sind: Während die architravierte Portalrahmung auf eine Formulierung Brunelleschis zurückgeht[192], erinnern die Profile der Rechteckfenster — kantig geschnittene Außenleisten mit innen liegendem Karnies — an die Kreuzsprossen im Obergeschoß der Pazzi-Kapelle, möglicherweise ein Werk Rossellinos. Ursprung dieses Motivs sind die Reliefrahmen römischer Triumphbögen, die Sangallo durch intensives Studium besonders gut vertraut waren[193]. Der Palazzo Strozzi wirkt hier wiederum konventioneller, indem er Standardformeln übernimmt: Der polygonal profilierte Portalrahmen wiederholt die mittelalterlich geprägten Formen des Palazzo Medici; die Fensterprofile ähneln zwar denen des Palazzo Gondi, ersetzen aber die innere Karniesleiste durch einen Viertelstab und beweisen darin mangelnde Kenntnis der antiken Vorbilder.

Welche Bedeutung Sangallo Entwurf und Ausführung des Dekors beimaß, verraten selbst nachgeordnete Details wie die beiden Fackelhalter neben dem Hauptportal, die augenfällig auf der vorgewölbten Bossenoberfläche aufsitzen. Jede Einzelheit zieht durch ihren »disegno« den Blick des Betrachters auf sich: Der schlanke Kandelaberschaft, das konisch sich verjüngende Gelenkstück mit vertieftem Relieffeld, schließlich der eingehängte Ring, der spielerisch in die Impresen des Bauherrn umgedeutet ist.

Ein Konsolgesims schließt das Erdgeschoß ab. Nach einem Wechsel kantiger, gekehlter und gerundeter Profilleisten, die sich in aufsteigender Folge allmählich von der Wand lösen,

---

[190] Auf einer Anzahl von Antikennachzeichnungen hat Sangallo das Motiv festgehalten: Vgl. Cod. Barb. fol. 1v, 2r, 3v, 5r, 25v. Vereinzelt finden sich solche Keilsteinbögen auch an mittelalterlichen Bauten: Città di Castello, Pal. Comunale; Prato, Kastell Friedrichs II. (Abb. 42); Genua, Pal. Vecchio del Comune (CHIERICI 1952, Abb. S. 29).

[191] S. u., 74. Noch näher als dem Augustusforum kommen Sangallos Bögen einem im Codex Barberini dargestellten antiken Rustikabau (Abb. 41).

[192] S. o., 36.

[193] Vgl. Sangallos Zeichnungen nach dem Konstantinsbogen: Taccuino Senese fol. 11v, 24r, 28r; Cod. Barb. fol. 11v, 12v, 19v, 20v.

leitet ein schmuckhafter Astragal zu den Konsolen über, die mit ihrer aufwärts gerichteten Schwingung wie eine Antwort auf die Ausbuchtung der Bossen empfunden werden. Über den glatten Stirnseiten der Konsolen liegen dann zwei abgestufte Profile, die das Gewicht der Deckplatte aufzufangen scheinen. Die in Band, Viertelstab und Karnies geteilte Sima setzt einen kräftigen Schlußakzent und dient zugleich als Sohlbank der darüber liegenden Fensterreihe.

Das Piano Nobile greift die Gliederungsmotive des Erdgeschosses wieder auf, übersetzt sie aber in eine weniger plastische Sprache. Die Rundbogenfenster waren ursprünglich durch Kreuzsprossen in vier rechteckige Abschnitte und eine halbrunde Lünette unterteilt — eine Formulierung, die die Wandöffnungen des Erdgeschosses gleichsam in einer Synthese zusammenfaßt. Während die äußeren Rahmen den gebogenen Architrav der Eingangsportale wiederholen, greifen die Sprossen mit ihren glatten Stirnflächen und einwärts geschwungenen Karniesleisten den Profilschnitt der Rechteckfenster auf. Einerseits wirkt die Wiederkehr der gleichen Einzelelemente als visuelle Verklammerung der Geschoßzonen; andererseits führt ihre dichtere Komposition zu einem komplexen Verhältnis zwischen Öffnung und Wand, das gegenüber dem Erdgeschoß als Auszeichnung empfunden wird. Die Wappenreliefs in den Lünettenfeldern betonen zudem den repräsentativen Anspruch des Wohngeschosses.

26

In dieser Fensterform wirken verschiedene Einflüsse zusammen. Sangallo behält das traditionell florentinische Rundbogenfenster bei, ersetzt aber die üblichen Biforien durch Kreuzsprossen, wie sie für römische Bauten dieser Zeit typisch sind (z. B. Palazzo Venezia). Als unmittelbare Anregung mag auch hier die Blendgliederung an der Vorhalle der Pazzi-Kapelle gedient haben, deren kreuzförmige Streben bis in den Profilschnitt Sangallos Formulierung vorwegnehmen. Im Unterschied zum herkömmlichen Biforienfenster bewirken die Kreuzsprossen einen Ausgleich der horizontalen und vertikalen Kräfte, wogegen das Biforium den Akzent einseitig auf die Vertikale setzt; zugleich wird der Konflikt zwischen Lünette und einschneidenden Bögen vermieden, so daß ein halbrundes Feld für die Ausschmückung zur Verfügung steht.

198

110

Die Maueroberfläche ist im Piano Nobile eben gearbeitet. Gleichwohl behalten die einzelnen Quader den Randschlag der Erdgeschoßbossen bei, so daß sich Reliefebene und Wand noch immer deutlich voneinander abheben. Mit der Verkleinerung der Öffnungen korrespondiert im Piano Nobile eine merkliche Verdichtung des Rustikagefüges: Die Quader werden nicht nur flacher, sondern auch niedriger und schmaler. Das Fugenmuster läßt sich wiederum im Sinne einer dynamischen Abfolge lesen: Führen die Mauerpfeiler zwischen den senkrecht aufsteigenden Fensterrahmen eine regelmäßige Schichtung vor Augen, so kompliziert sich das Bild mit dem Ansatz der Keilsteinbögen, die sich nunmehr zu einer horizontal durchlaufenden Reihe verbinden. Die zunächst aufwärts weisende, dann allmählich in die Waagerechte übergehende Anordnung der Radialquader entspricht in ihrem rhythmischen Ablauf der Erdgeschoßlösung, wandelt aber den gestelzten Bogenumriß der Portale in einen nur leicht überhöhten Halbkreis um. Auf diese Weise kommt der lastende Effekt der aufliegenden Mauermasse anschaulich zur Geltung, zumal die Quaderschichten zum Gesims hin wieder an Höhe gewinnen. In den Zwickeln der Fensterbögen sitzen kreuzförmige, an Ober- und Unterkanten zugespitzte Einschübe, die den geschichteten Quaderverband unterbrechen und als vertikale Markierung der Jochgrenzen wirksam werden. Dieses Detail ist weder in der Florentiner Tradition noch in der Antike vorgeprägt. Als bizarres »capriccio« bereichert es die Rustika um eine spielerische, wenn auch untektonische Nuance.

30 Beim Palazzo Strozzi wird die abrupte Zurückstufung der Rustika vermieden. Schon unterhalb des ersten Gesimses beginnt eine leichte Abflachung der Quaderlagen, die sich dann kontinuierlich nach oben hin fortsetzt. Zugleich behalten die Bossen das vom Erdgeschoß gewohnte Format bei. Auf diese Weise kann der Betrachter den Bau leichter als Einheit erfassen, zumal der Blick weniger durch Details abgelenkt wird als beim Palazzo Gondi.

Das Piano Nobile läßt Sangallo mit einem Zahnschnittgesims abschließen. Daß er diesen Gesimstypus allein dem flach gedeckten Wohngeschoß, nicht auch dem gewölbten Erdgeschoß zuordnet, mag auf einer genauen Auslegung Vitruvs beruhen, der den Zahnschnitt aus den vorkragenden Balkenköpfen einer Flachdecke ableitet[194]. Mit der schmalen, hinter den Zähnen entlanglaufenden Leiste folgt Sangallo antiken Vorbildern.

Im Obergeschoß ist die Mauerflucht vollständig auf die Grundebene der Wand reduziert. Die Quaderfugen bleiben zwar sichtbar, werden aber nur noch als dünn liniierte Zeichnung wahrgenommen. Im Zusammenhang betrachtet, führt die Geschoßfolge also einen stufenweise ablaufenden Prozeß vor Augen, der die Wandebene nach und nach von den vorgelegten Reliefschichten befreit.

Nirgends ist eine Verwandtschaft zum Palazzo Medici deutlicher zu spüren als hier. Im Gegensatz zum Palazzo Strozzi, dessen Rustikabehandlung auf eine homogene, blockhafte Gesamtwirkung abzielt, kam es sowohl Michelozzo als auch Sangallo primär auf eine hierarchische Differenzierung der Geschoßzonen an. Die feinere und regelmäßige Gliederung der oberen Stockwerke wird gegenüber der kräftigen Sockelrustika als Auszeichnung empfunden; das glatt gequaderte Obergeschoß tritt seinerseits im Anspruch hinter die abgeflachte Bossierung des Piano Nobile zurück.

Allerdings fällt beim Palazzo Gondi die Zäsur zwischen Sockelgeschoß und oberen Stockwerken weniger stark ins Gewicht als beim Palazzo Medici, da Sangallo Portale und Fenster durchgehend axial koordiniert. Auch die in allen Geschossen gleichbleibende Verwendung bestimmter Gliederungsmotive, etwa der abgetreppten Mauerbögen, wirkt der visuellen Auflösung des Gesamtbildes in unabhängige Horizontalschichten entgegen.

11 Fensterprofile und Quadermuster des Obergeschosses gleichen sich den entsprechenden Formen des Piano Nobile an. Erst oberhalb der Keilsteinbögen weicht die Fugenzeichnung vom gewohnten Bild ab: Die beiden abschließenden Steinlagen wachsen nicht allmählich wieder in die Höhe, sondern sprengen unvermittelt den bis dahin gültigen Maßstab.

38, 39 Das Kranzgesims diente ursprünglich nicht als definitiver Fassadenabschluß. Eine Attika verlieh ihm größeres Gewicht, und zusätzlich war als Eckbekrönung eine Statue vorgesehen[195]. Aus diesem Zusammenhang erklären sich die geringen Abmessungen des Gesimses, die im heutigen Zustand unverständlich bleiben. Die Formen wirken, verglichen mit der Prachtentfaltung anderer Fassaden, überraschend schlicht: Karnies, Band und Zahnschnitt bereiten die quaderförmigen Konsolen vor, die über einem weiteren Band ansetzen und an ihrer Oberkante durch eine in Band und Karnies geteilte, über die Intervalle fortgeführte Leiste zusammengefaßt werden. In der Untersicht zeigt die Deckplatte wie üblich quadratische Felder mit Rosettenschmuck, während die Konsolen je zwei parallel laufende, mit pfeifenartigen Rundstäben gefüllte Kanneluren aufweisen. Diese ungewöhnliche Formulie-

---

[194] VITRUV ed. Fensterbusch, 179 (IV,5). Die umgekehrte Reihenfolge — unten Zahnschnitt-, oben Konsolgesims — findet sich am Palazzo Medici, später an den Palästen dello Strozzino und Antinori. Je ein Zahschnittgesims an Erdgeschoß und Piano Nobile zeigen der Palazzo Strozzi sowie die Sieneser Paläste Spannocchi und Piccolomini.

[195] S. o., 31

rung folgt nahezu exakt einem antiken Prototyp, dem Gesims des Augustustempels in Pozzuoli, das Sangallo selbst in einem maßgerechten Aufriß und einer perspektivischen Skizze festgehalten hat[196]. Lediglich im Zuschnitt der Konsolen sowie in einigen Details der Profilierung weicht der Palazzo Gondi geringfügig von seinem Vorbild ab[197].

Wie Sangallo, so bemüht sich auch Cronaca mit seinem etwa gleichzeitig entworfenen, die ursprüngliche Planung verändernden Kranzgesims des Palazzo Strozzi, die Formen eines antiken Prototyps maßstäblich exakt auf einen modernen Bau zu übertragen[198]. Beide Gesimse repräsentieren eine neue Stufe der Antikenkopie, deren Genauigkeitsgrad erst durch minutiöses Studium der Originale möglich wird[199].

Die Unterschiede beider Lösungen liegen nicht allein im dekorativen Detail, sondern vor allem im Verhältnis des Gesimses zum Fassadenganzen. Sangallo läßt nach der üblichen Florentiner Baupraxis das Kranzgesims unmittelbar auf das oberste Stockwerk folgen und unterscheidet es damit nur graduell von den Zwischengesimsen. Cronaca dagegen schließt zunächst das Obergeschoß durch einen kräftig profilierten Wulst ab und bereitet dann mit einer hohen Frieszone das Kranzgesims vor. Fries und Gesims verbinden sich zu einem abgekürzten Gebälk von machtvoller Wirkung, das eindeutig als Abschluß der gesamten Geschoßfolge empfunden wird. Darüber hinaus zeigt die Erweiterung des Gesimses zum Gebälk einen Willen zur Systematisierung der Formensprache, wie er Sangallo noch fremd ist. Es scheint, als wolle Cronaca deutlich machen, daß der Bau trotz fehlender Pilastergliederung letztlich dem tektonischen Prinzip der Ordnung gehorcht.

40

131

2. Der Innenbau

Da Sangallos Grundrißplanung nicht als Ganzes überliefert ist, bleibt die Betrachtung im folgenden auf jene Teile des Innenbaus beschränkt, die noch aus der ersten Bauphase stammen und ihre ursprüngliche Gestalt bis heute annähernd bewahrt haben. Zwar handelt es sich

---

[196] Cod. Barb., fol. 6v. Andere Zeichnungen oder Kopien dieses Gesimses lassen sich nicht nachweisen. Auch in der Antike scheint dieser Gesimstypus nicht üblich gewesen zu sein, zumindest nicht im Zusammenhang einer korinthischen Ordnung. Vergleichbare Formen zeigt noch am ehesten die dorische Basilica Aemilia mit ihren dekorierten Mutuli (Cod. Barb., fol. 26r); vgl. ferner das auf UA 1398r überlieferte Gesimsfragment (freundl. Hinweis A. Nesselrath).

[197] Die Konsolen wirken hier kompakter, blockhafter als am Gesims des Augustustempels. Bereits Sangallos Perspektivskizze zeigt diese Korrektur, während sein orthogonaler Aufriß die flache, langgestreckte Form der antiken Konsolen getreu wiedergibt. Ferner verzichtet Sangallo am Palazzo Gondi auf die Unterschneidung der Gesimsplatte, ein Motiv, das zwar am Kamin in der Sala Grande bereits vertreten ist (Abb. 83), das aber erst durch Raffael und Antonio da Sangallo d. J. üblich wird. Schließlich kehrt sich im Randprofil der Konsolen die Abfolge von Band und Karnies um.

[198] Vgl. die ausführliche Beschreibung des Entwurfsprozesses bei Vasari: VASARI/Milanesi IV, 444.

[199] BUDDENSIEG 1976, 340, hat ein Gesims des Trajansforums in Rom als Vorbild Cronacas identifiziert. Auch Cronacas Kopie zeigt im Verhältnis zum Original geringfügige Abweichungen, sowohl was die Proportion als auch was die Abfolge der Profile angeht. Antikenkopien von vergleichbarer Detailtreue sind in der Renaissancearchitektur eher Ausnahme als Regel. Hingewiesen sei auf Bramantes Kapitele der Vierungspfeiler von St. Peter, die laut Bauvertrag maßstäblich den Pilasterkapitellen der Pantheon-Vorhalle nachgebildet werden sollten (FROMMEL 1976, 65f, 104f). Die Schwierigkeit der proportionalen Umsetzung wird im Vertrag ausdrücklich hervorgehoben; auch Vasari betont dieses Problem bei seiner Beschreibung des Cronaca-Gesimses (s. Anm. 198).

dabei nur um einen kleinen Ausschnitt des umfangreichen Bauvorhabens, doch stellt dieser Ausschnitt einen funktionell wie architektonisch geschlossenen Komplex dar, der mit Hof, Treppe und Sala Grande die wichtigsten Glieder des Palastes umfaßt.

a) Eingang und Hof

3, 10, 45   Durch das Mittelportal betritt man den Andito, einen schmalen, in die Tiefe gerichteten Eingangskorridor, der den Fassadentrakt durchschneidet und dessen Stirnseite sich in einem gerahmten Rundbogenportal gegen den Hof öffnet. Geschlossene Seitenwände unterstreichen die Durchgangsfunktion dieses Raumes, ebenso ein »leitendes« Tonnengewölbe, das auf schlichten Kämpfergesimsen ruht. Ursprünglich erschloß sich der Zugang zum Hof und damit zum repräsentativen Innenbereich allein über den Andito. Wie die Rekonstruktion gezeigt hat, führte das rechte Seitenportal in den funktionell untergeordneten Nordflügel, der keine direkte Verbindung zum Hof besaß.

44   Nach den großzügigen Verhältnissen des Außenbaus wird die räumliche Enge des Hofes deutlich bewußt. Das zwischen hohen Wänden nur schwach nach unten dringende Licht läßt den Hof beinahe wie einen Innenraum wirken. Ein Erlebnis räumlicher Steigerung, wie es
112, 133   die weiten und lichterfüllten Höfe des Palazzo Medici oder Palazzo Strozzi vermitteln, bleibt dem Besucher hier versagt; statt dessen empfindet er den Weg von außen nach innen als Übergang vom großen Maßstab des Öffentlichen zum kleineren des Privaten.

Mit den genannten Vergleichsbauten hat der Palazzo Gondi lediglich den im Florentiner Quattrocento noch recht seltenen Typus des vierseitigen Portikushofes gemein[200]. Davon abgesehen aber überwiegen die Unterschiede — nicht nur, was Größe und Belichtung, sondern vor allem, was die Grundrißdisposition betrifft. So ist der quadratische, von drei zu drei
102   Arkaden umgebene Hof des Palazzo Medici durch klare Achsenbezüge gekennzeichnet. Eingangs- und Symmetrieachse fallen zusammen, so daß der eintretende Besucher geradewegs auf den Mittelpunkt des Areals zuschreitet. Das Gartenportal in der rückwärtigen Portikuswand dient dem Auge als Orientierungspunkt, der die Symmetrieachse zusätzlich akzentuiert. Die Haupttreppe lag ursprünglich linker Hand in der Fortsetzung des Eingangsportikus, so daß man die Räume des Piano Nobile auf kürzestem Wege erreichen konnte[201].
128   Noch rationaler wirkt die Disposition des Palazzo Strozzi. Mit seinen drei zu fünf Arkadenjochen bildet der Hof das geometrische Zentrum des Gesamtgrundrisses. Da sich in der Mitte jeder der vier Hofseiten ein Portal befindet, stimmen auch hier Eingangs- und Symmetrieachsen überein. Vorrangig sind die beiden schmalseitigen Zugänge, die einmal von einem Platz, zum anderen von einer breiten Straße aus erreicht werden. Dementsprechend stehen die beiden kürzeren Portiken in direkter Verbindung zu den Treppen; von den beiden korridorartigen, kreuzgratgewölbten Längsportiken unterscheiden sie sich durch eine größere Tiefenausdehnung und raumhaft wirkende Stichkappengewölbe.

Beim Palazzo Gondi vereitelten ungünstige Planungsbedingungen[202] von vornherein eine vergleichbar klare und funktionsgerechte Disposition. Dem Besucher wird trotz den kleinen Dimensionen die Orientierung eher erschwert: Weder vermag er ein eindeutiges Zentrum des

---

[200] S. u., 81 ff
[201] Vgl. BULST 1969/70, 378
[202] Vgl. o., 18 f

Gesamten auszumachen, noch erkennt er auf den ersten Blick einen nahen Zugang zum Inneren. Vom Eingang aus führt der kürzeste Weg in den linken Seitenportikus, der durch seine Geräumigkeit und sein Stichkappengewölbe als funktionell selbständiger Raum abseits des Verkehrsflusses gekennzeichnet ist. Die Treppe dagegen steigt im rechten, vom Eingang weiter entfernten Seitenportikus empor.

Sangallos Planung war nicht nur durch die Terrainverhältnisse, sondern auch durch die Treppe determiniert, deren Lage nicht verändert werden konnte[203] und die den rechten (nördlichen) Seitenportikus in seiner Tiefenausdehnung festlegte. Um unter diesen Umständen überhaupt einen vierseitigen Portikushof errichten und damit dem Anspruch wie dem Raumbedarf des Palastes genügen zu können, mußte Sangallo sich auf ein knapp bemessenes, von zwei zu drei Arkaden gesäumtes Areal beschränken. Auch die tiefrechteckige, von der Eingangsachse aus seitlich versetzte Ausrichtung des Hofes war unumgänglich: Sowohl ein Querrechteck von zwei zu drei als auch ein Quadrat von drei zu drei Jochen hätte den linken (südlichen) Seitenportikus zu schmal werden lassen. Sangallos Lösung verzichtet auf Symmetrie, bezieht aber die linke Bogenstellung der Querportiken auf den Andito und erreicht damit eine axiale Koordination von Eingang und Hof.

Weiter wurde die Planung dadurch erschwert, daß die Arkaden des Hofumgangs schmaler ausfallen mußten als die Fensterachsen der Fassade[204]. Schon aus diesem Grund konnten Außen- und Innenbau des Palazzo Gondi nicht zu einem organischen Ganzen verwachsen. Allerdings tritt die Unstimmigkeit im Grundriß deutlicher zutage als im Aufrißbild: Da die Arkadenweite auf die Breite des Eingangsportals abgestimmt ist, erlebt der eintretende Besucher die Verengung der Maßverhältnisse als allmählich fortschreitenden Prozeß.

Erst bei näherem Hinsehen bemerkt man, daß die Säulen der dreigeteilten Seitenportiken etwas näher beieinander stehen als diejenigen der quer gerichteten Doppelarkaden. Zwar divergieren die Intervalle nur geringfügig: An der Nord- und Südseite mißt man 4,46 braccia, an der Ost- und Westseite 4,60 braccia. Bei einer einheitlichen Säulenstärke von 0,8 braccia führt diese kleine Verschiebung aber dazu, daß sich die Seiten des Hofrechtecks in ihrer lichten Ausdehnung — gemessen von Säulenschaft zu Säulenschaft — wie 2:3 verhalten und damit die Jocheinteilung proportional widerspiegeln. Während man in der Breite genau 10 braccia mißt, beträgt das Längenmaß genau 15 braccia: eine Größe, die als Ausgangsmaß der Geschoßeinteilung auch an der Fassade eine wichtige Rolle spielt[205]. Offenbar ging es Sangallo darum, die in ihren Gesamtausmaßen festgelegte Hofanlage um einen stimmig proportionierten Kern zu gruppieren, dessen Verhältnisse überdies mit Albertis Anweisungen zur Anlage kleiner, oblonger Grundflächen übereinstimmen[206]. Unmittelbar einleuchtend ist der visuelle Effekt der Intervallverkürzung: Sie schwächt die Tiefenwirkung des Arkadenrechtecks ab, ohne daß der gleichmäßige Rhythmus der Bogenstellungen durch allzu große Maßdifferenzen gestört würde.

[203] Vgl. u., 44
[204] Vgl. o., 20
[205] Vgl. o., 33. — Die Schmalseiten des Hofrechtecks gliedern sich in zwei Arkaden mit einer Mittelsäule, die Langseiten in drei Arkaden mit zwei Mittelsäulen. Die Intervallverkürzung an den Langseiten dient also dazu, den proportional höheren Anteil der Säulenstärken an der Gesamtstrecke auszugleichen. Hätte Sangallo hier den Säulenabstand der Schmalseiten beibehalten, so betrüge das Längenmaß 15,4 braccia statt genau 15 braccia.
[206] ALBERTI, De re aed., IX. 6 (ed. Orlandi, 825)

Eine auffällige Besonderheit des Hofes ist die im rechten Seitenportikus emporsteigende, zum Hof hin offene Treppe. Vergleichbare Treppenanlagen sind in mittelalterlichen Palästen häufig, im Quattrocento dagegen nur noch selten zu finden[207]. Da vom Grundstück her keine Möglichkeit bestand, die Treppe wie üblich im Inneren eines Bautraktes unterzubringen[208], lag für Sangallo der Rückgriff auf den mittelalterlichen Typus der Hoftreppe nahe: Auf diese Weise konnte er die Treppe bis zum Piano Nobile zweiläufig führen, ohne die Innendisposition ernsthaft zu beeinträchtigen. Der Unterlauf öffnet sich gegen die Arkaden und empfängt sein Licht vom Hofareal, ebenso das Wendepodest, das im Eckjoch zwischen nördlichem und westlichem Portikus gelegen ist.

Von der Treppe abgesehen, entspricht der Hof dem für das spätere Quattrocento typischen, im Palazzo Medici vorgeprägten Aufrißschema: Auf das untere Arkadengeschoß mit seinem hohen Gebälk folgt ein wandhaft geschlossenes, nur durch Fenster gegliedertes Piano Nobile; den Abschluß bildete ursprünglich eine niedrige Säulenloggia, die heute durch pilastergeschmückte Wände ersetzt ist.

Im Erscheinungsbild des Erdgeschosses überwiegen vertikale Akzente. Die Säulen sind schlanker, die Arkaden steiler proportioniert als in allen vergleichbaren Palasthöfen[209]. Schon beim Betreten des Hofes wird der Blick unwillkürlich nach oben gelenkt: Die Säulen wachsen nicht nur bis zum Kämpferpunkt des Eingangsportals, sondern bis zu dessen Scheitelhöhe empor, wobei ihre schlanken, wenig ausladenden Kapitelle die aufstrebende Bewegung der Schäfte beinahe ungebrochen nach oben fortsetzen.

Der Aufbau der Arkadensäulen ist zunächst einheitlich: Auf quadratische Plinthen und attische Basen folgen glatt gearbeitete Schäfte mit ausgeprägter Entasis und abschließendem Halsring. Ungewöhnlich wirkt die Zusammenstellung verschiedener Kapitelltypen innerhalb des Säulengevierts. Im Süd- und Ostportikus findet man Kompositkapitelle einheitlicher Prägung, an der Treppenseite und in der Mitte der Westloggia korinthisierende Kapitelle mit reichem, von Stück zu Stück variierendem Dekor. Erhaltungszustand und Stil der einzelnen Kapitelle erlauben keinen Zweifel an ihrer Datierung ins späte Quattrocento und damit an ihrer Zugehörigkeit zum ursprünglichen Entwurf[210]. Umso schwerer ist die Frage zu beantworten, welchem gestalterischen Prinzip die Verteilung der Schmuckformen unterliegt: Zwar könnte man vermuten, daß Sangallo die Treppe durch reichere Kapitelle auszeichnen wollte; dagegen spricht aber, daß der korinthisierende Typus nicht nur im nördlichen, sondern ohne erkennbare Rechtfertigung auch noch einmal im westlichen Portikus Verwendung fand. So überwiegt letztlich der Eindruck eines beliebigen Nebeneinanders, das sich der logischen Erklärung aus dem Bauzusammenhang widersetzt. Während in allen vergleichbaren Bauten der Zeit die Einheitlichkeit der Ordnung als selbstverständliches Prinzip vor Augen tritt[211], bleibt hier ein Rest jener pittoresken Vielfalt spürbar, die einen spätgotischen Hof wie den des Palazzo Davanzati charakterisiert.

[207] Vgl. u., 84f
[208] Wie die Baugeschichte zeigt, nahm der Hofkomplex die volle Breite des anfänglich verfügbaren Terrains in Anspruch; der Eingangstrakt mußte vollständig für den Festsaal im Piano Nobile genutzt werden und bot daher keinen Raum für die Treppe.
[209] Unterer Säulendurchmesser zu Säulenhöhe (ohne Kämpfer): 1:9,5; Arkadenweite zu Arkadenhöhe (licht): 1:2,3. Zum Vergleich Palazzo Medici: Säule 1:8,4, Arkade 1:1,9; Palazzo Strozzi: Säule 1:8,8, Arkade 1:2,2.
[210] Zur Detailanalyse s. u., 47ff
[211] Lediglich im Hof des Palazzo Rucellai findet man nebeneinander sowohl korinthische als auch komposite Kapitelle.

Zwischen Säule und Bogen vermittelt ein quadratischer Kämpfer, der sich aus einer glatt gekanteten Platte und einem ausladenden Karnies zusammensetzt. Das Motiv geht ursprünglich auf Bauten der toskanischen Protorenaissance wie das Langhaus von SS. Apostoli in Florenz oder die Fassade von S. Andrea in Empoli zurück. Brunelleschi hatte es im Fassadenportikus des Findelhauses wieder aufgegriffen, bevor er, dem Beispiel des Florentiner Baptisteriums folgend, in S. Lorenzo und S. Spirito ein dreiteiliges Gebälkstück an seine Stelle treten ließ. Auch die Loggia Rucellai, ein Werk Albertis oder seines Schülers Rossellino[212], übernimmt die geschwungene Kämpferplatte.

199

120

Obwohl in der Antike nicht nachweisbar, rechtfertigt Alberti in seinem Architekturtraktat die Karniesplatte unter ausdrücklicher Berufung auf die »periti veteres«: Die Alten hätten, um das quadratische Bogenauflager nicht über das im Querschnitt runde Kapitell hinausragen zu lassen, der Säule ein »latastrum quadrilaterum ... ad lineamentum undulae«[213] aufgesetzt.

In einem seiner frühesten Werke, der Klosterkirche S. Maria Maddalena de' Pazzi, hatte Sangallo sich an Brunelleschis Exedren der Florentiner Domkuppel orientiert, indem er das herkömmliche Karniesprofil um ein glattes Friesstück zum abgekürzten Gebälk erweiterte. Daß sich im Hof des Palazzo Gondi die Formulierung wieder dem mittelalterlichen Vorbild annähert, mag seinen Grund in Albertis Empfehlung haben. Wie genau Sangallo Albertis Traktat nach dessen Drucklegung im Jahr 1485 studiert haben muß, zeigen bereits seine in der zweiten Hälfte der achtziger Jahre entstandenen Bauten.

161, 162

Jenseits theoretischer Überlegungen entspringt die Einfügung eines Kämpfergliedes im Palazzo Gondi der Notwendigkeit, die Treppe organisch in die Hofarchitektur einzubinden. Als waagerechtes Gesims überquert das Profil die Säulen-/Pilasterstellung, die den Treppenantritt zu beiden Seiten flankiert. Visuell wirken die Kämpfer einer Überlastung der schlanken Stützen entgegen. Da das ausschwingende Karniesprofil durch die glatt gekantete Unterlage vom Kapitell abgehoben erscheint, kann es das Gewicht der Bögen wie ein federndes Zwischenglied in der Schwebe halten. Die entgegengesetzte Wirkung erreicht Cronaca mit seinen Kämpferplatten im Hof des Palazzo Strozzi[214]: Hier ruht das gedrungene Karniesprofil ohne trennende Unterlage direkt auf dem Kapitell, so daß es sich unter der Bogenlast zu stauchen und deren Druck verstärkt auf die Säulen zu übertragen scheint.

21, 63

133, 134

Ebenso eindeutig läßt sich die Handschrift der beiden Architekten anhand der Bogenlösungen unterscheiden. Während Cronaca jedem Halbrund eine selbständige, knapp profilierte Archivolte zuteilt, bindet Sangallo die Bögen mit einem umlaufenden, aus zwei Faszien mit abschließender Karniesleiste bestehenden Architrav eng aneinander. Die Anregung zu dieser Rahmenform gaben Bauten Brunelleschis (Findelhaus, S. Lorenzo, S. Spirito) und Michelozzos (Palazzo Medici, Palazzo Tornabuoni). Auch der Hof des Palazzo Pazzi, möglicherweise ein Frühwerk Sangallos, weist im Erdgeschoß umlaufende Architravbögen auf. Bei keinem dieser Bauten erreicht der Architrav jedoch die Schwere und Plastizität, die ihm im Hof des Palazzo Gondi zuwachsen. In den Zwickeln, besonders aber in den Ecken verdichten sich die Profile zu komplexen Formationen. Um so mehr leuchtet die Wirkung der Kämpfer ein, die das wechselseitige Verhältnis von tragenden und lastenden Elementen in ein scheinbar schwereloses Übereinander verwandeln.

112, 116, 155

---

[212] LEINZ 1976 plädiert für Alberti, PREYER 1977 für Rossellino.
[213] ALBERTI, De re aed., VII. 15 (ed. Orlandi II, 643). — Zum Problem der Säulenarkade bei Alberti vgl. WITTKOWER 1969, 34, sowie die überzeugende Kritik an Wittkower bei KLOTZ 1969, 98 ff.
[214] Zur Zuschreibung des Hofes s. u., Exkurs

45, 46   Über den Bogenscheiteln sitzt jeweils eine reich dekorierte Volutenkonsole mit aufgelegtem Akanthusblatt, die zum Architrav des Erdgeschoßgebälks vermittelt. Dem Vorbild Brunelleschis in S. Lorenzo folgend, sucht Sangallo auf diese Weise den Konflikt zweier aufein-
133   ander ruhender Architrave zu vermeiden. Statt aber, wie Cronaca im Palazzo Strozzi, die
Konsolen fest zwischen die Faszienbänder einzuspannen und so ihre stützende Funktion anschaulich zu machen, löst er sie als selbständige Schmuckelemente aus ihrem konstruktiven
Zusammenhang. Die Blätter, bis in alle Einzelheiten plastisch durchgeformt, suggerieren
eine weich abwärts fließende Bewegung, die sich frei vor der Archivolte entfaltet. Da die eingerollten Blattwurzeln sowie ein aufgelegter Perlstab den flachen Ansatz des oberen Architravs verdecken, andererseits aber über dem Bogenscheitel ein schmaler Wandstreifen ausge-
spart bleibt, scheint das ganze Gebälk frei in der Wand zu schweben. Die visuelle Lockerung
des tektonischen Gefüges geht hier Hand in Hand mit einer gesteigerten Betonung der Einzelform und ihrer ornamentalen Qualitäten.

Auf den schwach profilierten Architrav, dessen Gliederung der Bogenrahmung angeglichen ist, folgt als Mittelstück des dreiteiligen Gebälks ein glatter, im ursprünglichen Zustand vermutlich ornamental gefüllter Fries[215]. Seine eigentümlich wirkende Überhöhung
spiegelt ein Dilemma wider, das den Wandaufriß beinahe aller quattrocentesken Palasthöfe
10   kennzeichnet: Da das abschließende Gesims nämlich nicht der Fußbodenebene des Piano
Nobile entspricht, sondern als Sohlbank der darauffolgenden Fensterreihe dient, muß das
130   Gebälk eine beträchtliche Höhendistanz überbrücken. Erst Cronaca findet im Hof des Palazzo Strozzi eine überzeugende Lösung des Problems. Indem er das Piano Nobile in Pfeilerarkaden untergliedert, kann er zwischen Gebälk und Brüstungsebene eine vermittelnde
Piedestalzone einschalten. Der Fries hat damit seine beliebige Dehnbarkeit verloren und wird
auf eine angemessene, von antiken Vorbildern nahegelegte Höhenerstreckung reduziert.
Darin steht Cronaca der Hochrenaissance weitaus näher als Giuliano da Sangallo, wie
gerade der Vergleich mit entsprechenden Lösungen Antonios da Sangallo d. J. lehrt (Palazzo
Baldassini, Palazzo Farnese)[216].

Im abschließenden Gesims wird die Abfolge kantiger und geschwungener Profile durch
eine Zahnschnittleiste bereichert. Daß Sangallo hier auf Konsolen verzichtet und damit dem
Aufrißprinzip der Fassade zuwiderhandelt, mag in einer genauen Auslegung des vitruviani-
schen Textes begründet sein, der im Zusammenhang mit der korinthischen Ordnung entweder ein dorisches oder aber ein ionisches Gebälk mit Zahnschnittgesims empfiehlt[217]. Andererseits bleibt das Gesims erstaunlich flach und entfernt sich damit von antiken Vorbildern.

Die schlichte Gliederung des Piano Nobile bleibt der Florentiner Tradition stärker ver-
116   pflichtet als Cronacas komplexes Arkadensystem. Seit Michelozzos Palazzo Tornabuoni (ca.
1450) findet man gerahmte Rechteckfenster mit geradem Gesims in zahlreichen Palasthöfen
wieder. Sangallos individuelle Handschrift zeigt sich in der Durchbildung des Details: Der
schlichte Karniesrahmen des Palazzo Tornabuoni wird hier zum antikisierenden Architrav,
dessen Faszien durch feine Rundstäbe voneinander getrennt sind; das aufliegende Gesims ist

---

[215] S. o., 28
[216] Vgl. MARCHINI 1941, 100ff, mit einer ausführlichen Analyse des Strozzi-Hofes. — Die Piedestalzone in Sangallos Hof des Palazzo Scala, wahrscheinlich seinem frühesten Bau, kann kaum mit
Cronacas Lösung verglichen werden (s. u., Kapitel V).
[217] VITRUV ed. Fensterbusch, 169 (IV. 1)

in seiner Abfolge von Zahnschnitt, Eierstab und Karniesprofil sichtlich von den Fensterädikulen am Ospedale degli Innocenti inspiriert und gewinnt gegenüber Michelozzos Formulierung an Schwere und Ausladung. Indem Sangallo die Fensterverdachungen in den Ecken zusammenstoßen läßt, bringt er die Raumenge des Hofes mit drastischer Schärfe zu Bewußtsein. Wie schon die schweren Bogenprofile des Erdgeschosses, so zeigt auch dieses Motiv die Tendenz, die ungünstigen Raum- und Lichtverhältnisse durch gewichtige Einzelformen eher zu unterstreichen als zu kaschieren. 21, 44

Oberhalb der Fenster verliert das Aufrißbild an Spannung und Intensität. Die hohe Wandzone bis zum Gesims war ursprünglich nur sparsam gegliedert; statt der gerahmten, im 19. Jahrhundert eingesetzten Okuli schnitten rechteckige Mezzaninöffnungen in die Wand ein. Im Unterschied zum Arkadengeschoß, dessen dreiteiliges Gebälk Sangallo vermutlich durch die Säulenstellung gerechtfertigt sah, schließt die Geschoßwand des Piano Nobile mit einem schlicht profilierten, konsolengestützten Gesimsband ab. Bemerkenswert ist, daß schon Michelozzo im Palazzo Medici an dieser Stelle ein dreiteiliges Gebälk bevorzugte. 10, 19

105

Die nur noch in Aufrissen überlieferte, von zierlichen Säulchen getragene Loggia des Obergeschosses folgte dem Vorbild älterer Palasthöfe, vor allem dem des Palazzo Medici. Allerdings wich Sangallo insofern von der Tradition ab, als er nicht die schmuckhaften Ordnungen der Arkadenzone wiederkehren ließ, sondern den bescheideneren Anspruch dieses Geschosses durch schlichtere Kapitelle dorischer Prägung zum Ausdruck brachte. Cronacas Lösung im Hof des Palazzo Strozzi wiederholt noch einmal die korinthische Ordnung des Erdgeschosses, stellt die Säulen aber auf eine Balustrade. Die Piedestalzone kehrt damit im Obergeschoß wieder. 133

Den Abschluß beider Höfe bildet ein schlichtes Sparrengesims, das sich eher an mittelalterlichen Bauten orientiert als am Beispiel des Palazzo Medici. Michelozzo setzte an dieser Stelle ein Steingesims mit reich gestaffelten Profilen ein und fand damit die fortschrittlichere Lösung, die sich aber im Florentiner Quattrocento nicht durchsetzen konnte.

Anders als an der Fassade kommt im Hof des Palazzo Gondi keine echte Hierarchie der Geschosse zustande. In stärkerem Maße als das Piano Nobile, das in der Gliederung eher zurückhaltend wirkt, erfährt das Erdgeschoß eine vornehme und reiche Gestaltung. Diese Auszeichnung der Arkadenzone wird verständlich, wenn man die ursprüngliche Funktion der Hofportiken in Betracht zieht: Sie erschlossen nicht allein den Zugang zum Innern des Palastes, sondern dienten darüber hinaus als Aufenthalts- und Festräume.

Dementsprechend wurden auch die Portikuswände anspruchsvoll dekoriert. Architravierte Rahmungen umgeben die rechteckigen Türöffnungen; über dem Sturz liegt ein reich verzierter Fries, dessen Reliefs die Impresen des Bauherrn wiedergeben. Den Abschluß bildet ein ausladendes, mit Zahnschnitt, Kyma, Perlstab und Karniesen vielfach untergliedertes Gesims. Vor allem aber konzentriert sich der Schmuckaufwand auf die dekorativen Glieder der Ordnung, Säulenkapitelle und Gewölbekonsolen. 47

b) Kapitelle und Konsolen des Hofes

Wie bereits ausgeführt, lassen sich die Kapitelle der Arkadensäulen in zwei Hauptgruppen unterteilen: schmuckhafte »Kelchvolutenkapitelle« (7—10) auf der einen, schlichtere Kompositkapitelle (1—6) auf der anderen Seite.

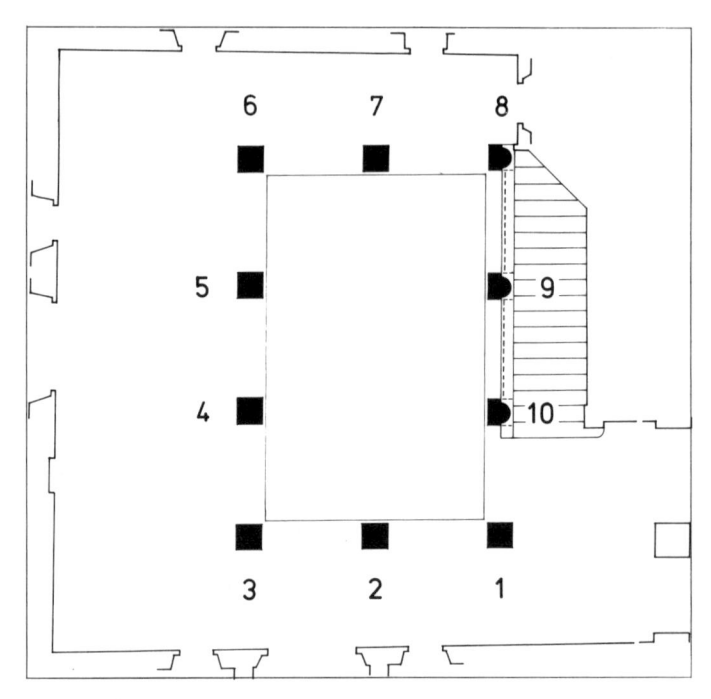

Fig. 1. Palazzo Gondi, Hof, Säulenkapitelle

48, 49   Die Kompositkapitelle folgen einem einheitlichen Aufbauschema: Um den schlanken Kelch legt sich ein einfacher Kranz von acht Akanthusblättern, die zunächst hoch aufsteigen, sich dann unterhalb der Voluten nach außen biegen und zwischen ihren Spitzen den Blick auf den nackten Kelch freigeben. Über den Blattenden ist noch ein mehr oder weniger breiter Streifen der glatten Kelchwand sichtbar, bevor Astragal und Eierstab als jonische Schmuckglieder die Kelchlippe markieren. Die Eckvoluten scheinen aus dem hohlen Kalathos hervorzuwachsen. Als Abschluß folgt ein konkav einschwingender Abakus, der in der Mitte jeder Ansichtsseite mit einer Blüte besetzt ist.

113   Mit Ausnahme des Astragals findet man die gleichen Bauelemente bereits in den Hofkapitellen des Palazzo Medici, die möglicherweise auf einen antiken Prototyp zurückgehen[218]. Michelozzos Abweichungen von den hier in Frage kommenden römischen Kapitellen lassen vermuten, daß er außerdem ein eng verwandtes Kapitell im Pisaner Dom bzw.

[218] Gemeint ist eine Gruppe von Kompositkapitellen kleinasiatischer Herkunft, die sich ins 2. Jh. n. Chr. datieren lassen und an nicht mehr bekannter Stelle in Rom eingebaut waren (HEILMEYER 1970, 169ff, T. 35.1,2). Die Parallelen zum Palazzo Medici gehen erstaunlich weit: Die gedrungene Proportion, die Beschränkung auf eine Blattreihe, das Hervortreten des nackten Kelches, die Verdickung der Voluten und die Schwere des Eierstabes lassen sich gut mit Michelozzos Formen vergleichen. Unterschiede bestehen vor allem in der Artikulation der Blätter, deren harte, abstrahierte Form bei den antiken Stücken Michelozzos Stilhaltung nicht entgegenkam. Außerdem ersetzt Michelozzo den unterhalb des Eierstabes umlaufenden Astragal durch ein gewundenes Band und läßt die Blattstengel, die zwischen den Akanthusblättern der antiken Kapitele emporwachsen, fort. — GOSEBRUCH 1958, 142, schlägt für die Kapitelle des Palazzo Medici keine Ableitung vor.

dessen Kopie an Giovanni Pisanos benachbarter Domkanzel als Vorbild herangezogen hat[219].

Sangallo behält Michelozzos Formulierung grundsätzlich bei, modifiziert sie jedoch durch einen schlankeren Kelch und eine allgemeine Straffung der Proportionen. Ein bezeichnender Unterschied tritt ferner in der Gewichtung des Eierstabes zutage, der sich bei Michelozzo als eigenständiges Glied vom Kelch ablöst, bei Sangallo hingegen dem Kelchrand angepaßt wird und damit als Ornament in klarer Beziehung zum Aufbau steht. Auch ersetzt Sangallo das gewundene Band, das bei Michelozzo den Kelchrand abschließt, durch einen antikisch formulierten Astragal. Möglicherweise folgte Sangallo mit diesen Modifikationen seinerseits antiken Beispielen. Bestimmte Vorbilder lassen sich jedoch nicht ausfindig machen[220].

Während diese Merkmale aber primär den Typus kennzeichnen und, verglichen mit den Formen Michelozzos, nicht zuletzt den generellen Stilwandel eines halben Jahrhunderts widerspiegeln, erschließt sich die künstlerische Eigenart der Kapitelle erst bei der Analyse des Details.

Die unterschiedliche Ausprägung der einzelnen Kompositkapitelle macht eine genauere Differenzierung notwendig: Die erste Untergruppe (1—3) fällt durch ein organisch gebildetes Akanthusblatt auf, das bis in die Spitzen kraftvoll durchgliedert ist und sich nach oben merklich verjüngt. Charakteristisch sind die lebhaft artikulierten Nebenblätter, die einander am Mittelstamm fächerartig überlagern und deren gezackte Spitzen sich plastisch von der Kelchwand ablösen. Dagegen kann die Qualität der zweiten Untergruppe (5,6) weniger überzeugen: Die Nebenblätter sind flächiger gearbeitet und scheinen sich einem starren Rahmen einzupassen; die plastische Differenzierung zwischen Blatt und Kelchwand ist weitgehend verwischt. Den gleichen Eindruck vermittelt die schematische Binnenzeichnung, die dem Blatt seinen organischen Charakter nimmt und die einzelnen Bestandteile vergleichsweise trocken und leblos erscheinen läßt. Eine Mittlerstellung nimmt das vierte Kapitell ein, dessen Blätter den festen Kontur des einen Typs mit der feinnervigen Binnenstruktur des anderen verbinden. 48 49 45

Im oberen Abschluß unterscheiden sich die einzelnen Stücke nur geringfügig, sei es durch einen mehr oder weniger stark angeschnittenen Eierstab, sei es durch eine gröbere oder feinere Artikulation des Astragals. Allen gemeinsam ist die scharfe Profilierung der Ornamente und die kraftvolle Spannung der Voluten, die sich knapp über den Kelchrand hinausschwingen und dann in dicht gerollten Schnecken enden. Der Abakus ruht stets auf dem Kelch und scheint mit seinen lang ausgezogenen, nach unten sich verjüngenden Spitzen die Voluten zu spalten. Zugleich wird die Fuge jedoch verdeckt, indem sich zierliche, aus dem Abakus herauswachsende Blüten- oder Schuppenketten in die Rückenkerbe der Voluten einbetten. Ebenso wirkungsvoll sind die mittleren Blüten angeordnet, deren untere Enden in der Höhlung des Kelches zu verschwinden scheinen. An zwei Kapitellen (1,3) tritt als zusätzlicher

---

[219] Das Kapitell befindet sich an der vordersten Säule der linken Seitenschiffsarkaden. Pisanos Kopie an der Kanzel ist dem Mittelschiff zugewandt. — Zweifellos geht das Pisaner Kapitell auf ein antikes Vorbild zurück. Mit Michelozzos Formulierung vergleichbar ist die Faktur der Akanthusblätter. Pisano verzichtet auf den Astragal unterhalb des Eierstabes und ersetzt ihn durch eine schmale Profilkante.

[220] Der Kapitelltypus mit nur einer Blattreihe weicht von der korinthischen bzw. kompositen Normalform ab (vgl. HEILMEYER 1970, 12 ff) und war in der Antike wohl nur selten vertreten, so an den Säulen des Triumphbogens der Lateransbasilika. — Bemerkenswert ist, daß Sangallos Artikulation von Eierstab und Astragal dem Kapitell in Pisa nahe steht. Dagegen findet die schlanke Kelchform dort keine Entsprechung.

Schmuck ein kleines Fruchtgebinde hinzu, das aus der Blütenmitte hervorwächst und frei über den Kelchrand hinabhängt.

134   Der Erfindungsreichtum des »disegno« und die organische Durchbildung der Einzelform unterscheidet Sangallos Kompositkapitelle von den Hofkapitellen des Palazzo Strozzi. Auf den ersten Blick bemerkt man hier eine weniger plastische Oberflächenbehandlung und eine geringere Spannung des Konturs. Als überraschend nah hingegen erweist sich die Verwandt-
159   schaft zu den Kapitellen des älteren Palazzo Ricasoli (ca. 1480): Nicht nur die schlanke Kelchform nimmt die Artikulation der Gondi-Kapitelle vorweg, sondern auch ein Detail wie der einschneidende Abakus sowie die gespaltenen Voluten, die sich in dieser Form sonst nirgends wiederfinden. Zumindest kann man voraussetzen, daß Sangallo sich durch diese Kapitelle anregen ließ. Als weitergehende Schlußfolgerung, die allerdings an anderen Punkten noch zu erhärten sein wird, bietet es sich an, den Palast als Frühwerk Sangallo selbst zuzuschreiben.

50—   Die übrigen Kapitelle entsprechen — trotz einigen Abweichungen — dem Grundtypus des
54   sogenannten »Kelchvolutenkapitells«[221]. Als gemeinsames Kennzeichen weisen sie vier Akanthusblätter auf, die den Ecken zugeordnet sind und deren umgebogene Spitzen sich mit den darüber liegenden Volutenpaaren berühren.

50, 54   Nur zwei Exemplare stimmen in Entwurf und Ausführung völlig überein (7,10). Sie gehören auch insofern zusammen, als sie die übrigen Kapitelle dieses Typs wie eine Klammer von den einheitlichen Kompositkapitellen abgrenzen; außerdem stehen sie mit der Treppe nur in indirekter Verbindung und erfordern vom Betrachter den normalen Sichtabstand. Die
48   Durchbildung der Eckblätter erinnert an die Formen der ersten Kompositgruppe (1—3), geht aber in der plastischen Auffächerung der Nebenblätter noch weiter. In den mittleren Ansichtsflächen findet man zunächst eine zweigeteilte Blattformation: Das untere Glied besteht aus einem niedrigen, nach unten gestülpten Doppelblatt, das obere aus einem höheren, vielfach durchbrochenen Blätterkelch, dessen Rand leicht nach außen gebogen ist. Aus diesem Kelch wachsen drei dünne Stengel hervor, deren äußere, von überlappenden Blättern bedeckt, in sanftem Schwung über den Rand des Kalathos hinausführen und sich in den Ecken locker zusammenrollen. Der mittlere, mehrfach mit Blattkränzen besetzte Stiel hingegen wächst gerade empor und mündet in einen kleinen Fruchtstand, der die Blüte des korinthischen Kapitells vertritt.

      Die beiden übrigen Kapitelle gehen von derselben Grundform aus, variieren aber untereinander in ihrem figürlichen Schmuck. Das erste (9) sticht durch seinen phantasievollen »di-
52   segno« und seine virtuose Ausführung besonders hervor: Zwischen die stark gekehlten, von aufwärts strebender Kraft durchströmten Eckblätter tritt nunmehr eine antikische, bis in jede Einzelheit plastisch artikulierte Vase. Dem Hals des Gefäßes entspringen gedrehte Füllhörner, die sich in S-förmiger Schwingung beinahe bis an den Kelchrand emporschwingen und dann auf den Eckblättern aufruhen. Aus ihren Öffnungen quellen Fruchttrauben, die über Eck zu einheitlichen Gebilden zusammenwachsen. Schließlich wirken auch die mittleren Fruchtstände im Aufbau noch komplexer als die entsprechenden Formen der anderen Kapitelle.

      Die überquellenden Füllhörner dieses Kapitells sind wohl als Sinnbild der Abundantia und damit als Anspielung auf den Reichtum des Bauherrn zu verstehen. Diesen Gedanken gerade am Treppenaufgang zum Ausdruck zu bringen, entsprach einer Florentiner Tradition: Schon

[221] Zur Definition dieses Typs: GOSEBRUCH 1958, 120 ff

die — auch im Typus dem Palazzo Gondi eng verwandte — Treppe des Palazzo Canigiani[222]   98
ist mit einer Statue geschmückt, die sich durch ein Füllhorn als Personifikation der Abundantia zu erkennen gibt.

Das zum Treppenabsatz hin benachbarte, vom Handlauf des Geländers durchschnittene
Kapitell (8) ähnelt im Aufbau dem untereinander identischen Paar (7, 10), verrät aber in der   51
Ausführung eine andere Hand. Die Blattformen wirken fleischiger, sind in sich schwächer
strukturiert und scheinen fest mit dem Hintergrund zu verwachsen. Auch der Entwurf
weicht in einigen charakteristischen Details von den anderen Kapitellen ab. So schießen die
Blätter nicht kraftvoll nach oben, sondern bringen durch ihre S-förmige Kurvung die Bewegungsenergie eher zum Stillstand; der Blätterkelch spaltet sich in seine Einzelelemente auf
und geht zugleich mit den aufwachsenden Stielbündeln eine wenig organische Verbindung
ein. Die Einrollung der Voluten schließlich, an allen anderen Kapitellen mit naturalistischer
Anschaulichkeit vorgeführt, wird nunmehr durch seitlich aufsitzende Rosetten verdeckt. Insgesamt läßt diese Artikulation den organischen Formsinn vermissen, der die benachbarten
Kapitelle in hohem Maße auszeichnet. In der Ausführung ähnlich wirkt das Pilasterkapitell
am Treppenaufgang, das sich in Motivik und Komposition dem zugehörigen Säulenkapitell   55
(10) angleicht.

Die Frage nach antiken Prototypen kann auch für diese Kapitellgruppe nicht erschöpfend
beantwortet werden. Zwar sind aus der römischen Antike zahlreiche Kapitelle erhalten
oder überliefert, die den korinthischen Normaltypus mit figürlichen oder vegetabilen Motiven abwandeln[223]; auch hat Sangallo selbst verschiedentlich grundverwandte Kapitelle
gezeichnet[224]. Keines von diesen Stücken wird jedoch im Palazzo Gondi genau nachgeahmt. Eine enge Verwandtschaft besteht lediglich zwischen dem mittleren Treppenkapitell   52, 53
(9) und einem im Barberini-Kodex skizzierten Exemplar, das die korinthischen Eckvoluten
in ähnlicher Weise durch geschwungene Füllhörner ersetzt[225]. Unabhängig davon, ob wir
in den Kapitellen dieser Gruppe exakte Antikenkopien vor uns haben oder freiere Kombinationen antikischer Einzelmotive, spricht doch aus jedem Detail eine ausgeprägte Affinität
zu den figürlichen Formen kaiserzeitlicher Baudekoration[226]. Die gleiche Grundhaltung
kennzeichnet bereits die Kapitelle im Hof des Palazzo Pazzi, eines fünfzehn Jahre älteren   154
Baus, der aufgrund seiner Dekoration zu den Frühwerken Sangallos gezählt worden ist[227].
Angesichts der dort verwendeten Kandelaber, die beinahe wörtlich in der Vasenform des
späteren Füllhornkapitells wiederkehren, treten die engen Beziehungen zwischen beiden
Bauten klar zutage. Andererseits verdeutlicht der Vergleich die hohe Qualität der Steinmetzarbeit, die zumindest einige Kapitelle des Palazzo Gondi in besonderem Maße auszeichnet.

---

[222] Vgl. u., 85
[223] Vergleichsbeispiele zu 7, 10 (4 Akanthusblätter an den Ecken, Blattfüllung in den mittleren Ansichtsflächen): HEILMEYER 1970, T. 34; zu 9 (Füllhornkapitell): MERCKLIN 1962, Nr. 640ff, Abb. 1251ff sowie Nr. 650ff, Abb. 175ff; zu 8 (Vögel): MERCKLIN 1962, Nr. 543ff, Abb. 1029ff
[224] Vgl. Cod. Barb., fol. 10^v, 11^r, 14^v, 15^r
[225] Cod. Barb., fol. 10^v, linke Reihe oben. Das Kapitell ist nicht zu identifizieren (HÜLSEN 1910, Textbd., 19).
[226] Vgl. o., Anm. 224. — Zahlreiche Zeichnungen Sangallos beweisen seine Vorliebe insbesondere für das ornamentale Repertoire der Grotesken, u. a. Cod. Barb., fol. 3^r, 16^r, 32^v, 33^r, 63^v; Tacc. Sen., fol. 11^r; vgl. auch DACOS 1969, 29ff
[227] SAALMAN 1964; zur Diskussion der Zuschreibung s. u., Kapitel V

56—61
Die Gewölbekonsolen sind als Kelchvolutenkapitelle formuliert[228]. Ihr Aufbau erfolgt stets nach dem gleichen Muster: Auf ein prismenförmiges Stützglied, das in konkaver Schwingung aus der Wand herauswächst und mit einem Halsringprofil abschließt, folgt ein flaches Pilasterkapitell mit Eckblättern und nach außen aufwachsenden Voluten. Der eingezogene Abakus ruht unmittelbar auf dem Kelchrand und trennt die Konsole von dem zweigliedrigen Kämpfer, der auch hier zum Gewölbeansatz vermittelt.

Im Unterschied zu den Arkadensäulen werden die Wandkonsolen durch Impresenschmuck bereichert: Um den flammensprühenden Diamanten, der als Relief aus der Schaufläche des Prismas herausgearbeitet ist, ranken sich beiderseits brennende Füllhörner empor. Die Grundidee dieser Impresendekoration hat Sangallo den Gewölbekonsolen des Medici-Hofes entlehnt.

Obwohl allen Konsolen ein einheitliches Bauprinzip zugrundeliegt, stellt sich doch jede von ihnen als individuelles Einzelstück dar. Zwischen den Eckblättern entfalten sich vielfach variierte, sowohl gegenständliche als auch vegetabile Ornamente, die den Fruchtstielen und Volutenranken als Ausgangspunkt dienen. Neben bereits bekannten, von den Säulenkapitellen übernommenen Formen findet man neue »invenzioni«: Seien es muschelartig umrahmte Palmetten[229], seien es rund gefächerte oder symmetrisch gefiederte Blätter. Einige Details lenken durch ihre unmittelbare Anschaulichkeit den Blick auf sich, so ein Granatapfel mit aufplatzender Schale oder fleischig verdickte Voluten, die sich bei näherem Hinsehen als gefüllte Schoten erweisen.

56, 58
Allerdings lassen nicht alle Stücke das gleiche handwerkliche Niveau erkennen. Auf einer Stufe mit den besten Säulenkapitellen stehen allein die Konsolen der Eingangswand, die ebenso durch den gespannten Schwung ihrer Blätter und Ranken hervorstechen wie durch die plastische Loslösung des Reliefs vom Hintergrund.

57, 59
60
In der Süd- und Westloggia finden sich dagegen Stücke geringeren Ranges. Man unterscheidet eine Gruppe mit weicher, beinahe teigig wirkender Formbehandlung sowie einige Konsolen mit eher trocken und flächig gearbeitetem Blattwerk.

c) *Treppe und Piano Nobile*

27, 44, 63
Ein Dilemma der Hoftreppe besteht darin, daß sie den räumlichen Zusammenhang der Portiken unterbricht und damit den Portikushof einer seiner wesensgemäßen Eigenschaften beraubt. Daß Sangallo dieses Problem erkannt hat, zeigt sein Bemühen, die Treppe durch eine überlegte Gestaltung in den architektonischen Kontext zu integrieren.

159
Der Pilaster, der den Treppenaufgang an der rechten Seite flankiert, ordnet sich der Arkadensäule zur Linken als Entsprechung zu und bindet damit bereits die Treppe an das Stützensystem des Hofes. Eine ähnliche Säulen-/Pilasterstellung begegnet schon im Hof des Palazzo Ricasoli; dort fehlt allerdings das Kämpfergesims, das beim Palazzo Gondi Säule und Pilaster waagerecht überspannt und über den anderen Säulen als quadratische Platte wiederkehrt. Die Verkettung zwischen Treppe und Hofordnung wird auf diese Weise noch konsequenter zum Ausdruck gebracht. Da der Treppenlauf aber nicht erst mit der Säulen-/Pilasterstellung

---

[228] S. o., Anm. 221
[229] Vgl. Sangallos Zeichnung eines verwandten Palmettenkapitells: Cod. Barb., fol. 10ᵛ, rechte Reihe, 2. von oben; ferner mehrere Palmettenfriese: ebd., fol. 17ʳ

beginnt, sondern mit seiner untersten Stufe in das vorgelagerte Loggienjoch hineinragt, empfindet der Besucher den Übergang von der Loggia zur Treppe als selbstverständliche Fortsetzung des eingeschlagenen Weges. Wenig organisch wirkt dabei die partielle Überlagerung der Basen durch die Antrittsstufe: eine Ungereimtheit, die freilich nicht mit Sicherheit auf Sangallo zurückgeht[230].

Während die glatte Stützmauer des Antrittslaufes hinter den Säulen entlangführt, ragen die Stufen mit ihren Lichtwangen in die Interkolumnien hinein. Sangallo konnte so die Geländerbaluster in einer Linie mit den Säulenschäften fluchten lassen und eine Verengung des Treppenaufgangs vermeiden, die den visuellen Eindruck beim Emporsteigen nachteilig beeinflußt hätte. Da der Handlauf von den Säulen nicht vollständig durchschnitten wird, bleibt die Kontinuität des Geländers dennoch gewahrt. Vor dem Hintergrund einer so weit auskalkulierten Gestaltung empfindet das Auge um so schärfer die formale Dissonanz, mit der am oberen Ende des Antrittslaufes das Geländer in den Kelch des Säulenkapitells hineinstößt. An der Rückseite wächst die Podestbrüstung nicht auf gleicher Höhe aus dem Kapitell hervor, sondern kollidiert mit dem Abakus, so daß ein Durchdringungseffekt im eigentlichen Sinne nicht zustande kommt.

43, 44, 63

10, 51

Eine reiche Dekoration schmückt die zum Hof hin freiliegende Lichtwange. Die Stufen ruhen auf einem schräg ansteigenden, aus Zahnschnitt und Karnies bestehenden Gesims; am oberen Rand werden sie von kleinen Lanzettblättern eingefaßt, die sich zu einer kontinuierlich abgetreppten Reihe zusammenfügen. Jede Stufenwange wird durch ein kleines Relief zum selbständigen Schmuckfeld erhoben. Der Gedanke einer solchen Wangendekoration klingt bereits in der schlicht ornamentierten Kanzeltreppe des Andrea Cavalcanti in S. Maria Novella an (1443). Sangallo geht jedoch weiter, indem er den dreieckigen Rahmen figürliche Fabelszenen einfügt[231]. Die Originale sind heute nicht mehr an Ort und Stelle; Verwitterungsspuren erschweren ihre Beurteilung. Dennoch zeigen einige Stücke, vor allem die mit Blattmasken und Ranken geschmückten Felder, eine Virtuosität und Eleganz, die der Kapitellplastik in nichts nachsteht. Einmal mehr wendet sich der Blick des Betrachters vom Großen zum Kleinen, vom räumlichen Ganzen zum dekorativen Detail.

64, 65

Das Geländer wird von doppelschäftigen Balustern getragen, die zu den anmutigsten Details der Bauausstattung zählen und das Bild des Hofes entscheidend mitgestalten. Ihre gedrehten Kanneluren unterstreichen die aufsteigende Bewegung der Treppe. Ausgehend von kordelartig gewundenen Einschnürungen, die jeden Baluster in der Mitte unterteilen, legen sich nach oben und unten flache Akanthusblätter über die körperhaft ausbuchtende Schaftrundung. Zwischen den hauchdünn auslaufenden, mit ihren Spitzen einander berührenden Nebenblättern bleiben die Kanneluren sichtbar, sodaß sich die Oberfläche in mehrere Schichten zu zerlegen scheint.

Die Baluster der Podestbrüstung sind schlanker geformt. Senkrechte Kanneluren vermitteln nunmehr den Eindruck statischer Ruhe. Unerklärlich bleibt, warum der erste Baluster

51

---

[230] Die heutige Antrittsstufe mit abgeschrägter Ecke stammt aus dem 19. Jh. (s. o., 23). Wie die Stelle vorher bewältigt war, geht aus den älteren Aufnahmen (Abb. 21, 43) nicht ganz klar hervor. Denkbar wäre eine Verschleifung der Basen mit den Stufenprofilen, wie sie der Pal. Ricasoli vorführt (Abb. 159).

[231] Eine genaue Entschlüsselung der Ikonographie ist nicht gelungen. Einige Szenen erinnern an Aesop, Phaedrus und Avian, ohne sich indessen auf bestimmte Fabeln zu beziehen (vgl. POPE HENNESSY 1964, I, 183 ff). Daß von den insgesamt 15 Feldern nur 10 mit vollwertigen Szenen, die restlichen 5 mit Masken, Ranken und kleinen Tiermotiven gefüllt sind, läßt eher an die Kopie einer Mustervorlage denken als an ein ausgearbeitetes Programm.

nach der Arkadensäule noch einmal gedrehte Kanneluren aufweist: Das reizvolle Wechselspiel zwischen aufsteigender Bewegung und horizontaler Ruhelage gerät so auf merkwürdige Weise aus der Balance.

25, 27   Die raumsparende Disposition der Hoftreppe erlaubte zwar eine doppelläufige Führung bis zum Piano Nobile, warf aber zugleich heikle Fragen der architektonischen Bewältigung auf. Neben der zwangsläufig mangelhaften Belichtung stellte sich vor allem das Problem der Eindeckung: Da einerseits die Portikusarkaden nicht vermauert werden durften, andererseits über der hofseitigen Treppenrampe ein Verbindungsgang mit ebenem Fußboden Platz finden mußte, fehlte für die übliche Treppenwölbung mit ansteigender Tonne der notwendige Spielraum. Auch eine Beibehaltung der Kreuzgratgewölbe kam nicht in Frage, da die Loggia durch den geschlossenen zweiten Treppenlauf in der Breite halbiert wurde. Sangallo fand einen Ausweg, indem er Antrittslauf und Podest mit einer waagerecht durchlaufenden, über
66   den Bogenscheiteln liegenden Flachdecke versah, die sich erst vom zweiten Lauf an dem Neigungswinkel der Treppe anpaßt.

Der Kompromißcharakter dieser Lösung tritt zumal dann deutlich zutage, wenn man sie mit zeitgenössischen Palasttreppen in der Nachfolge des Palazzo Medici vergleicht[232]: Während in den meisten anderen Bauten die zielgerichtete Bewegung des Hinaufschreitens durch eine ansteigende Tonne, das ruhende Innehalten auf dem Wendepodest durch zentralisierende Kreuzgratgewölbe unterstrichen wird, heben sich in der gleichsam bewegungsneutralen Flachdecke des Palazzo Gondi beide Effekte gegeneinander auf.

Umso größeres Gewicht legte Sangallo auf den Einsatz dekorativer Mittel. Dies verdeutlicht die Gliederung der Flachdecke: Oberhalb der Arkadenstützen, deren Bögen an der Treppenseite ihr Architravprofil wiederholen, sitzen kleine Wandkonsolen, die ihrerseits ein steinernes Balkengerüst tragen. Obwohl der Profilschnitt der Balken auch eine Deutung als Gesims zuließe, handelt es sich hier offensichtlich um Architrave: Unterhalb des Deckenansatzes im zweiten Treppenlauf wird der profilierte Balken durch Fries und Gesims zum vollständigen Gebälk erweitert.

66   Während ein schmaler Wandstreifen zwischen Archivolte und Deckenansatz die tektonische Selbständigkeit des Balkengerüstes demonstriert, gliedert sich die Decke analog zur Loggienwölbung in jochartige Kassettenfelder und wahrt damit den Zusammenhang zwischen Hofumgang und Treppe. Auf diese Weise konnte auch das Wendepodest, das im Grundriß ursprünglich dem nordwestlichen Eckjoch des Hofes entsprach[233], konsequent in die Raumabfolge eingebunden werden. Einer Florentiner Tradition gemäß wird das Podest durch eine freistehende Säule vor der Treppenwange ausgezeichnet.

159,   Einen unmittelbaren Vorläufer dieser Treppenlösung erkennt man im Palazzo Ricasoli. Der
160   Architekt stand dort vor einer ähnlichen Aufgabe: Zwar führt die Treppe nicht in einer der Hofloggien, sondern parallel zum Eingangskorridor empor; ähnlich dem Palazzo Gondi wird sie jedoch einseitig von offenen Säulenarkaden flankiert, die ihr als einzige Lichtquelle dienen. Beim Vergleich der Deckengliederung wird die Verwandtschaft noch deutlicher. Schon der Palazzo Ricasoli verfügt über eine Flachdecke mit konsolengestützten Steinbalken, die durch Soffitten als Architrave ausgewiesen sind und die Fläche in große Kassetten einteilen. Da jedoch die Disposition des Wendepodestes nicht auf die Arkadenweite abgestimmt ist, zeigt auch das Deckengerüst noch nicht die klare Systematik, die Sangallos spätere Lösung kennzeichnet.

[232] Zum Typus der Florentiner Palasttreppe s. u., 84f
[233] Die Erweiterung des Podestes auf drei Joche erfolgte erst 1874 (s. o., 22).

Die Gegenüberstellung beider Treppen lenkt den Blick zugleich auf die unterschiedliche Funktion des Dekors. Während im Palazzo Ricasoli dekorierte Architrave schlichte Kassettenfelder rahmen, geht Sangallo im Palazzo Gondi den umgekehrten Weg. Die glatte Untersicht der Architrave kontrastiert sowohl mit dem Schmuckreichtum der Konsolen als auch mit dem aufwendigen Reliefdekor der Kassetten, so daß sich das gliedernde Gerüst tektonisch sinnvoll von den dekorativen Füllflächen abhebt.

Daneben bot dieses Deckensystem Gelegenheit, die Prachtentfaltung der Treppe noch über das im Hof verwirklichte Maß hinaus zu steigern und den Besucher damit auf die festliche Atmosphäre des Piano Nobile einzustimmen. Die Konsolen entsprechen im Typus den Kapitellvorlagen der Loggienwände, wirken aber im Detail noch reicher. Die pflanzlichen Eckvoluten werden durch figürliche Motive, Tierköpfe und Medusenhäupter, ersetzt, die sich vollplastisch vom Kelchgrund lösen. Als weitere Bereicherung treten kleine Festons hinzu, die jeweils an den Eckfiguren und am mittleren Blütenstiel anknüpfen und dazwischen frei nach unten durchzuhängen scheinen. Das Säulenkapitell vor der Wangenmauer weist anstelle der Voluten üppige Fruchtbündel auf und erinnert darin an das Füllhornkapitell der nördlichen Hofloggia. 67

Während die Kapitellplastik ihren Reiz vornehmlich aus dem ständigen Wechsel der Motive bezieht, kehrt in den Deckenreliefs stets das gleiche Muster wieder. Der Entwurf verbindet die Impresenmotive des Bauherrn zu einer großflächigen Komposition: Im Mittelabschnitt eines jeden Feldes gruppieren sich vier Füllhornpaare um einen zentralen Diamanten, der mit seiner Spitze aus der Decke herauszuwachsen scheint. Jedes Paar umschließt seinerseits einen weiteren, nunmehr im Profil gegebenen Diamanten, dessen flammenschlagende Fassung im Gegensatz zu den lodernden Füllhornmündungen nach innen weist. Vier Bänder, die an ihrer Unterseite die Devise des Bauherrn vorweisen[234], binden die Füllhörner paarweise aneinander und verknüpfen sich in den Zwischenräumen zu kunstvollen Schleifen und Knoten. Ihre flatternden, mit Quasten besetzten Enden wirken als ornamentale Belebung der Fläche. Die beiden Seitenfelder, deren Ansatzfuge im heutigen Zustand deutlich hervortritt, wiederholen in gegensinniger Anordnung jeweils eine Hälfte der mittleren Komposition, wobei sich die Füllhörner zu einwärts gebogenen, lyraförmigen Paaren zusammenfügen. 68, 69

Von den insgesamt vier Deckenfeldern des unteren Treppenabschnitts verdienen die beiden ersten oberhalb des Antrittslaufes besondere Beachtung. Ihr gemeinsames Merkmal ist eine feingliedrige Reliefstruktur, die jedes Detail behutsam aus dem Hintergrund herausarbeitet. Fläche und Ornament stehen in einem ausgewogenen Verhältnis, so daß etwa die Flammenzungen in allmählich zarter werdenden, am Ende hauchdünnen Spitzen auslaufen. Im übergreifenden Zusammenhang wird der Gegensatz zwischen dem kräftigen Rahmenprofil und der feinen, beinahe linearen Artikulation der eingetieften Schmuckfelder als harmonisch balancierter Wechsel empfunden. Dagegen wirken die etwas kürzer bemessenen Kassetten des Wendepodestes in der Ausführung weniger subtil. Das ornamentale Detail wird plastischer, die Komposition dynamischer und dichter. 68

Die Rückwand des Wendepodestes war im 15. Jahrhundert vermutlich auf voller Breite geschlossen[235]. Darin kam die eigentliche, nur auf die Treppe bezogene Raumfunktion besser

---

[234] Die Devise erscheint in der Abkürzung »S. I. N.« (vgl. o., Anm. 35).
[235] Vor der Restaurierung des 19. Jahrhunderts war lediglich die mittlere der drei Türen bereits vorhanden; auch sie stammt möglicherweise erst aus einem nachträglichen Umbau (s. o., Anm. 140).

zur Geltung als im heutigen Zustand. Andererseits fehlte dem emporsteigenden Betrachter ein prägnanter, die Tiefenachse betonender Zielpunkt, wie ihn heute die auf die einzelnen Läufe bezogenen Rechtecktüren darstellen. Die reizvolle Raumwirkung des Podestes wird dagegen wesentlich durch die weite Bogenöffnung zum Hof bestimmt. Die zierliche, zwischen Säulenkapitell und Wandkonsole eingespannte Balustrade erinnert an eine Balkonbrüstung und lädt zum Ausblick in den Hof ein.

66

Dissonant wirkt hier das Zusammentreffen von Balustrade, Konsole und fragmentarischer Archivolte. Wiederum sieht sich der Betrachter einem Detail gegenüber, das vom architektonischen Entwurf her nicht befriedigend gelöst erscheint und mit der raffiniert gestalteten Umgebung auf rätselhafte Weise kontrastiert.

Wird das Podest durch die Bogenöffnung wenigstens notdürftig erhellt, so bleibt der zweite Treppenlauf beinahe ganz dunkel. Lediglich vom oberen Ende her dringt ein schwacher Lichtschein durch, der allerdings ohne künstliche Zusatzbeleuchtung kaum ein sicheres Passieren der Stufen gewährleistet. Der Dekor gleicht im wesentlichen dem des unteren Laufes[236]. Die nunmehr schräg ansteigende Decke kommt ohne stützende Konsolen aus, ruht aber mit ihren schmalseitigen Enden auf dreiteiligen Gebälkstücken, deren Friese mit antikisch inspirierten, leeren Inschrifttafeln geschmückt sind.

70

4, 25, 71

Im Piano Nobile betritt man zunächst ein kleines Vestibül, das sich wie das Wendepodest über die volle Breite der Treppe erstreckt. Seine Lage im Grundriß entspricht dem gewölbten Loggienjoch, das im Erdgeschoß dem Treppenansatz vorausgeht. Ein großes, zum Hof geöffnetes Fenster gibt dem Raum helles Licht. Während neben der Treppenmündung ein schmaler Korridor abzweigt, der den rückwärtigen Teil des Palastes und den dritten Treppenlauf erschließt, öffnet sich auf der gegenüberliegenden Seite der Hauptzugang zur Sala Grande. Das Vestibül erfüllt also nicht nur die Funktion eines Treppenpodestes, sondern gehört bereits unmittelbar zum repräsentativen Wohnbereich. Um so nachteiliger wirkt es sich aus, daß die Saaltür nicht in der Fortsetzung des Treppenlaufes liegt. Um im Innern des Saales einen Konflikt mit der Ecke zu vermeiden, mußte der Zugang so weit wie möglich an die Hofseite herangerückt werden. Sangallo suchte den Mangel auszugleichen, indem er die Treppenachse durch eine Wandnische visuell akzentuierte[237].

Obwohl die Ausstattung des Vestibüls seit dem Quattrocento durchgreifend verändert wurde, blieb der ursprüngliche Raumeindruck bis heute erhalten: Das quer zur Eingangsrichtung gespannte Tonnengewölbe wird nach der niedrigen Treppendecke als Steigerung erfahren und bereitet das Auge auf die Höhe der Sala Grande vor.

Dagegen wirft die Rekonstruktion der Wandgliederung schwierige Fragen auf. Wie der Vergleich der beiden Poggi-Grundrisse gezeigt hat, kann der heutige Zustand kaum auf Sangallo zurückgeführt werden[238]. Von den insgesamt sechs Wandvorlagen, zwei vollständigen Pilastern in der Mitte beider Querwände und vier seitlichen Halbpilastern, stammt vermutlich nur diejenige zwischen Treppe und Korridor aus dem ursprünglichen Zusammenhang. Es liegt nahe, die Wandstruktur dieses Raumes analog zum unteren Treppenpodest zu rekonstruieren: Während man anstelle der nachträglich ergänzten Vorlagen Konsolen annehmen kann, ist der treppenseitige Pilaster als Entsprechung zur freistehenden Säule des Wendepodestes zu verstehen.

---

[236] Die Deckendekoration gibt die Füllhornimprese korrekt wieder und dürfte daher aus der Bauzeit stammen.
[237] S. o., 23
[238] Wie Anm. 237

Das heutige Erscheinungsbild wirkt nicht homogen. Alle Pilastervorlagen sind durch glatte Steinbänder von der Wand getrennt, die unterhalb des Architravs umknicken und sich zu einem kontinuierlichen, Öffnungen und Wandfelder umschließenden Rahmensystem verbinden. Da die flachen Pilaster nicht unter dem Architrav, sondern auf einer vorgezogenen Ebene stehen, wird der tektonische Zusammenhang von tragenden und lastenden Elementen in Frage gestellt. Möglicherweise liegt hier ein Eingriff Poggis vor: Zum einen nehmen die Rahmenleisten an der nördlichen Schildwand auf eine Türöffnung Bezug, die erst 1874 eingebrochen wurde; zum anderen kehrt das gleiche Motiv in der Wageneinfahrt des Nordflügels wieder.

Vor allem aber läßt der Raum eine überzeugende Ecklösung vermissen. Einerseits werden die seitlichen Pilaster auf halber Breite von der Wand überschnitten, so daß sie eine Fortsetzung des Stützensystems jenseits der Schildmauer suggerieren; andererseits knickt der Architrav in den Ecken um und stellt damit den Raum als in sich geschlossene Einheit dar. Überdies steht die Schaftdekoration der seitlichen Vorlagen, ein doppelt geflochtenes, beiderseits abschließendes Band, in ungelöstem Widerspruch zur offenen Form des Halbpilasters.

Die beiden Mittelpilaster sind im Aufbau einander angeglichen. Auf die attische Basis folgt ein schlanker Schaft mit leicht vertieftem, karniesgerahmtem Schmuckfeld; den Abschluß bildet jeweils ein korinthisches Kapitell nach dem Vorbild der Hofkonsolen. Um so stärker fallen die Unterschiede innerhalb der Kandelaberdekoration ins Auge.

Der Treppenpilaster läßt den schlanken Leuchter stets als primäres Bauelement hervortreten. Reich dekorierte, in größeren Abständen zu Gefäßen anwachsende Knäufe gliedern den Schaft, ohne die vertikal aufwachsende Form in ihrer Kontinuität zu unterbrechen. Die flankierenden Schmuckformen bleiben in strenger Symmetrie stets auf die Mittelachse bezogen. Neben rein vegetabilen Ornamenten findet man auch phantasievolle Mischgebilde, die nach dem Vorbild römischer Grotesken Pflanzliches und Figürliches in sich vereinen. So wird der Kandelaberfuß von zwei Delphinen gebildet, deren Körper sich in Blattkelche verwandeln; zu Seiten des ersten Schaftabschnitts sitzen zwei Blattmaskenprofile, aus denen spiralförmig gedrehte Fischleiber mit abschließenden Blattquasten hervorwachsen. Die folgende Urne dient als Ausgangspunkt einer größeren Blattranke: Den Schaftansatz verdeckend, zweigen vom mittleren Stamm vier Blattstiele ab, deren untere nach anfänglich aufwachsender Bewegung seitlich hinabhängen, während sich die oberen am Kandelaberschaft emporranken. Eine hohe, kräftig ausladende Vase markiert den Übergang vom Mittelfeld zum Schlußabschnitt. Ihr kannelierter Hals wird von zwei Blattmasken umschlossen, deren stark gebogene Widderhörner sich anschaulich ineinander verkrallen. Darüber setzt mit einem aufschießenden Blätterpaar und vier kräftigen Fruchtstengeln nochmals ein vertikaler Bewegungsschub ein. Die straff gerollten Blattspitzen dienen als Befestigung für zwei herabhängende Schnüre, deren obere Enden zu flatternden Schleifen geknotet sind. Im weiteren Verlauf umschließen sie jeweils eine kleine Panflöte, werden dann durch eine Schrifttafel gefädelt und enden in zierlichen, geknoteten Quasten. Zwischen Blättern und Früchten wächst der Schlußabschnitt des Kandelabers empor, der von einem kleinen Brandgefäß mit aufgelegtem Puttenkopf bekrönt wird. Der Aufbau gipfelt in der Imprese des Bauherrn: Die Füllhörner schließen sich nunmehr zu einem Dreierbündel zusammen, umwunden mit dem wehenden Devisenband und kulminierend in auflodernden Flammen, die das Impresenmotiv in einen einleuchtenden Zusammenhang mit dem Kandelaber stellen.

72—
74

Als kennzeichnende Merkmale dieser Dekoration können die Anschaulichkeit der motivischen Verknüpfungen, die Eleganz der Linienführung und die plastische Differenzierung zwischen Reliefdekor und flächigem Hintergrund hervorgehoben werden.

75— 77	Den gegenteiligen Eindruck vermittelt das Pendant vor der gegenüberliegenden Saalwand. Während die Virtuosität der Ausführung besticht, bietet sich dem Auge eine verwirrende Fülle an Details dar. Das Relief breitet sich nicht organisch auf der Fläche aus, sondern drängt sich zu kompakten Formationen zusammen, die durchgehend mit der Rahmung kollidieren. Besonders auffällig ist die Tendenz zur Verdichtung im oberen Drittel des Kandelabers: Beginnend mit der frontalen Blattmaske, die das Prinzip der symmetrischen Doppelung durchbricht, verschwindet der Leuchterschaft beinahe vollständig hinter dem wuchernden Dekor. Oberhalb der Maskenstirn bemerkt man eine undefinierte Lücke, die einerseits einen Vasenhals zu verkörpern scheint, andererseits mit der Maske verschmilzt.

Obwohl auch innerhalb der Hofkapitelle und der Kassettendekoration merkliche Diskrepanzen in der Reliefarbeit zu beobachten waren, traten sie bisher noch nicht mit solcher Schärfe zutage wie an dieser Stelle. Die Gegensätze zwischen den beiden Kandelaberreliefs lassen sich kaum mehr mit der Arbeitsteilung innerhalb der Sangallo-Werkstatt erklären, sondern verraten schon im Entwurf eine unterschiedliche Stilauffassung. Dieser Befund stützt unseren anfänglichen Rekonstruktionsvorschlag: Wenn wir den zweiten Pilaster als Ergänzung des 19. Jahrhunderts nach dem Vorbild des vorhandenen Originals ansehen, so erklärt sich einerseits die hohe Qualität der handwerklichen Arbeit — man vergleiche die kopierten Konsolen im Treppenpodest —, andererseits das unsichere Formempfinden des Entwurfs.

77	Gegen diese Hypothese ließe sich freilich das Kapitell des saalseitigen Pilasters anführen, das sein Gegenstück in der Feinheit des Details nicht nur erreicht, sondern übertrifft. Gleiches gilt auch für die halbierten Kapitelle der Seitenpilaster. Indessen könnte Poggi Konsolen Sangallos exakt kopiert oder sogar als Kapitelle wiederverwendet haben, was den Widerspruch erklären mag. Letzte Zweifel an der vorgeschlagenen Rekonstruktion sind aber angesichts des komplizierten Detailbefundes nicht auszuräumen.
71	Das Tonnengewölbe selbst stammt zwar möglicherweise aus dem ursprünglichen Zusammenhang; seine Stuckdekoration wurde jedoch im 19. Jahrhundert zumindest gründlich restauriert[239], wenn nicht ganz erneuert. Während alle vergleichbaren Gewölbe Sangallos eine kleinteilige, reich strukturierte Kassettierung nach römischen Vorbildern aufweisen, kehrt hier der groß angelegte Impresenschmuck der Flachdecke wieder. Zweifel an Sangallos Autorschaft weckt bereits die auffallend flächige Artikulation des Stuckreliefs. Wenig organisch wirken ferner die flechtbandgeschmückten, an Soffitten erinnernden Ornamentstreifen, die das ursprünglich geschlossene Kassettenfeld in ein großes Mittelstück und zwei kleine Seitenabschnitte unterteilen. Der breite Mittelgurt schließlich, der den Kandelaberschmuck der Wandpilaster exakt wiederholt, muß den Architrav der Flachdecke ersetzten und spiegelt damit das Dilemma, das sich aus der Übertragung des jochbezogenen Deckensystems auf eine Tonne notwendigerweise ergibt. Abgesehen von der wenig sinnvollen Verwendung des Dekors erscheint es nahezu ausgeschlossen, daß ein Architekt wie Sangallo, der sich immer wieder mit den Formproblemen des Tonnengewölbes auseinandergesetzt hat, an dieser Stelle keine überzeugendere Lösung gefunden hätte.

Wenn auch die Rekonstruktion des Raumbildes nicht zu sicheren Ergebnissen führen konnte, so steht es doch außer Frage, daß Sangallo mit einem hellen, gewölbten Vestibül den repräsentativen Anspruch des Piano Nobile wirkungsvoll zur Geltung bringen wollte.

---

[239] Vgl. o., 24 (stellenweise mißverstandene Füllhornimprese)

Nachdem der Besucher auf engen und komplex ineinander greifenden Wegen ins Piano 4, 10
Nobile gelangt ist, werden ihm die großzügigen Dimensionen der Sala Grande umso eindringlicher
bewußt. Mit annähernd 7,50 m Tiefe, 15 m Länge und 7,50 m Höhe kann der flachgedeckte
Raum nicht nur in der Größe mit den repräsentativen Festsälen anderer Paläste konkurrieren; darüber hinaus führt er die einfachsten und harmonischsten Proportionen eines Quaders vor Augen
(1:2:1)[240]. Die Längenausdehnung war vom Grundstück her gegeben; die Raumtiefe konnte
Sangallo nur erreichen, indem er auf einen Verbindungsgang über der Eingangsloggia des Hofes
verzichtete und statt dessen den Saal bis an die östliche Hofmauer ausdehnte.

Obwohl die klare Stereometrie des Raumes einmal mehr den Wunsch des Architekten verdeutlicht, den Innenbau trotz schwierigen Ausgangsbedingungen rational zu durchgliedern,
werden die unbewältigten Konflikte zwischen Grundriß und Fassade beim Betreten der Sala
offenbar: Die drei großen, zur Straße orientierten Bogenfenster verteilen sich nicht symmetrisch über die Wand, sondern bringen das Raumbild durch ihre rechtslastige Verschiebung
aus dem Gleichgewicht. Da außerdem die Eingangstür an scheinbar zufälliger Stelle in den
Raum einmündet und dabei jeden Bezug zu den Lichtöffnungen leugnet, nimmt das Auge die
mangelnde Koordination der Achsen besonders deutlich wahr.

Die westliche Längswand bleibt gegen den Hof geschlossen, da eine zweiseitige Belichtung
wegen der unabhängigen Jochsysteme des Hofes und der Fassade den Raumeindruck zusätzlich kompliziert hätte. Hingegen tritt dem Hauptzugang in der Westwand eine korrespondierende Türöffnung zur Seite. Die Schmalwände öffnen sich jeweils in zwei kleinen, axial aufeinander bezogenen Türen, die möglicherweise nicht alle aus dem ursprünglichen Zusammenhang stammen[241].

Während vom Treppenvestibül und den rückwärtigen Innenräumen aus niedrig gelegene
Fenster einen mühelosen Ausblick in den Hof ermöglichen, grenzen die nischenartig vertieften, erst brusthoch über dem Boden ansetzenden Saalfenster den Fassadentrakt von seinem
urbanen Umfeld ab. Um auf die Straße zu blicken, muß der Besucher erst ein vorgelagertes
Stufenpodest ersteigen.

Der anspruchsvollen Funktion des Festsaals entspricht eine repräsentative, wenn auch auf
wenige Elemente beschränkte Ausstattung. Der rotbraune, glasierte Ziegelfußboden stammt 80
vermutlich noch aus der Bauzeit[242]: Rautenförmige und pentagonale Platten fügen sich zu
kleinen Sternmustern zusammen, die in der Längsrichtung des Raumes bandartig miteinander verwachsen.

Ein Detail wie die eingetieften Nischentreppen der Fensterlaibungen zeigt besonders anschaulich Sangallos Gespür für den Zusammenklang linearer Formelemente: Während der Antritt mit
gerundeten Ecken in den Raum hineinschwingt, weichen die oberen Stufen in schräg gekanteten
Ausschnitten zurück und passen sich damit organisch dem Nischengewände an[243]. Stellt man

---

[240] Albertis Regeln für die Proportion rechteckiger Festsäle sind hier nur im Grundriß (1:2) befolgt.
Die Höhe müßte laut Alberti entweder 1 1/3 oder, bei sehr großen Räumen, 7/5 der Breite betragen (ALBERTI, De re aed., IX. 3; ed. Orlandi II, 797f).

[241] Die anspruchslosen Holzrahmen der Türen beiderseits des Kamins wecken Zweifel an einer Datierung ins Quattrocento. Grandjean/Famin zeigen hier eine geschlossene Wand. Möglicherweise waren alte Öffnungen an dieser Stelle nachträglich vermauert und erst im 19. Jahrhundert (1874?) wieder eingebrochen worden.

[242] Darauf weisen die starken Abnutzungsspuren der Glasur hin.

[243] Da die Stufenpodeste aus äußeren Gründen nicht photographiert werden konnten, muß hier auf die
nicht befriedigenden Aufnahmen Poggis und Stegmann/Geymüllers verwiesen werden.

die entsprechenden Stufenpodeste des Palazzo Strozzi daneben, so wird neben der Diskrepanz im »disegno« auch deutlich, daß Sangallo die praktische Bestimmung der Sitztreppe zugunsten der eleganten Formulierung vernachlässigte.

80 Ihren Höhepunkt findet die Ausstattung in dem großen Kamin, der sich neben dem Eingang vor der nördlichen Schmalwand erhebt und dessen Schönheit schon Vasari rühmend hervorhebt[244]. Was ihn von allen Florentiner Kaminen dieser Zeit und selbst von den berühmten Kaminen im Herzogspalast zu Urbino unterscheidet, ist einerseits der Reichtum seines plastischen Dekors, andererseits die Monumentalität des architektonischen Aufbaus. Die Eingangssituation an der westlichen Saalwand erklärt die ungewöhnliche Betonung des Kamins: Die Aufmerksamkeit des Betrachters richtet sich nicht sofort auf die unregelmäßige Fensterwand, sondern wird zunächst abgelenkt.

Da der Abzugsschacht in der Mauer verschwindet, scheint der Kaminaufbau frei vor der Wand zu stehen. Ein breiter Architravrahmen umgibt die Feuerstelle, deren Innenwangen
81 durch kleine Bogennischen mit eingelegten Muschelkalotten verziert sind. Das flankierende Balusterpaar steht auf profilierten Sockelplatten und ragt leicht über die Flucht des Rahmens hinaus. Während der doppelschäftige Typus der Baluster unmittelbar an die Stützen des Treppengeländers erinnert, veranschaulichen die schwerer und gedrungener wirkenden For-
81, 82 men die Last des aufliegenden Gebälks. Um die glatten Schäfte legt sich jeweils ein Kranz von abwechselnd hohen und niedrigen Akanthusblättern, zwischen denen nach dem Vorbild antiker Grotesken zarte Grashalme aufwachsen. Nur der rechte Baluster, dessen Blattdekor insgesamt weicher und organischer ausgeführt ist, erfährt am oberen Rand eine zusätzliche Belebung durch kleine Tierszenen[245].

Erstmals wird hier die bis dahin bei Kaminen übliche Pilaster- oder Konsolengliederung durch Baluster ersetzt[246], die als Stützen eines abgekürzten Gebälks dienen: Sangallo legt den Architrav als Rahmen um die Kaminöffnung und ersetzt ihn im Gebälk durch eine Zierleiste. Darüber folgen ein überhoher Fries mit figürlichem Dekor und ein ausladendes Gesims.
83, 84 Das Friesrelief wirkt innerhalb des Gesamten als dominierender Blickfang. Die vorspringenden Seitenstücke tragen an allen drei Ansichtsflächen aufwendigen Trophäenschmuck, der stets den Wappenschild des Bauherrn in den Mittelpunkt stellt. Besonders auf der rechten Seite geht die plastische Differenzierung der Einzelformen so weit, daß die zusammengebundenen Gegenstände nicht aus dem Hintergrund herausgemeißelt, sondern frei vor der Fläche aufgehängt zu sein scheinen[247].

Der zurückspringende Mittelabschnitt nimmt ein antikisierendes Figurenrelief mit Nereiden, Tritonen und Seekentauren auf. Unter den drei ungleich ausgeführten, aber ineinander übergehenden Einzelpartien ragt das breite Mittelstück durch die körperhafte Ausstrahlung

[244] Dok. XV, Z. 6ff
[245] LISNER 1969, 112, sieht in der ungleichen Ausführung der Baluster ein Zeichen für die Arbeitsteilung innerhalb der Sangallo-Werkstatt.
[246] Baluster als Stützglieder einer Ordnung zeigt schon der Sockel der Judithstatue Donatellos, der um 1460 entstanden sein dürfte (HEYDENREICH 1977, 129). — Ein vergleichbarer, wenn auch bescheidener dekorierter Kamin im Pal. Strozzi weist im ornamentalen Detail der Baluster eher auf einen Künstler des 16. Jahrhunderts (PAMPALONI 1963, Tav. CIV). Der große Kamin Benedettos da Rovezzano aus dem Pal. Rosselli del Turco (heute im Bargello) knüpft eng an Sangallos Gestaltung an, ersetzt die Balusterordnung aber durch Vollsäulen mit dreiteiligem Gebälk. — Eine Aufrißskizze des Kamins im Pal. Gondi: UA 4329^v (italienischer Zeichner, 1. Viertel 16. Jh.?)
[247] Die rechts und links unterschiedliche Ausführung des Balusterdekors (vgl. Anm. 245) setzt sich in dieser Zone fort.

der Figuren hervor[248]. Als Vorlage für den Entwurf diente Sangallo ein in Rom befindliches Sarkophagrelief aus der Sammlung Della Valle[249]. Zwar ahmt er den Prototyp nicht getreu nach, sondern wandelt die rhythmisch fließende Figurenkomposition in eine streng symmetrische Gruppierung um. Die Hauptzüge des Vorbildes klingen aber in seiner Schöpfung unverkennbar nach.

Kleine, aber charakteristische Veränderungen des motivischen Details verraten das Bemühen, die antike Vorlage in das Ambiente des Palastes einzufügen. So wird das Pedum des mittleren Kentauren durch ein Impresenfüllhorn ersetzt; zwei weitere Meerwesen deuten mit ihren Attributen — Kinnbacke und Löwenfell — auf die bekrönenden Figuren, Samson und Herkules, hin[250].

Oberhalb der Frieszone setzt das ausladende Gesims eine kräftige Zäsur. Die bekrönenden Statuen — Samson auf der linken und Herkules auf der rechten Seite[251] — führen zwar die vertikale Tendenz der Baluster und Gebälkverkröpfungen fort und gliedern sich damit organisch dem architektonischen Aufbau ein; auch unterstreichen die einander zugewandten Köpfe die Zusammengehörigkeit des Figurenpaares. Dennoch haben sich die Statuen weitgehend aus der strikten Bindung an den architektonischen Kontext gelöst. Indem sie auf eigenen Sockeln stehen und mehr als halbe Lebensgröße erreichen, beanspruchen sie einen höheren Stellenwert als den eines dekorativen Kaminaufsatzes. Diese Individualisierung ist nicht zu trennen vom Bedeutungsgehalt der dargestellten Figuren: Galten beide Helden in einem allgemeinen Sinn als Verkörperung der Fortitudo — einmal in biblischer, das andere Mal in mythologischer Ausprägung —, so war die Gestalt des Herkules in Florenz darüber hinaus zum Symbol der republikanischen Staatsverfassung geworden. Diese spezifische Bedeutung kam ganz unmittelbar im Herkuleswappen der Prioren zum Ausdruck[252], des höchsten Regierungsgremiums der Kommune, dem auch Giuliano Gondi in den 1490er Jahren angehörte. Wenn er dem antiken Tugendhelden in der Ausstattung seines Palastes einen so hervorragenden Platz einräumte, so dürfte dabei der Wunsch eine Rolle gespielt haben, seiner eigenen politischen Würde bildhaft Geltung zu verleihen.

Die beiden Figurenpostamente gehören zu den besten Details der bauplastischen Ausstattung. Während sich der quadratische Sockel auf vier Löwenpranken über die Gesimsplattform erhebt, wird der Sichtspalt durch ein aufgefächertes Muschelornament mit seitlich ausgebreiteten Schwingen verdeckt. Um die Ecken des Sockels legen sich gedrungene Akanthusblätter, aus denen zur Mitte hin zwei dünne Blütenranken hervorwachsen. Zwischen die gerollten Enden sind schließlich Schrifttafeln eingehängt, die in antikisierenden Lettern die Namen der beiden Figuren verkünden[252a].

85, 86

[248] Zur genaueren Analyse des Reliefs vgl. MIDDELDORF 1934, der eine Beteiligung Sangallos an der Ausführung annimmt; vorsichtiger äußert sich LISNER 1969, 112.
[249] PRAY BOBER 1964, besonders 46f
[250] PRAY BOBER 1964 deutet diese Modifikationen als Freiheiten des Künstlers, ohne den ikonographischen Kontext zu berücksichtigen.
[251] Die seitenverkehrte Aufstellung früherer Jahre (s. Abb. 80 mit abgewandter Kopfhaltung beider Figuren) wurde in jüngerer Zeit rückgängig gemacht: LISNER 1969, 119, Anm. 36, sowie Abb. 13.
[252] ETTLINGER 1972. — Eine wichtige Rolle spielt die Samson-/Herkulesikonographie bereits in den Sgraffiti im Hof des Palazzo Spinelli (vgl. THIEM 1964, 77, sowie SAALMAN 1966, 162f).
[252a] Eine zentrale Muschel mit seitlichen Schwingen, flankiert von Löwenpranken, findet sich schon an Desiderios Marsuppini-Grabmal in S. Croce (freundl. Hinweis J. Poeschke).

So sehr man in den Standsockeln Sangallos dekorative Phantasie bewundert, so deutlich zeigen die Statuen seine begrenzten Möglichkeiten im figürlichen Entwurf. Der jugendliche Samson, die überzeugendere der beiden Gestalten, stellt möglicherweise eine eigenhändige Arbeit dar[253]. Die Figur knüpft direkt an Donatellos Georg von Or San Michele an[254], ohne dessen Ausdruckstiefe und statuarische Gelassenheit zu erreichen. Die betonte Ponderation und vor allem der einem Augustusporträt nachempfundene Kopf[255] wandeln das Vorbild im Sinne größerer Antikennähe ab und bringen zugleich eine gefällige Eleganz ins Spiel, die als eigentümlicher Widerspruch zum heroischen Bildthema empfunden wird. Kräftiger und schwerer präsentiert sich der Herkules mit seiner gespreizten Beinstellung. Die wenig organische Modellierung des Körpers, die übergroße Keule und schließlich die typisierten, den Kopf des Samson nur oberflächlich variierenden Gesichtszüge weisen ihn als schwächere Arbeit aus.

78, 79   Eine hölzerne Kassettendecke gibt dem Raum seinen waagerechten Abschluß. Über einem umlaufenden Gesims, das mit Rundstab, Zahnschnitt, Kyma und Karnies von der Wand zur Decke vermittelt, setzt das regelmäßige Raster der Balken an. Da die Fläche der Länge nach in zehn, der Breite nach in fünf quadratische Kassettenfelder aufgeteilt wird, kann man die Grundrißproportionen des Festsaals (1:2) unmittelbar von der Decke ablesen. Der zurückhaltend eingesetzte Schmuck fixiert das Auge nicht auf Einzelheiten, sondern dient der Übersichtlichkeit des Systems. So liegt der Hauptakzent immer auf den Kreuzungspunkten des Balkengitters, die durch scharfkantig geschnittene Diamanten auf unterlegten Profilplatten hervorgehoben werden. Als Soffittenschmuck weisen die Balken vertiefte Rahmenfelder auf, aus denen schlichte Holzquader mit vorgewölbter Oberfläche hervorwachsen. Die schweren Kassettenprofile, zwei Karniese mit eingeschlossenem Eierstab, staffeln sich weit in den Hintergrund hinein und lassen das Deckenvolumen eindringlich zur Wirkung kommen. In der Mitte jedes Kassettenfeldes sitzt eine plastisch herausgearbeitete Rosette, die sich in drei Blattlagen vor der Fläche entfaltet. — Die heutige Farbfassung stammt offenbar aus dem 19. Jahrhundert.

4   Während die übrigen Wohnräume des Piano Nobile seit dem Quattrocento weitgehend verändert wurden — lediglich der Raum nördlich der Sala hat noch die alten Fensterstufen bewahrt —, blieb der Treppenkorridor bis heute im ursprünglichen Zustand erhalten. Mit seinem schmucklosen Kreuzgratgewölbe grenzt er sich gegen den festlichen Saalbereich ab. Dennoch lassen die Details auch hier noch Sangallos Handschrift erkennen. Die gewölbetragenden Konsolen folgen dem Typus des Kompositkapitells mit kanneliertem Hals, der, ausgehend von antiken Vorbildern, seit der Jahrhundertmitte in Florenz Verbreitung gefunden hatte[256]. Eine phantasievolle Variation Sangallos erkennt man in den kleinen, an Sägezähne erinnernden Lanzettblättern, die in horizontaler Reihung von der Kelchlippe herabhängen und im Aufbauschema des Kompositkapitells den Eierstab ersetzen.

Der dritte Treppenlauf ragt zunächst mit seiner abgerundeten Antrittsstufe in den Korridor hinein. Die zweite Stufe dehnt sich gleichfalls bis vor die Wangenmauer aus und dient als Standfläche des Pilasters, der den Stufenantritt flankiert. Die Fortsetzung der Treppe, die vom Piano Nobile aus einläufig weiterführt, deutet sich damit dem Betrachter bereits an,

---

[253] MIDDELDORF 1934
[254] MARCHINI 1942, 104
[255] LISNER 1969, 112f mit einer genaueren Stilanalyse der beiden Statuen
[256] GOSEBRUCH 1958, 146

noch bevor er den Korridor durchschritten und die Wendung zum Aufgang vollzogen hat.
Erst Poggi verschleierte die visuelle Leitfunktion des Pilasters, indem er die gegenüber- 7
liegende Eckkonsole ebenfalls mit Schaft und Basis ausstattete[257].

Die Analyse hat den Palast als individuelles Kunstwerk vorgestellt. Welchen Weg die Florentiner Palastarchitektur vorher genommen hat, welche Eigenschaften den Florentiner Privatpalast als Typus kennzeichnen und wie sich Sangallos Bau zu dieser Tradition verhält, soll im folgenden Kapitel ausführlicher erläutert werden.

---

[257] Vgl. o., 24

V. Der Palazzo Gondi und der Florentiner Palastbau im Quattrocento

1. Palast und städtebauliche Umgebung

Das Florentiner Quattrocento hat nur wenige urbanistische Leistungen hervorgebracht[258]. Schon vorher, in der Blütezeit der mittelalterlichen Republik vom späten 13. bis zum frühen 15. Jahrhundert, waren die wichtigsten Voraussetzungen für die Stadtentwicklung der Renaissance geschaffen worden: der vierte Mauerring als äußerer Rahmen für die Expansion der städtischen Bebauung (1284—1333), die sakralen, politischen und geschäftlichen Zentren mit ihren das Stadtbild prägenden Monumentalbauten und schließlich ein reguliertes Verkehrsnetz aus öffentlichen Straßen und Plätzen[259].

Das städtebauliche Reformprogramm des späten Mittelalters verdankte seine Verwirklichung einer hochentwickelten Baugesetzgebung, deren Anwendung durch die Signoria und ihre nachgeordneten Behörden überwacht wurde. Seit 1343 waren die Ufficiali delle Torri für das Bau- und Straßenwesen verantwortlich[260]: eine Institution, die sich noch im späten 15. Jahrhundert als Genehmigungsbehörde nachweisen läßt[261]. W. Braunfels hat anhand einzelner Beispiele dargestellt, wie sich die jeweiligen urbanistischen Planungsvorhaben auf den privaten Wohnbau auswirkten[262]. Danach scheint sich im Florenz des Trecento die Respektierung festgelegter Straßenfluchten als Grundregel des Häuserbaus durchgesetzt zu haben. Weitergehende Bebauungspläne, die auch die Aufrißgestaltung einzelner Bauten einheitlichen Richtlinien unterwarfen, wurden wohl nur für besonders exponierte Straßen und Plätze erstellt[263].

Einer der wenigen Privatpaläste in Florenz, die sich mit großer Wahrscheinlichkeit noch ins 13. Jahrhundert datieren lassen, ist der zinnenbekrönte Palazzo Spini an der Piazza S. Trinità[264]. Ein nachträglich abgerissener Turm an seiner Südseite, der als Brückenkopf diente und die Uferstraße mit einem Bogendurchgang überspannte, ließ den Festungscharakter der Anlage ursprünglich noch deutlicher hervortreten[265]. Das auffälligste Merkmal des Palazzo Spini ist jedoch seine an drei Seiten freie, platzbeherrschende Position, die ihn von den mei-

---

[258] Dazu neuerdings ELAM 1978
[259] Zur mittelalterlichen Stadtplanung der toskanischen Kommunen: BRAUNFELS 1953; BRAUNFELS 1976, 40ff; daneben GUIDONI 1971
[260] BRAUNFELS 1953, 90ff
[261] S. u., Anm. 289
[262] BRAUNFELS 1953, 90ff, 116, Dok. 3, Dok. 7
[263] Etwa für die Via S. Reparata rings um den Dom (1388ff) sowie die Via de' Calzaiuoli zwischen Baptisterium und Piazza della Signoria (um 1390): SINDING LARSEN 1975, 182ff; zur planmäßigen Erschließung der Piazza della Signoria (1385ff): FREY 1885, 40ff
[264] GINORI LISCI 1972, I, 127ff; LEINZ 1977, 677ff
[265] Der Sockelbau des Turmes ist sowohl auf dem Kettenplan (um 1480) als auch auf dem Buonsignori-Plan (1584) zu erkennen. In mehreren Restaurierungen des 18. und 19. Jahrhunderts wurde der Außenbau weitgehend regularisiert. Den vorherigen Zustand mit Erdgeschoßbottegen und Vordächern dokumentiert Ghirlandaios Fresko in der Sassetti-Kapelle von S. Trinità; vgl. auch den hier abgebildeten Stich Zocchis aus dem 18. Jahrhundert.

sten Stadtpalästen des 14. und 15. Jahrhunderts unterscheidet. Soweit sich in der Innenstadt noch größere Abschnitte mittelalterlicher Straßenzüge erhalten haben, stehen die einzelnen Bauten fast immer im Verband einer durchgehenden Häuserzeile; auch übergreifende, die Baugrenzen verdeckende Bottegenreihen oder Geschoßgesimse sind keine Seltenheit. Vornehme Wohnstraßen wie die Via de' Bardi im Oltrarno oder die Via de' Ginori bei S. Lorenzo können zeigen, daß auch anspruchsvolle Privatbauten des Quattrocento diesen Prinzipien noch vielfach verpflichtet blieben. 94

Nur bei wenigen großen Familienpalästen der Frührenaissance findet man ein stärker ausgeprägtes Verlangen nach wirkungsvoller Profilierung des Einzelbaus in seinem urbanistischen Kontext. Besonders deutlich wird dies anhand der frühen Stadtansichten: Während der Kettenplan von etwa 1480[266] mit Ausnahme des Palazzo Spini kaum einen mittelalterlichen Wohnpalast aus der summarischen Darstellung größerer Baukomplexe herauslöst, erscheinen die Neubauten der Medici, Pitti oder Ricasoli als klar umgrenzte Einzelmonumente, deren dominierende Stellung in ihrem städtischen Umfeld sich nur mit den öffentlichen Großbauten der Republik vergleichen läßt. Auch die älteren Ptolemäuspläne[267], die sich auf die selektive Darstellung prominenter Bauten beschränken, spiegeln diesen neuen Anspruch wider, wenn sie die Privatresidenzen der Medici und Pitti gleichberechtigt neben Kommunal- und Zunftpalästen abbilden. 121

Als charakteristisches Beispiel für die urbanistischen Aspekte einer Palastplanung sei zunächst Michelozzos Neubau des Palazzo Medici ausführlicher untersucht. Der von 1446 bis etwa 1457 für Cosimo il Vecchio errichtete Familienpalast[268] steht in der Westflucht der früheren Via Larga (heute Via Cavour), einer vergleichsweise breiten mittelalterlichen Ausfallstraße, die in nahezu geradlinigem Verlauf das sakrale Zentrum der Piazza S. Giovanni mit der Porta S. Gallo in der nördlichen Stadtmauer verband. Wie zahlreiche andere Medici-Häuser, so war auch Cosimos alter Wohnsitz bereits zur Via Larga orientiert; er lag jedoch weiter im Norden und wurde nicht in den Neubau einbezogen[269]. Indem Cosimo den Bauplatz an die Ecke der Via de' Gori verlegte, überschritt er zwar nicht die Grenzen des angestammten familiären Wohnbezirks, ließ aber den Palast näher an die südwestlich gelegene Pfarrkirche S. Lorenzo heranrücken, deren Neubau kurz zuvor dank seiner Initiative wieder in Gang gekommen war. Kirche und Palast unterstanden seit 1446 gemeinsam der Bauleitung Michelozzos und waren, wie die Baurechnungen beweisen, auch organisatorisch eng miteinander verknüpft[270]. 101, 104

Dennoch dürfte Cosimo kaum ernsthaft erwogen haben, den Palast gegenüber der Kirchenfassade an der Piazza S. Lorenzo zu errichten — ein Projekt, als dessen Urheber seit dem 16. Jahrhundert Brunelleschi gilt[271]. Gegen die Annahme eines solchen Planes spricht sowohl die Tatsache, daß Cosimo südlich der Via de' Gori zu keinem Zeitpunkt Grund-

---

[266] Zur Datierung: BUSSE 1930, 115f. Gesamtabbildungen u. a.: BOFFITO/MORI 1926, FANELLI 1973
[267] BOFFITO/MORI 1926; BUSSE 1930
[268] Datierung und Baugeschichte: HYMAN 1969, 44ff. Die Ergebnisse zusammengefaßt bei HYMAN 1975, 100ff
[269] HYMAN 1969, 54ff (die Lageskizze S. 89 widerspricht in Einzelheiten den Ergebnissen der Grundstücksgeschichte). Gleichzeitig mit dem Palastneubau schloß man den ursprünglich aus drei getrennten Häusern bestehenden Komplex zu einem einheitlichen Wohnbau zusammen, der fortan anderen Familienmitgliedern zur Verfügung stand (vgl. BULST 1969/70, 376, Anm. 22).
[270] HYMAN 1975
[271] Eine vollständige Zusammenstellung der Dokumente gibt FABRICZY 1892, 450.

stücke besaß²⁷², als auch die städtebauliche Situation der östlichen Platzseite, die einen Neubau vergleichbarer Größe nicht zugelassen hätte²⁷³.

Michelozzos ausgeführter Palast steht zwar nicht in direkter Sichtbeziehung zu S. Lorenzo, bezeichnet aber durch seine Ecklage den einzigen Zugang von der Via Larga zum Kirchenvorplatz. Die Via Larga führt ihrerseits geradewegs auf den Vorplatz des Dominikanerkonvents S. Marco weiter, dessen Gründung und Neubau ein Jahrzehnt zuvor gleichfalls durch Cosimo veranlaßt worden war²⁷⁴. Im größeren urbanistischen Zusammenhang markiert der Palast also den Schnittpunkt zweier Straßenachsen, die jeweils mit den bedeutendsten sakralen Stiftungen der Medici koordiniert sind; zugleich schließt er den Wohnbezirk des Familienverbandes nach Süden ab.

Nach der Verlängerung der Ostfassade im 17. Jahrhundert²⁷⁵ und den vielfältigen Veränderungen der umgebenden Bebauung ist die ursprüngliche Außenwirkung des Palastes heute kaum mehr nachzuerleben. Buonsignoris Florenzplan von 1584 und einige Veduten des 17. Jahrhunderts²⁷⁶ zeigen den Bau noch als hoch aufragenden Block, dessen Größe in eindrucksvollem Gegensatz zu den niedrigen und kleinteiligen Nachbarhäusern stand. Die beiden etwa gleich langen, in Material und Gliederung einander angeglichenen Straßenfronten wurden durch das ausladende Kranzgesims zusammengefaßt, während die Sockelbank sowohl vor der Gartenmauer an der Via de' Gori als auch vor den Nachbarfassaden an der Via Larga²⁷⁷ weiterlief und damit die größere Ausdehnung des Wohnbezirks andeutete.

²⁷² Vgl. HYMAN 1969, 44 ff, mit einer vollständigen Zusammenstellung von Cosimos städtischem Grundbesitz.
²⁷³ Nach dem Buonsignori-Plan, der die Situation am deutlichsten wiedergibt, war der Baukomplex südlich der Via de' Gori von einer Straße durchschnitten, die geradewegs auf die Fassade von S. Lorenzo zulief. Selbst wenn Cosimo den Neubau über diese Straße hinaus bis zum Südende der Piazza hätte ausdehnen können, wäre der Bauplatz noch immer um etwa ein Drittel kleiner ausgefallen als das Gelände an der Via Larga. — In der Frage des Brunelleschi-Modells hat die Forschung bislang keine Übereinstimmung erzielt. Während Saalman die Zuverlässigkeit der Überlieferung aus plausiblen Gründen in Zweifel zieht (SAALMAN 1966, 156), stellt Hyman das angebliche Brunelleschi-Projekt in den Zusammenhang früherer Umgestaltungspläne für die Nordseite der Piazza S. Lorenzo und nimmt eine Datierung um 1433/34 an (HYMAN 1975, 106 ff). Da Cosimo sich damals im venezianischen Exil befand und angesichts seiner politisch heiklen Situation kaum an einen aufwendigen Palastbau in Florenz gedacht haben dürfte, muß Hyman einen wenig glaubhaften Rollentausch zwischen Bauherrn und Architekten voraussetzen: Brunelleschi hätte demnach das Modell aus eigener Iniatiative angefertigt, um es Cosimo nach der Rückkehr zu überreichen. In diesem Zusammenhang weist Hyman auf das spätere, ihrer Ansicht nach in der Nachfolge Brunelleschis stehende Palastprojekt Leonardos da Vinci für den Herzog von Urbino hin, das mit Sicherheit einen freistehenden Bau gegenüber von S. Lorenzo vorsah (vgl. PEDRETTI 1962, 115 f). Auffällig ist nun die zeitliche Nähe der 1515 datierten Leonardo-Planung zur ersten Erwähnung des Brunelleschi-Modells bei Antonio Billi, dessen verlorenes Erinnerungs- und Anekdotenbuch um 1516 entstand und den erhaltenen Quellen als Vorlage diente (FABRICZY 1891). Angesichts der Widersprüche, die die Brunelleschi-Überlieferung historisch fragwürdig erscheinen lassen, liegt die Annahme nahe, daß Billis Bericht die zeitgenössischen Pläne Leonardos im nachhinein für Brunelleschi in Anspruch nahm.
²⁷⁴ PAATZ Kirchen II, 8 ff
²⁷⁵ BÜTTNER 1969/70
²⁷⁶ Vgl. auch BULST 1969/70, Abb. 2
²⁷⁷ Bei diesen Häusern handelte es sich um Neubauten des Quattrocento, die zusammen mit dem Palast genutzt wurden: BULST 1969/70.

Die ursprünglich zu beiden Straßenseiten geöffnete Familienloggia ist auf die freistehende Ecke des Palastes konzentriert. Gemeinsam mit der vorgelagerten Straßenkreuzung wurde sie bei festlichen Anlässen als Versammlungsraum genutzt[278], stellte also schon von ihrer Funktion her ein Bindeglied zwischen dem öffentlichen Bereich der Straße und der privaten Sphäre des Wohnhauses dar. Ebenso wie der schräg ausgerichtete Wappenschild in Höhe des Piano Nobile wirkte die Loggia als visuelle Hervorhebung der Eckansicht: Der von Süden- oder Osten sich nähernde Betrachter wurde veranlaßt, zunächst auf der Straßenkreuzung innezuhalten und den Bau in seiner stereometrischen Ausdehnung auf sich wirken zu lassen, bevor er sich der Eingangsseite an der Via Larga zuwandte oder an Seitenfront und Gartenmauer entlang zur Piazza S. Lorenzo weiterging. Auf diese Weise kam die urbanistische Bedeutung der Ecklage auch im Aufrißbild angemessen zur Geltung, ohne daß eine Korrektur des Straßenverlaufs oder größere Eingriffe in die bauliche Umgebung notwendig geworden wären.

Im Unterschied zu Cosimo de' Medici verband Giovanni Rucellai die Neuordnung seines Wohnbezirks mit der planmäßigen Erschließung einer Platzanlage. Der Baukomplex erstreckt sich zu beiden Seiten der Via della Vigna Nuova, einer geradlinig verlaufenden, etwa 7,5 m breiten Verkehrsader zwischen Stadtkern und Ponte alla Carraia: Während sich Albertis Palastfront in die nördliche Straßenflucht einreiht, öffnet sich auf der gegenüberliegenden Seite die dreieckige Piazza Rucellai mit der quer zur Straße stehenden Familienloggia.   117

118, 120

Neuere Untersuchungen zu Palazzo und Loggia Rucellai haben Zweifel aufkommen lassen, ob die Baugruppe in ihrer heutigen Form auf ein einheitliches Konzept zurückzuführen ist. Offenbar wurde mit der Ausführung eines ersten Palastprojekts bereits begonnen, noch ehe die Voraussetzungen für die Freilegung des Platzgeländes und den Bau der Loggia gegeben waren[279]. Dieses ursprüngliche, um 1455 zu datierende Vorhaben umfaßte die fünf westlichen Fensterachsen der heutigen Palastfassade[280], beginnend an der Ecke zur Via de' Palchetti und abschließend mit dem zweiten Fensterjoch rechts des Eingangsportals. Der Aufriß war axialsymmetrisch gegliedert und damit primär auf Frontalsicht angelegt. Vor der Platzerschließung mündete in die gegenüberliegende Straßenseite eine schmale Gasse ein, die Via del Purgatorio, welche schrägwinklig auf den Palasteingang zuführte. Daß diese Entsprechung sich nicht zufällig, sondern als Ergebnis einer gezielten Planung einstellte, zeigt die auffällige Verschiebung zwischen den Fassadenöffnungen und den Mauerstrukturen des Innenbaus: Augenscheinlich nahm Alberti diese Unstimmigkeiten in Kauf, um die zentrale Eingangsachse auf die Straßenmündung ausrichten zu können[281].

[278] Zu Funktion und Typus der Eckloggia: LEINZ 1977, 112ff; speziell zur Medici-Loggia: LEINZ 1977, 560ff

[279] PREYER 1977

[280] Das 5-Achsen-Projekt gedieh nur bis zum Gesims des Erdgeschosses: SANPAOLESI 1963. Zum Datum 1455: PREYER 1981. MACK 1974 schlägt eine Spätdatierung der Fassade in das Jahr 1461 vor und stellt sie in die Nachfolge des Palastes Pius' II zu Pienza; seine Hypothese wurde mit stichhaltigen Argumenten zurückgewiesen: FORSTER 1976; NAREDI-RAINER 1977, 110ff; PREYER 1981. Eine Arbeit des Autors zum Palazzo Piccolomini befindet sich in Vorbereitung.

[281] Wie der Grundriß zeigt, reichte die östliche Fassadenkante geringfügig über die ursprüngliche Baugrenze hinaus, war also vermutlich dem Nachbarhaus vorgeblendet. Die mangelnde Koordination zwischen Innen- und Außenbau deutet darauf hin, daß die Fassade erst nachträglich vor den bereits bestehenden Palastkern gesetzt wurde (vgl. MACK 1974). MARCHINI 1978, 21 ff, sieht in den Abweichungen ein Zeichen dafür, daß die Grundrißplanung Vorgängerbauten einbezog. — Zur Abstimmung zwischen Eingangsportal und Straßenmündung s. bereits LEINZ 1977, 214f. — Für

Erst nach 1458 kam es zur Erschließung der heutigen Piazza Rucellai, nachdem man sowohl die Errichtung der Familienloggia als auch die Verlängerung der Palastfassade ins Auge gefaßt hatte[282]. Palast und Loggia bilden zwar im Grundriß einen rechten Winkel, sind aber im Aufriß nicht aufeinander abgestimmt[283]. Ebensowenig ergibt sich ein schlüssiges Verhältnis zwischen der Gesamtlänge der Palastfassade und den Abmessungen der Platzöffnung: Im heutigen Zustand beginnt die Fassade etwa 10 m jenseits der westlichen Platzgrenze und endet mit der fragmentarischen achten Fensterachse, noch bevor sie die Fluchtlinie der Loggia erreicht. Wäre sie hingegen in der endgültig vorgesehenen Ausdehnung von 14 Jochen[284] fertiggestellt worden, so könnte man von der Piazza aus lediglich einen seitlich nicht begrenzten Ausschnitt der Fassade optisch erfassen. Daraus wird deutlich, daß der Platz in erster Linie mit Rücksicht auf die Loggia disponiert wurde, während die Palastfront in ihrer Gesamtheit allein auf den Straßenverlauf bezogen blieb[285].

Wenige Jahre nach Giovanni Rucellai begann Luca Pitti den Bau seiner Stadtresidenz im Oltrarno (1458—1466)[286]. Trotz zahlreichen Umbauten späterer Jahrhunderte[287] hat sich die urbanistische Situation des Quattrocento bis heute nahezu unverändert erhalten. Wie der Kettenplan und Buonsignoris Stadtvedute erkennen lassen, trat bereits der sieben Fassadenjoche umfassende Ursprungsbau um etwa 50 m hinter die Straßenflucht der Via Romana zurück. Da das Gelände von der Straße aus ansteigt und jenseits des Palastes unbebaut blieb, nahm Lucas Neubau den höchsten Standort zwischen Arno und Stadtmauer ein. Vor der Fassade öffnete sich ein großzügiger, auf die Frontbreite abgestimmter Vorplatz, der seitlich von zwei niedrigen Häuserzeilen begrenzt wurde. Dank dieser Anordnung, die alle Entfaltungsmöglichkeiten des vorstädtischen Gartengebiets ausnutzte, kamen Größe und Anspruch des bis dahin stattlichsten Florentiner Privatpalastes besonders eindringlich zur Geltung. Obwohl die seitlichen Häuserzeilen im Quattrocento noch nicht als einheitlich gestaltete Platzflügel in Erscheinung traten, nahm die Anlage in ihren Grundzügen bereits die Cour d'Honneur der großherzoglichen Residenz vorweg.

Ein bislang wenig beachtetes Dokument vom 19. August 1461 gewährt Einblick in die Vorgeschichte der Platzerschließung[288]. Drei Jahre nach Baubeginn richtete Luca Pitti das

---

(Fortsetzung Fußnote 81)
    Rossellino als Architekten des Palazzo Rucellai plädiert MACK 1974, ohne seine These stichhaltig zu begründen. Zur Kritik: FORSTER 1976, der allerdings die Autorschaft Albertis ebenfalls bezweifelt. Vgl. LORENZ 1971 sowie NAREDI-RAINER 1977, 110ff, dessen Proportionsuntersuchung die traditionelle Zuschreibung an Alberti vollauf bestätigt. Die angekündigte Arbeit des Autors (s. o., Anm. 280) wird nochmals auf die Zuschreibungsfrage eingehen.

[282] PREYER 1977; LEINZ 1977, 214ff
[283] LEINZ 1977, 215f
[284] LEINZ 1977, 651, Dok. 13
[285] PREYER 1977 lehnt die Zuschreibung von Loggia und Platzanlage an Alberti ab. Vgl. dagegen: LEINZ 1977, 209ff.
[286] Zur Baugeschichte: BUSSE 1930
[287] Überblick bei MORANDINI 1965
[288] »Luca bonaccursij de pittis ut sibi accordatur via quae ducit la via nuova. ... et questa è la via che è di rimpetto alla sua casa, che va su alle mura et non ha case da alcuno di latj; et da uno lato, cioè dalla parte della casa di luca sono tuttj beni di esso luca; dall' altra parte sono beni del monastero di sancta Felicità ... perché detta via è tutto un masso, et non usa per quello se non persone disoneste et ... nella vetustate tutte sono editte quivi, che essendo quel luogo pure tra cittadini da bene, è una vergogna della città, et perché il detto lucha e tutta la sua famiglia ne sono più offesi che tutti gli

Ansuchen an die Signoria, ihm ein größeres Teilstück unbebauter, von Mauern und Gärten gesäumter Straße zur Einebnung zu überlassen. Diese Straße befinde sich, so Luca, in verwahrlostem Zustand und stelle für ihn und seine Familie ein ständiges Ärgernis dar, zumal sie unmittelbar vor seinem Haus entlangführe. Obwohl eine andere Begründung nicht vorgebracht wird, kann über den eigentlichen Zweck des Antrags, nämlich die Freilegung des Platzgeländes, kein Zweifel bestehen. Wie der Buonsignoriplan zeigt, war die genannte Straße noch im 16. Jahrhundert großenteils vorhanden: Sie begann im Norden bei den Konventsgebäuden von S. Felicità, führte in südlicher Richtung auf die Stadtmauer zu und wurde in ihrem Verlauf nur durch den Vorplatz des Palastes unterbrochen. Auf der einen Seite war ein Haus, auf der anderen eine Mauer vor die Straßenmündung gesetzt worden.

Kein anderer Bau im Florenz dieser Zeit greift so radikal in seine städtebauliche Umgebung ein wie der Palazzo Pitti. Im Vergleich mit dem Palazzo Rucellai wird deutlich, wie bewußt in beiden Fällen die Fassaden auf den urbanistischen Kontext abgestimmt sind. Finden wir dort einen filigran gezeichneten Prospekt, dessen Feinheiten nur in der Nahsicht angemessen zur Geltung kommen, so herrscht hier ein fernwirksames Wechselspiel zwischen großen Öffnungen und ungegliederten Mauermassen.

Als weiteres Zeugnis für die Tätigkeit der kommunalen Bauaufsicht im 15. Jahrhundert ist ein Beschluß der Signoria vom 21. März 1489 überliefert, der die kurz bevorstehende Fundierung des Palazzo Strozzi betrifft. Um die vier Außenfluchten seines Palastes geradlinig ausrichten zu können, erhielt Filippo Strozzi die Erlaubnis, öffentlichen Grund und Boden in Anspruch zu nehmen[289]. Die regelmäßige Grundrißanlage dieses einzigen freistehenden Palastbaus in der Florentiner Innenstadt geht also offenbar auf eine Korrektur der angrenzenden Straßenzüge zurück.

128, 131

Der Palast entstand anstelle einer vorher vielfältig bebauten »isola«, die Filippo Strozzi in langjährigen Grundstückskäufen erworben hatte[290]. Ausschlaggebend für die Standortwahl war auch hier die Bindung an einen traditionsreichen familiären Wohnbezirk: Seit dem 13. Jahrhundert hatten sich die Strozzi rund um die Piazza Marmora, die spätere Piazza degli Strozzi, angesiedelt[291], ein langgestrecktes Platzareal unweit des Mercato Vecchio. Wie schon Filippos alter Wohnsitz, so wandte auch der neue Palast seine östliche Eingangsfront dieser Platzanlage zu. Weitere Baugrenzen waren die Via de' Ferravecchi (heute Via degli Strozzi) im Norden, die Via Larga di S. Trinità (heute Via Tornabuoni) im Westen sowie der schmale Chiasso degli Strozzi im Süden.

127

Betrachtet man den Bau im Aufriß, so entsteht der Eindruck eines homogenen Blocks mit drei gleichwertigen Schauseiten. Selbst die Platzfassade ist durch keine besonderen Merk-

---

altri, ... desidra che detta via, che non sta, se non per dare aptitudine a chi volesse fare male, si levasse via, et ... commincciando dalla parte di sotto dal canto della casa d'esso Lucha e andando in su tanto quanto tiene quello il detto lucha ... sia conceduta ... per prezzo ... di 200 fiorini piccoli.« (BUSSE 1930, 130)

[289] »Prefati Domini ... deliberaverunt, quod Philippus de Strozzis pro edificatione per eum fienda in civitate Flor. et in populo S. Pancratii et Ste. Marie de Ughi de quadam eius domo, respondenda super viam sancte Trinitatis versus plateolam illorum de Tornaquincis et super viam fori veteris et super cursus Strozziorum et super chiassum, quo itur a dicto cursu ad dictam viam Sce. Trinitatis, possit eique licitum sit derigere per rectas lineas terrenum, super quo dicta domus fieri et edificari debet, et occupare quasdam partes chiassi et viarum predictarum, prout in predictis opus fierit«. (GAYE 1839, I, 357f)

[290] Die ersten Grundstückskäufe sind 1473 nachzuweisen: LEINZ 1977, 688, Nr. 13.

[291] LEINZ 1977, 690

male von den beiden Straßenfronten unterschieden. Diese Konzeption entspricht der ursprünglichen Bestimmung des Baus als Doppelpalast, dessen Inneres in zwei selbständige Wohnbereiche unterteilt war. Jede der beiden Palasthälften verfügte über eine eigene Eingangsfront: östlich an der Piazza degli Strozzi, westlich an der Via Larga di S. Trinità. Die relativ breite Trassierung dieser Straße ermöglichte sowohl einen angemessenen Sichtabstand für den Betrachter als auch eine ausreichende Belichtung der Innenräume, bot also ähnliche Voraussetzungen wie die Platzanlage an der Ostseite.

127 Im ursprünglichen Kontext der Piazza degli Strozzi überragte der Palast zwar die übrigen Anliegerbauten, beanspruchte aber keine platzbeherrschende Stellung wie zuvor der Palazzo Pitti. Eine anonyme Zeichnung des 16. Jahrhunderts[292] zeigt noch den rechteckigen Grundriß der Gesamtanlage, deren gerade Fluchtlinien alle Anliegerbauten bis auf die zurückversetzte Pfarrkirche S. Maria degli Ughi in gleicher Weise an der Platzbebauung beteiligten. Erst 1534 wurde der Häuserblock zwischen Via de' Ferravecchi und Via degli Anselmi durch einen Neubau mit weiter zurückliegender Fassadenflucht ersetzt[293], so daß dem Palast nunmehr ein eigenständiger, von der alten Piazza deutlich getrennter Vorplatz zugeordnet war. Filippo Strozzis ursprüngliches Bauprogramm zielte offenbar eher darauf ab, mit dem Palast zu einem geschlossenen Erscheinungsbild der ganzen Platzanlage beizutragen. In diese Richtung deutet auch, daß die Bossenfassade an die äußere Gestaltung des schräg gegenüberliegenden Palazzo dello Strozzino anknüpft, eines unvollendeten Neubaus, der um 1450 von zwei Strozzi-Brüdern eines anderen Familienzweiges begonnen worden war[294]. Eine große Gartenanlage freilich, wie sie Filippo nach dem Zeugnis seines Sohnes Lorenzo geplant haben soll[295], hätte den urbanen Charakter der Piazza grundlegend verändert[296].

Im Unterschied zu den Palästen der Medici, Rucellai, Pitti und Strozzi verband sich mit dem Standort des Palazzo Gondi keine familiäre Tradition. Erst Giuliano Gondi selbst hatte seinen Wohnsitz an die Via de' Leoni verlegt, nachdem das angestammte Familiendomizil im Quartier von S. Maria Novella Jahrzehnte zuvor in fremde Hände übergegangen war[297]. Obschon sich das Eckhaus an der Via delle Prestanze in Anspruch und Größe kaum von den alten Wohnquartieren Cosimos de'Medici oder Filippo Strozzis unterschied[298], fehlte ihm die gewachsene Beziehung sowohl zur Nachbarschaft als auch zu einer Pfarr- oder Quartierskirche, die durch Stiftungen oder Grablegen mit dem Namen der Familie verbunden gewesen wäre.

Vor diesem Hintergrund erscheint das Unternehmen des Palastbaus wie ein Versuch, verlorene Traditionen neu zu begründen. War das alte Eckhaus eher zufällig in Giulianos Besitz geraten — ebensogut hätte er sich anderswo im Stadtzentrum ansiedeln können —, so wies

---

[292] UA 132ʳ. Daß der Häuserblock an der nordöstlichen Platzseite bereits als abgetragen dargestellt wird, weist auf eine Datierung um 1534 hin (vgl. Anm. 293). Die traditionelle Datierung ins letzte Jahrzehnt des 15. Jahrhunderts (zuletzt GOLDTHWAITE 1973) läßt sich nicht aufrecht erhalten.

[293] CAROCCI et al. 1889, 26

[294] LEINZ 1977, 688, Dok. 12c

[295] GAYE 1839, I, 357. Die Realisierung dieses Planes hätte zwanglsäufig den Abbruch benachbarter Bausubstanz erfordert.

[296] Vgl. GOLDTHWAITE 1973, 112

[297] S. o., 2

[298] Sowohl Cosimo als auch Filippo bewohnten vor dem Neubau ihrer Paläste vergleichsweise bescheidene, aus mehreren Häusern zusammengewachsene Quartiere (HYMAN 1969, 44ff; GOLDTHWAITE 1973, 112).

der repräsentative, mit Wappen und Impresen geschmückte Neubau den Canto de' Leoni unverkennbar als Wohnsitz der Gondi aus.

Obwohl das Bauprogramm außer der Begradigung der Straßenfluchten keine neue Gestaltung der städtischen Umgebung vorsah[299], läßt der Palast in seiner architektonischen Planung doch gezielte Rücksichtnahmen auf die urbanistische Situation erkennen. Wäre der Bau wie geplant zu Ende geführt worden, so hätte sich das Südportal gegen die alte Piazza S. Firenze geöffnet. Ohne die primäre Bindung an die Via de' Leoni aufzugeben, wäre die Fassade damit eine visuell wirksame Beziehung zum Kirchenvorplatz eingegangen.

23, 28

Eine noch wichtigere Rolle dürfte in der Sicht des Bauherrn die Ecklage des Palastes gespielt haben. Während die Via de' Leoni als belebte Verkehrsader vor der Eingangsfront entlanglief, verknüpfte die westlich gelegene Via delle Prestanze den Bauplatz mit dem politischen Zentrum der Piazza della Signoria. An der Straßenecke befanden sich die kommunalen Löwenzwinger, sinnfällige Zeichen republikanischer Regierungsgewalt; an der Via delle Prestanze lag auch die ursprüngliche Hauptfront des Priorenpalastes[300]. Wenn Giuliano Gondi den Canto de' Leoni nicht nur mit einem großen Wappenschild[301], sondern zusätzlich mit einer antiken Konsulstatue auszeichnen wollte[302], so ging dies weit über den üblichen Rahmen familiärer Repräsentation hinaus. In ihrer direkten Hinwendung zum Signorienbezirk hätte die Statue unmißverständlich auf die Amtswürde des Bauherrn hingewiesen, hätte den Palast als Wohnsitz eines Prioren kenntlich gemacht[303].

Die hier behandelten Bauten unterscheiden sich zwar untereinander in ihrem Verhältnis zur urbanistischen Umgebung, sind aber bei zusammenhängender Betrachtung doch durch gemeinsame Tendenzen verbunden. Ging es der mittelalterlichen Stadtplanung in erster Linie darum, das Privathaus einem übergeordneten Gefüge — Straße oder Platz — einzugliedern, so gewinnt seit dem Palazzo Medici die selbstbewußte Präsentation des Einzelbaus immer größere Bedeutung[304]. Die Fassaden werden zunehmend auf Blickachsen ausgerichtet, in einzelnen Fällen sogar mit eigenen Vorplätzen versehen. Die visuelle Bedeutung der Ecklage wird erkannt und findet in der architektonischen Gestaltung des Außenbaus ihren Niederschlag.

2. Die Fassade des Palazzo Medici und ihre Nachfolge bis 1500

Die Analyse des Palazzo Gondi hat bereits gezeigt, welche Bedeutung der Fassade des Palazzo Medici im Florentiner Quattrocento zukommt. Bis zum Ende des Jahrhunderts gilt sie als beispielhafte Lösung ihrer Bauaufgabe. Alle anspruchsvollen Palastfassaden der folgenden Jahrzehnte zeigen sich von ihr beeinflußt.

104, 106

Es sind nicht in erster Linie stilistische Innovationen, denen Michelozzos Fassade ihre prototypische Rolle verdankt. Vergleicht man sie mit der zwei Jahrzehnte älteren Lösung, die

---

[299] Vgl. o., 26f
[300] PAUL 1969, 10
[301] Das sicher für den Außenbau gedachte Wappen ist heute im Treppenhaus aufgehängt (Abb. 1).
[302] S. o., 31
[303] Statt der Amtsbezeichnung »priori« findet man in lateinischen Texten als Synonym häufig »consules«: Vgl. DAVIDSOHN Gesch. I, 672f.
[304] Vgl. hierzu ACKERMAN 1970, 175f

Brunelleschi im Palazzo di Parte Guelfa verwirklicht hat, so wird ihre noch weitgehend mittelalterliche Prägung deutlich: Michelozzo verzichtet nicht nur auf den nobilitierenden Einsatz der Ordnung, der Brunelleschis Bau radikal von der spätmittelalterlichen Fassadentradition trennt; ebenso vermißt man eine vergleichbar klare Gliederung durch wenige, große Formen und eine entschiedene Hinwendung zum antikischen Detail, wie sie in Brunelleschis Fenster- und Gebälkprofilen zum Ausdruck kommt. Axialität und Symmetrie spielen noch keine beherrschende Rolle. Zwar verteilen sich die Öffnungen des Erdgeschosses ungefähr symmetrisch über die Front, nehmen aber keinen axialen Bezug auf die Fensterreihen der oberen Geschosse.

Im Folgenden soll zunächst die Fassade des Palazzo Medici auf ihre typologischen Wurzeln untersucht, dann die weitere Entwicklung der Florentiner Fassadenarchitektur bis zum Ende des 15. Jahrhunderts dargestellt werden. Das Augenmerk richtet sich dabei nicht nur auf die formalen Aspekte der Architektur, sondern ebenso auf jene Merkmale, die die Fassaden der Renaissance als Träger einer neuen Baugesinnung ausweisen.

Als erstes privates Wohnhaus in Florenz erhebt sich der Palazzo Medici über einem Sockel. Dieser springt leicht über die Fassadenflucht vor und nimmt im Unterbau die Kellerfenster auf. Daß er zugleich als Sitzbank ausgelegt ist, zeigt seine Herkunft von den »muriccioli« mittelalterlicher Geschäftshäuser: einfachen Steinbänken, die im Zusammenhang mit Bottegen zur Arbeit im Freien oder zur Ausstellung von Waren dienten[305]. In aller Regel sind diese Bänke einzeln neben den Bottegenöffnungen plaziert, ohne sich dem architektonischen Aufbau der Fassade einzugliedern[306]. Bei vornehmen Wohnbauten, die schon im Trecento zunehmend auf Erdgeschoßbottegen verzichteten[307], fehlen sie überhaupt. Als Bestandteil der Medici-Fassade erfüllt die Sockelbank weniger eine praktische als eine sinnbildhafte Funktion. Als nobilitierendes Podium hebt sie den Bau über das Niveau der Straße hinaus. Indem sie aber den Passanten oder Besucher zum Sitzen einlädt, vermittelt sie zugleich zwischen Palast und Öffentlichkeit — ähnlich der Familienloggia, die sich ursprünglich zur Straße hin öffnete. Schließlich lief die Bank auch noch vor den Fassaden der benachbarten Medici-Häuser weiter und faßte so den Wohnbezirk der Familie zusammen[308].

Das äußere Erscheinungsbild des Palastes wird entscheidend durch die Bossierung seiner Straßenfronten geprägt. Die Tradition der Rustika reicht in Florenz weit zurück. Wie einige erhaltene Bauten beweisen, gehörte sie schon im 13. Jahrhundert zu den Attributen der wehrhaften Adelsresidenzen[309]. Möglicherweise kam ihr bei diesen Bauten noch wirklich fortifikatorische Bedeutung zu. Als 1299 der Palazzo Vecchio errichtet wurde, übernahm er zusammen mit Zinnenkranz und Turm auch die Rustika von den Adelspalästen des Hochmittelalters. Am Regierungssitz der Republik wird die Rustika zum sichtbaren Zeichen der Macht[310] und steigert zugleich ihre Wirkung ins Monumentale. Bis zur Mitte des 15. Jahrhunderts bleibt der Palazzo Vecchio der einzige vollrustizierte, d. h. in allen Geschossen mit Buckelquadern verkleidete Bau in Florenz.

[305] SCHIAPARELLI 1908, 41 f
[306] Man vergleiche etwa die Fassade des ehemaligen Gondi-Eckhauses an der Piazza S. Firenze (Abb. 3, 5).
[307] GOLDTHWAITE 1972, 983 f
[308] Vgl. o., 66
[309] Vgl. SINDING LARSEN 1975 mit einem umfassenden Überblick über die Florentiner Rustikaarchitektur bis zur Mitte des Quattrocento.
[310] PAUL 1969, 79 ff; vgl. SINDING LARSEN 1975, 167

Aus dem 14. und frühen 15. Jahrhundert ist eine größere Anzahl teilgequaderter Wohnbauten erhalten[311], deren regelmäßig durchfensterte Fassaden nur noch wenig mit den wehrhaften Residenzen des Hochmittelalters gemein haben. Bauten wie der Palazzo Davanzati[312] oder der Palazzo Alessandri[313] können veranschaulichen, daß die Schauwirkung der Fassaden zunehmend in den Vordergrund gestellt wurde. Die urbanistischen Reformen des späten Mittelalters mit ihrer Aufwertung des Straßenbildes hatten an dieser Entwicklung zweifellos Anteil[314]. Bei den meisten Palästen dieser Zeit bleiben Rustika oder Profilquaderung dem Erdgeschoß vorbehalten, während sich die oberen Fassadenzonen glatt gequadert, mit kleinen Bruchsteinen verblendet oder verputzt darstellen.

91

Die Frage, ob die Rustika im späten Mittelalter einen symbolischen Aussagewert besaß — etwa im Sinne einer politischen Selbstdarstellung des Bauherrn —, kann vom überlieferten Baubestand her nicht eindeutig beantwortet werden. Die vielfältigen Anwendungsmöglichkeiten der Fassadenquaderung und ihre verhältnismäßig breite Streuung im Profanbau dieser Zeit lassen eher daran zweifeln. Dagegen wies eine Rustikafassade wohl immer auf den sozialen Status des Palastbesitzers hin: Hohe Material- und Arbeitskosten führten dazu, daß die Quadertechnik den wohlhabenderen Bauherren vorbehalten war. Wenn die kommunalen Baubehörden in der Umgebung des Doms oder an wichtigen Hauptstraßen eine durchgehende Rustizierung der Erdgeschoßfronten vorschrieben[315], so spricht daraus eine allgemeine Einschätzung der Rustika als vornehmste Variante der Fassadengestaltung.

Den Stand der Florentiner Fassadenarchitektur um 1430 veranschaulicht der Palazzo Da Uzzano-Capponi an der Via de'Bardi. Bauherr war Niccolò da Uzzano, ein einflußreicher Politiker und Gesinnungsgenosse Cosimos de'Medici, der seinem öffentlichen Ansehen durch einen der stattlichsten Palastbauten im damaligen Florenz Ausdruck verlieh. Die langgestreckte Straßenfront verfügt über ein hohes Erdgeschoß, dessen kräftig profilierte Rustika lediglich durch ein zentral gestelltes Eingangsportal und kleine, ungerahmte Fenster unterbrochen wird. Von den beiden niedrigeren Wohngeschossen hat nur das Piano Nobile sein ursprüngliches Aussehen bewahrt: Um die verhältnismäßig großen, regelmäßig gereihten Bogenfenster legt sich eine glatt gequaderte Mauerarkatur, deren Bögen auf den pfeilerartig umrissenen Fensterzwischenräumen ruhen und die sich durch die Art ihrer Schnittsteinquaderung von der aufgerauhten Fläche der oberen Wandzone abhebt. Das Obergeschoß war ursprünglich in gleicher Weise gegliedert[316] und schloß wahrscheinlich mit einem Sparrengesims ab.

94

Wesentliche Elemente dieses Fassadentyps, der schon im Palazzo Alessandri begegnet, kehren in der Medici-Fassade wieder, vor allem die Unterscheidung zwischen rustiziertem Erdgeschoß und flacheren Obergeschossen. Auch mit dem großen Format der oberen Fenster weist der Palazzo Da Uzzano-Capponi auf Michelozzos Fassadenlösung voraus.

106

---

[311] Zahlreiche Beispiele bei SINDING LARSEN 1975
[312] Der Bau wird in die Mitte des 14. Jahrhunderts datiert: BOMBE 1911.
[313] SINDING LARSEN 1975, 181 schlägt eine Datierung ins späte 14. Jahrhundert vor.
[314] BRAUNFELS 1953, 90ff
[315] SINDING LARSEN 1975, 182ff
[316] Durch nachträgliche Erhöhung des Piano Nobile wurde die ursprüngliche Fassade verändert. Man erkennt noch heute Spuren der alten Mauerbögen in Höhe des Obergeschosses. Zur Datierung des Palastes: GINORI LISCI II, 804, Dok. a (1433 war der Palast vollendet). Zu Niccolò da Uzzano: REUMONT 1874 I, 115f

Ein genauerer Vergleich läßt aber auch jene Merkmale deutlich werden, die den Außenbau des Palazzo Medici von der spätmittelalterlichen Fassadentradition unterscheiden. Das Piano Nobile hebt sich mit seiner abgeflachten Plattenrustika von der glatten Schnittsteinquaderung des Obergeschosses ab. Zum ersten Mal begegnet hier der Wunsch nach einer hierarchischen Differenzierung der beiden oberen Wohngeschosse, die sich bis dahin allenfalls in ihrer Höhe, nicht jedoch in ihrer Gestaltung unterschieden hatten.

Die Rustika des Erdgeschosses gewinnt gegenüber dem Palazzo Da Uzzano-Capponi merklich an Plastizität. Sie tritt nicht mehr als strukturierte Oberfläche in Erscheinung, sondern entwickelt eigenes Volumen. Im Betrachter werden Assoziationen mit antiken Quadermauern geweckt[317]. Aus zeitgenössischen Quellen geht hervor, daß diese Formulierung bewußt auf eine antik-römische, vermeintlich imperiale Tradition des Palastbaus anspielt[318]. Auch die Öffnungen des Erdgeschosses weichen von den Baugewohnheiten der Zeit ab. Ihre ungewohnt großen Dimensionen und gewichtigen Rahmen deuten einen Willen zur monumentalen Form an, der trotz fehlenden Bezügen im Detail auf den Einfluß des Palazzo di Parte Guelfa schließen läßt.

Besonderes Interesse verdienen die Biforienfenster der beiden oberen Stockwerke. Um die Bedeutung dieses Motivs verständlich zu machen, sei kurz auf seine Vorgeschichte im Rahmen der Florentiner Profanarchitektur eingegangen. Das früheste Beispiel ist mit einem Fenster aus der zerstörten Fassade des Bischofspalastes an der Piazza S. Giovanni (12. Jh.) erhalten, eines Baus, der vor der Einsetzung der Republik die weltliche Herrschaft über die Stadt repräsentierte[319]. Das Fenster zeigt folgende Gliederung: Zwei halbrunde Innenbögen ruhen in der Mitte auf einer zierlichen Säule, seitlich auf Kämpfern, und werden von einem großen Rundbogen überfangen. Drei Bauten des späten 13. Jahrhunderts greifen diesen Typus wieder auf: der Bargello, Amtssitz des Podestà (1255ff), der bischöfliche Sommerpalast bei S. Miniato (1295ff)[320] und der Palazzo Vecchio (1299ff). Die Formen haben sich dem Zeitstil angepaßt; gotische Dreipässe ersetzen die inneren Rundbögen, der Überfangbogen wird beim Palazzo Vecchio in eine Säulenstellung mit schmaler Archivolte und einen rustizierten Keilsteinbogen aufgespalten.

Im bürgerlichen Palastbau des 14. und frühen 15. Jahrhunderts findet das Biforium keine Verbreitung. Als Regel setzt sich das schlichte, ungeteilte Segmentbogenfenster durch, wie es etwa die Palazzi Davanzati, Alessandri oder Da Uzzano-Capponi aufweisen. Aus dem erhaltenen Baubestand kennen wir nur eine Ausnahme: ein vermauertes Biforium in der Fassade des trecentesken Palazzo Aldobrandini (Via delle Belle Donne)[321], das sich der Fensterform des Palazzo Vecchio annähert. Wie dort, so erscheint auch hier in der Bogenlünette die Florentiner Lilie, was auf eine ursprünglich öffentliche Funktion dieses Baus hindeuten könnte.

Die Fassade des Palazzo Medici übernimmt den gotischen Fenstertypus fast unverändert. Lediglich einige Detailveränderungen weisen auf die Entstehungszeit des Fensters hin: die Rückkehr zum halbrunden Bogenschlag, der Ersatz der seitlichen Säulchen durch Gewände-

---

[317] Auf die Beziehung der Rustika zur Antike weist bereits HYMAN 1968, 156ff hin. SINDING LARSEN 1975, 188ff geht näher auf das Verhältnis des Palazzo Medici zu älteren Florentiner Rustikafassaden ein.

[318] TÖNNESMANN 1984

[319] LEINZ 1977, 18. Zum Biforium s. PATZAK I, 41; zur Datierung DAVIDSOHN Geschichte I, 286, Forschungen I, 62

[320] Zu diesem Bau: PATZAK I, 75f

[321] LIMBURGER 1910, 18 datiert den Bau ins 14. Jahrhundert.

pilaster, das Hinzutreten eines Rahmengliedes und die Gestaltung der Kapitelle. Im Bogenfeld sitzen jeweils kleine Tondi, die abwechselnd mit Wappenreliefs und Rosetten gefüllt sind.

Die Biforien der Medicifassade geben sich vor dem Hintergrund der Tradition als konkretes Zitat zu erkennen. Der Rückgriff auf eine Architekturformel, die allen Florentiner Herrschafts- und Regierungsbauten des Mittelalters eigen war, deren Überlieferung aber im Privatbau des 14. und frühen 15. Jahrhunderts ausgesetzt hatte, stellte die Residenz des »Pater Patriae« in eine enge Beziehung zu den offiziellen Palästen der Republik. Als Bestätigung dieser Interpretation lassen sich jene Fenster anführen, die Michelozzo 1453 in den Hof des Palazzo Vecchio einfügte[322] und die die Formen der Medici-Biforien exakt wiederholen.

Der Fassadenabschluß durch ein ausladendes, antikisierendes Konsolgesims gilt zu Recht als eigenständige und Schule machende Neuerung Michelozzos. Klammert man indessen stilistische Aspekte aus, so kann man das Kranzgesims auch als zeitgemäße Umformung eines mittelalterlichen Typus deuten. Dabei ist weniger an die hölzernen Sparrengesimse spätmittelalterlicher Wohnbauten gedacht als an die Zinnenkränze der Kommunalpaläste, die auf weit auskragenden Konsolen ruhen und — wie Michelozzos Kranzgesims — die Dachschräge verdecken[323].

Faßt man die Neuerungen zusammen, die der Palazzo Medici in die Florentiner Fassadenarchitektur einbrachte, so erkennt man in ihnen ein wesentliches Anliegen des Auftraggebers. Mehr als jedem anderen Bauherrn vor ihm kam es Cosimo darauf an, den Außenbau seines Palastes zum Schauplatz persönlicher und familiärer Repräsentation zu machen. Dieser Grundgedanke spricht sowohl aus dem Verhältnis des Baus zu seiner urbanistischen Umgebung als auch aus den Gestaltungsmerkmalen der Fassade: Die Sockelbank, die differenzierende Quaderung, die wappengeschmückten Fenster und das Kranzgesims weisen den Betrachter darauf hin, daß es sich bei diesem Palast nicht um den Wohnsitz irgendeines reichen Patriziers, sondern um die Residenz des führenden Bürgers der Stadt und seiner Familie handelt. Die Inanspruchnahme des Biforienmotivs als typisches Element kommunaler Architektur verleiht der Fassade einen gleichsam offiziellen Charakter und demonstriert damit die politische Führungsrolle des Besitzers. In diesem Sinne kann auch die antikisierende Bossenbehandlung des Erdgeschosses gedeutet werden[324]. Daß die Fassade gleichwohl dem tradierten Typus des Florentiner Wohnbaus verpflichtet bleibt, entspricht dem Gebaren bürgerlicher Gesinnung, das Cosimo auch in seinem politischen Handeln stets an den Tag legte.

Diese charakteristische Mischung von konservativer Grundhaltung und anspruchsvoller Baugesinnung war es, die die Fassade des Palazzo Medici zum idealen Anknüpfungspunkt für vergleichbare Bauten der Folgezeit werden ließ.

Unter dem unmittelbaren Einfluß des Palazzo Medici begann um 1450 der Neubau des Palazzo dello Strozzino[325], der die Erneuerung der Piazza Marmora (Piazza Strozzi) einleitete[326]. Die vermutlich auf drei Geschosse angelegte Fassade gedieh im Quattrocento nur bis zum Traufgesims des Piano Nobile und wurde erst im 20. Jahrhundert vollendet[327]. Sie zeigt, daß eine mittelalterlich geprägte Schaufront wesentliche Anregungen vom Palazzo

---

[322] Zum Umbau des Hofes s. LENSI 1929, 47ff.
[323] Diese Parallele zieht bereits BURCKHARDT 1891, 62.
[324] Vgl. o., Anm. 318
[325] Der Palast war 1450 bereits im Bau: LEINZ 1977, 688, Dok. 12b.
[326] GOLDTHWAITE 1972, 985f; s. o., 69f
[327] GINORI LISCI 1972 I, 249

Medici übernehmen konnte, ohne dadurch ihren Charakter wesentlich zu verändern. Den Einfluß des Palazzo Medici erkennt man in der Sockelzone, die hier nur als glatter Wandstreifen in Erscheinung tritt, ferner in der massig wirkenden Erdgeschoßrustika, den Gesimsprofilen und den Biforien. Damit verfügt die Fassade — abgesehen vom Kranzgesims — über alle nobilitierenden Elemente, die die Medici-Fassade gegenüber den Bauten der älteren Tradition auszeichnen; in der axialen Anordnung der Öffnungen geht sie sogar über Michelozzo hinaus. Dennoch behält die Fassade spezifisch mittelalterliche Züge bei, die der Palazzo Medici bereits überwunden hatte, so das kleine Format der Erdgeschoßportale und den spitzbogigen Abschluß der Öffnungen.

118 Daß sich die konservative Prägung des Palazzo Medici nicht von vornherein lähmend auf den Neuerungswillen der nachfolgenden Architekten auswirkte, beweist Albertis Fassade des Palazzo Rucellai (begonnen um 1455[328]). Hatte bereits Brunelleschi mit dem Palazzo di Parte Guelfa die Säulenordnung zum Gliederungsprinzip einer Palastfassade erhoben, so wurde dieser Gedanke im Palazzo Rucellai erstmals auf einen privaten Wohnbau übertragen. Indem Alberti jedem der drei gleich hohen Geschosse eine Pilasterordnung vorblendete, griff er auf antike Fassadentypen zurück[329]. Albertis Streben nach Antikennähe äußert sich nicht nur im System der Ordnung und ihrem Detail. Auch Formen wie die rechteckigen Eingangstüren mit geradem, konsolengestütztem Gebälk[330], die Rahmungen der Erdgeschoßfenster[331] und das Opus reticulatum der Piedestalzone[332] geben sich als antikische Alternativen zum traditionellen Vokabular der älteren Fassadenarchitektur zu erkennen. Sie demonstrieren gleichermaßen die humanistische Gesinnung des Architekten wie die des Auftraggebers.

Dennoch war der Bauherr offensichtlich nicht gewillt, auf alle herkömmlichen Attribute einer repräsentativen Fassade zu verzichten. So bleibt die Rustika neben der Ordnung als beinahe gleichberechtigtes Gestaltungsprinzip präsent, indem sie als flache Plattenquaderung
119 nur leicht hinter das gliedernde Gerüst zurücktritt. Die Biforien der oberen Wohngeschosse wirken wie eine isolierte Anspielung auf den Palazzo Medici. Sie gliedern sich nicht organisch in das Gesamtbild der Fassade ein, sondern kontrastieren mit den waagerecht abschließenden Erdgeschoßöffnungen, die dem rechtwinkligen Quadergefüge eher angepaßt sind. Indem Alberti zwischen Stützen und Bögen der Biforien ein Gebälk einschob, versuchte er, den mittelalterlichen Fenstertypus im Sinne tektonischer Logik zu korrigieren. Das Ergebnis ist eine Auflösung des Formzusammenhangs, die beim Betrachter einen zwiespältigen Eindruck hervorruft. Es scheint beinahe, als habe Alberti gegen seinen Willen an einer ihm nicht angemessenen Form festhalten müssen. Vermutlich war hier der Wille des Bauherrn ausschlaggebend, der eine enge Beziehung zwischen seinem Palast und dem Cosimos de'Medici sichtbar machen wollte. Der heraldische Dekor der Fassade bestätigt diese Absicht: In den Friesfüllungen und Fensterlünetten stehen Medici- und Rucellaiimpresen gleichberechtigt nebeneinander und weisen damit auf die Verschwägerung beider Familien hin[333].

---

[328] S. o., Anm. 280

[329] FROMMEL 1973 I, 26, nennt römische Theaterfassaden als mögliche Vorbilder. Eine sehr viel engere Beziehung besteht u. E. zu den Torri Palatine in Turin mit ihrer mehrgeschossigen, durchfensterten Pilasterfassade.

[330] Vgl. Albertis Beschreibung der jonischen Tempeltür (ALBERTI, De re aed. VII, 12; ed. Orlandi II, 623).

[331] Vgl. o., 38

[332] Vgl. die Stufenfolge im Inneren des Augustusforums (ZANKER 1968, Abb. 50).

[333] 1461 hatte Giovanni Rucellai die Verlobung seines Sohnes Pandolfo mit Nannina de' Medici, einer Enkelin Cosimos, erreicht. MACK 1974 wertet dieses Datum — kaum zwingend — als Terminus post quem für die Datierung der Fassade (vgl. o., Anm. 280).

Welche Bedeutung Giovanni Rucellai dieser Verbindung beimaß, sagt das Zitat der Biforienfenster ebenso aus wie die Kombination der Impresen.

In Florenz ist die Rucellai-Fassade ohne Nachfolge geblieben[334]. Einige wenige Bauten des Quattrocento führen die Idee der Pilastergliederung weiter, ohne sich direkt von Albertis Fassade ableiten zu lassen. Dazu gehört der Palazzo Gerini mit seiner Mitte des 15. Jahrhunderts entstandenen Sgraffitofassade[335]. Die beiden Wohngeschosse sind durch eine fingierte Pilasterordnung ausgezeichnet, die weniger gliedernd als dekorativ wirkt. Ein anderer Weg wurde mit dem Palazzo Cocchi an der Piazza S. Croce beschritten, dessen obere Geschosse aus den 1470er Jahren stammen[336]. Über einem mittelalterlichen Rustikasockel öffnet sich das Piano Nobile in drei großen Pfeilerarkaden mit vorgelegter Pilasterordnung, so daß das antike Theatermotiv an diesem Bau reiner zur Ausprägung kommt als am Palazzo Rucellai. Möglicherweise hat hier Sangallos Hof des Palazzo Scala Anregungen gegeben[337]. Das niedrigere Obergeschoß ersetzt die Arkaden durch Fenster und bleibt somit im Anspruch untergeordnet. Auf diesem Wege kommt eine hierarchische Abstufung der Geschosse zustande, wie sie Albertis Rastersystem nicht zuließ.

126

140

Die Fassaden der Palazzi Gerini und Cocchi können veranschaulichen, daß relativ bescheidene Bauaufträge der gestalterischen Phantasie der Architekten oftmals mehr Spielraum ließen als die großen Palastprojekte der führenden Patrizier. Betrachtet man etwa die Entwicklung der Sgraffitofassade im Quattrocento, so stellt man eine erstaunliche Vielfalt der Dekorationsmöglichkeiten fest[338]. Viele dieser Fassaden wirken »moderner« als die anspruchsvollen Rustikafronten, deren Fixierung auf einen vorgeprägten Typus der Freiheit der Architekten engere Grenzen setzte.

Auch der Palazzo Pitti (1458—1466) hält grundsätzlich am überlieferten Typus der Rustikafassade fest. Neu ist die gezielte Abstimmung seiner Schaufront auf fernwirksame Monumentalität, die seiner exponierten Lage gerecht wird. Die drei Stockwerke erreichen annähernd gleiche Höhe und sind in einheitlicher Stärke rustiziert. Jedes Geschoß tritt mit seiner Flucht hinter die des darunter liegenden zurück, so daß aus der Entfernung der Eindruck aufgeschichteter Mauermassen entsteht. Die streng symmetrische Anordnung der Öffnungen — drei Portale im Erdgeschoß, je sieben Fenster in den oberen Geschossen — folgt dem Beispiel des Palazzo dello Strozzino. Dagegen weicht die Dimensionierung der Öffnungen von der bis dahin geübten Praxis ab. Die Bogenfenster der oberen Geschosse werden auf die Größe der Eingangsportale gesteigert; ihre rustizierten Überfangbögen reichen fast bis an die Gesimse heran und scheinen die Geschoßwände in fortlaufende Arkadenstellungen aufzulösen. Man hat darin eine Anlehnung an die mehrgeschossigen Bogenreihen römischer Aquädukte erkennen wollen[339]. Hält man jedoch die Fassade des Palazzo Medici daneben, so zeigt sich, daß das gleiche Gliederungsprinzip dort im Kern bereits vorhanden ist. Die un-

124

114

106

---

[334] Vgl. FORSTER 1976, 110. Die einzigen direkten Nachfolgebauten stehen außerhalb der Toskana: Rossellinos Pal. Piccolomini in Pienza und Sangallos Pal. della Rovere in Savona.

[335] THIEM 1964, 59ff, datieren die Dekoration nach stilkritischen Gesichtspunkten in die Jahre um 1450, also möglicherweise früher als den Pal. Rucellai. Vgl. auch FORSTER 1976, 109.

[336] SANPAOLESI 1964/65, 287. Zum Rustikasockel: SINDING LARSEN 1975, 178ff; vgl. ferner GINORI LISCI 1972 II, 603f

[337] S. u., Kapitel V

[338] Vgl. THIEM 1964

[339] KAUFFMANN 1941. Wahrscheinlicher ist eine gezielte Annäherung der Fassade an die Umfassungsmauer des Augustusforums in Rom: TÖNNESMANN 1984.

bestreitbar machtvollere Wirkung, die es beim Palazzo Pitti entfaltet, beruht auf seiner Übertragung in einen größeren Maßstab. Die ursprünglich vorgesehenen, aber nicht ausgeführten Biforien[340] hätten das Bild wieder näher an das einer traditionellen Rustikafassade herangerückt. Der auf Fernwirkung bedachten Fassadenkonzeption entspricht ein weitgehender Verzicht auf dekorative Elemente. So schneiden die Portale ohne Rahmungen in die Rustika ein. Die Gewändepilaster der oberen Fenster zeigen abstrahierte Kapitellformen und lassen damit auf eine schlichte Ausführung der Biforien schließen. Die Gesimse wachsen als einfach profilierte Bänder aus der Wand heraus; sie tragen niedrige Brüstungskolonnaden, die die Geschoßzäsuren betonen[341].

Als hervorstechendes Merkmal der Pitti-Fassade empfindet man eine demonstrative Zurschaustellung von Größe. Zweifellos kam es Luca Pitti darauf an, den erst kurz zuvor erbauten Palast seines politischen Rivalen Cosimo de'Medici an monumentaler Wirkung zu überbieten[342]. Eine Anekdote illustriert diese konkurrierende Baugesinnung: Luca Pitti habe geäußert, seine Fenster sollten größer werden als Cosimos Portale[343]. Durch Machiavelli ist überliefert, daß Lucas Machtstreben und seine ehrgeizigen Baupläne in einem selbstverständlichen Zusammenhang gesehen wurden[344].

125 Der Palast, den Luca Pittis politischer Weggenosse Dietisalvi Neroni um 1460 erbaute[345], repräsentiert auf den ersten Blick keinen vergleichbaren Anspruch. Die schmale, ursprünglich wohl größer geplante Fassade gliedert sich in ein rustiziertes Erdgeschoß, ein glatt verputztes Piano Nobile und ein abschließendes, ebenfalls verputztes Halbgeschoß. Die Rustika orientiert sich zwar in ihrer ungewöhnlich plastischen Artikulation an der des Palazzo Medici, bleibt aber auf die untergeordnete Zone des Sockelgeschosses beschränkt. Piano Nobile und Obergeschoß zitieren sie nur noch in den Fensterrahmungen. Die Hierarchie der Geschosse wird hier mit anderen Mitteln veranschaulicht als bisher: zum einen mit der Kontrastwirkung zwischen Rustika und Putzmauerwerk, zum anderen mit der dominierenden Stellung des Piano Nobile gegenüber dem Halbgeschoß, dessen bescheidener Rang in den verkleinerten Fenstern zum Ausdruck kommt. Den Abschluß bildet ein hölzernes Sparrendach.

153 Mit dem zwischen 1472 und 1479 errichteten Palazzo Pazzi[346] wird ein Mittelweg zwischen dem Fassadentyp des Palazzo Medici und der Lösung des Palazzo Neroni beschritten. An den Palazzo Neroni erinnern die Unterscheidung zwischen rustiziertem Sockelgeschoß und verputzten Wohngeschossen und das hölzerne Sparrengesims. Die Geschoßproportionen hingegen und vor allem die Biforien, die auch hier einen politischen Anspruch verkörpern dürften[347], kommen dem Aufrißbild des Palazzo Medici nahe.

[340] Auf den geplanten Einsatz von Biforien deuten die erhaltenen Gewändepilaster in den Fensterlaibungen hin. Ansatzstücke über den Kapitellen lassen darauf schließen, daß nach dem Vorbild des Pal. Rucellai Gebälke oder zumindest waagerechte Balken zwischen Stützen und Bögen eingeschoben werden sollten (WILLICH 1929, 90).

[341] S. o., 28

[342] Zur Verschwörung Luca Pittis gegen Cosimo de'Medici s. MACHIAVELLI 1971, 637 ff.

[343] So berichtet AMMIRATO 1640 III, 87.

[344] MACHIAVELLI 1971, 638 f. — Auf die umstrittenen Fragen der Zuschreibung, die sich im Zusammenhang mit dem Palazzo Pitti ergeben, kann hier nicht näher eingegangen werden. Die Autorschaft Brunelleschis ist nach den Ergebnissen von BUSSE 1930 auszuschließen.

[345] GINORI LISCI 1972 I, 341 f

[346] SAALMAN 1964

[347] Bauherr war Jacopo de'Pazzi, das Haupt der Verschwörung gegen die Medici (SAALMAN 1964).

Daß während des folgenden Jahrzehnts keine Paläste mit Rustikafassaden mehr erbaut wurden, dürfte nicht zuletzt auf die politische Situation nach der Pazziverschwörung zurückzuführen sein. Lorenzo de'Medici hatte nach der Niederwerfung der Revolte nahezu unumschränkte Autorität erworben. Wie in der Folgezeit jede politische Opposition gegen die Medici zum Erliegen kam, so verschwand auch eine Architekturformel, die durch Bauherren wie Luca Pitti und Jacopo de'Pazzi zum unmittelbaren Ausdruck rivalisierenden Machtstrebens geworden war. Als Repräsentant einer bürgerlich bescheidenen Baugesinnung, die die Wohnarchitektur der 1480er Jahre prägte, kann der Palazzo Ricasoli[348] mit seiner schlichten Putzfassade gelten. Obwohl der Bau an urbanistisch exponierter Stelle liegt und stattliche Ausmaße erreicht, verzichtet er auf Attribute wie Rustika, Biforien oder Konsolgesims. Nur in den gequaderten Eckstreifen des Erdgeschosses und den Fensterrahmen der Wohngeschosse, deren Bossierung auf das Vorbild des Palazzo Neroni zurückgeht, bleibt die anspruchsvolle Tradition der Florentiner Fassadenarchitektur lebendig[349]. 158

Erst im letzten Jahrzehnt des Quattrocento erlangt der traditionelle Typus der Rustikafassade noch einmal Bedeutung. Sowohl der Palazzo Strozzi als auch der Palazzo Gondi nehmen in ihrem Äußeren auf den Palazzo Medici Bezug, wenn sie auch in unterschiedlicher Weise durch den Prototyp geprägt werden. Während wir in der Gondi-Fassade ein Konzept verwirklicht sahen, das trotz Beibehaltung des festgelegten Grundtypus auch neuen Ideen Spielraum läßt, so vertritt der Palazzo Strozzi in seiner strikten Beschränkung auf überkommene Gestaltungselemente eine weitaus konventionellere Auffassung[350]. Angesichts der Ausnahmestellung, die beide Bauten nach der Fassadenentwicklung des vorausgegangenen Jahrzehnts einnehmen, verdient die Einflußnahme Lorenzos de' Medici auf ihre Planung besonderes Interesse. 29, 30

Als Filippo Strozzi seinen Palastbau plante, wandte er sich zunächst an Lorenzo um Rat. Glaubt man dem Bericht seines Sohnes[351], so fürchtete er, mit seinem ehrgeizigen Vorhaben die Eifersucht des Magnifico zu erregen. Deshalb legte er ihm zum Schein ein äußerst bescheidenes Projekt vor, das als Residenz des reichsten Bürgers der Stadt auch Lorenzo unannehmbar erscheinen mußte. Bei den langwierigen Verhandlungen, die sich nun anschlossen, ging es vor allem um die Frage der Rustika. Filippo soll sie als zu anspruchsvoll, als »cosa non civile«, abgelehnt haben, so daß Lorenzo sich schließlich veranlaßt sah, die Bossierung des Palastes von sich aus vorzuschlagen. Wenn der Bericht auch im einzelnen übertrieben klingt, so zeigt er doch, daß ein Bauvorhaben vom Rang des Palazzo Strozzi nicht ohne das Einverständnis Lorenzos realisiert werden konnte. Offenbar hatte ein Attribut wie die Rustika noch nichts von ihrer Aussagekraft verloren, sondern wurde nach wie vor als Zeichen höchster Ambition verstanden.

Dies belegen auch zeitgenössische Reaktionen auf Filippos Palastbau, die in Briefen exilierter Strozzi an die in Florenz lebenden Verwandten erhalten sind[352]. Aus ihnen spricht die Vorstellung, daß der Neubau alle älteren Florentiner Paläste und besonders den Palazzo

---

[348] Der Bau war 1480 noch nicht vollendet (GINORI LISCI 1972 II, 804, Dok. d), wird aber auf dem Kettenplan bereits in voller Höhe dargestellt.
[349] Die Fassade des Pal. Ricasoli wurde zum Vorbild für Cronacas Pal. Guadagni (1503) und damit indirekt für zahlreiche Paläste des 16. Jahrhunderts (z. B. Pal. Rosselli del Turco, Niccolini, Taddei, Mellini).
[350] Vgl. die Analyse beider Fassaden, o., 33 ff.
[351] GAYE 1839 I, 354 ff. — Vgl. dazu BURCKHARDT 1962, 14 ff; STEGMANN/GEYMÜLLER IV, Benedetto da Maiano, 4 ff; GOLDTHWAITE 1973, 127.
[352] Edition und Kommentar: KENT 1977

Medici an »superbia« übertreffen sollte. Jenes Konkurrenzbewußtsein, das die Bauherren des Florentiner Quattrocento stets von neuem im Aufwand ihrer Bauprojekte miteinander wetteifern ließ, spielte zweifellos für Filippo Strozzi eine wichtige Rolle.

Allerdings war Strozzi nicht, wie vorher Luca Pitti und Jacopo de' Pazzi, von politischem Ehrgeiz besessen. Seine Karriere hatte ihn vor allem zu großen Erfolgen als Geschäftsmann, nicht aber zu einer bedeutenden Stellung im öffentlichen Leben der Stadt geführt. Sein Verhältnis zu Lorenzo de' Medici war, so weit wir wissen, weder besonders eng noch feindselig[353]. Es scheint, als habe er diesen Mangel an politischem Profil durch ein ungewöhnliches Verlangen nach persönlichem und familiärem Ansehen kompensiert, das in seinem Palastbau vollkommenen Ausdruck fand. Der Palast, so bezeugt sein Sohn, galt ihm als Garantie bleibenden Nachruhms[354]. Daß er so beharrlich an den überlieferten Formen der Florentiner Fassadenarchitektur festhielt, spricht also in seinem Fall nicht für politisches Rivalitätsdenken, sondern kennzeichnet ihn als Bauherrn von entschieden konservativer Haltung.

Auch für Giuliano Gondi stand der Wunsch nach Nachruhm im Vordergrund, als er in hohem Alter seinen Palastbau ins Werk setzte. Sein Testament spricht dieses Motiv offen aus[355]. Wenngleich die Fassade des Palazzo Gondi weniger traditionell geprägt ist als die des Palazzo Strozzi, behält sie doch die Rustika als Hauptmerkmal bei und stellt sich damit in die Nachfolge des Palazzo Medici. Welchen Stellenwert die Rustika in der Sicht des Bauherrn beanspruchte, können wir dem Testament entnehmen: Giuliano besteht ausdrücklich auf der Fortsetzung der Rustika, ohne daß andere Aspekte der Gestaltung zu Wort kommen[356]. In der Förderung des Projektes durch Lorenzo de' Medici[357], die auch hier möglicherweise mit einer »Baugenehmigung« verknüpft war, spiegelt sich die öffentliche Bedeutung, die einem Privatbau dieses Ranges im späten Quattrocento beigemessen wurde. Ob bereits die ursprüngliche Planung vorsah, den Außenbau mit einer Konsulstatue zu schmücken[358], oder ob dieser Gedanke einer Selbstdarstellung des Bauherrn mit politischem Akzent erst mit dessen später Karriere als Priore Gestalt annahm, läßt sich nicht eindeutig entscheiden.

Mit den Fassaden der Palazzi Gondi und Strozzi endet eine Bautradition, die in ihrer strikten Bindung an einen mittelalterlich geprägten Prototyp nur im Florenz der Medici Sinn und Berechtigung hatte. Nach dem Zusammenbruch des Medici-Patriziats im Jahre 1494 wurde in Florenz keine Palastfassade mehr errichtet, die sich dieser Tradition angliedern ließe.

3. Die Innendisposition

Da sich nur wenige Schriftquellen und keine bezeichneten Pläne erhalten haben, die über die Funktionen eines Florentiner Quattrocento-Palastes Aufschluß geben könnten, wird das Verständnis der Bauten vom Gesichtspunkt der Nutzung aus erheblich erschwert[359]. Ledig-

---

[353] GOLDTHWAITE 1973, 104
[354] »... non avendo altro maggiore nè più securo modo a lasciare di sè memoria ... si messe in animo di fare uno edifizio che a sè e tutti suoi in Italia e fuori desse nome ...« (GAYE 1839 I, 354)
[355] »ad preservandam memoriam suam et domus et familie de Ghondis ...« (Dok. XII, § 23, Z. 1f)
[356] »cum bogolis dumtaxat apparet« (Dok. XII, § 23, Z. 5)
[357] S. o., 14f
[358] S. o., 31
[359] Dazu GOLDTHWAITE 1972, 1004ff

lich am Beispiel des Palazzo Medici ist es gelungen, die einzelnen Innenräume mit ihren ursprünglichen Funktionen zu belegen[360]. Wenn der Palazzo Medici auch nur bedingt als typisches Beispiel eines Florentiner Wohnpalastes gelten kann, so zeigt er doch einige Grundmerkmale der Innenaufteilung, die sich in einer Reihe anderer Bauten wiederfinden. Allen großen Palästen ist die Abfolge von Eingangsraum, Hof, Treppe und Repräsentationsräumen gemeinsam, der wir im Palazzo Gondi begegnen und die sich als »Hauptader« des Baus bezeichnen läßt[361].

a) Der vierseitige Portikushof

Ein Portikushof gehörte im 15. Jahrhundert zu den Grundelementen des Florentiner Privatpalastes. Er wurde von jedem Besucher betreten und stellte den eigentlichen Mittler zwischen Außen- und Innenbau dar. Seine Portiken verbanden die einzelnen Teile des Palastes miteinander, gaben den Zugang zur Treppe und damit zu den Repräsentationsräumen des Piano Nobile frei und wurden, wir wir im Falle des Palazzo Medici wissen, bei besonderen Anlässen als Fest räume genutzt. Im gleichen Maße wie die Palastfassade war der Hof Gegenstand anspruchsvoller architektonischer Gestaltung.

In Florenz sind nur wenige mittelalterliche Palasthöfe erhalten. Der Palazzo Vecchio zeigt, daß das Schema des von vier Loggien umgebenen Lichtareals schon um 1300 voll ausgebildet war, wenngleich noch nicht in regelmäßiger Grundrißgestalt. Der Hofkomplex des Palazzo Vecchio ist nicht Mittelpunkt der Palastanlage, sondern wird an drei Seiten von Außenmauern begrenzt und fügt sich als selbständiger Trakt der Rückseite eines Saalbaus an[362]. Die gewölbten Loggien, die man sowohl über die Erdgeschoßhalle des Palastes als auch direkt von außen erreichen kann, öffnen sich in mächtigen Pfeilerarkaden gegen das Hofviereck. In der westlichen Loggia stieg ursprünglich die Treppe zu den oberen Stockwerken empor und markierte damit eine der wesentlichen Funktionen dieses Hofes[363]. 88

Die gleiche Entwicklungsstufe repräsentiert noch der Palazzo Davanzati (Mitte 14. Jahrhundert)[364], dessen rechteckiger Fassadentrakt an der Rückseite um eine Hofanlage erweitert ist. Man betritt den Hof über die weiträumige Familienloggia, die sich im Erdgeschoß des Palastes zur Straße öffnet. Um das enge Lichtareal gruppieren sich zwei Portiken unregelmäßigen Zuschnitts, die mit Außenwänden abschließen und durch ihre verhältnismäßig große Tiefenerstreckung binnenräumlichen Charakter annehmen. Die Beschränkung auf zwei Loggien erklärt sich aus den Gegebenheiten des schmalen Baugrundstücks. Die Ausstattung mit variierenden Blatt- und Figurenkapitellen deutet darauf hin, daß der Hof repräsentative Funktionen erfüllte. 90, 92

Wesentliche Anstöße für die Entwicklung des Palasthofes in der Renaissance gab Brunelleschis Ospedale degli Innocenti, dessen regelmäßige, von Axialität und Symmetrie bestimmte Grundrißanlage aus einem quadratischen Kreuzganghof heraus entwickelt ist. Die frühesten 200

---

[360] BULST 1969/70
[361] BULST 1969/70, 386
[362] PAUL 1969, 74ff spricht von einem »Pfalzschema« mit angehängter Hofanlage.
[363] PAUL 1963, 219f
[364] LEINZ 1977, 131

95   Reflexe dieses Baus finden sich in zwei Palästen der 1420er Jahre. Der Palazzo Busini³⁶⁵ verfügt bereits über ein völlig symmetrisches, von drei zu drei Säulenarkaden gesäumtes Hofquadrat, das im geometrischen Zentrum des Baus gelegen ist. Man betritt den Hof über einen schmalen Andito. Diesen Raumtypus hatte schon Brunelleschi im Findelhaus verwirklicht. Als langgestreckter Korridor dient er allein dem Übergang vom Außenbau zum Hof und überwindet so das addierende Grundrißdenken, das in der Disposition des Palazzo Vecchio und des Palazzo Davanzati zum Ausdruck kommt. Stimmt der Andito des Findelhauses aber mit der Symmetrieachse des Hofes überein, so mündet er beim Palazzo Busini an zufälliger Stelle in den Eingangsportikus. Von den vier Portiken erreichen die beiden quer zur Eingangsrichtung gelegenen etwa die doppelte Breite der seitlichen. Stichkappengewölbe grenzen sie zusätzlich gegen die kreuzgratgewölbten Seitenportiken ab. Möglicherweise dienten sie, wie später der rückwärtige Portikus des Palazzo Medici³⁶⁶, als Fest- und Aufenthaltsräume. In allen Palasthöfen des Quattrocento ist wenigstens ein Portikus breiter bemessen als die übrigen. Die symmetrische Doppelung beim Palazzo Busini trägt der Teilung des Baus in zwei getrennte Wohnbereiche Rechnung³⁶⁷. Beide Querportiken öffnen ihre Schmalwände auf der linken Seite zu den Treppen, die, dem Beispiel des Findelhauses folgend, im Inneren des Baus verlaufen und damit den Hof von komplementären Funktionen entlasten. Diese Lösung sollte für den Palastbau vorbildlich bleiben. Auch im Wandaufriß folgen die meisten Florentiner Höfe des Quattrocento dem Beispiel des Palazzo Busini. Die Abfolge von Säulenarkaden im Erdgeschoß und durchfensterten Wänden im Piano Nobile wird bis zum Palazzo Strozzi kaum in Frage gestellt; lediglich die kleine Loggia des Obergeschosses wird zuweilen durch Fensterwände ersetzt.

93   Eine Variation dieses Hoftyps kam im Palazzo Da Uzzano-Capponi³⁶⁸ zur Ausführung. Dem breiten, aber wenig tiefen Zuschnitt des Baugrundstücks wurde am besten eine querrechteckige Anordnung der Portiken gerecht, deren Aufgliederung in zwei zu drei Arkadenjoche eine symmetrische Lösung dennoch zuließ. Da der Andito nunmehr mit der Symmetrieachse übereinstimmt, wird der Besucher auf die mittlere der drei quergestellten Pfeilerarkaden zugeführt. Die Portiken sind einheitlich mit Kreuzgraten gewölbt und unterscheiden sich lediglich in ihrer Ausdehnung. Die Eingangsloggia, die sich linker Hand zum Treppenaufgang öffnet, fällt etwas breiter aus als der rückwärtige Portikus, bleibt aber wesentlich schmaler als die beiden seitlichen Portiken.

102,   Im Hof des Palazzo Medici verschmelzen diese beiden Grundrißtypen zu einer Synthese.
105,   Die quadratische Disposition mit drei zu drei Säulenarkaden wiederholt das Anordnungs-
112   schema des Palazzo Busini; die Koordination von Eingangs- und Symmetrieachse folgt dem Beispiel des Palazzo Da Uzzano-Capponi und geht letztlich auf Brunelleschis Findelhaus zurück. Von den vier Portiken besitzt der rückwärtige Westarm die größte Breite. Über seine Funktion als Versammlungs- und Speiseraum, der vor allem bei größeren Festlichkeiten genutzt wurde, unterrichten zeitgenössische Quellen³⁶⁹. Sein Stichkappengewölbe grenzt ihn

---

³⁶⁵ Die traditionelle Zuschreibung dieses Baus an Brunelleschi (so noch SANPAOLESI 1962, 93f) stößt zunehmend auf Zweifel. SAALMAN 1965, 34, Anm. 40, plädiert für Michelozzo oder einen Architekten des Michelozzokreises. Ebenso KLOTZ 1970, 61 ff. Der Bau hat 1430 vermutlich bereits gestanden: MARCHINI 1961, 216.
³⁶⁶ S. u., auf der Seite
³⁶⁷ GOLDTHWAITE 1972, 998. Mit dieser Disposition stellt der Palazzo Busini eine Vorstufe zum Palazzo Strozzi dar.
³⁶⁸ S. o., Anm. 316. SAALMANN 1965, 46, schreibt diesen Bau dem Michelozzokreis zu.
³⁶⁹ BULST 1969/70, 382

gegen die übrigen Loggien ab; ursprünglich gewährleisteten kleine Fenster in der Rückwand eine zusätzliche Belichtung vom Garten aus. Die Eingangsloggia, die etwas breiter ist als die seitlichen Portiken, vermittelte ursprünglich zum Treppenaufgang linker Hand.

Die entwicklungsgeschichtliche Bedeutung des Medici-Hofes liegt weniger in seiner Grundrißkonzeption als darin, daß hier zum ersten Mal das antikische Vokabular der Frührenaissance in einem Palasthof zur Anwendung gelangt. Eine festliche, teilweise von humanistischen Programmen bestimmte Ausstattung[370] kennzeichnet den Hof als Kernstück des repräsentativen Palastbereichs.

Nur die wenigsten nachfolgenden Palastbauten konnten von den Grundstücksverhältnissen her den Typus des vierseitigen Portikushofs übernehmen. Weitaus häufiger findet man reduzierte Hofanlagen, die sich mit drei oder weniger Portiken begnügen. Der Palazzo Davanzati ist ein mittelalterlicher Vertreter dieses Hoftyps, der in jedem einzelnen Fall den Grundstücksverhältnissen angepaßt werden konnte. Als quattrocenteske Beispiele, deren Zahl sich nahezu beliebig vermehren ließe, seien genannt: die Palazzi Antinori, Corsini-Serristori mit drei Portiken, Ricasoli, Taddei mit zwei Portiken, der Palazzo Corsi-Horne mit einem Portikus. Dabei unterliegt es keiner Regel, welche der Hofseiten Portiken erhielten und welche nicht. Die meisten dieser Höfe lassen wenigstens an einer Wandseite die Obergeschosse auskragen, so daß im Erdgeschoß ein fragmentarischer Umgang entsteht. 90, 92 156, 191

Die Minimallösung eines vollständigen Loggiengevierts vertrat der ehemalige Hof des Palazzo dello Strozzino[371], dessen Umgänge sich in zwei zu zwei Arkaden auf ein quadratisches Areal öffneten. Danach wurde, mit Ausnahme des Palazzo Scala, in Florenz bis ins 16. Jahrhundert kein quadratischer Hof mehr errichtet. Daß der Hof des Palazzo Medici jedoch weiterhin als Ideallösung galt, zeigt das Beispiel des Palazzo Pazzi, dessen Grundstückstiefe nur für einen dreiseitigen Loggienumgang ausreichte. Um dennoch ein vollständiges Quadrat vorzutäuschen, legte man der geschlossenen Rückwand eine Blendarkatur auf Pilastern vor, die sich mit den anschließenden Seitenloggien verbindet. 115 150, 155

Der querrechteckige Hof des Palazzo Tornabuoni[372] wiederholt mit seinen zwei zu drei Arkadenjochen das Grundrißschema des Palazzo Da Uzzano-Capponi, begnügt sich jedoch mit nur einem verbreiterten Seitenportikus. 116

Der tiefrechteckig angeordnete Hof des Palazzo Strozzi übertrifft mit seinen drei zu fünf Jochen an Größe alle älteren Anlagen. Die symmetrische Verdoppelung der breiten, stichkappengewölbten Querportiken folgt dem Beispiel des Palazzo Busini und trägt wie dort funktionellen Erfordernissen Rechnung[373]. Während die Säulenarkaden des Erdgeschosses und die Loggien des Obergeschosses den Florentiner Baugewohnheiten entsprechen, weicht das Piano Nobile mit seiner großen Pfeilerarkatur entschieden vom bis dahin üblichen Aufrißschema ab[374]. 128, 133

Der kurze Überblick zeigt, daß die asymmetrische Anlage des Gondi-Hofes im Florenz des Quattrocento keine Ausnahme darstellt. Ungewöhnlich ist nur, daß auf einem so beengten Grundstück überhaupt ein vierseitiger Portikushof errichtet wurde. So kam man im Palazzo

---

[370] WESTER/SIMON 1965
[371] GINORI LISCI 1972 I, 249
[372] Vasari schreibt diesen Bau Michelozzo zu: VASARI/Milanesi II, 444. Bis auf den Hof wurde der Palast im 19. Jahrhundert zerstört. Vgl. STEGMANN/GEYMÜLLER II, Michelozzo di Bartolommeo, 24 (Datierung um 1450).
[373] Der Bau ist als Doppelpalast mit zwei getrennten Wohnbereichen angelegt.
[374] S. o., 46

Antinori auf annähernd gleicher Grundfläche (ca. 14 × 18 m) mit drei Portiken aus und gewann dadurch ein größeres Lichtareal. Der Hauptgrund für die vierseitige Disposition im Palazzo Gondi dürfte der Raumbedarf des Piano Nobile gewesen sein. Daneben mag aber auch der Wunch eine Rolle gespielt haben, mit dem vollständigen Portikushof den anspruchsvollsten aller Hoftypen in den Palast zu übernehmen.

b) Die Hoftreppe

Die meisten größeren Paläste des Florentiner Quattrocento verfügen über zweiläufige, gerade geführte Treppen, die im Innern des Baus Platz finden und deren Wendepodeste durch Außenfenster direktes Licht erhalten. Als Prototyp kann Brunelleschis Treppe des Ospedale degli Innocenti gelten[375], deren Läufe bereits mit Tonnen überwölbt sind. Die Wendepodeste erhielten Kreuzgratgewölbe. Über die Zwischenstufen der Palazzi Busini und Da Uzzano-Capponi[376] gelangte dieser Typus der Innentreppe in den Palazzo Medici[377]. Von dort aus fand er weite Verbreitung, auch über Florenz hinaus[378].

93, 95, 102

Die Anordnung der Treppe im Grundriß blieb in Florenz während des ganzen Quattrocento variabel. Rückt die Treppe im Findelhaus an das äußerste Ende der Eingangsloggia und führt von dort aus innerhalb des Fassadentraktes empor, so öffnen sich die Antrittsläufe der nachfolgenden Palasttreppen (Palazzi Busini, Da Uzzano-Capponi, Medici) in der linksseitigen Fortsetzung der Eingangsloggien. Obwohl keine dieser Treppen eine axiale Bindung mit dem Hofportikus eingeht, nimmt die Anordnung schon eindeutig auf den visuellen Eindruck Rücksicht. Der Besucher soll die Treppe beim Eintritt in den Hofbereich auf den ersten Blick erkennen und auf geradem Weg erreichen können.

150 Als weitere Varianten seien die Treppen der Palazzi dello Strozzino[379] und Pazzi[380] sowie des Palazzo Piccolomini in Pienza genannt, deren Antrittsläufe neben dem Andito entgegen der Eingangsrichtung emporsteigen. Im Palazzo Antinori nimmt die Treppe ihren Ausgang von der Mitte der Seitenloggia[381].

Wie wir bereits gesehen haben, konnte Sangallo aus Platzmangel keines dieser Modelle in den Palazzo Gondi übernehmen[382]. Seine Lösung, die Treppe innerhalb der Hofloggia aufsteigen zu lassen, geht auf mittelalterliche Vorbilder zurück. So war die alte Treppe des

88 Palazzo Vecchio im Hof untergebracht; sie lehnte sich links vom Eingang an die westliche Portikuswand an, führte um die Ecke zur Nordseite herum und durchbrach dort das Gewölbe des Umgangs[383]. Noch Michelozzo hatte diese Treppe restauriert[384]. Der Palazzo

---

[375] Ludwig 1939, 31 ff
[376] Hier sind die Treppenläufe noch flach gedeckt.
[377] Rekonstruktion der ursprünglichen Anlage: Bulst 1969/70, 370 ff
[378] Vgl. Frommel 1973 I, 60
[379] Der Verlauf der Treppe ist auf alten Photographien noch deutlich zu erkennen (z. B. Stegmann/ Geymüller IV, Giuliano da Maiano, 9, fig. 15).
[380] Zur Rekonstruktion: Saalman 1964, 389 f
[381] Die Treppe des Pal. Rucellai wurde möglicherweise erst nachträglich in den Bereich des Andito verlegt. Eine Parallele aus dem Florentiner Quattrocento ist uns nicht bekannt.
[382] S. o., Anm. 208
[383] Paul 1963, 219 f
[384] Vasari/Milanesi III, 435 ff

Davanzati kommt mit seinen umlaufenden Treppengalerien kaum als Prototyp in Frage, da er die 90, 92
Treppe beinahe vollständig aus dem Innenbau ausgliedert³⁸⁵. Dagegen fand Sangallo im Palazzo
Canigiani an der Via de' Bardi, möglicherweise einem Werk Michelozzos, einen weiter ent- 96—
wickelten Typus der Hoftreppe vor³⁸⁶: eine zweiläufige Anlage, deren Unterlauf sich an die 98
Rückwand des Hofes anlehnt und bis zum Wendepodest unter der linken Seitenloggia offen emporsteigt. Das Podest durchbricht die Grenze zum Innenbau, der den zweiten, zwischen geschlossenen Wänden hochgeführten Lauf aufnimmt. In ihrer Disposition steht diese Anlage dem
Palazzo Gondi näher als die Treppe des Palazzo Ricasoli³⁸⁷, die gegensinnig parallel zum Andito 156,
emporsteigt und damit eher dem Typus des Palazzo Pazzi entspricht. Hingegen findet man im 157,
Palazzo Ricasoli bereits die von Arkaden flankierte Lichtwange und die charakteristische Form 159
der Eindeckung durch ein hoch gelegenes Kassettensystem. Sangallo führt im Palazzo Gondi 160
beide Lösungen zu einer Synthese, indem er die zweiläufige Anlage des Palazzo Canigiani mit
einem der Hofportiken koordiniert und mit einer eigenen Flachdecke ausstattet.

c) Die Innenräume

Das Erdgeschoß der innerstädtischen Paläste beherbergte in der Regel Nutzräume³⁸⁸. Daß
sowohl der Palazzo Medici als auch der Palazzo Da Uzzano-Capponi über ein ebenerdiges 93,
Wohnappartement verfügten³⁸⁹, erklärt sich aus der Verbindung mit einem Garten, der sich 102
jeweils an die rückwärtige Hofloggia anschloß³⁸⁹ᵃ. Die Erdgeschoßräume nahezu aller Paläste des Quattrocento sind mit Stichkappen eingewölbt³⁹⁰ und werden, soweit sie im Fassadentrakt liegen, durch kleine Fenster von der Straße aus belichtet. Im Palazzo Gondi haben
sich die beiden Räume seitlich des Andito erhalten. Ihre schlichten Konsolen weisen auf eine
untergeordnete Raumfunktion hin. Möglicherweise dienten sie, wie die entsprechenden
Räume des Palazzo Medici³⁹¹, als Geschäftskontor. Mit dem vom Hofbereich abgetrennten
Nordflügel, dessen ursprüngliche Disposition von Poggis Grundriß abzulesen ist, besaß der 3
Palazzo Gondi vermutlich einen eigenen Wirtschaftstrakt. Die Räume standen mit einem Nebenhof in Verbindung und waren durch das Nordportal von der Straße aus zugänglich; an der Rückseite öffnete sich ein weiterer Eingang. Diese Anordnung erinnert an den Palazzo Medici, dessen
rechtes (nördliches) Seitenportal ebenfalls als Gesinde- und Geschäftseingang diente³⁹².
  Wie sich am Beispiel des Palazzo Medici zeigen läßt, war der Wohnbereich eines vornehmen Familienpalastes in einzelne Appartements untergliedert. Jedes Appartement wurde von

---

³⁸⁵ Diesen Typus vertritt auch die Hoftreppe im Castello Guidi zu Poppi.
³⁸⁶ Datierung nach Dokumenten: 1457—1469 (SAALMAN 1964, 391). SAALMAN 1965, 31, schreibt den
   Bau Michelozzo zu. Zur Hoftreppe: LUDWIG 1939, 23 ff
³⁸⁷ S. o., 54f. — Auf die Verwandtschaft zwischen dieser Treppe und der des Pal. Gondi machen
   bereits STEGMANN/GEYMÜLLER II, Michelozzo di Bartolommeo, 26, aufmerksam.
³⁸⁸ SCHIAPARELLI 1908, 5
³⁸⁹ BULST 1969/70, 376f
³⁸⁹ᵃ Daß auch der Palazzo Da Uzzano einen Garten besaß, geht aus einem Inventar des 15. Jahrhunderts
   hervor (BOMBE 1928, 21: »Nella chamera ... verso l'orto«). Wahrscheinlich lag der Garten an der
   Rückseite des Palastes gegen den Arno.
³⁹⁰ Ein frühes Beispiel dieser Gewölbeform findet sich im Pal. Datini zu Prato (2. Hälfte 14. Jh.):
   MARCHINI 1961.
³⁹¹ BULST 1969/70, 375
³⁹² BULST 1969/70, 378

einem männlichen Familienmitglied und dessen Angehörigen bewohnt. Eine solche Raumfolge bestand aus einer »sala«, die als Fest- und Speiseraum diente, einer »camera« als Wohn- und Schlafzimmer und einer kleineren »anticamera«; ein »studiolo« konnte hinzukommen³⁹³. Der Hausherr bewohnte die Räume im Piano Nobile des Fassadentraktes. Mittelpunkt seines Appartements und zugleich repräsentativer Hauptraum des Palastes war die Sala Grande. Der Raumtypus dieses rechteckig zugeschnittenen, von regelmäßig gereihten Fenstern erhellten Festsaals wurde aus dem mittelalterlichen Wohnbau nahezu unverändert in den Palast des Quattrocento übernommen. Der Palazzo Davanzati gibt ein Beispiel: Seine Sala Grande erstreckt sich über die volle Breite und die volle Tiefe des Fassadentraktes und erreicht mit einer Grundfläche von 6 × 15 m Ausmaße, die denen der großen Quattrocento-Paläste bereits nahekommen³⁹⁴.

90

103, 105

Die ursprüngliche Sala Grande des Palazzo Medici nahm die Südostecke des Piano Nobile ein, erhielt also von zwei Seiten Licht. Eine anspruchsvolle, beziehungsreich auf die kommunale Herkulesikonographie anspielende Ausstattung³⁹⁵ gab ihr den offiziellen Charakter, der vollkommen dem stolzen Bild der Fassade entsprach. Den Raumabschluß bildete eine hölzerne, bemalte Kassettendecke.

Was die Disposition des Palazzo Medici von einem mittelalterlichen Wohnbau wie dem Palazzo Davanzati grundsätzlich unterscheidet, ist weniger das Raumprogramm, dessen einzelne Funktionen sich schon in älteren Palästen nachweisen lassen³⁹⁵ᵃ, als vielmehr die eng aufeinander bezogene Anordnung der Räume. Man betrat die Sala ursprünglich über einen Korridor, der von der Treppe seinen Ausgang nahm und über der Eingangsloggia des Hofes entlanglief. Die Tür lag unmittelbar rechts der Treppenmündung. Im Norden schloß sich die kleinere, ebenfalls vom Korridor aus zugängliche »camera« des Hausherrn an, ferner die »anticamera« und schließlich das »studiolo«, der intimste Raum des Appartements. Der private Charakter dieser Räume kam darin zum Ausdruck, daß sie nicht mehr über den Korridor, sondern nur noch über die »camera« erreichbar waren. Die der Treppe gegenüberliegende Querwand des Korridors öffnete sich auf die Kapelle, die den Zielpunkt der repräsentativen Raumfolge bildete³⁹⁶. Die Anlage des Hauptappartements trug vor allem den zeremoniellen Funktionen Rechnung, die die Residenz des »Pater Patriae« in besonderer Weise erfüllen mußte. Ranghohe Besucher konnten von den Söhnen des Hausherrn schon im Hof begrüßt, über die Treppe hinaufgeführt und dann geradewegs in die Kapelle geleitet werden, wo der Hausherr sie mit der Würde eines Fürsten empfing³⁹⁷.

Das Vorbild dieser Raumanordnung wirkte in zwei Richtungen: Zum einen auf die fürstliche Residenzarchitektur, nicht zuletzt auf den Palazzo Ducale in Urbino, der den Weg von der großen zur kleinen Einheit zum beherrschenden Prinzip eines umfangreichen Raum-

---

³⁹³ BULST 1969/70, 387
³⁹⁴ Die Säle der wichtigsten Bauten haben folgende Grundmaße:
   Pal. Medici: ca. 10 × 20 m
   Pal. Pitti   : ca. 10 × 22 m (nach dem Grundriß bei FURTTENBACH 1628, der noch die ursprüngliche Disposition des Saales wiedergibt)
   Pal. Pazzi : ca   9 × 21 m
   Pal. Strozzi: ca   8 × 16 m
   Pal. Gondi : ca 7,5 × 15 m
³⁹⁵ BULST 1969/70, 391
³⁹⁵ᵃSo im Palazzo Da Uzzano-Capponi (BOMBE 1928) und in früheren Medici-Bauten (LIEBENWEIN 1977, 58).
³⁹⁶ BULST 1969/70, 384
³⁹⁷ BULST 1969/70, 383f

programms erhob³⁹⁸; zum anderen auf den Palastbau in Florenz, der allerdings nur die Grundelemente dieser Raumdisposition übernehmen sollte³⁹⁹.

Im Palazzo Pitti rückt die Sala Grande in die Mitte des Fassadentraktes, so daß die axialsymmetrische Organisation der Fassade auch im Grundrißbild eine Entsprechung findet. Ungewöhnlich und nur mit dem etwa gleichzeitig begonnenen Herzogspalast in Urbino vergleichbar ist seine Wölbung. Der Saal wurde von jeweils zwei kleineren Räumen flankiert⁴⁰⁰. Über die ursprüngliche Treppenanlage wissen wir nichts. 123

Der Palazzo Pazzi übernahm vom Palazzo Medici die Ecklage der Sala Grande. Das Appartement lag quer zur Treppenachse, die dem Besucher zunächst in einen zum Hof orientierten Korridor führte⁴⁰¹. Um in die Sala zu gelangen, mußte man eine wenig organische Richtungsänderung vollziehen. 151

Im Palazzo Strozzi dagegen münden die Treppenläufe in weiträumige, gewölbte Loggien, die sich ursprünglich gegen den Hof öffneten⁴⁰². Die Zugänge zu den auch hier in den Ecken gelegenen Sälen befinden sich gegenüber der Treppe, ohne mit dieser eine axiale Beziehung einzugehen. Auch der Palazzo Strozzi, dessen Grundriß wie kein zweiter durch das Bedürfnis nach Regelmäßigkeit geprägt wird, gelangt noch nicht zu einer übergreifenden axialen Organisation der Raumelemente. So sind die Türen aller Innenräume unabhängig von den Fenstern angeordnet. Besonders eindringlich empfindet man die Diskrepanz zwischen den Fenstern und der Enfilade, die die Räume des Piano Nobile zusammenbindet. 128— 130

Im Vergleich zu den großzügigen Loggien des Palazzo Strozzi wirkt das Treppenvestibül des Palazzo Gondi beengt. Eine Verschiebung der Achsen, wie sie sich hier aus den äußeren Voraussetzungen der Planung ergibt, ist jedoch selbst für einen auf dem Reißbrett entworfenen Bau wie den Palazzo Strozzi nichts Ungewöhnliches. In der Disposition des Appartements wirkt das Vorbild des Palazzo Pitti nach: Wäre der Bau als Ganzes vollendet worden, so läge die Sala ungefähr im Zentrum des Fassadentraktes. Der nördlich gelegene Raum dürfte die »camera« des Bauherrn repräsentieren. Es ist gut vorstellbar, daß auf der anderen Seite, ähnlich wie im Palazzo Pitti, ein entsprechender Raum geplant war. Die Türöffnungen in den Schmalseiten der Sala Grande deuten eine doppelte Enfilade an, die die Räume des Fassadentraktes einheitlich zusammengefaßt hätte. 25, 71

4

---

³⁹⁸ BULST 1969/70, 384f. weist auf die ähnliche Zuordnung von Kapelle und Studiolo in Urbino hin. WILLICH 1914, 100. unterstreicht die Beziehungen zwischen dem Pal. Medici und der Residenz Pius' II. in Pienza. Von anderen Voraussetzungen geht die für Rom charakteristische Disposition des Palazzo Venezia aus (FROMMEL 1982, 21).

³⁹⁹ Eine Kapelle ist sonst nur für den Palazzo Sassetti bei S. Trinità (WARBURG 1932, 139) sowie für den Palazzo Scala (s. u.) überliefert. Möglicherweise hing ihr Vorhandensein davon ab, ob ein Kleriker zur Familie gehörte. Der Raumtypus des Studiolo hat sich in Florenz um die Jahrhundertmitte bereits fest etabliert (LIEBENWEIN 1977, 56ff, bes. 68). — Wenig weiß man über Badezimmer in Florentiner Renaissancepalästen. Für den Palazzo Da Uzzano-Capponi ist bereits vor 1433 eine »stufa« bezeugt — wohl der früheste Nachweis in der italienischen Renaissance überhaupt (BOMBE 1928, 13). Hier lag das Bad neben dem Schlafzimmer des Haushern. Auch der Palazzo Medici besaß schon im 15. Jh. ein Badezimmer, doch sind Lage und genaue Datierung unsicher (BULST 1969/70, 377; vgl. FROMMEL 1973 I, 75f).

⁴⁰⁰ Diese Anordnung zeigt FURTTENBACH 1628. Die Wölbung der Sala ist noch erhalten.

⁴⁰¹ Vgl. die Rekonstruktion bei SAALMAN 1964

⁴⁰² Die alle Räume umfassende Wölbung des Piano Nobile geht vermutlich auf das Vorbild des Pal. Ducale in Urbino zurück. Im Florentiner Quattrocento ist sonst nur die Sala Grande des Palazzo Pitti gewölbt, vorher der Große Saal des Bargello, der sich typologisch kaum vergleichen läßt.

VI. Zum frühen Stil Giulianos da Sangallo

Der Palazzo Gondi schließt Sangallos erste Florentiner Schaffensperiode ab und markiert damit einen Einschnitt in seiner künstlerischen Entwicklung[403]. So liegt es nahe, hier allein auf die Bauten dieses ersten Werkabschnitts einzugehen. Im Vordergrund stehen Sangallos Anfänge als Architekt, die bisher noch nicht zusammenhängend untersucht worden sind.

1. Herkunft und Ausbildung

Von Sangallos Jugend vermitteln die Quellen ein knappes, aber geschlossenes Bild[404]. Als ältester Sohn eines Schreiners war er offenbar schon früh für das väterliche Handwerk bestimmt. Der Vater, Francesco di Bartolo Giamberti[405], soll laut Vasari auch als Baumeister tätig gewesen sein[406], so daß Giuliano und sein zehn Jahre jüngerer Bruder Antonio[407] möglicherweise von Jugend an mit architektonischen Fragen vertraut waren.

Unklar bleibt Giulianos Geburtsdatum. Nach seinen eigenen Angaben müßte er 1445 zur Welt gekommen sein[408], doch deutet manches darauf hin, daß er selbst in späteren Jahren sein wirkliches Alter verschleiert hat[409]. Glaubwürdiger wirken die Steuererklärungen des Vaters, aus denen sich das Geburtsjahr 1452 ergibt[410].

---

[403] Grundlegend zu Sangallo als Architekt: STEGMANN/GEYMÜLLER V, Giuliano da Sangallo; FABRICZY, Chron. Prospekt (1902); MARCHINI 1942. Als neuere Gesamtdarstellung vgl. Heydenreich in: HEYDENREICH/LOTZ 1974, 133—140. Zu den Festungsbauten, die hier nicht einbezogen werden: SEVERINI 1970. Zu den Zeichnungen: FABRICZY, Handzeichnungen (1902); HÜLSEN 1910, Textbd.; DEGENHART 1955; FALB 1902 (Text unbrauchbar). Zum bildhauerischen Werk: LISNER 1969; MIDDELDORF 1934; UTZ 1973

[404] FABRICZY, Chron. Prospekt (1902), 1f, 12ff; MARCHINI 1942, 106

[405] 1477 kauft Francesco ein Haus vor Porta S. Gallo, von dem sich der spätere Beiname der Familie ableitet: FABRICZY, Chron. Prospekt (1902), 2, 13 (Dok. 2). Für Giuliano ist der Name »Sangallo« erstmals 1483 belegt: FABRICZY, Chron. Prospekt (1902), 15 (Dok. 8). Vgl. die irrige Erklärung des Namens bei VASARI/Milanesi IV, 274.

[406] VASARI/Milanesi IV, 267

[407] Bibliographie zu Antonio da Sangallo d. Ä.: HEYDENREICH/LOTZ 1974, 361, Anm. 44. Gegen die traditionelle Einschätzung, Antonio habe erst nach Giulianos Tod einen selbständigen Architekturstil entwickelt, sprechen seine Arbeiten in der Rocca von Civita Castellana aus den 1490er Jahren (SPEZIALE 1973/74).

[408] Im Kataster von 1487 gibt Giuliano sein Alter mit 42, das seines Bruders Antonio mit 32 Jahren an: FABRICZY, Chron. Prospekt (1902), 25f. Die daraus sich ergebenden Geburtsdaten (1445 für Giuliano, 1455 für Antonio) werden in der Forschung überwiegend akzeptiert. Allein MARCHINI 1942, 106, nimmt nach Vasari 1443 als Geburtsdatum Giulianos an. Vgl. auch Anm. 410.

[409] S. u., 97

[410] Abdruck der Quellen bei FABRICZY, Chron. Prospekt (1902), 25. 1451 führt Francesco weder Giuliano noch Antonio auf, 1460 nur Giuliano, dessen Alter er mit 8 Jahren angibt. Schon HÜLSEN

Giulianos Lehrmeister Francione (1428—1495) wird von Vasari als Intarsiator und Meister perspektivischer Darstellungen gerühmt[411]. Seine Werke sind fast ausnahmslos verloren; bedeutende Aufträge wie die Chorgestühle des Pisaner Doms[412] oder der Annunziata in Florenz sprechen jedoch für das Ansehen, das er auf diesem Gebiet genoß. Daneben ist er auch mit einigen Festungsbauten hervorgetreten, ohne daß die Tätigkeit als aktiver Architekt in seinem Œuvre eine beherrschende Rolle spielte. Ungleich höher ist seine Bedeutung als Architekturlehrer einzuschätzen. Nahezu alle namhaften Florentiner Architekten des späteren Quattrocento — neben Sangallo auch die Brüder Giuliano und Benedetto da Maiano, Baccio Pontelli und der Militärbaumeister La Cecca — sind als Schüler oder Mitarbeiter aus seiner Werkstatt hervorgegangen[413]. Im 15. Jahrhundert, das eine spezifische Architektenausbildung noch nicht kannte[414], konnte ein Intarsiator seinen Schülern zahlreiche für die Bauraxis wichtige Fähigkeiten vermitteln: Zeichnen, ornamentaler und figürlicher Entwurf, perspektivische Konstruktion gehörten ebenso dazu wie handwerkliches Können. Zudem besaß die Darstellung von Phantasiearchitekturen in der Intarsia der Frührenaissance einen besonderen Stellenwert.

Daß Francione nicht nur indirekt mit architektonischen Problemen befaßt war, lassen die zahlreichen Baumodelle vermuten, die in seiner Werkstatt geschreinert wurden[415]. Zweifellos waren an diesen Arbeiten auch die jüngeren Werkstattmitglieder beteiligt, und es ist gut vorstellbar, daß eine frühe Schulung im Modellbau den Grund für Sangallos Werdegang als Architekt gelegt hat[416].

Von Sangallos langjähriger Verbundenheit mit seinem Lehrer zeugen mehrere Aufträge, die beide bis in die frühen 1490er Jahre gemeinsam ausgeführt haben[417]. 1480 werden Sangallo und Francione »compagni legnaiuoli« genannt[418], was auf eine Teilhaberschaft Giulianos an der Werkstatt des Lehrers hindeutet. Daß Sangallo nach Franciones Tod jemals

---

1910, Textbd., XLIX ff, schlägt nach diesen Quellen 1452 als Geburtsjahr Giulianos vor. Während sich eine nachträgliche Manipulation des Geburtsdatums durch Giuliano selbst leicht erklären läßt, wäre schwer vorstellbar, weshalb der Vater zweimal nacheinander die Existenz jeweils eines Sohnes verschwiegen hätte. Dagegen MARCHINI 1942, 106, mit Verweis auf eine Nachricht, daß Giullano im Jahr 1454 bei den Mönchen der SS. Annunziata Holzarbeiten seines Vaters abgeliefert habe; die Quelle ist jedoch am nachgewiesenen Ort nicht publiziert.

[411] VASARI/MILANESI IV, 268. Zu Francione: THIEME/BECKER XII, 329f; MARCHINI 1942, 83; VOIT 1961 (zahlreiche Irrtümer)

[412] Zu den Pisaner Werken: SUPINO 1893, 12ff. Supinos Zuschreibung einiger intarsierter Sitze an Francione bleibt zweifelhaft, da Vergleichsbeispiele fehlen. Die zwischen 1476 und 1480 datierte, zusammen mit Giuliano da Maiano gearbeitete Tür der Sala dei Gigli im Palazzo Vecchio zeigt einen reiferen Stil, doch läßt sich der Anteil beider Meister nicht klar voneinander scheiden.

[413] Vgl. die entsprechenden Viten bei Vasari.

[414] Zum »Berufsbild« des Architekten in der Frührenaissance neuerdings ETTLINGER 1977

[415] Nachweise: THIEME/BECKER XII, 329f

[416] Zwischen 1480 und 1510 sind zahlreiche Architekturmodelle Sangallos nachgewiesen, vermutlich stets im Zusammenhang mit eigenen Entwürfen. Sämtliche Belege bei FABRICZY, Chron. Prospekt (1902). — Zur Bedeutung des Architekturmodells in der Renaissance: BURCKHARDT 1891, 110ff; HEYDENREICH 1937

[417] 1479 die Befestigung von Colle Val d'Elsa (VASARI/MILANESI III, 207, und IV, 269, Anm. 1); 1480 ein Holzmodell für die SS. Annunziata (TEUBNER 1978); 1485 möglicherweise ein Modell für Poggio a Caiano (VASARI/MILANESI IV, 270); 1493 das Modell für die Einwölbung der Vorhalle der Sakristei von S. Spirito (FABRICZY, Chron. Prospekt 1902,6)

[418] FABRICZY, Chron. Prospekt (1902), 14, Nr. 4; TEUBNER 1978, 40, 55 (Dok. XXI)

einem eigenen Handwerksbetrieb vorstand[419], ist kaum wahrscheinlich. Die Voraussetzung dafür schuf er zwar mit seinem Eintritt in die Zunft der Steinmetzen und Zimmerleute im Jahr 1502[420], doch begann schon wenig später seine Tätigkeit als Architekt und Militäringenieur den erlernten Handwerksberuf endgültig zu verdrängen.

2. Eine frühe Zeichnung im Codex Barberini

Ein Zeugnis aus Sangallos Florentiner Lehrjahren ist auf dem Titelblatt seines »Libro«[421] erhalten, einer Sammlung von Zeichnungen, der Sangallo erst in höherem Alter ihre endgültige Form gegeben hat[422]. Unter der Titelinschrift wird das Pentiment einer Zeichnung sichtbar, die in perspektivischer Aufsicht einen reich verzierten, offenbar als Schnitzwerk zu denkenden Armstuhl wiedergibt. Zu Recht ist auf die enge Verwandtschaft dieser Darstellung mit dem Gestühl in der Kapelle des Palazzo Medici hingewiesen worden[423], auch wenn es sich bei der Zeichnung kaum um einen Entwurf für diese Arbeit handeln dürfte[424]. Eher scheint Sangallo das Medici-Gestühl zur eigenen Erinnerung festgehalten zu haben, wobei seine Abwandlungen des ornamentalen Details wohl als Korrektur der Vorlage zu verstehen sind[425]. Das Motiv des leicht gewölbten, im Querschnitt ein jonisches Kapitell bildenden Wangensimses[426] kehrt in seinem gebauten Werk mehrfach wieder[427].

Die Zeichnung steht am Anfang eines ursprünglich selbständigen Faszikels, der dem »Libro« bei dessen späterer Zusammenstellung geschlossen eingefügt wurde[428]. Nicht nur das Medici-Gestühl, auch die schulmäßig untereinander gezeichneten Ornamentfriese auf

---

[419] Dies trifft etwa für Giuliano da Maiano zu (VOIT 1961).
[420] FABRICZY, Chron. Prospekt (1902), 9
[421] Der Pergamentcodex Vat. Barb. lat. 4424 (ed. HÜLSEN 1910). »Libro« lautet Sangallos eigene Bezeichnung (vgl. Abb. 194).
[422] Das genaue Datum der Endredaktion steht nicht fest; s. u., Anm. 434.
[423] FREY 1937/40. Vgl. dagegen HÜLSEN 1910, Textbd., 3, der die Zeichnung mit Sangallos Chorgestühl für S. Pietro dei Cassanesi in Perugia verbindet (ausgeführt 1487/88, zerstört im späten 18. Jh.: FABRICZY, Chron. Prospekt 1902, 4).
[424] So FREY 1937/40. Setzt man Giulianos Geburt 1452 an, so wird diese Hypothese schon aus chronologischen Gründen unhaltbar: Das Gestühl kann schwerlich später als Anfang der 1460er Jahre datiert werden (Gozzolis Fresken 1459 in der Ausführung begriffen). Vgl. auch Anm. 425.
[425] Trotz der Ähnlichkeit im Gesamtaufbau wirkt die Zeichnung im ornamentalen Detail fortgeschrittener als das ausgeführte Gestühl. So werden die spätgotischen Maßwerkmotive des Dorsales durch ein symmetrisches Renaissance-Ornament (Wappenkartusche?) ersetzt; das Sitzbrett erhält eine Rahmengliederung und wird an der Stirnkante durch ein Kyma bereichert; zum Wangensims im Folgenden. Schon dieser stilistische Befund spricht dagegen, daß Giulianos Zeichnung einen Vor- oder Zwischenentwurf darstellt. Auch die Ausführung auf Pergament ließe sich damit schwer vereinbaren.
[426] Die Umzeichnung bei HÜLSEN 1910 (s. u., Abb. 195) isoliert die Kapitelle von den Gesimsen und weicht darin von der Zeichnung ab.
[427] Vgl. die Handläufe der Treppengeländer im Palazzo Ricasoli (Abb. 159) und im Palazzo Gondi (Abb. 63).
[428] HÜLSEN 1910, IXff. Den Blättern des »Libro piccolo« wurden dabei oben und an der rechten Seite Pergamentstreifen angeklebt, um sie dem Format der übrigen Blätter anzugleichen.

den letzten Seiten lassen vermuten, daß dieser Faszikel schon früh als Musterbuch begonnen worden war. Ihrem Charakter nach passen diese Zeichnungen gut in die Vorlagensammlung eines angehenden Holzdekorators, und auch die graphische Ausführung erscheint einem jugendlichen Anfänger angemessen[429].

Einen genaueren Hinweis auf die Datierung dieser Blätter gibt das Frontispiz des »Libro« mit Sangallos oft bezweifelter Aussage, er habe die Zeichnungen des Bandes im Jahr 1465 begonnen[430]. Bezieht man das Datum allein auf die frühesten Zeichnungen des Musterbuches, so kann es durchaus wörtlich genommen werden. Möglicherweise fiel der Anfang der Vorlagensammlung mit Giulianos Eintritt in die Werkstatt Franciones zusammen, die mit dreizehn Jahren erfolgt sein könnte. Dies würde erklären, weshalb Sangallo sich aus großem zeitlichen Abstand noch so genau an jenes Datum erinnerte.

Der Titel[431] definiert die Zweckbestimmung des Zeichnungsbandes zwar nicht eindeutig, läßt aber in seiner autobiographischen Färbung erkennen, daß Sangallo den »Libro« als Zusammenstellung architektonischer Studien aus seiner gesamten Schaffenszeit verstanden wissen wollte. Die Gestaltung des Titels als fingierte Lapidarinschrift hebt den repräsentativen Anspruch der Sammlung hervor[432], in der die frühen Musterbuchblätter offenbar eine dokumentarische Bedeutung haben.

Aus dem ungewöhnlichen Typus des Titelblattes ist vermutlich die Schlußzeile der Inschrift zu erklären. Die Worte »IN ROMA« sind stets so verstanden worden, daß Sangallo sich 1465 in Rom aufgehalten habe[433]. Indessen ist die Schlußzeile durch einen vergrößerten Abstand, kleinere Lettern und vier rahmende Tilden zu deutlich vom vorhergehenden Text abgesetzt, um unmittelbar auf das Datum 1465 bezogen zu werden. In ihrer Anordnung erinnert sie vielmehr an die Ortsangabe auf gedruckten Titelseiten, und wahrscheinlich ist sie in diesem Sinne zu verstehen: Sangallo hätte sich demnach in Rom befunden, als er das Frontispiz ausführte und damit dem »Libro« seine heutige Form gab[434]. Für einen frühen Rom-

---

[429] So bereits FREY 1937/40. Allerdings setzt diese Annahme voraus, daß die innenliegenden Blätter des Faszikels zum Teil erst sehr viel später mit Zeichnungen gefüllt wurden (so kann etwa fol. 8ᵛ kaum vor 1488 datiert werden, vgl. HÜLSEN 1910, Textbd., XXV). Vgl. Anm. 430.

[430] HÜLSEN 1910, Textbd., XXVff, datiert alle Zeichnungen des Codex in die Zeit nach 1480, u.E. ohne zwingende Gründe. Das Datum 1465 versteht Hülsen als Erinnerung Sangallos an den Beginn seiner Antikenstudien.

[431] »QVESTO LIBRO E DI GIVLIANO / DI FRANCESCO GIAMBERTI NVOVAMENTE DA SANGALLO CHIAMATO / C[ON] MOLTI DISEGNI MISVRATI / TRAT[T]I DALLO ANTICHO / CHOMINCIATO / AN[N]O D[I] NOSTRO S[IGNORE] MCCCCLXV // IN ROMA«.

[432] Neben dem großen Format, dem prachtvollen Einband und der sorgfältigen Ausführung unterscheidet vor allem die Titelinschrift Sangallos »Libro« von bloßen Skizzen- und Musterbüchern der Renaissance. Offenbar wollte Sangallo seine gesammelten Antikenstudien, vermehrt durch Aufnahmen beispielhafter Florentiner Bauten und wenige eigene Entwürfe, als Vermächtnis der Nachwelt hinterlassen. Ein Architekt der nachfolgenden Generation hätte aus diesen Beweggründen heraus vermutlich einen Traktat in Druck gegeben, wie dies Antonio da Sangallo d.J. mit seiner Vitruv-Übersetzung geplant hatte (BUDDENSIEG 1975, 106f). Dem Typus des Skizzenbuches entspricht eher Giulianos »Taccuino Senese« in der Kommunalbibliothek zu Siena (vgl. FABRICZY, Handzeichnungen 1902, 72ff).

[433] So bereits FABRICZY, Chron. Prospekt (1902), 1

[434] Die Endredaktion des Codex dürfte am ehesten zwischen 1504 und 1507 oder zwischen 1513 und 1515 erfolgt sein, als Sangallo seinen Wohnsitz nach Rom verlegt hatte. HÜLSEN 1910, Textbd., XXV, wertet den Passus »nuovamente Sangallo chiamato« als Anhaltspunkt, die Abfassung der

aufenthalt Sangallos hingegen — so wahrscheinlich er aus anderen Gründen ist — bietet die Titelinschrift keinen Beweis.

3. Die Bauten (1473—1490)

Haben sich aus Sangallos Lehrzeit einzelne Zeichnungen erhalten, so sind seine Anfänge als Architekt nicht dokumentiert. In Nachrichten der frühen 1480er Jahre begegnet er allein als Holzbildhauer und Modellschreiner[435], und schon Vasari scheint architektonische Werke aus dieser Zeit nicht mehr gekannt zu haben[436]. Daß Sangallo bereits vor der Mitte der achtziger Jahre mit eigenen Bauten hervorgetreten sein muß, kann aus seiner späteren Karriere geschlossen werden: 1485 wird er von Lorenzo de'Medici mit dem Bau der Kirche S. Maria delle Carceri in Prato sowie der Villa Poggio a Caiano betraut — zwei anspruchsvollen Aufträgen, die Lorenzo sicher keinem Anfänger überlassen hätte. Auch daß Sangallo im Bauvertrag für S. Maria delle Carceri »ingeniosus vir« und »architectus nobilis« genannt wird[437], spricht dafür, daß er sich zu diesem Zeitpunkt bereits den Ruf eines erfahrenen Architekten erworben hatte.

Möglicherweise hat Sangallo sich in den frühen 1470er Jahren zu Studienzwecken in Rom aufgehalten[438]. Eine maßgebliche Beteiligung an den römischen Bauten Pius' II. und Pauls II., wie sie unter Berufung auf Baurechnungen postuliert wurde[439], ist jedoch aus den Quellen nicht zwingend zu folgern[440] und läßt sich zudem nur schwer mit Sangallos biographischen Daten vereinbaren[441]. Auch aus stilistischer Sicht kommt der junge Sangallo als Autor römischer Quattrocentobauten kaum in Betracht[442]. Wahrscheinlicher ist es, daß Sangallo seine

---

(Fortsetzung Fußnote 434)
Titelinschrift bald nach 1483, den Terminus post quem für Sangallos Namensänderung, zu datieren. Indessen muß »nuovamente« hier nicht im Sinne einer Zeitangabe (»kürzlich«) verstanden werden, sondern scheint eher den Gegensatz zwischen altem und neuem Namen zu akzentuieren (im Sinne von »nunmehr«).

[435] Nachweise bei FABRICZY, Chron. Prospekt (1902), 2f. Zu den Arbeiten für die SS. Annunziata (1479/80) neuerdings TEUBNER 1978, 39ff

[436] Als einzige Aktivität Sangallos vor dem Bau von Poggio a Caiano erwähnt Vasari seine Beteiligung an der Befestigung von Colle Val d'Elsa (1479): Vgl. Anm. 417.

[437] BARDAZZI et al. 1978, 319

[438] S. im Folgenden die Analyse seiner frühen Bauten.

[439] So zuerst MÜNTZ 1878/82 I, 270; II, 16f, 39—41, 43, 46f, 70—72; III, 76, Anm. 1

[440] Schon HÜLSEN 1910, Textbd., L, meldet berechtigte Zweifel an, ob der zwischen 1469 und 1472 mehrfach genannte »magister Iulianus Francisci Florentiae« tatsächlich mit Sangallo identisch sein kann, zumal jener stets als Maurer, nicht als Schreiner bezahlt wird. Wie mir Prof. C. L. Frommel mitteilt, hat auch eine erneute Prüfung der Rechnungsbücher keinen Anhaltspunkt für eine Beteiligung Sangallos oder Franciones an diesen Bauten ergeben.

[441] 1452 geboren, wäre Sangallo 1469 auf jeden Fall zu jung für einen »magister« gewesen.

[442] TOMEI 1942, 288f, schreibt Sangallo die Gartenfront der Palazzina della Rovere bei SS. Apostoli zu (1484). Obwohl der Bau typologisch dem Hof des Palazzo Scala vergleichbar ist (s.u.), setzt seine Formensprache doch unmittelbar römische Traditionen fort. Direktes Vorbild der Portikusfront scheint das Obergeschoß der Benediktionsloggia von S. Marco gewesen zu sein, das Frommel Giovannino de'Dolci zuschreibt (demnächst in: Römisches Jahrbuch für Kunstgeschichte 21, 1984).

Laufbahn als Architekt in Florenz begann. Vereinzelt wurde bereits auf Florentiner Bauten der 1470er Jahre hingewiesen, deren Stil Sangallos späteren Werken nahekommt[443].

Zu diesen Bauten gehört der Gartenpalast, den sich der Florentiner Staatskanzler Bartolommeo Scala zwischen 1473 und 1480 am Borgo Pinti errichten ließ[444]. Von der Anlage des Quattrocento, die im späten 16. und im frühen 18. Jahrhundert weitgehend verändert wurde[445], haben sich der Innenhof sowie einige Räume des Erdgeschosses[446] erhalten.

Trotz späteren Eingriffen vermittelt der Hof noch eine Vorstellung vom ursprünglichen Charakter des Palastes. Mit seinen kleinen Grundmaßen und seiner niedrigen Umbauung wirkt er intimer und zugleich heller als die meisten Palasthöfe dieser Zeit. Das im Grundriß etwa quadratische, allseits von Portiken umgebene Areal dürfte schon im ursprünglichen Zustand das Zentrum einer vierflügeligen Anlage gebildet haben, wie es der Tradition des Florentiner Stadtpalastes entsprach. In seiner streng symmetrischen Disposition von drei zu drei Arkaden erinnert der Hof an den Palazzo Medici. Nicht vereinbar mit dem konventionellen Florentiner Palastschema sind die Beschränkung auf zwei Geschosse sowie die ebenerdige Unterbringung von Repräsentationsräumen: Merkmale, die der Lage des Baus inmitten ausgedehnter Gärten Rechnung tragen[447] und die sich aus der zeitgenössischen Villentypologie herleiten. Legt man Albertis Kriterien zugrunde, so entspricht auch der reiche, polychrome Dekor des Hofes eher dem festlich und heiter gestimmten Bild einer Villa als dem würdevollen Ernst des Stadtpalastes[448].

139, 140

Schon im Quattrocento wird Scalas Neubau »Villa urbana« genannt[449]: eine Bezeichnung, die das Neue dieses Baugedankens klar definiert. Als villenartige Gartenresidenz, die aber innerhalb der Stadtmauern liegt und dem Eigentümer als ständiger Wohnsitz dient[450], nimmt der Bau einen Architekturtypus der Hochrenaissance vorweg[451].

Bartolommeo Scala seinerseits verkörpert im Florentiner Quattrocento einen neuen Typus des Palastbesitzers[452]. Trotz seiner bescheidenen Herkunft hatte er — gefördert durch die

---

[443] Bislang fehlt allerdings eine zusammenhängende Diskussion der verschiedenen Zuschreibungen.

[444] MARCHINI 1942, 88f, schreibt den Bau Sangallo zu, datiert ihn aber in die Jahre nach 1485. SANPAOLESI 1964 kommt aufgrund von Katastereinträgen zu einer Datierung zwischen 1472 und 1480 (präzisiert durch BROWN 1979, 227ff). Die Architektur des Palastes ist bisher nicht eingehend gewürdigt worden. Marchinis Zuschreibung übernehmen SANPAOLESI 1964; CHASTEL 1982, 184f; FROMMEL 1973 I, 36; Heydenreich in HEYDENREICH/LOTZ 1974, 33; FOSTER 1978, 198—200.

[445] Zur Besitzergeschichte GINORI LISCI 1972 I, 529—536; zu Stradanos Malereien in Hof und Kapelle VAN SASSE 1980. Sanpaolesis Restaurierung der 1930er Jahre ist nicht publiziert, was die Beurteilung des Baus erschwert.

[446] Ein kleiner Raum des Fassadentraktes gehört, wie das Gewölbe zeigt, zweifellos zum ursprünglichen Bau (Abb. 149). Möglicherweise geht auch die Kapelle in ihrer Substanz auf das Quattrocento zurück (Abb. 148), doch stammt die Dekoration aus dem späten 16. Jahrhundert (VAN SASSE 1980).

[447] Vgl. o., 85.

[448] ALBERTI, De re aed. IX. 2 (ed. Orlandi, 789)

[449] S. u., Anm. 453.

[450] Genau diese Eigenschaften ordnet Alberti den von ihm programmatisch beschriebenen »horti suburbani« zu (ALBERTI, De re aed. IX.2, ed. Orlandi, 791).

[451] In der Funktion direkt vergleichbar sind Peruzzis Farnesina in Rom und Raffaels Palazzo Pandolfini in Florenz, wenngleich beide Bauten auf einen Innenhof verzichten.

[452] Zu Scalas Biographie: BROWN 1979

Medici — studieren und eine steile Karriere in der kommunalen Beamtenhierarchie einschlagen können, die ihn bis an die Spitze der Stadtverwaltung brachte. Während er unter den Patriziern stets sozialer Außenseiter blieb, suchte er sich durch eine Vielzahl dichterischer und gelehrter Schriften einen Namen als Humanist zu machen. Auch sein Palastbau wurde von den Zeitgenossen als Ausdruck dieser Ambition verstanden. So karikiert Polizian in einem Spottgedicht nicht nur Scalas Eitelkeit und sein pompöses Auftreten, sondern auch die Stilisierung antiken Luxuslebens in seiner neu erbauten Villa[453]. Daß es Scala selbst darauf ankam, sich in seinem Wohnhaus als Kenner und Nachahmer der Antike zu feiern, kann noch der heutige Palastbesucher nachvollziehen. In zwölf großen, bronzierten Stuckreliefs über den Hofarkaden ließ Scala sein dichterisches Hauptwerk, eine Sammlung lateinischer Apologen, szenisch illustrieren[454]. Sowohl in ihrer humanistischen Akzentsetzung als auch in ihrer plakativen Direktheit unterscheidet sich diese Art der Selbstdarstellung von den überlieferten Repräsentationsformen des bürgerlichen Palastbaus.

Unabhängigkeit von Konventionen und der Wunsch nach Antikennähe kennzeichnen auch die architektonische Gestalt des Hofes. Pfeilerarkaden mit vorgeblendeter toskanischer Pilasterordnung ersetzen die in Florenz üblichen Säulenstellungen; eine hohe, reliefgeschmückte Piedestalzone vermittelt zu den jonischen Pilastern, die der Wand des Obergeschosses vorgelegt sind. Das komplexe Stützensystem der Arkadenzone geht ursprünglich auf die Ringportiken antiker Theater zurück, hat aber seine nächsten Parallelen in der römischen Quattrocentoarchitektur: Erst wenige Jahre zuvor war das »Theatermotiv« von Francesco del Borgo, dem bedeutendsten Architekten des römischen Albertikreises, auf moderne Portikusfassaden übertragen worden[455]. Als Aufrißprinzip eines mehrgeschossigen Hofes tritt es erstmals um 1471 im Palazzo Venezia auf[456].

Im Palazzo Scala wirkt das Vorbild antiker Theaterfassaden jedoch schwächer nach als in den zeitgenössischen Bauten Roms. Folgt der Hof des Palazzo Venezia in allen Geschossen dem Typus der antiken Portikusfronten, so setzt das durchfensterte Obergeschoß des Palazzo Scala Florentiner Baugewohnheiten fort. Auch steht die flache Pilastergliederung toskanischen Prototypen wie Albertis Fassade des Palazzo Rucellai oder Rossellinos Papstpalast in Pienza näher als der plastischen Formensprache del Borgos[457]. Schon Rossellino ließ an sei-

---

[453] »In Bartholomaeum Scalam ...
Intraque tutum moenibus pomerium / Agros patentes possidet; / Villamque dives publico peculio / Insanus urbanam struit / Ubi ocietur inter obscoenas lupas / (Ne turpiora dixerim), / Ubi ampla pergraecetur inter popula, / Senex podagra rancidus; ...« (POLIZIANO, Poesie 1867, 273f). Zur Kontroverse Scala/Polizian: BROWN 1979, 211—219

[454] Zu den Reliefs: PARRONCHI 1964; vgl. auch CHASTEL 1982, 175. Parronchi stützt seine Zuschreibung der Reliefs an Bertoldo fast ausschließlich mit Motivvergleichen, kaum mit stilkritischen Argumenten. Angesichts der unsicheren, übertrieben gedrängten Figurenkompositionen wäre der Entwurf eher dem jungen Sangallo zuzutrauen.

[455] Zu den Benediktionsloggien von St. Peter und S. Marco und ihrem Architekten s. demnächst C. L. Frommel in: Römisches Jahrbuch für Kunstgeschichte 20, 1983, und 21, 1984; vgl. bereits FROMMEL 1982. — Zum Gegensatz zwischen Säulenarkade und »Theatermotiv«: THOENES 1972 (das zugrundeliegende Vortragsmanuskript durfte ich mit freundlicher Erlaubnis des Autors einsehen). — Vgl. auch Anm. 457.

[456] Der Hof wurde erst nach dem Tod del Borgos ausgeführt, könnte aber auf seinen Entwurf zurückgehen (FROMMEL 1982, 22).

[457] Weder Alberti noch Rossellino greifen in ihren Palastfassaden direkt auf das »Theatermotiv« zu-

ner wenig früheren Fassade die Pilaster von Geschoß zu Geschoß kleiner werden und paßte sie so den traditionellen Stockwerksproportionen an. Mit Rossellino vergleichbar ist ferner die Auffassung der Ordnung als bloße Vorlage, die der Wand von außen appliziert zu sein scheint. Besonders im Obergeschoß des Scala-Hofes wirken die Wandflächen, nicht die Pilaster, als tragende Elemente. Doch auch im Erdgeschoß wachsen Ordnung und Pfeilerarkaden nicht zu einem kohärenten Gefüge zusammen, wie dies im Palazzo Venezia der Fall ist. Statt dessen bleiben die Glieder der Ordnung stets durch schmale Wandstreifen von den Archivolten getrennt.

Einen eigenständigen Rückgriff auf die Antike stellt die reliefgeschmückte Piedestalzone dar. Mit ihrem reichen, visuell dominierenden Dekor folgt sie den Attiken römischer Triumphbögen⁴⁵⁸. Insbesondere der Konstantinsbogen zeigt eine ähnliche vertikale Feldereinteilung, die den figürlichen Schmuck dem axialen Schema der Architektur unterordnet. Die Vorstellung einzelner, in sich abgeschlossener Triumphbogenfassaden scheint den architektonischen Entwurf des Hofes noch weitergehend bestimmt zu haben: Wie am Septimius-Severus-Bogen wird auf jeder Hofseite nur das Gebälk der Ordnung, nicht das Pfeilergesims jenseits der äußeren Pilaster fortgeführt, so daß sich die Arkaden jeweils zu isolierten Dreiergruppen zusammenschließen. Die Ordnung bleibt als dekoratives Rahmenwerk auf die einzelnen Hofseiten bezogen; in den Ecken treffen ungegliederte Wandstücke aufeinander. Der Eindruck beliebig zusammengeschobener Wände wird noch begünstigt durch die Brunnenbecken, die in zwei der vier Hofecken eingestellt sind und dort eine zusätzliche Verbreiterung der Wandstücke erfordern⁴⁵⁹. Reifer und konsequenter wirkt die Ecklösung im Palazzo Venezia: Die in den L-förmigen Eckpfeiler eingestellte Viertelsäule gewährleistet hier sowohl die horizontale Kontinuität der Ordnung als auch eine visuelle Verklammerung der Hofseiten.

In der Bauornamentik des Scala-Hofes verbinden sich Florentiner Stiltraditionen mit neuen »invenzioni«. Die ursprünglichen, noch in zwei Exemplaren erhaltenen Erdgeschoßkapitelle⁴⁶⁰ schließen sich im Typus den Kapitellen vom Erdgeschoß des Palazzo Rucellai an, variieren das Vorbild aber durch reichere Einzelformen wie den diamantschnittartigen Dekor des Halses⁴⁶¹. Ein Stilmerkmal dieser Kapitelle ist die kräftige Formulierung des Eierstabs und die plastische Staffelung der Abakusprofile. Die zugehörigen Basen finden mit ihrer Abfolge von doppeltem Wulst und Karniesband weder in der Antike noch in der Bau-

---

rück: Fensteröffnungen und Pilaster stehen jeweils als selbständige Gliederungselemente nebeneinander. Dasselbe Prinzip zeigen die Kapellenwände in S. Lorenzo und S. Spirito. An der Fassade des Tempio Malatestiano formuliert Alberti die Blendöffnungen zwar als Pfeilerarkaden, läßt aber nach dem Vorbild des Augustusbogens in Rimini das Kämpfergesims jeweils neben den vorgelegten Halbsäulen abbrechen. Erst mit der »rhythmischen Travée« von S. Andrea in Mantua gelangt Alberti zu einer komplexen Verschränkung von Pfeilerarkaden und Ordnung.

⁴⁵⁸ So bereits SANPAOLESI 1964
⁴⁵⁹ Die auf den Beckenrand gesetzten, hölzernen Verschalungen sind spätere Zutat.
⁴⁶⁰ Die übrigen Kapitelle dieser Zone stammen vermutlich aus dem Umbau des späten Cinquecento. Mit diesem Eingriff muß eine Erhöhung der Pilasterschäfte verbunden gewesen sein. Offenbar hat man damals auch die vertieften Spiegel auf den Schäften angebracht, die in den Ecken unorganisch von den Brunnenbecken überschnitten werden. — Ob die beiden originalen Kapitelle erst nachträglich wieder an Ort und Stelle versetzt worden sind, ist nicht bekannt.
⁴⁶¹ Das eigentümliche Motiv kehrt ähnlich an einem Kapitell Giulianos da Maiano im Bischofspalast zu Recanati wieder.

tradition des Quattrocento eine genaue Entsprechung⁴⁶². Offenbar sollte hier die untere Ordnung nicht nur durch das Kapitell, sondern zusätzlich durch eine Vereinfachung der attischen »Normalbasis« von den jonischen Pilastern des Obergeschosses unterschieden werden. Ob dieser Formvariante bereits eine dezidierte Vorstellung der toskanischen Ordnung zugrundelag, ist schwer zu entscheiden, zumal kein naheliegendes Vorbild wie etwa die Basis vom Erdgeschoß des Kolosseums nachgebildet wurde⁴⁶³. Dagegen könnte die leicht mißzuverstehende Beschreibung der toskanischen Basis bei Vitruv durchaus zu einer solchen Umsetzung geführt haben⁴⁶⁴.

145   Das Gebälk des Erdgeschosses zeigt Spuren nachträglicher Veränderungen. Die Ausmalung der Bogenzwickel im späten 16. Jahrhundert scheint zur Verminderung des Architravs um eine Faszie geführt zu haben. Da auch die Friesdekoration aus dieser Zeit stammt⁴⁶⁵, möchte man die nur bis in die untere Gesimszone reichende, für das Quatrocento ungewöhnliche Gebälkverkröpfung gleichfalls späteren Korrekturen zuschreiben.⁴⁶⁶

144   Die jonischen Pilasterkapitelle des Obergeschosses folgen im Aufbau einem verbreiteten Typus der Frührenaissance, doch findet der abstrahierte Eierstab erst bei Bramante eine Entsprechung⁴⁶⁷. Die querrechteckigen Fenster lehnen sich an Michelozzos Attikaöffnungen im Atrium der SS. Annunziata an, ersetzen aber deren Mittelsäulen durch einfache Pfosten. Ihre unprofilierten Steinrahmen kehren später in Poggio a Caiano wieder.

146,   Ohne Parallele im zeitgenössischen Palastbau sind die Hofportiken mit ihren kassettierten
147   Tonnengewölben, zwischen denen in den Ecken Hängekuppeln vermitteln. Zwar kennt die Florentiner Architektur schon vorher vergleichbare Formulierungen: Im Raumtypus ver-
202   wandt ist die Vorhalle der Pazzikapelle, während Michelozzos Cappella del Crocifisso in S. Miniato al Monte sowohl in der Polychromie als auch im Kassettensystem des Gewölbes auf den Palazzo Scala vorausweist. Von diesen Prototypen unterscheiden sich die Gewölbe des Scala-Hofes aber grundsätzlich durch ihren Stuckdekor. Erstmals wird hier nicht nur in der Ornamentik, sondern auch im Materialcharakter das Vorbild antiken Gewölbeschmucks gegenwärtig. Die Ornamente scheinen mit Hohlformen in den feuchten Stuck gedrückt zu sein — ein Verfahren, das Alberti in seinem Architekturtraktat empfiehlt⁴⁶⁸, dessen praktische Anwendung aber in dieser Zeit ohne ein genaues Studium römisch-antiker Bauten nicht denkbar ist. Ferner weist die Relieftiefe der Kassetten darauf hin, daß die Wölbung selbst in Gußmauertechnik ausgeführt wurde und damit ihrerseits an ein antikes Bauverfahren anknüpft⁴⁶⁹.

⁴⁶² Daß sie ursprünglich sind, läßt die Fortführung ihres Profils im Fußgesims der Brunnenbecken vermuten. Der gleiche Basistyp kehrt an den Hofpfeilern des Palazzo Alberini-Cicciaporci in Rom, einem Werk Raffaels oder seiner Schule, wieder (vgl. FROMMEL 1973 III, T. 4d); ohne Karniesleiste wird er von Vignola zur »dorischen Basis« erklärt (TUTTLE 1976, 212ff).
⁴⁶³ Auf diesen Prototyp greift Sangallo erst im Außenbau von S. Maria delle Carceri zurück.
⁴⁶⁴ »Habeant spirae earum plinthum ad circinum ..., torum insuper cum apophysi ...« (VITRUV IV. 8, ed. Fensterbusch 196). Der »runde Plinthus« wäre demnach als unterer Wulst mißverstanden worden. Vitruvs Proportionsvorschriften sind allerdings nicht befolgt.
⁴⁶⁵ VAN SASSE 1980
⁴⁶⁶ Die partielle Gebälkverkröpfung rühmt Serlio bei seiner Beschreibung des Belvedere-Hofes als Erfindung Bramantes (SERLIO 1619, 118; freundl. Hinweis C. Thoenes).
⁴⁶⁷ Vgl. die jonischen Kapitelle im Kreuzgang von S. Maria della Pace in Rom.
⁴⁶⁸ ALBERTI, De re aed. VI. 9 (ed. Orlandi, 501).
⁴⁶⁹ Schon vorher war das Gußgewölbe im Andito des Palazzo Venezia ausgeführt worden.

Die Beantwortung der Zuschreibungsfrage wird dadurch erschwert, daß sich der Bau keiner bestehenden Stiltradition anschließt. Andererseits finden gerade diejenigen Merkmale, die den Palazzo Scala gegen lokale Baugewohnheiten abgrenzen, ihre Fortsetzung im späteren Œuvre Sangallos. So deutet die programmatische Antikennähe des Schmucks, verbunden mit dem villenartigen Bautypus, unmittelbar auf Poggio a Caiano voraus. Charakteristisch für Sangallo bleiben auch seine Affinität zu den dekorativen Gattungen der antiken Architektur, vor allem zu Triumphbögen[470], sowie sein Interesse für die Farbwirkung altrömischer Bauten. Daneben bietet der Vergleich einzelner Motive und Formen Anhaltspunkte für die Zuschreibung. Während der Florentiner Palastbau bis ins 16. Jahrhundert am überlieferten Typus der Säulenarkade festhält und in der Sakralarchitektur das »Theatermotiv« erst bei Cronaca eine Rolle spielt, bekundet Sangallo schon früher ein beharrliches Interesse an den Möglichkeiten des Pfeilerbaus. Neben dem Erdgeschoßportikus von Poggio a Caiano und dem Palastentwurf für den König von Neapel ist hier vor allem der 1491 datierte Entwurf für die Sapienza in Siena zu nennen, der das Stützensystem des Palazzo Scala konsequent weiterentwickelt[471]. Auch ein Experiment wie das der toskanischen Basis stellt im Florenz des Quattrocento eine Ausnahme dar; allein Sangallos Bauten der achtziger Jahre führen die Beschäftigung mit den Formproblemen der toskanischen Ordnung fort. Schließlich weist die Gestaltung der Portiken auf Sangallo hin: Stuckierte Tonnengewölbe kehren in Poggio a Caiano und mehreren späteren Bauten wieder; das Wölbungssystem wird im Atrium von S. Maria Maddalena de'Pazzi aufgegriffen. 168 206 171, 189

Gegen Sangallos Autorschaft könnte lediglich ein äußerer Grund sprechen: Bei Baubeginn war Giuliano höchstens 22 Jahre alt, jünger als irgendein anderer Architekt des Quattrocento am Beginn seiner Karriere. Auch wenn er zu diesem Zeitpunkt bereits sein Alter gefälscht hatte, um mit einem Bauauftrag eine Chance zu erhalten, so konnte er doch noch keine Erfahrung als entwerfender Architekt nachweisen. Andererseits ist einem Bauherrn wie Bartolommeo Scala durchaus zuzutrauen, daß er mit einem Anfänger ein Experiment zu wagen bereit war. Im Florenz jener Jahre fehlte es an schöpferischen, impulsgebenden Architekten, die seinen ungewöhnlichen Vorstellungen hätten gerecht werden können. Selbst Giuliano da Maiano, seit Rossellinos Tod der führende Florentiner Meister, wäre mit seinem traditionsgebundenen Stil für eine solche Aufgabe kaum in Frage gekommen. Zweifellos suchte Scala vor allem einen Architekten, dem die römische Antike aus eigener Anschauung vertraut war. Diese Antikenkenntnis hatte Sangallo vermutlich schon damals allen potentiellen Konkurrenten voraus. Zwar gibt es vor 1504 keine schriftliche Nachricht, die seine Anwesenheit in Rom bezeugt[472], doch legt das Gesamtbild seiner frühen Stilentwicklung den Schluß nahe, daß er bereits in jungen Jahren die antiken Bauten Roms an Ort und Stelle studiert hatte. Der Palazzo Scala selbst läßt mit seiner oft unsicher wirkenden Gestaltung eher an den Versuch eines Anfängers denken als an den Entwurf eines routinierten Achitekten.

---

[470] FROMMEL 1973 I, 35, spricht zutreffend von Sangallos »Triumphbogenstil«. Sangallos intensives Studium gerade dieser antiken Gattung veranschaulichen zahlreiche Aufnahmen von Triumphbögen in beiden Zeichnungsbänden.

[471] Tacc. Sen., fol. 20^v, 21^r, 28^v, 29^r. Zur Datierung FABRICZY, Handzeichnungen (1902), 86; MARCHINI 1942, 92. — Der Entwurf fol. 20^v sieht eine Spiegelung der Pfeiler-/Pilasterstellung an den Portikuswänden vor. — Eine Aufrißskizze des Hofes am Ende des Sieneser Skizzenbuches, auf die mich M. Kiene hinwies, entspricht ganz dem Stil des 18. Jahrhunderts und stellt wahrscheinlich eine Rekonstruktion des G. A. Pecci dar (zu Pecci: FABRICZY, Handzeichnungen 1902, 72).

[472] Vgl. FABRICZY, Chron. Prospekt (1902).

Sangallos architektonische Anfänge stellen sich damit in neuem Licht dar. Anders als die Meister älterer Generationen ist er offenbar nicht erst nach langjähriger handwerklicher Praxis, sondern — ähnlich wie später Peruzzi und Giulio Romano — schon als junger Mann mit Bauentwürfen betraut worden. Bartolommeo Scala scheint ihn entdeckt und gefördert zu haben[473].

126 Eine direkte Nachfolge findet der Palazzo Scala allein in der Fassade des Palazzo Cocchi, die ebenfalls dem jungen Sangallo zugeschrieben wird[474]. Ihre heutige Gestalt verdankt die Fassade dem Umbau einer mittelalterlichen Stadtresidenz, der sich mit großer Wahrscheinlichkeit in die Jahre zwischen 1469 und 1480 datieren läßt[475]. Während das rustizierte Sockelgeschoß größtenteils aus der vorhandenen Bausubstanz übernommen wurde[476], erhielten die beiden Hauptgeschosse eine neue Gliederung, die dem Aufrißsystem des Scala-Hofes eng verwandt ist. Im Vergleich beider Bauten wirken die Formen des Palazzo Cocchi jedoch weniger differenziert, teilweise auch vergröbert, was die zeitliche Priorität des Palazzo Scala außer Frage stellt. Unterschiede bestehen vor allem in der Auffassung der Ordnung. Der Palazzo Cocchi verzichtet auf Verkröpfungen und Piedestale, so daß Pilaster- und Gebälkvorlagen auf ein starres Quadratraster reduziert erscheinen. Das Fehlen des skulpturalen Elements unterstreicht den nüchternen Charakter der Fassade. Ein neues Motiv stellt die Verdoppelung der äußeren Pilaster dar, die aber weniger einem ästhetischen Prinzip als vielmehr der Notwendigkeit zu gehorchen scheint, die vorgegebene Breite der seitlichen Mauerstreifen zu überbrücken. Ähnlich zufällig wirkt die Zurückstufung der Wand gegen die Ecken, die auf die Auskragungen des Sockelgeschosses Bezug nimmt. Da allein die Gebälke der Ordnungen, nicht aber die Kämpfergesimse der Arkaden den Rücksprung mitvollziehen, kommt ein risalitartiger Effekt nur punktuell zur Wirkung. Die Pilaster erscheinen im Vergleich zu denen des Scala-Hofes deutlich untersetzter proportioniert, während die Gebälke erheblich an Höhe gewinnen. Diese Tendenz zu schweren, gedrungenen Verhältnissen drückt sich auch in den Arkaden des Piano Nobile und in den oberen Fensterjochen aus.

Die Bauornamentik zitiert das Vorbild des Palazzo Scala in zahlreichen Einzelheiten, ohne ihm in der Disposition der Schmuckformen zu folgen. So wird auf eine deutliche Unterscheidung zweier Ordnungen verzichtet: Beide Pilasterreihen zeigen attische Basen sowie Kapitelle toskanischer Prägung, die im Typus von der Erdgeschoßordnung des Palazzo Scala abgeleitet sind. Je nach Geschoß variieren die Kapitelle allein im dekorativen Detail[477].

Stellt sich damit die Fassade des Palazzo Cocchi als vereinfachte Replik des Scala-Hofes, nicht als selbständige Weiterführung der dort entwickelten Ideen dar, so spricht dies gegen die Zuschreibung an Sangallo. Den Autor der Fassade wird man eher im Umkreis Giulianos da Maiano vermuten dürfen. Darauf deutet der dünngliedrig-scharfe Zuschnitt der Profile, der zu dieser Zeit seine nächsten Parallelen im Dom von Faenza findet.

Mit großer Wahrscheinlichkeit kann man hingegen den Palazzo Pazzi unter Sangallos Frühwerke rechnen. Saalmans Zuschreibung geht von einer Datierung in die Jahre vor 1478

---

[473] Möglicherweise hat Scala Sangallo später mit dem Bau eines Oratoriums beauftragt: SANPAOLESI 1943.
[474] SANPAOLESI 1964/65, 287
[475] SANPAOLESI 1964/65, 296, Anm. 24
[476] SINDING LARSEN 1975, 178 ff
[477] Die Cherubköpfe der unteren Kapitelle gehen auf die Friesverkröpfungen in der Fassade des Tempio Malatestiano zurück.

aus und gründet sich vorwiegend auf die Analyse der Bauskulptur [478]. Mit Recht stellt Saalman die Delphinkapitelle des Hofes in den Mittelpunkt. Zu ihren besonderen Merkmalen gehört sowohl der Rückgriff auf figürliche Motive der antiken Bauornamentik als auch deren Umdeutung in heraldische und emblematische Anspielungen. Beides weist auf Bauten wie den Palazzo Gondi, die Sakristei von S. Spirito und den Palazzo della Rovere in Savona voraus.

154, 155

In seinem »Libro« hat Sangallo ein antikes Delphinkapitell gleicher Bauart gezeichnet[479] — allerdings ohne den vasenförmigen Kandelaber, der auf andere antike Vorbilder zurückgeht und später zu Sangallos bevorzugten Motiven zählt[480]. Für Sangallos Autorschaft spricht auch der skulpturale Stil der Kapitelle. Ihre ungewöhnliche Plastizität und die ausgeprägte Differenzierung zwischen Schmuck und Hintergrund sind in diesen Jahren keinem anderen Entwerfer zuzutrauen. Spezifische Merkmale wie die körnig aufgerauhte Kelchoberfläche und der nach unten spitz zulaufende, zwischen die eingerollten Delphinschwänze gebettete Abakus finden sich in den Hofkapitellen des Palazzo Gondi wieder.

Die Gemeinsamkeiten mit Sangallos späteren Werken beschränken sich jedoch im wesentlichen auf die Ornamentik. Disposition und architektonische Gliederung des Palazzo Pazzi sind noch weit von dem gestalterischen Bewußtsein entfernt, das 15 Jahre später den Palazzo Gondi auszeichnet. Die Fassade deutet Symmetrie und Axialität nur in der Verteilung der Öffnungen an, läßt die Jochweiten aber erheblich schwanken. Die Rustika unterliegt keinem kompositorischen Prinzip und scheint in ihrer Kleinteiligkeit und spröden Oberflächenbehandlung von mittelalterlichen Vorbildern beeinflußt. Lediglich einzelne Formen des Außenbaus verraten eine individuelle »Handschrift«, so die aufwendig geschmückten Fensterrahmen und die eingezogene Eingangsstufe. Die Hofarkaden erinnern mit ihren weitgespannten Bögen und verhältnismäßig zierlichen Säulen an die Bauweise der Rossellino-Schule. Besonders nahe liegt hier der Vergleich mit dem zweiten Kreuzgang von S. Croce[481], der auch für die feine Abstufung der Architravprofile und für die Tondi in den Bogenzwickeln das Vorbild abgab.

153

152

Außergewöhnlich wirken dagegen die Pilasterarkaden vor der rückwärtigen Hofmauer, die dem Betrachter eine Fortsetzung der seitlichen Portiken suggerieren. Sie gehören zu den frühesten Versuchen, dispositionsbedingte Asymmetrien durch Blendarchitektur auszugleichen. Dieser Gedanke ist bis dahin allein durch die Scheinportale an der Seitenfront des Palazzo Piccolomini in Pienza vorbereitet, was erneut auf die Vertrautheit des jungen Sangallo mit der Architektur Rossellinos hindeutet.

Als weiteres Frühwerk Sangallos kann der Palazzo Ricasoli am Ponte alla Carraia gelten, neben den Palästen Bartolommeo Scalas und Jacopo Pazzis der dritte große Privatbau im Florenz der 1470er Jahre[481a]. Das Äußere bietet kaum Anhaltspunkte für die Zuschreibung: Sieht man von den eigenwilligen Volutenkonsolen an der nördlichen Seitenfront ab[482], so wirken seine Formen wenig aussagekräftig. Ein neues Denken kennzeichnet hingegen den

158

---

[478] SAALMAN 1964
[479] Cod. Barb., fol. 10ᵛ. Vgl. SAALMAN 1964, Anm. 26.
[480] Vgl. die Friesdekoration in S. Maria delle Carceri sowie das Füllhornkapitell im Hof des Palazzo Gondi (Abb. 52, 178).
[481] Zur Zuschreibung SAALMAN 1966, 151 ff
[481a] Vgl. o., 79.
[482] Möglicherweise stammen die Konsolen, ebenso wie die Fenster des Erdgeschosses, erst aus dem 16. Jahrhundert.

156, Innenbau, dessen kleiner und exzentrisch gelegener Hof auf ungünstige Planungsbedingun-
157 gen schließen läßt. Andito, Treppe und Hofportikus sind zu einem kohärenten, die Raumgrenzen überspielenden Gefüge verschmolzen. Diese Disposition deutet bereits auf die Hofarchitektur des Palazzo Gondi voraus, während die Orientierung der Treppe dem Beispiel des Palazzo Pazzi folgt[483].

159, Die Bauskulptur führt neue Formen ein, die für Sangallo charakteristisch bleiben: Das
160 schlanke Kompositkapitell mit nur einer Blattreihe findet Parallelen in Sangallo-Bauten der achtziger und neunziger Jahre[484]. Das Treppengeländer stellt wohl das früheste Beispiel einer Balustrade dar — ein eigenständig entwickeltes Motiv[485], das in Poggio a Caiano, S. Maria delle Carceri und im Palazzo Gondi wiederkehrt. Der im Querschnitt als jonisches Kapitell formulierte Handlauf ist in der Studie nach dem Medici-Gestühl vorbereitet und wird später im Palazzo Gondi wiederholt. Die Kreuzsprossenfenster des Piano Nobile entsprechen mit ihren hochgerückten Quersprossen denen in Poggio a Caiano, während die quergelagerten Mezzaninöffnungen an die Hoffenster des Palazzo Scala erinnern.

So klar sich die Paläste Scala, Pazzi und Ricasoli jeweils mit Sangallos späteren Werken verbinden lassen, so wenig schließen sie sich untereinander zu einer homogenen Baugruppe zusammen. In der individuellen Ausprägung jedes einzelnen Palastes zeigt sich bereits Sangallos auch später bewiesene Fähigkeit, die »Stilebene« seiner Entwürfe der jeweiligen Aufgabe anzupassen: Die Villa Suburbana des Humanisten Scala setzt sich mit ihrem freien und originellen Konzept deutlich von den Familienpalästen patrizischer Auftraggeber ab, die sich zweifellos stärker an traditionelle Vorstellungen gebunden fühlten.

Andererseits zeichnen sich alle drei Bauten durch eine selbständige Verarbeitung heterogener Stilkomponenten aus, wie sie um diese Zeit nicht selbstverständlich ist. Neben dem Einfluß Rossellinos ist stets eine unmittelbare Auseinandersetzung mit der römischen Antike spürbar, die sich weniger in der architektonischen Komposition als im Baudekor niederschlägt. Im Palazzo Scala kommen Anregungen durch die zeitgenössische Architektur Roms hinzu. Mit seiner neuen, antikisierenden Formensprache weist schon der junge Sangallo über die retrospektive Haltung Giulianos da Maiano hinaus.

Zu Beginn der 1480er Jahre ist Sangallo an Umbauten mehrerer Florentiner Klöster beteiligt. Im August 1480 wird er, gemeinsam mit Francione, für ein Holzmodell der Servitenkirche SS. Annunziata bezahlt, nachdem die Mönche kurz zuvor mit der Erneuerung des Langhauses begonnen hatten. Sangallo scheint nicht den ganzen Umbau geleitet, sondern lediglich Entwürfe für die hölzernen Votivtribünen sowie für bauplastische Details geliefert zu haben[486]. Diese Arbeiten sind späteren Eingriffen zum Opfer gefallen. Von einem Bauprojekt für die Badia wissen wir ebenfalls durch die Zahlung für ein Holzmodell[487]; ausgeführt wurde nach diesen Plänen möglicherweise der Westflügel des nördlichen Vorhofes[488], dessen Halskannelurenkapitelle an der Kuppellaterne von S. Maria delle Carceri eine Entsprechung finden.

161— Den Umbau der Zisterzienserkirche S. Maria di Cestello, später S. Maria Maddalena
163 de'Pazzi, kann man als Ganzes Sangallo zuschreiben. Seit 1481 wird die einschiffige Kirche

---

[483] Zur Treppe s. o., 85
[484] Vgl. die Kapitelle im Hof des Palazzo Gondi und in der Vorhalle der SS. Annunziata in Arezzo (zur Architektenfrage CORADINI 1960).
[485] HEYDENREICH 1977
[486] TEUBNER 1978, 39 ff
[487] Datiert 28. II. 1482: FABRICZY, Chron. Prospekt (1902), 2 und 15, Nr. 7
[488] PAATZ Kirchen I, 266

des 13. Jahrhunderts erhöht, neu gedeckt und durch einen neuen Altarraum erweitert. 1488 beginnt man mit der Anfügung von Seitenkapellen, 1491 mit dem Bau des Atriums und 1498 mit der Errichtung eines neuen Mönchschors hinter dem Hochaltar[489]. Zwar ist Sangallos Mitwirkung am Baugeschehen nur durch eine Zahlung von 1492 unmittelbar bezeugt[490], und Vasari nennt ihn allein als Architekten des Atriums[491]. Die einheitliche Konzeption und die stilistische Geschlossenheit der Anlage läßt aber auf einen zusammenhängenden Entwurf schließen, der dann aus äußeren Gründen nur schrittweise ausgeführt werden konnte[492].

Die Abfolge von Säulenatrium und Kapellensaal mit offenem Dachstuhl ist sichtlich am Beispiel der SS. Annunziata orientiert. Die Kirche verzichtet allerdings auf eine räumlich anspruchsvolle Chorlösung[493] und prägt damit einen bescheideneren, von zisterziensischen Ideen bestimmten Saalbautypus aus, der in der toskanischen Architektur eine reiche Nachfolge findet[494].

Obwohl die Kirche nicht frei geplant werden konnte, zeigt sie eine klare und rationale Grundrißdisposition[495]. Das von der alten Kirche übernommene, mithin in seinen gestreckten Verhältnissen (1:3,25) festgelegte Schiff ist an beiden Längsseiten durch Kapellenanbauten über etwa quadratischem Grundriß erweitert. Da die Seitenlänge einer Kapelle jeweils etwa der halben Breite des Schiffes entspricht, scheint der Gesamtgrundriß einem geometrischen Teilungsprinzip in der Art des Gebundenen Systems zu gehorchen. Die unvermeidliche Differenz zwischen der Gesamtlänge der Kapellenreihen und jener des Schiffes wird in zwei rechteckigen, zum Schiff hin geschlossenen Nebenräumen ausgeglichen, die jeweils zwischen die beiden letzten Kapellen vor dem Hochaltar eingeschoben sind.

Die Schlichtheit der Raumgliederung geht zweifellos auf Wünsche der Auftraggeber zurück. Vom Fußboden des Schiffes durch eine Stufe getrennt, bilden die Pilasterarkaden der Kapellenöffnungen den einzigen Schmuck der weiß verputzten Wände. Eine ähnliche Wandgliederung zeigt bereits das Langhaus der Badia in Fiesole (1456ff). Dort wird allerdings der ganze Kirchenraum durch eine Ordnung mit umlaufendem Gebälk zusammengefaßt, während die Öffnungen profilierte Rahmenleisten aufweisen. Der Innenraum von S. Maria di Cestello verzichtet dagegen auf jedes übergreifende Gliedergerüst; das Prinzip der Ordnung ist allein in den Kapellenarkaden präsent. Zu den besonderen Merkmalen der Arkaden gehören die abgekürzten, nur aus Fries und Gesims bestehenden Gebälkstücke zwischen Pilasterkapitellen und Archivolten. Sie sind ein erstes Anzeichen für Sangallos eingehende Beschäftigung mit der Architektur Brunelleschis.

Die reiche Dekoration der Kapitelle und Archivolten schließt unmittelbar an die Stilhaltung des Palazzo Pazzi an. Noch freier als dort werden Wappen- und Impresenmotive der einzelnen Kapellenstifter mit antiken Ornamenten verknüpft, die sich in einer bis dahin unbekannten Variationsbreite entfalten: Mit Delphinen, Vasen, Weinranken, Blattmasken, Palmetten, paarigen Füllhörnern, Muscheln, Festons und einer Vielzahl pflanzlicher Ornamente ist hier beinahe das gesamte Motivrepertoire Sangallos vertreten. Allerdings wirken

---

[489] Zur Baugeschichte Luchs 1975, 14ff
[490] Luchs 1975, 144, Anm. 30
[491] Vasari/Milanesi IV, 270
[492] Schon Marchini 1942, 84f, führt Kirche und Atrium auf Sangallos Entwurf zurück. Ebenso Luchs 1975, 31ff
[493] Zur Rekonstruktion der ursprünglichen Chorkapelle Luchs 1975, 28ff
[494] Zur typengeschichtlichen Bedeutung der Kirche s. Teubner 1975, 51ff.
[495] Vgl. den Grundriß bei Luchs 1975, 187.

die Schmuckformen eher zufällig verteilt als planmäßig disponiert. Möglicherweise stand den Kapellenstiftern eine Art Musterkatalog zur Verfügung, aus dem die Bauornamentik nach Belieben ausgewählt werden konnte[496]. Der architektonische Entwurf scheint lediglich die Grundform der Arkade festgelegt zu haben.

Daß Sangallo die Ausführung des Dekors nicht im einzelnen überwacht haben kann, zeigt auch dessen ungleichmäßige plastische Qualität. Ähnlich wie im Palazzo Gondi finden sich in unmittelbarer Nachbarschaft sorgfältig ausformulierte und schematisch gearbeitete Stücke, wobei die Unterschiede nicht durch den Zeitpunkt der Ausführung erklärt werden können[497]. Derartige Qualitätsschwankungen innerhalb eines baulichen Zusammenhangs sind kennzeichnend für Sangallo. Offenbar war die Ausführung seiner Bauten selten einer homogenen Werkstatt, sondern meist einer Vielzahl unterschiedlich qualifizierter Handwerker anvertraut. Hervorragende Einzelstücke, wie sie sich in jedem Bau Sangallos finden, beweisen immer wieder sein grundsätzliches Interesse an perfekter Steinmetzarbeit. Die stetige Wiederkehr bestimmter Stilmerkmale — an einzelnen Kapitellen etwa die Differenzierung zwischen körniger Kelchoberfläche und genau artikuliertem Schmuck — läßt darauf schließen, daß er für ausgewählte Details exakte Zeichnungen oder Modelle anfertigte. Möglicherweise gab Sangallo so für jeden Bau die generelle Stilrichtung der Ornamentik an, ließ dann aber den Steinmetzen bei der Ausführung des übrigen Dekorationsprogramms weitgehende Freiheit.

Das Atrium vor der Kirche folgt in seinem klar disponierten, genau quadratischen Grundriß den Traditionen der Kreuzgangarchitektur. Die Aufrißgestaltung orientiert sich an der Vorhalle der Pazzi-Kapelle: Vier tonnengewölbte Portiken öffnen sich zum Hof in Säulenstellungen mit geradem Architrav. Die Mitteljoche der Quertrakte sind jeweils doppelt so breit wie die übrigen Interkolumnien; große Rundbögen sprengen hier den Architrav und akzentuieren die Symmetrieachse. Aus dem räumlichen Zusammenhang der Portiken sind Bogenjoche und Eckkompartimente — vergleichbar dem Hof des Palazzo Scala — durch Hängekuppeln ausgeschieden. Ein neues Motiv stellen die quadratischen Stützen dar, die Sangallo anstelle runder Säulen den überkuppelten Jochen zuordnet. Vom Hofprospekt aus gesehen, finden sie in den Ecken und unter den Bögen Platz, dort also, wo es stärkere Belastung anschaulich zu machen gilt. Möglicherweise sah Sangallo diesen ästhetischen Kunstgriff durch die »columnae atticae« gerechtfertigt, die Plinius d. Ä. in seiner Naturgeschichte beschreibt[498].

Das strenge, bis auf die Kapitelle schmucklose Erscheinungsbild des Atriums nimmt vermutlich auf die zisterziensischen Auftraggeber Rücksicht. Auch der isolierte Architrav anstelle eines dreiteiligen Gebälks dürfte dem Wunsch nach Einfachheit entsprechen. Umso bewußter sind architektonische Gestaltungsmittel eingesetzt. Die durchlaufende Sockelbank, ein traditionelles Element der Kreuzgangarchitektur, ist im Verhältnis zur Säulenhöhe niedriger bemessen als üblich und wirkt damit wie ein Stylobat. Auch die jonische Ordnung hat in Florentiner Klosterhöfen ihren angestammten Platz. Sangallo übernimmt aber nicht den bis dahin verbindlichen, mittelalterlich geprägten Kapitelltypus mit Halskehle, sondern

---

[496] LUCHS 1975, 21

[497] Vgl. etwa die Qualitätsunterschiede im Archivoltendekor der 2. und 3. Kapelle rechts, die beide im März 1489 begonnen wurden (LUCHS 1975, 188).

[498] »Atticae columnae quaternis angulis, pari laterum intervallo« (PLINIUS d. Ä., Naturalis Historia XXXVI, 56, 179). Plinius' Beschreibung der viereckigen Säulen war im Florentiner Quattrocento bekannt, wie die Brunelleschi-Vita des Antonio Manetti beweist (THOENES 1980, 462ff).

kopiert ein ausgefallenes antikes Vorbild mit kanneliertem Hals, tief herabhängenden Rosettenvoluten und fehlendem Abakus[498a]. Charakteristisch für Sangallo ist daran sowohl die Vorliebe für atypische Formen der antiken Bauornamentik als auch die exakte Antikenkopie als solche, die ein gewandeltes, antiquarisches Verhältnis zur Antike anzeigt.

Mit dem Bau der Villa Poggio a Caiano[499] beginnt Sangallos enge Beziehung zu Lorenzo de'Medici, die nicht nur seine künstlerische Entwicklung entscheidend beeinflussen sollte, sondern auch seine führende Stellung unter den Florentiner Architekten endgültig bestätigte. Lorenzo ist erst während seiner letzten sieben Lebensjahre als Bauherr hervorgetreten. Wie schon für seinen Großvater Cosimo, so waren auch für ihn gesicherte innenpolitische Verhältnisse und äußerer Friede Voraussetzung aktiver Bautätigkeit. Dies bedeutet nicht, daß Lorenzo vorher kein Interesse an architektonischen Fragen bewiesen hätte. Schon 1474, kurz nachdem das Gelände von Poggio a Caiano zusammen mit einer älteren Rucellai-Villa in seinen Besitz gelangt war[500], befand sich Lorenzo mit seinem Schwager Bernardo Rucellai in regem Austausch über spezielle Probleme der Villenarchitektur. Bezeugt ist dies durch einen Brief Bernardos, der vermutlich eine Zeichnung begleitete und in dem von Gärten, Loggien, erhöhten Plattformen und Geländern die Rede ist[501] — charakteristischen Elementen des Neubaus, den Sangallo ein Jahrzehnt später errichten sollte. Als die Bauvorbereitungen im Herbst 1485 in ein konkretes Stadium treten[502], hält Lorenzo sich zur Kur in Bagno a San Filippo auf. Über seinen Kanzler Michelozzi läßt er Giuliano da Sangallo ermahnen, ihm schnellstens sein versprochenes »modello« zu schicken; Tag und Nacht denke er über »diese Sache« — offenbar die neue Villa — nach[503]. Gleichzeitig wird in Florenz Albertis Architekturtraktat gedruckt, und sicher ist es kein Zufall, daß Lorenzo seinen Sekretär täglich aus den laufend eintreffenden Druckbögen vorlesen läßt[504].

Diese Zeugnisse tragen zum Verständnis der Villa wesentlich bei: Sie zeigen, daß dem Bau von Poggio a Caiano eine langjährige theoretische Beschäftigung Lorenzos mit Architekturproblemen vorausgegangen ist, und daß Albertis Traktat die Planung unmittelbar beeinflußt haben dürfte. Wenn Poggio a Caiano als der erste Versuch gelten kann, mit einem modernen Villenbau direkt an die literarischen Beschreibungen antiker Landhausarchitektur anzuknüpfen[505], so geht dieser Grundgedanke zweifellos auf den Bauherrn und nicht auf den Architekten zurück. An der Formulierung des Bauprogramms könnte auch Bernardo Rucellai entscheidenden Anteil gehabt haben. Sein Kompendium der stadtrömischen Altertümer, in den 1490er Jahren verfaßt[506], weist ihn als hervorragenden Kenner sowohl der antiken

---

[498a] Vgl. VASARI/Milanesi IV, 270
[499] Zu Poggio a Caiano grundlegend: FOSTER 1978
[500] Zur Vorgeschichte der Medici-Villa: FOSTER 1978, 82 ff; KENT 1979, 250 f
[501] KENT 1979, 254
[502] Zur Datierung des Neubaus: FOSTER 1978, 108 ff. Schon seit 1477 hatte Lorenzo die »cascina«, den landwirtschaftlichen Gutshof von Poggio a Caiano, erbauen lassen (FOSTER 1969).
[503] MARTELLI 1966. MORSELLI/CORTI 1982, 29 f, beziehen diesen Passus auf den bevorstehenden Bau von S. Maria delle Carceri in Prato, doch ist in demselben Brief vorher von Poggio a Caiano die Rede (FOSTER 1978, 109).
[504] MARTELLI 1966
[505] Daß hierin die zentrale Bedeutung von Poggio a Caiano für den Villenbau der Renaissance besteht, machte mir in vielen Gesprächen F.-E. Keller deutlich. BIERMANN 1969 und 1970 betont bereits entschieden die antiquarische Tendenz der Medici-Villa, konzentriert seine Argumentation aber auf Sangallos Idealentwürfe.
[506] RUCELLAI 1770. Zur Datierung: VALENTINI/ZUCCHETTI 1940/53 IV, 440

Architektur als auch ihrer Beschreibungen bei den klassischen Autoren aus. Außerdem wissen wir von seinem vertrauten Verhältnis zu Lorenzo und zu Alberti; 1471 hatte er gemeinsam mit beiden die Ruinen Roms besichtigt[507].

In welchem Stadium der Planung Sangallo hinzugezogen wurde, läßt sich nicht mit Sicherheit klären. Vasari berichtet, Lorenzo habe mehrere Architekten, darunter auch Francione, mit Entwürfen beauftragt. Die Wahl sei auf Sangallo gefallen, da dessen Modell sich von allen anderen grundsätzlich unterschieden und Lorenzos »capriccio« am genauesten getroffen habe[508]. Sangallos Rolle scheint also die des praktischen Architekten gewesen zu sein, der die Ideen Lorenzos und seiner humanistischen Berater in konkrete Formen umsetzte[509]. Zweifellos war er für diese Aufgabe durch seine früheren Bauten prädestiniert, mit denen er sowohl genaue Kenntnis der antiken Architektur als auch Ideenreichtum im Entwurf bewiesen hatte.

167   Schon die Lage der Villa, ihre dominierende Position innerhalb der umliegenden Gärten und der weiteren landschaftlichen Umgebung, kommt den Idealen der Antike ungewöhnlich
164, nahe[510]. In anderer Weise gilt dies auch für den Grundriß, der einem Quadrat von 75 br. Sei-
165 tenlänge eingeschrieben ist. Die Wohnappartements finden in den Ecken des Quadrats Platz und treten — einem älteren Villentypus folgend — an den Seitenfronten als Risalite hervor[511]. Die Repräsentationsräume hingegen staffeln sich entlang der Mittelachse in die Tiefe. Konsequenter als im vorherigen Villenbau ist damit jene Trennung zwischen privatem und repräsentativem Bereich gewährleistet, die Vitruv und Plinius fordern[512].

Im Zentrum des Baus liegt der querrechteckige, wie 1:2 proportionierte Festsaal, der die halbe Gesamtbreite der Villa und ein Viertel ihrer Tiefe einnimmt. Auch die anderen Räume dieser Hauptader weisen ganzzahlige Proportionen auf: Die Eingangsloggia bildet ein Querrechteck von 1:3, das Vestibül ein Quadrat, der rückwärtige Saal ein Längsrechteck von 1:2[513].

Erstmals ist hier das komplexe Raumgefüge eines Profanbaus als Ganzes den Prinzipien der Axialität, der Symmetrie und des geometrischen Regelmaßes unterworfen: Eigenschaften, die den Florentiner Palastbau schon seit der Jahrhundertmitte zunehmend bestimmen, die aber erst durch Alberti zu verbindlichen Entwurfsregeln erhoben werden[514]. Darüber hinaus gewinnt in Poggio a Caiano die Harmonie des Grundrißbildes einen ästhetischen

---

507 RUCELLAI 1770, col. 839f. Vgl. zum Datum ROCHON 1963, 41; ferner KENT 1979, 256. Zu den vielfältigen Beziehungen zwischen Lorenzo und Bernardo: ROCHON 1963, 90—93

508 VASARI/Milanesi IV, 270f

509 MARTELLI 1966, 108ff, geht wohl zu weit, wenn er Lorenzo den architektonischen Entwurf der Villa zuschreibt und Sangallo nur in der Rolle des Modellschreiners sieht. Analog möchten MORSELLI/CORTI 1982, 28ff, den Entwurf für S. Maria delle Carceri auf Lorenzo zurückführen.

510 BIERMANN 1969, 41; vgl. ALBERTI, De re aed. IX. 2 (ed. Orlandi, 793).

511 Vgl. FROMMEL 1961, 89, der die Risalite auf den mittelalterlichen Typus des Vier-Turm-Kastells zurückführt.

512 BIERMANN 1970, 165

513 Die Proportionen stimmen näherungsweise. Sangallos kotierter Grundriß des Sockelgeschosses im Sieneser Skizzenbuch nennt nur für das Vestibül das ganzzahlige Maßverhältnis 8×24 (br.), für die übrigen Räume dagegen Verhältnisse wie 16×17 und 18×35. Möglicherweise sollten sich im Piano Nobile durch Verminderung einzelner Mauerstärken durchgehend ganzzahlige Proportionen ergeben. Das Hauptgeschoß ist wahrscheinlich zum großen Teil erst nach 1513 ausgeführt worden (vgl. FOSTER 1978, 108ff).

514 Vgl. BIERMANN 1969, 41. Zur Symmetrie: ALBERTI, De re aed. IX.7 (ed. Orlandi, 839). Vgl. auch ebd. I.9 (ed. Orlandi, 65—69).

Eigenwert, der unmittelbar Albertis Gedanken über die Bedeutung der Risse reflektiert[515]. Es bezeichnet dieses neue Bewußtsein, wenn Sangallo in seinen Skizzenbüchern mehrfach die Grundrisse eigener Bauentwürfe festhält.

Auch die Aufteilung des Inneren berücksichtigt weitgehend die Forderungen Albertis, etwa in der Abstufung der Raumdimensionen: So soll der »sinus«, der zentrale Raum des Hauses[516], stets am größten bemessen sein, die Speisezimmer und das Vestibül sollen mittlere Größe haben, die Schlafzimmer die kleinste Einheit bilden[517]. Darüber hinaus entsprechen die stereometrischen Verhältnisse des Festsaals genau Albertis Proportionsvorschriften für große, gewölbte Räume[518].

Bezeichnenderweise gelingt es Sangallo nicht, die axiale Organisation des Grundrißbildes im Aufriß wirksam werden zu lassen. Schon das breitgelagerte Format der Giebelfront hemmt die Bewegung des Besuchers; die Spreizung des mittleren Interkolumniums bleibt zu unentschieden, um die Eingangsachse deutlich zu betonen. Auch beim Durchschreiten des Innenbaus empfindet man einen Mangel an optischen Orientierungshilfen: Vestibül und Festsaal weisen nicht in die Tiefe, stellen sich mit ihren quergelagerten Tonnengewölben der Bewegungsrichtung entgegen. Für Sangallo bleibt letztlich jeder Raum ein autonomes Gebilde. Das neue, von der abstrakten Geometrie der Planzeichnung ausgehende Entwurfsverfahren führt ihn nicht zu einer visuellen Verklammerung ganzer Raumfolgen, wie sie in der Hochrenaissance angestrebt wird[518a]. Dagegen erfährt der Besucher von Poggio a Caiano im Nacheinander verschiedener Raumformen, Raumgrößen und Gewölbetypen jene »varietà« der Innendisposition, die Alberti im Privathaus verwirklicht sehen möchte[519]. 167, 170

Auch der Außenbau als Ganzes macht deutlich, daß Sangallo sich einer ungewohnten Aufgabe gegenübersah. Den Gesamteindruck prägt eine nüchterne, an die Villen Michelozzos erinnernde Wandarchitektur. Antikisierende Motive wie Sockelportikus und Tempelfront wirken wie Attribute. Weder sind die Sockelarkaden axial mit den oberen Geschossen koordiniert, noch vermag die Giebelfront den Eindruck der Fassade zu beherrschen. Die Anordnung der Fenster folgt den Erfordernissen des Innenbaus, ohne auf das äußere Erscheinungsbild Rücksicht zu nehmen[520].

Gerade die antikisierenden Einzelmotive reflektieren aber das humanistische Bauprogramm Lorenzos, indem sie zitathaft auf die Villenarchitektur der Antike anspielen[521]. Die Hauptschwierigkeit solcher Rückgriffe bestand in der mangelhaften Vorstellung, die die Renaissance vom Aussehen antiker Landhäuser gewinnen konnte[522]. Für die fehlende An-

---

[515] ALBERTI, De re aed. I. 1 sowie II.1 (ed. Orlandi, 19—21, 97—101)

[516] Der Begriff »sinus« kann sowohl einen geschlossenen Raum als auch einen Innenhof bezeichnen: ALBERTI, De re aed. V. 17 (ed. Orlandi, 417).

[517] ALBERTI, De re aed. IX.3 (ed. Orlandi, 795)

[518] Die Höhe soll vier Fünftel der Breite betragen, wenn der Grundriß wie 1:2 proportioniert ist: ALBERTI, De re aed. IX.3 (ed. Orlandi, 795)

[518a] Vgl. FROMMEL 1973 I, 35.

[519] ALBERTI, De re aed. IX.2,3 (ed. Orlandi, 793—795)

[520] Sangallo ordnet die Fenster allerdings im Sinne einer übergreifenden Symmetrie und geht damit über die ältere Villentradition hinaus.

[521] In seiner Vorrede zu Vergils »Georgica« spricht Cristoforo Landino von Poggio a Caiano als einer antiken Villa (KLIEMANN 1976, 155f).

[522] BIERMANN 1970, 168f, geht wohl irrtümlich davon aus, daß im 15. Jahrhundert Reste antiker Landhäuser bekannt und als solche identifiziert waren. Weder Zeichnungen noch literarische Überlieferung der Renaissance lassen auf eine solche Kenntnis schließen (freundl. Hinweis F.-E. Keller).

schauung der Monumente bot die Lektüre antiker Autoren und Albertis nur unzureichenden Ersatz. Wie die Umsetzung einer literarischen Baubeschreibung in konkrete Formen vonstatten ging, läßt sich in Poggio a Caiano am Beispiel der Sockelportiken nachvollziehen. Cicero spricht in einem Brief an Quintus von einer »basis villae«, ohne den Terminus näher zu erläutern[523]. Unmittelbar darauf ist jedoch von »intercolumnia ambulationis« die Rede — ein Begriff, der eine portikusähnliche Anlage impliziert und damit dem Vorstellungsvermögen des 15. Jahrhunderts leichter zugänglich war. Sangallos Lösung scheint denn auch primär von der Vorstellung einer »ambulatio« auszugehen. Als geräumige Wandelhallen umziehen die Portiken das gesamte Baugeviert. Zugleich aber erfüllen sie die ästhetische Funktion einer »basis villae«, indem sie eine erhöhte Plattform ausbilden und damit den Bau auf einen Sockel heben[524]. Betont wird dieser Effekt durch die zentrale, zweiarmige Freitreppe, die ursprünglich wie ein Risalit aus dem Sockel herausragte und in geraden Rampen auf die Plattform hinaufführte[525].

168   Mit ihren gedrungenen Proportionen, ihren betont einfachen Formen und ihrer suggestiven Raumwirkung zählen die Sockelportiken zu Sangallos eindrucksvollsten Schöpfungen. Besonders in den ausgegrenzten Eckkompartimenten, deren Kreuzgratgewölbe auf mehrfach gestaffelten Pfeilergruppen ruhen, wird ein Gespür für die Qualitäten des römischen Massenbaus sichtbar, wie es der Florentiner Architektur und auch Sangallos Frühwerk bis dahin fremd ist. Möglicherweise hat hier Albertis Unterkirche von S. Sebastiano in Mantua die entscheidende Anregung gegeben. Ihre quadratischen Pfeiler nehmen Sangallos Formen bis ins Detail vorweg, und auch im Gewölbesystem sowie in der Raumauffassung erkennt man verwandte Züge. Im August 1485 hatte Lorenzo die Bitte nach Mantua gerichtet, ihm ein »modello« der noch unvollendeten Kirche zu senden[526].

An den Palazzo Scala erinnern die toskanischen Pilaster, die jeweils die Eckjoche der Portikusfronten rahmen. Obwohl die Pilaster auch hier noch flach an der Wand haften, bezeugen ihre gedrungenen Verhältnisse und schmucklosen Kapitelle doch ein gewandeltes Antikenverständnis. Das abgekürzte, nur aus Architrav und Gesims bestehende Gebälk ist an Rossellinos Domfassade in Pienza vorgebildet. Während es dort in allen Geschossen wiederholt wird, kennzeichnet es hier den untergeordneten Anspruch des Sockelgeschosses. Mit der abschließenden Balustrade formuliert Sangallo ein neues und zukunftsweisendes Motiv, das bis dahin nur im Treppengeländer des Palazzo Ricasoli vorbereitet ist. In vertikaler Fortsetzung der Arkadenstützen setzen pfeilerartige Steinblöcke mit seitlichen Halbbalustern jeweils einen gliedernden Akzent[527].

170, 171   Wie die »basis villae«, so scheint auch die Form der Eingangsloggia aus literarischen Quellen abgeleitet zu sein. Wahrscheinlich war hier bereits die Rekonstruktion des antiken »vestibulum« intendiert, jenes Baugliedes, das laut Gellius zwischen der öffentlichen Umgebung und dem Eingangsportal des Hauses vermittelt[528]. Der reiche malerische und skulpturale

---

[523] CICERO, ad Quintum fratrem III.1.5 (S. 553): »ita omnia convestit hedera, qua basim villae, qua intercolumnia ambulationis...«. Schon BIERMANN 1970, Anm. 46, weist auf diese Stelle hin. Vgl. auch FOSTER 1978, 142.

[524] Der Vergleich mit dem Unterbau des Iuppiter-Anxur-Tempels bei Terracina (FOSTER 1978, 138ff) kann kaum überzeugen.

[525] Zur Rekonstruktion: FOSTER 1978, 133ff

[526] MORSELLI/CORTI 1982, 24, Anm. 27; vgl. FOSTER 1971 (ohne Quellenangabe).

[527] In der oberen Hofloggia des Palazzo Strozzi entwickelt Cronaca das Motiv zur Balustrade mit eingefügten Piedestalen weiter, einem bis ins 17. Jahrhundert gültigen Typus.

[528] BIERMANN 1970, 172ff; FROMMEL 1973 I, 54ff

Schmuck, dessen gelehrte Programme auf antike Ikonographien zurückgreifen und zugleich vielfältig auf Lorenzo bezogen sind[529], finden in den Eingangsräumen älterer Palast- und Villenbauten keine Entsprechung. Alberti ist es, der für das »vestibulum« des Privathauses prächtigen und würdigen Dekor fordert[530]. Der Giebelfront widmet Alberti besondere Aufmerksamkeit: Sie soll den Eingang schmücken, darf aber nicht mit der Würde des Tempels wetteifern[531].

Sangallos Gestaltung knüpft an die Porticus Octaviae in Rom an, einen Bau, dessen ursprünglich profane Zweckbestimmung schon im Quattrocento feststand[532]. Wie an der antiken Fassade, so wird in Poggio a Caiano der Giebel von vier Säulen und zwei seitlichen »antae« gestützt; zudem stimmt die Profilierung des Giebelsimses an beiden Bauten genau überein[533]. Sangallo ersetzt jedoch die korinthischen Säulen durch jonische, so daß — wie im Hof des Palazzo Scala — ein toskanisches und ein jonisches Geschoß im Sinne der antiken »Superposition« aufeinander folgen. Die Kapitelle ähneln im Aufbau denen des Atriums von S. Maria di Cestello, zeigen aber kleinere Rosettenvoluten mit waagerechtem Steg. Ein entsprechendes antikes Kapitell ist im Codex Coner gezeichnet[534].

205

Das Tonnengewölbe des Vestibüls schmückt ein großflächiges Kassettensystem aus farbigem Stuck, das zweifellos nach einem antiken Prototyp kopiert ist. Die Aufteilung der Felder nimmt keine Rücksicht auf die Säulen. Im Vergleich zum Gewölbedekor des Palazzo Scala erscheint die Gliederung komplexer, das ornamentale Detail variantenreicher und feiner in der Ausführung. Sangallos stilistische Entwicklung läßt sich auch an der konsequenten Einbindung des figürlichen Schmucks in den architektonischen Kontext ablesen. Entfalten die großen Reliefs in den Hofprospekten des Palazzo Scala noch eine dominierende Wirkung, so ist der Majolikafries der Giebelfront in Poggio a Caiano eindeutig als Baudekor definiert. Filippino Lippis Laokoon-Fresko an der östlichen Schildwand des Vestibüls wird durch eine gemalte Arkade gerahmt, die die reale Säulenstellung fortsetzt. Wahrscheinlich sollten die übrigen Wände durch eine analoge Scheinarchitektur gegliedert werden, wie es Alberti für den Schmuck von Wohnbauten empfiehlt[535].

Zu den charakteristischen Formen der Villa gehören schließlich die Fensterrahmen des Hauptgeschosses, deren Sohlbänke und Gesimse auf Volutenkonsolen ruhen. Dieser neue Fenstertypus setzt Albertis »jonische Tür« in der Fassade des Palazzo Rucellai voraus. Auch Lauranas Fassadenfenster des Palazzo Ducale in Urbino scheinen bei Sangallo nachzuwirken: Die Öffnungen selbst sind dort durch Pilasterädikulen gerahmt, doch werden die Sohlbänke von Konsolen gestützt. Schon 1481 hatte Lorenzo durch Sangallos »Mitschüler« Baccio Pontelli Planaufnahmen des Urbinater Palastes anfertigen lassen[536].

Für Sangallos Verhältnis zur Antike und damit für seine architektonische Entwicklung ist dieser erste Bauauftrag Lorenzos von weitreichender Bedeutung. Seine frühen Werke zeigen

---

[529] CHASTEL 1982; zu Lippis Laokoon-Fresko WINNER 1974, 83ff; zum Portikusfries neuerdings COX-REARICK 1982
[530] ALBERTI, De re aed. IX.1 (ed. Orlandi, 783)
[531] ALBERTI, De re aed. IX. 4 (ed. Orlandi, 809); vgl. BIERMANN 1970, 173.
[532] Vgl. die Beschreibung nach antiken Quellen bei Bernardo Rucellai (RUCELLAI 1770, col. 1022), der die Porticus für einen Bibliotheksbau hält (freundl. Hinweis M. Marek).
[533] Vgl. Sangallos Zeichnung der Porticus mit Gesimsdetail: Cod. Barb., fol. 35^v, 36^r.
[534] ASHBY 1904, Nr. 140
[535] ALBERTI, De re aed. IX. 4 (ed. Orlandi, 803)
[536] GAYE 1839 I, 274

eine Affinität zur römischen Architektur, die aus der Anschauung der Monumente erwachsen ist und vornehmlich in der Nachahmung bestimmter Bauformen und Konstruktionsverfahren fruchtbar wird. Lorenzos Villenprojekt konfrontiert ihn dagegen mit einer humanistischen Sichtweise der Antike, die vom Studium der Schriftquellen geprägt wird und für die ein konkretes Bauvorhaben wie Poggio a Caiano in erster Linie die Verwirklichung programmatischer Ideen bedeutet. Wesentliche Impulse verdankt diese neue Baugesinnung Albertis Architekturtraktat. Ausgehend von den Schriftzeugnissen sowie der gebauten Überlieferung, entwirft Alberti als erster ein Gesamtbild der antiken Architektur, das die Bemühungen der zeitgenössischen Künstler und Auftraggeber um die Kenntnis der Altertümer und deren Nutzbarmachung für eigene Projekte auf eine neue Grundlage stellt.

Wie weit Sangallo in der Folgezeit von den humanistischen Ideen Lorenzos und seiner Ratgeber beeinflußt wurde, zeigen die unausgeführten Palast- und Villenprojekte, die er zwischen 1485 und 1492 für Lorenzo entworfen hat und die noch eindeutiger als Poggio a Caiano auf die Rekonstruktion antiker Bautypen hinzielen. Neben dem Ferrante von Aragon gewidmeten Palastentwurf[537] und dem Projekt einer Medici-Villa am Borgo Pinti[538] gehören auch einige unbezeichnete, in Sangallos Zeichnungsbänden überlieferte Palastgrundrisse in diese Reihe[539]. Allen Entwürfen haftet ein utopischer Zug an. Sie wirken wie abstrakte Planspiele, und ihre Realisierung erscheint wenn nicht ausgeschlossen, so doch als Frage von nachgeordneter Bedeutung. Ähnlich wie Poggio a Caiano sind auch diese Projekte primär auf ein harmonisches Grundrißbild hin konzipiert: Ihr architektonisches Hauptanliegen, die axialsymmetrische Organisation komplizierter Raumgefüge, wäre im Aufriß kaum zur Wirkung gekommen.

Unter ähnlichen Vorzeichen wie Poggio a Caiano scheinen auch die Sakralbauten entstanden zu sein, die Sangallo in diesen Jahren entworfen und ausgeführt hat. Die von Lorenzo de'Medici gestiftete, wahrscheinlich 1488 begonnene Augustinerkirche S. Gallo bei Florenz wurde schon 1527 zerstört und läßt sich nicht sicher rekonstruieren[540]. Auf die Planung der Wallfahrtskirche S. Maria delle Carceri in Prato und der Sakristei von S. Spirito in Florenz hat Lorenzo nicht als Stifter, sondern als unumstrittene Autorität in architektonischen Fragen Einfluß genommen.

Die Prateser Kommunalbehörden hatten den Bau der Wallfahrtskirche nach einem Entwurf Giulianos da Maiano bereits im Frühjahr 1485 begonnen[541]. Nur zwei Tage nach der Grundsteinlegung ließ Lorenzo die Arbeiten unter äußerem Druck einstellen und — nach einem längeren Moratorium — den Auftrag an Sangallo vergeben. Im Oktober 1485 wurde der Grundstein des neuen Kirchenbaus gelegt. Wie das ursprüngliche Projekt aussah, wissen wir nicht[542]. Eine

---

[537] BIERMANN 1970; BIERMANN/WORGULL 1979
[538] MIARELLI MARIANI 1972; ELAM 1978
[539] Cod. Barb., fol. 9r; Tacc. Sen., fol. 17r
[540] Vgl. FABRICZY, Chron. Prospekt (1902), 4; MARCHINI 1942, 89; KENT 1982. Eine Beschreibung der Klosteranlage bei RICHA 1754/62, Quartiere di S. Croce I, 265ff. Möglicherweise ist der Grundriß der Kirche in der Zeichnung UA 1574v überliefert (FABRICZY, Handzeichnungen 1902, 107, 109; FROMMEL 1962).
[541] Eine genaue Darstellung der Baugeschichte bei MORSELLI/CORTI 1982, 13ff, mit umfänglicher Dokumentation. Alle Quellen auch zugänglich bei BARDAZZI et al. 1978 (vorzügliche Abbildungen).
[542] Die mehrfach (zuletzt von MORSELLI/CORTI 1982, 15) als solches in Anspruch genommenen, oktogonalen Kapellengrundrisse UA 1606 und UA 1607 erreichen nur etwa ein Drittel der ausgeführten

Vorstellung vom damaligen Stil Giulianos da Maiano vermittelt die 1486 begonnene Kirche S. Maria del Sasso bei Bibbiena, die möglicherweise auf Anregung Lorenzos erbaut wurde und als eine Art Wiedergutmachung für den entgangenen Auftrag in Prato verstanden werden kann[543]. Giuliano da Maiano sucht hier den Prototyp der Badia in Fiesole mit albertianischen Baugedanken zu verschmelzen. Sein Konzept wirkt aber so unselbständig und ideenarm, daß es nicht schwerfällt, Lorenzos Entscheidung für Sangallo als Parteinahme für den originelleren Architekten zu verstehen[544].

Sangallos Entwurf für S. Maria delle Carceri zeigt eine neuartige Disposition: Über dem Grundriß eines griechischen Kreuzes erheben sich vier tonnengewölbte Arme mit zentraler Pendentifkuppel. Da der Bau an drei Seiten frei steht, ist seine Struktur auch von außen klar ablesbar. Zutreffend hat Wittkower diese Anlage mit Albertis Gedanken zum kirchlichen Zentralbau in Zusammenhang gebracht[545], auch wenn die Grundrißfigur des griechischen Kreuzes in »De re aedificatoria« nicht ausdrücklich erwähnt wird. 172, 173, 174, 175

Den Einfluß Albertis zeigt auch Sangallos Proportionssystem. Der Kuppelradius von 10 br. dient als Ausgangsmaß, das Grundriß und Aufriß in allen wesentlichen Teilen bestimmt[546]. Darüber hinaus werden Elemente wie der Stufensockel, die Ordnung mit geradem Gebälk, die Belichtung durch hoch gelegene Fenster, das Vorherrschen weißer Flächen und die kostbare Verkleidung des Äußeren jenen Kriterien gerecht, die Alberti für den Schmuck der Sakralbauten aufstellt[547]. Daß im Vorfeld der Auftragsvergabe ein reges Interesse auch an Albertis gebauten Architekturen und besonders an seiner Gestaltung des Zentralbauthemas bestand, beweist Lorenzos Ersuchen um ein Modell von S. Sebastiano in Mantua[548]. Giuliano da Maiano übernimmt bestimmte Merkmale dieses Baus in seinen Entwurf für S. Maria del Sasso, und auch Sangallo greift in Poggio a Caiano punktuell auf S. Sebastiano zurück. Dagegen zeigt sich S. Maria delle Carceri vom Raumdenken und der Formensprache Albertis kaum beeinflußt. Beherrschendes Vorbild sind die Gliederbauten Brunelleschis und seiner Florentiner Nachfolger. Vor allem das Kircheninnere macht dies deutlich. Ganz im Sinne der Alten Sakristei oder der Pazzi-Kapelle zeichnen sich Pilaster, Gebälke und Gewölbeprofile als dunkles Hausteingerüst vor der räumlich neutralen, weiß getünchten Wand ab. Gebälkfries, Pendentiftondi und Glasfenster bilden klar umgrenzte Farbzonen. 178

Wie Brunelleschi, so zeichnet auch Sangallo allein die »Gelenkstellen« des Raumes durch Pilaster aus. Allerdings werden bei ihm sowohl die Vierungskanten als auch die Ecken der Kreuzarme von jeweils zwei Pilastern eingeschlossen, die im rechten Winkel aufeinander-

---

Baumaße und können schon deshalb kaum auf S. Maria delle Carceri bezogen werden. Gegen die Autorschaft Giulianos da Maiano spricht der Duktus der Beschriftungen (vgl. die 1480 datierte Schriftprobe Giulianos bei PINI/MILANESI 1876 I, Nr. 58).

[543] Vgl. BORGO 1972.
[544] MORSELLI/CORTI 1982, 21 ff, ziehen den umgekehrten Schluß: Lorenzo habe dem von ihm höher geschätzten Giuliano da Maiano den Auftrag entzogen, um ihn für seine wichtigeren Arbeiten in Neapel freizuhalten. Giuliano kehrte aber erst zwei Jahre später, im Sommer 1487, nach Neapel zurück (ebd. 23, Anm. 18).
[545] WITTKOWER 1969, 23f
[546] Tiefe der Kreuzarme: 10 br.; Breite der Kreuzarme: 20 br.; Gesimshöhe der Kreuzarme: 20 br.; Stichhöhe der Gewölbe: 10 br. (vgl. die Proportionsanalyse bei MORSELLI/CORTI 1982, 38 ff, sowie STEGMANN/GEYMÜLLER V, Giuliano da Sangallo, 8).
[547] WITTKOWER 1969, 23
[548] S. o., Anm. 526.

treffen. Hatte Brunelleschi den Pilaster stets als Teil einer autonomen, in der Wand verborgenen Stütze verstanden[549], so geht Sangallo eindeutig vom Prinzip der Wandvorlage aus. Wiederum zeigt sich hier jene dekorative Auffassung der Pilasterordnung, die sich schon im Hof des Palazzo Scala andeutet und für Sangallos ganzes Œuvre charakteristisch bleibt.

203 Sangallo war nicht der erste Architekt, der Brunelleschis kompliziertes Stützensystem zugunsten einer einheitlichen Raumwirkung zu vereinfachen suchte. Schon die 1456 begonnene Kirche der Badia in Fiesole, möglicherweise ein Spätwerk Rossellinos[550], leitet diese Tendenz ein. Die Lösung stellt sich hier noch einfacher dar, indem allein der Vierungsbaldachin Pilaster und Gurtbögen aufweist; die übrigen Ecken bleiben ungegliedert. Auch die Raumkonzeption dieser Kirche scheint Sangallo als Vorbild gedient zu haben. Als Longitudinalbau mit Querhaus und Chor folgt sie zwar einem anderen Typus, doch sind schon hier, wie später in S. Maria delle Carceri, die tonnengewölbten Kreuzarme organisch aus den Vierungsbögen entwickelt.

Bleibt Sangallo im Gliederungssystem der Florentiner Tradition verpflichtet, so sucht er neue Gestaltungsmöglichkeiten im architektonischen Vokabular. Die Pilaster sind mit 1:9,6 ähnlich schlank proportioniert wie die Hofsäulen des Palazzo Gondi, ohne zerbrechlich zu wirken wie die Vierungsstützen der Badia (1:12). Gebälkverkröpfungen unterstreichen die vertikale Kontinuität der Arkaden. Dagegen setzt das weit ausladende Gesims einen horizontalen Akzent. Charakteristisch für Sangallos reifen Dekorationsstil ist die überlegte Disposition der Schmuckformen. Archäologisches Detail wird zurückhaltend präsentiert, drängt sich weniger in den Vordergrund als noch in S. Maria di Cestello.

181 Ein neues Motiv stellt die jonische Pilasterbasis mit doppelter Hohlkehle dar, deren Verwendung Alberti auch in der korinthischen Ordnung empfiehlt[551]. Die Abfolge der Profile entspricht aber nicht genau der Beschreibung Albertis, sondern folgt den Pilasterbasen des Pantheons. Auch die acht Kanneluren der Pilasterschäfte haben dort ihr Vorbild. Die korin-
180 thisierenden Kapitelle mit niedriger Blattreihe, zentralem Blätterkelch und figürlichen Eckmotiven orientieren sich an den Figuralkapitellen des Mars-Ultor-Tempels in Rom[552]. Die provinzielle, ungeschickte Ausführung kann über die Originalität des Entwurfs nicht hinwegtäuschen. In den Vierungskapitellen ersetzt Sangallo die geflügelten Pferde der antiken Prototypen durch Evangelistensymbole, die sich jeweils den Darstellungen der Evangelisten in den Pendentifrondi zuordnen. So deutlich wie selten wird hier der Wunsch sichtbar, heidnisch-antike Formen durch motivische Umdeutungen der christlichen Gegenwart anzupassen.

Ähnlich verfährt Sangallo in der Friesdekoration des umlaufenden Gebälks, deren blauweiße Majolikaarbeit Andrea della Robbia ausführte. Ausgehend von den Relieftafeln in der Vorhalle des Pantheons, verknüpft der Entwurf vasenförmige Kandelaber, Festons und flatternde Bänder zu einer fortlaufenden Komposition. Dabei werden jedoch die wechselnden Schmuckformen über den Festons, wie sie die Pantheonreliefs zeigen, einheitlich durch die Lilie des Prateser Kommunalwappens ersetzt[553]. Der vollständige Wappenschild, hervorgehoben durch einen rahmenden Laubkranz und die Farben Rot und Gold, schmückt jeweils

---

[549] THOENES 1973
[550] MACK 1972, 369
[551] ALBERTI, De re aed. VII. 7 (ed. Orlandi, 571f)
[552] MARCHINI 1950
[553] In den Pilasterkapitellen der Kirchenfassade kehrt die Lilie wieder.

die verkröpften Friesstücke in den Ecken. Kunstgriffe dieser Art, die in den Formzusammenhang antiker Motive Anspielungen auf den Auftraggeber einfügen, gehören in der Folgezeit zu Sangallos bevorzugten Gestaltungsmitteln. So halten die Meerwesen im Kaminrelief des Palazzo Gondi heraldische Attribute in den Händen, und die Pilasterkapitelle des Palazzo della Rovere in Savona weisen in ihren Halskanneluren anstelle von Schuppen kleine Eicheln auf.

Im Dekor der Gewölbezone folgt Sangallo weitgehend dem Vorbild der Pazzi-Kapelle, reduziert aber deren motivische Vielfalt. Nur zwei Soffittenmotive antiker Provenienz finden Verwendung: Flechtbänder werden allein den Gurtbögen, Laubgewinde den Schildbögen zugeordnet. Auch die Schirmkuppel zeigt in einzelnen Formulierungen dieses gestalterische Bewußtsein, obgleich sie im ganzen der Brunelleschi-Tradition treu bleibt. An die Stelle des herkömmlichen Sprengrings tritt ein kräftig ausladendes, nach einem antiken Muster[554] profiliertes Konsolgesims; der darüber liegende Laufgang schließt mit einer Balustrade ab. Beide Elemente dienen dazu, die Kuppelöffnung tektonisch sinnvoll in den Bauzusammenhang einzugliedern. Konsequent läßt Sangallo auf das Gesims eine Tambourzone folgen, deren Rahmengliederung sich in den Kuppelrippen fortsetzt. Das Tambourgesims markiert die Grenze zwischen lotrecht aufsteigender Wand und Gewölbefuß. Die Lünettenfelder unterhalb der Schirmsegmente nehmen große, gerahmte Rundfenster auf, die gemeinsam mit der Kuppellaterne für großzügige Belichtung sorgen. Während die Kuppelfenster stets weiß verglast waren, werden die Kreuzarme durch farbig verglaste Öffnungen in den Schildwänden nur gedämpft belichtet[555]. Diese Lichtregie steigert die Wirkung der Kuppel und entspricht damit den Intentionen Albertis[556].

Im Florentiner Quattrocento waren bis dahin nur wenige Kirchenfassaden vollendet worden. Auch die Außengliederung von S. Maria delle Carceri gedieh während der ersten Bauphase nur bis zur Kapitellhöhe der unteren Pilaster; die obere Ordnung wurde erst im 19. Jahrhundert teilweise ergänzt[557]. Sangallos Gestaltung behandelt alle Außenfronten gleich und läßt den Bau dadurch als mehransichtigen, stereometrischen Körper wirken. Die Sockelplattform hebt ihn um zwei Stufen über das Straßenniveau hinaus und zeichnet dabei den kreuzförmigen Kirchengrundriß nach. Ein niedriges, unverkröpft um die Außenwände geführtes Postament trägt die Pilaster, die jeweils auf die Ecken konzentriert sind: Rechtwinklig aufeinanderstoßende Doppelpilaster umklammern die Kanten der Stirnseiten, während in den übrigen Ecken zwei einfache Pilaster zusammentreffen. Giebelportale in der Mitte der Kreuzarmfronten eröffnen den Zugang ins Innere. Sangallos Grundriß im Sieneser Skizzenbuch überliefert eine frühere Planungsstufe, die weitere Pilaster neben den Portalen vorsah[558]. Diese komplexe Gliederung, die das Fassadenmotiv der Basilica Aemilia aufgreift und die sich analog im Innenbau wiederholen sollte, wurde offenbar zugunsten eines leichter überschaubaren Gesamtbildes aufgegeben.

Im Anschluß an die Kirchenfassaden der romanischen »Protorenaissance« ist der Außenbau zweifarbig inkrustiert: Weiße Alberese-Platten verkleiden die Pilaster und den größten

---

[554] Vgl. die Zeichnung eines antiken Gesimsfragmentes von der Piazza S. Eustachio in Rom im Codex Coner (ASHBY 1904, Nr. 83; freundl. Hinweis C. Denker).
[555] Zu den Glasfenstern: MORSELLI/CORTI 1982, 69f
[556] WITTKOWER 1969, 12ff
[557] MORSELLI/CORTI 1982, 65
[558] Tacc. Sen., fol. 19r. Offenbar nachträglich in den Grundriß eingezeichnet wurden Nischen zwischen den Pilastern des Innenbaus sowie eine halbrunde Apsis, die in S. Maria delle Carceri wegen des Gnadenbildes in der Altarwand nicht hätte ausgeführt werden können.

Teil der Wandflächen; grüne Marmorstreifen teilen ein Rechteckmuster ab, das sich an den Portalen orientiert. Charakteristisch für Sangallos gestalterische Ökonomie ist der zurückhaltende, stets die Hauptlinien der Architektur unterstreichende Einsatz der kostbaren Materialien. Albertis Fassade von S. Maria Novella steht mit ihrem kleinteiligen, farbenprächtigen Schmuck der mittelalterlichen Tradition näher.

Wie der Außenbau von S. Maria delle Carceri zeigt, galt die antikisierende Strömung der toskanischen Romanik auch im späten Quattrocento noch als vorbildlich — nicht weniger als die »maniera« Brunelleschis, die das Erscheinungsbild des Inneren bestimmt. Sangallos »Libro« bildet das Florentiner Baptisterium und Werke Brunelleschis gleichberechtigt neben antiken Bauten ab. Wenn Sangallo den inkrustierten Wandflächen »tuskische« Pilaster im Sinne Vitruvs vorblendete, so mag ihn dabei der Wunsch geleitet haben, die lokale Bautradition mit einem gezielten Rückgriff auf die Antike zu einem neuen, spezifisch toskanischen Stil zu verschmelzen. Jedenfalls zitieren die Pilaster erstmals in der Renaissance die antike toskanische Ordnung, wie sie Vitruv beschreibt[559] und wie sie an den Monumenten Roms studiert werden konnte. Basen und Kapitelle haben ihre Vorbilder am Erdgeschoß des Kolosseums[560]. Ein weiteres Antikenzitat stellt das bandartig über die Fassade gezogene Halsringprofil der Kapitelle dar, das die Pilaster in die Flächengliederung einbindet[560a].

176, 177

Stilistisch eng mit S. Maria delle Carceri verknüpft ist die Sakristei von S. Spirito, der letzte Bau, den Sangallo im Auftrag Lorenzos de'Medici entwarf. Die Ausführung begann im Dezember 1489[561]. Der achteckige Zentralbau mit abwechselnd halbrunden und rechteckigen Kapellennischen läßt an spätantike Grundrißtypen denken[562]; die Kombination mit einer quergelagerten Vorhalle erinnert an das Baptisterium des Laterans. Sangallos Aufrißgestaltung geht aber wiederum von lokalen Vorbildern aus. Die zweigeschossige Ordnung, die jedes Wandsegment mit Pilasterpaaren rahmt und dazwischen die Raumecken freilegt, zitiert das Gliederungsprinzip des Florentiner Baptisteriums[563]. Die gerüsthafte Wandstruktur hingegen, die Materialwirkung und die Lichtführung entsprechen dem Stil von S. Maria delle Carceri. Auch Fensterformen und Kuppeltypus gleichen weitgehend Sangallos älterem Bau. Noch deutlicher als dort ist hier die Ordnung als bloße Wandvorlage aufgefaßt: Zwischen die Pilaster des Erdgeschosses sind Pfeilerarkaden eingespannt, ohne daß sich die einzelnen Abschnitte zu einem kontinuierlichen Gefüge im Sinne des antiken »Theatermotivs« verbinden. Allein der quadratische Altarraum, der nach dem Vorbild Brunelleschis als selbständiger, überkuppelter Zentralbau behandelt ist, läßt die Pilaster in den Ecken zusammenstoßen und drängt dadurch die Wand als sekundäres Element in den Hintergrund.

182

185

[559] VITRUV, ed. Fensterbusch IV. 7, 195
[560] Sangallo ersetzt allerdings die »anuli« der Kapitelle durch ein Karniesprofil, wie es der Konvention des Quattrocento entspricht.
[560a] Vgl. die Pilastergliederung des Argentarierbogens in Rom.
[561] Vgl. die Dokumentation bei FABRICZY, Chron. Prospekt (1902), 30f. Der Baubeschluß vermerkt ausdrücklich, Lorenzo de'Medici habe das »modello« der Sakristei durch Giuliano da Sangallo anfertigen lassen. — Eine genaue Darstellung der Baugeschichte bei BOTTO 1932
[562] Vgl. BIERMANN 1970, 189ff (derselbe Raumtypus kehrt in Sangallos Palastentwurf für den König von Neapel wieder).
[563] Das Baptisterium ist im Baubeschluß von 1489 ausdrücklich als Vorbild genannt (FABRICZY, Chron. Prospekt 1902, 30, fol. 99), merkwürdigerweise aber für die Kuppel, deren heutige Form mit dem Baptisterium nur die achtteilige Anlage gemein hat. Allerdings war die ursprüngliche Kuppel 1496 eingestürzt. Bei der erneuten Wölbung mag man nach einem neuen Plan vorgegangen sein (MARCHINI 1942, 90).

Die Schlichtheit der Raumgliederung lenkt den Blick auf den dekorativen Reichtum der 186
Kapitellskulptur. Kein Stück gleicht genau dem anderen, und besonders im Erdgeschoß
führt Sangallo dem Betrachter eine Fülle antiker Motive vor. Verglichen mit den Kapitellen
von S. Maria di Cestello und selbst denen von S. Maria delle Carceri, wirken die Entwürfe
hier noch überlegter und differenzierter. Soweit feststellbar, folgt kein Kapitell exakt einem
antiken Prototyp. Vielmehr scheint Sangallo Einzelmotive der antiken Bauornamentik selbständig kombiniert zu haben[564]. In dieser Stilhaltung wie auch in der Qualität der Ausführung sind die Kapitelle denen im Hof des Palazzo Gondi eng verwandt.

Zu Sangallos originellsten Raumlösungen gehört das zwischen Kirche und Sakristei ver- 182,
mittelnde Vestibül. Vor die Querwände treten jeweils sechs schlanke, korinthische Vollsäulen, 183
die ein steinernes Tonnengewölbe tragen[565] und damit die Illusion einer allseitig offenen, in den
umgebenden Raum hineingestellten Säulenhalle schaffen. Hat der Grundgedanke des »zwei-
schaligen« Raumes seinen Ursprung im Innenbau des Baptisteriums, so erinnern das Aufrißschema
und das Gewölbesystem unmittelbar an die Eingangsloggia von Poggio a Caiano. Eine entschiedene Verbreiterung der Mitteljoche betont nunmehr die Eingangsachse. Nur die Soffitten der
Architrave, nicht die Gewölbefelder nehmen Rücksicht auf die Position der Stützen.

Die Ausstattung des Vestibüls kam erst 1492 in Gang, nachdem das Oktogon bereits weitgehend vollendet war[566]. Mit Cronaca wurde Sangallo nun ein zweiter Architekt an die Seite
gestellt. Der offensichtliche Bruch zwischen dem kraftvollen, tektonischen Stil der Säulenhalle und der flächigen Architektur des Hauptraums kann aber kaum, wie mehrfach vorge-
schlagen, durch eine Händescheidung zwischen Sangallo und Cronaca erklärt werden[567]. Die
Formen des Vestibüls lassen sich mit Cronacas nüchternem Stil dieser Jahre[568] nicht verein- 208
baren und stellen Sangallos Autorschaft außer Frage.

Offenbar waren die verschiedenen »Stilebenen« beider Räume von vornherein Bestandteil
des Entwurfs. An versteckter Stelle ist das Gliederungssystem des Hauptraums auch in der
Vorhalle präsent: Die flachen Blendarkaden, die hier die Schildwände rahmen, wiederholen
genau die Profile der Kapellenöffnungen im Innern der Sakristei. Zwischen Arkade und Säulenstellung schiebt sich als trennende Folie ein flaches, unprofiliertes Steinband. Sangallo
scheint eine Angleichung der Profile vermieden zu haben, um den Gegensatz zwischen vorgelegter, der äußeren Raumschale zugehöriger Wandgliederung und tragender Säulen-

---

[564] Die beiden Kapitelle mit nackten Jünglingen an den Ecken gehen auf einen berühmten Prototyp in der Sammlung Mattei zurück (MERCKLIN 1962, Nr. 392), den Sangallo schon im »Libro piccolo« abgewandelt hat (Cod. Barb., fol. 14ᵛ). Die ausgeführten Kapitelle entfernen sich noch weiter von der Vorlage. — Die Zuschreibung einiger Kapitelle an Andrea Sansovino (vgl. VASARI/MILANESI IV, 511) weist MIDDELDORF 1934 überzeugend zurück. Vgl. auch MARCHINI 1942, 90.

[565] Die Baukommission, die 1492 über die Ausstattung des Raumes zu entscheiden hatte, zog auch ein gegossenes Gewölbe in Betracht. Die Ausführung in Pietra Serena scheint allerdings als anspruchsvollere Lösung gegolten zu haben (Protokoll der Kommissionssitzung bei FABRICZY, Chron. Prospekt 1902, 31 oben).

[566] FABRICZY, Chron. Prospekt (1902), 30f; BOTTO 1932, 26ff

[567] Zuletzt schreibt RADICE 1976, 17ff, den Entwurf des Vestibüls Cronaca zu. — Da Sangallo an der praktischen Bauleitung nicht beteiligt war (FABRICZY, Chron. Prospekt 1902, 5), könnte Cronacas Aufgabe in der Überwachung der Arbeiten und der Lösung technischer Detailprobleme bestanden haben.

[568] Sowohl S. Salvatore al Monte als auch der Hof des Palazzo Strozzi (Abb. 208, 133) lassen in ihrer dekorationsfeindlichen Grundhaltung auf Einflüsse Francescos di Giorgio schließen, dessen Stil in Florenz bis dahin keine Rolle spielt.

konstruktion hervorzuheben. Die formale Dissonanz ist hier gestalterisches Mittel, das die Raumstruktur visuell verdeutlicht.

Zweifellos hat Sangallo gerade in diesem Raum das Motiv der tragenden Vollsäule bewußt eingesetzt. Der Zusammenhang mit Brunelleschis benachbarter Kirche liegt auf der Hand, zumal Sangallo — anders als im Oktogon — alle Säulen einheitlich mit korinthischen Kapitellen ausstattet. Schon die antikennahen Details der Kapitelle zeigen aber unverwechselbar Sangallos eigenen Dekorationsstil. Erst recht gilt dies für das Gewölbe, dessen variantenreicher Schmuck in zahlreichen Details auf antike Vorbilder zurückgreift.

Während in Poggio a Caiano — ähnlich wie vorher im Palazzo Scala — traditionell florentinische Elemente und der Wunsch nach Antikennähe ein widersprüchliches Gesamtbild ergeben, scheint dieser Dualismus in S. Maria delle Carceri, in der Sakristei von S. Spirito und im Palazzo Gondi überwunden. Der Haltung Sangallos kamen vor allem solche Aufgaben entgegen, die gestalterische Freiheiten nur im Rahmen fixierter typologischer Modelle zuließen. Hier konnte sich sein Formideal, die Verschmelzung toskanischer Bauprinzipien mit dem Schmuckreichtum der Antike, am reinsten ausprägen. Sangallos Hauptwerke der 1490er Jahre, der Palazzo della Rovere in Savona[569] und die Kuppel der Marienkirche in Loreto[570], setzen in ihrer engen Anlehnung an florentinische Baumuster diese Tendenz fort. Erst seine Übersiedlung nach Rom im Jahr 1504 und seine Begegnung mit Bramante führen Sangallo in eine Krise, die sein gesamtes Spätwerk bestimmt[571].

Eine direkte Nachfolge findet Sangallos »toskanischer Stil« nicht in der römischen Hochrenaissance, sondern allein in der Florentiner Architektur des späten 15. und frühen 16. Jahrhunderts. Zu diesen Nachfolgebauten gehört wahrscheinlich der Palazzo Corsi-Horne (nach 1489), der wohl zu Unrecht Sangallo selbst zugeschrieben wird[572]. Die Schmuckformen des Hofes imitieren zwar unverkennbar den Dekorationsstil des Palazzo Gondi, wirken aber lediglich als pittoreske Elemente in einem planlos disponierten, mittelalterlich anmutenden Baugefüge. Gerade im Vergleich zum überlegten Gesamtentwurf des Palazzo Gondi illustriert dieser Bau das Unverständnis, das die Florentiner Zeitgenossen Sangallos eigentlichen Anliegen entgegenbrachten.

---

[569] Der Palast war 1494 im Bau; die Autorschaft Sangallos ist dokumentarisch gesichert (MALANDRA 1975/76). Problematisch erscheint der Versuch von FIORE 1979, die drei Geschosse der heutigen Fassade als manieristisches Experiment Sangallos zu lesen. Schon der Materialwechsel im Gebälk des Erdgeschosses (Abb. 189) macht deutlich, daß der Bau an dieser Stelle unterbrochen war; offenbar wurde von hier an nach neuen, bescheideneren Plänen weitergearbeitet. Auch die Formen entsprechen nur bis zum ersten Gebälk Sangallos Stil (vgl. etwa die Pilasterbasen des Erdgeschosses, Abb. 188, mit denen der oberen Geschosse); Bottegenöffnungen und Rahmung des Mittelportals sind spätere Zutaten (Abb. 187). Im Innenbau sind das stuckierte Tonnengewölbe des Andito (Abb. 190) sowie die Stichkappengewölbe der ehemaligen Erdgeschoßräume (heute im Mezzanin) erhalten. — Sangallos ursprüngliches Fassadenprojekt sah vermutlich für die oberen Geschosse zwei deutlich unterschiedene Pilasterordnungen vor, analog zu Albertis Palazzo Rucellai und Rossellinos Palazzo Piccolomini in Pienza. Die Fassadeninkrustation erinnert an S. Maria delle Carceri, könnte hier aber als eine Anpassung an genuesische Baugewohnheiten verstanden werden.

[570] Vollendet am 8. V. 1500 (FABRICZY, Chron. Prospekt 1902, 8). Daß Sangallo hier die Florentiner Domkuppel genau kopierte, mag mit dem von Giuliano da Maiano ausgeführten Tambour zusammenhängen, den Sangallo vorfand. Sangallos Leistung scheint vor allem in der technischen Bewältigung der Wölbung bestanden zu haben. Wie hoch er selbst diesen Bau einschätzte, beweist seine Eintragung auf der letzten Seite des Sieneser Skizzenbuches (Tacc. Sen., fol. 51ʳ).

[571] FROMMEL 1973 I, 34—37

[572] RADICE 1976, 94 ff

Exkurs: Zur Autorschaft des Palazzo Strozzi

Vasari nennt im Zusammenhang mit dem Palazzo Strozzi zwei Architekten: Benedetto da Maiano als Autor des ursprünglichen, in der Fassade weitgehend verwirklichten Planes, Cronaca als Schöpfer des Kranzgesimses und des Hofes[573]. Beide Namen finden sich in den zeitgenössischen Dokumenten wieder[574]. Außerdem sind aber für die Jahre 1489 und 1490, also kurz nach dem Baubeginn, Zahlungen an Giuliano da Sangallo für ein Modell belegt[575].

Stegmann und Geymüller, die sich als erste intensiv mit der Planungsgeschichte des Palazzo Strozzi beschäftigt haben, gelangten zu dem Schluß, dieses Modell müsse mit jenem im Palazzo Strozzi aufbewahrten identisch sein[576]. Für die Zuschreibung des Palastes selbst kamen beide zu unterschiedlichen Ergebnissen: Stegmann sah die engen Beziehungen zwischen Modell und ausgeführtem Bau als Beweis an, daß der Palast ursprünglich nach Sangallos Plan begonnen worden sei; Geymüller hingegen hielt an Benedetto da Maiano als ursprünglichem Architekten fest und nahm an, daß der Bauherr das Modell erst nach der endgültigen Festlegung des Ausführungsplanes in Auftrag gegeben habe. Der Auftrag an Sangallo sei lediglich »pro forma« ergangen, um Lorenzo de'Medici für das Bauvorhaben günstig zu stimmen[577].

135— 137

Wie schon Fabriczy feststellt, vermerkt die Zahlungsanweisung an Sangallo ausdrücklich nur dessen handwerkliche Arbeit am Modell: »per sua manifattura e parte di legname messo in fare el modello del deficio della chasa«[577a]. Man muß also die Möglichkeit in Betracht ziehen, daß Sangallo hier nicht als Entwerfer, sondern allein als Spezialist im Modellbau in Anspruch genommen wurde. Da das Modell erst nach Baubeginn geschreinert wurde, kann es ohnehin nicht als Grundlage für die Ausführung des Palastes gedient haben. Wahrscheinlich sollte es repräsentativen Zwecken dienen, vielleicht auch den ursprünglichen Plan für die Zukunft festhalten.

Im Grundriß sind Modell und ausgeführter Bau vollständig gleich. Auch die verwirklichte Fassadenlösung verrät eine enge Beziehung zum Modell: Alle wesentlichen Gliederungselemente bis auf das Kranzgesims finden sich hier wieder. Bis zum Gesims des Erdgeschosses stimmen auch die Höhenmaße überein[578]. Erst in den oberen Geschossen sind Abweichun-

---

[573] Vasari/Milanesi IV, 443 ff
[574] In Auszügen publiziert bei Stegmann/Geymüller IV, Benedetto da Maiano, 4ff; zur Analyse der Dokumente s. Goldthwaite 1973, 122ff.
[575] Stegmann/Geymüller V, Giuliano da Sangallo, 13, Anm. 3, sowie Fabriczy, Chron. Prospekt (1902), 18, Nr. 15 (Wiederabdrucke nach der ursprünglichen Publikation von Iodoco Del Badia)
[576] Stegmann in: Stegmann/Geymüller V, Giuliano da Sangallo, 12; Geymüller: ebd., V, Giuliano da Sangallo, 13 f sowie IV, Benedetto da Maiano, 4ff
[577] Die Begründung erscheint in vielem nicht schlüssig, kann hier aber nicht im einzelnen besprochen werden. Ein wesentliches Argument für seine Behauptung sieht Geymüller in der Aufnahme der Piazza Strozzi UA 132r; (Abb. 127): Dort sei eine frühere Stufe der Palastplanung überliefert, die Benedetto später geringfügig verändert habe und die auch dem erhaltenen Modell zeitlich vorausgegangen sei (Stegmann/Geymüller IV, Benedetto da Maiano, 10f). Die Zeichnung ist jedoch mit Sicherheit erst ins 16. Jahrhundert zu datieren (s.o., Anm. 292). — Beide Hypothesen wurden in der späteren Forschung nur unwesentlich variiert, ohne anhand des Bauwerks selbst überprüft zu werden: Vgl. das Resümee bei Goldthwaite 1973, 187. Gambuti 1973 weist Sangallo eine führende Rolle bei Planung und Ausführung des Palastes zu.
[577a] S. Anm. 575.
[578] Vgl. Stegmann/Geymüller IV, Benedetto da Maiano, Blatt 1a.

gen festzustellen: So ist die Rustika im Modell geschoßweise abgestuft, während der Bau eine kontinuierliche Abflachung zeigt; ferner wird das Piano Nobile in der Ausführung bedeutend höher als im Modell. Diese Diskrepanz erklärt sich aus der Wölbung der Innenräume, die das Modell noch nicht vorsieht. Schließlich folgt das ausgeführte Kranzgesims einem veränderten Entwurf. Für das Piano Nobile des Hofes schlägt das Modell statt der ausgeführten Pfeilerarkaden eine umlaufende Fensterwand mit Biforien vor.

Bis zur Höhe des ersten Gesimses muß der Bau also nach Plänen ausgeführt worden sein, die mit dem erhaltenen Modell übereinstimmten. Danach ist eine Planänderung anzunehmen, die das bis dahin gültige Bauprogramm in einigen Punkten modifizierte. Dies bestätigen Dokumente, die im Juli 1490 ausdrücklich über die Anfertigung eines neuen Modells berichten[579]. Die Planänderung umfaßte mit großer Wahrscheinlichkeit bereits alle Punkte, in denen sich der ausgeführte Bau vom Modell unterscheidet: Einwölbung des Piano Nobile und damit Erhöhung der Fassade, Neugestaltung des Hofes und Vergrößerung des Kranzgesimses.

In den Zusammenhang dieses Planwechsels dürften die erhaltenen Teilmodelle gehören, die als Alternativen für den Aufriß der oberen Fassadengeschosse gedacht sind. Während das eine lediglich in der Rustikabehandlung vom ausgeführten Bestand abweicht, schlägt das andere eine grundsätzlich verschiedene Lösung vor. Die Biforien werden durch eine Reihe von Ädikulafenstern ersetzt, die auf einem dreiteiligen Gebälk ruhen und abwechselnd mit Dreiecks- und Segmentbogengiebeln bekrönt sind. Diese zukunftsweisende Formulierung, die der Bauherr offenbar als zu weit entfernt vom ursprünglichen Fassadenkonzept ablehnte, zeigt unverkennbar die Handschrift Cronacas[580]. Nachdem Cronaca bereits im ersten Jahr der Bautätigkeit als »maestro degli scarpellini« eine wichtige Stellung bekleidet hatte, scheint er nunmehr die Verantwortung für den Planwechsel und damit die Funktion eines leitenden Architekten übernommen zu haben[581].

Es bleibt die Frage nach dem Entwerfer des erhaltenen Holzmodells. Gegen Sangallo sprechen nicht allein die Dokumente, sondern in noch stärkerem Maße stilkritische Argumente. Konzeption und Formen des Strozzi-Baus, wie sie das Modell festlegt und wie sie in der Fassade des Palastes weitgehend verwirklicht sind, lassen sich mit dem Stil des gleichzeitigen Palazzo Gondi nicht vereinbaren[582].

Auch einer Zuschreibung des Modells an Benedetto da Maiano stellen sich Bedenken entgegen. Dussler hat mit Recht darauf hingewiesen, daß Benedetto zeit seines Lebens kaum als Architekt in Erscheinung getreten ist[583]. Sein einziger bekannter Bau, die Vorhalle von S. Maria delle Grazie in Arezzo, weist kaum Parallelen zum Palazzo Strozzi auf. Dagegen lassen sich Argumente für Giuliano da Maiano anführen. Daß beide Brüder eng zusammenarbeiteten, ist mehrfach bezeugt[584]. Giuliano, der sich um 1490 als gefragter Architekt meist außerhalb von Florenz aufhielt[585], könnte die Entwürfe geliefert haben. Möglicherweise hat

[579] FABRICZY, Chron. Prospekt (1902), 18, Nr. 15; vgl. GOLDTHWAITE 1973, 126 ff.
[580] Vgl. Cronacas frühen Kirchenbau S. Salvatore al Monte (Abb. 208), der zum ersten Mal überhaupt eine alternierende Reihe von Ädikulafenstern aufweist.
[581] So GOLDTHWAITE 1973, 126 ff, der die führende Rolle Cronacas seit 1490 überzeugend darstellt, im übrigen aber an der Zuschreibung des ersten Modells an Sangallo festhält.
[582] Vgl. die Analyse der Gondi-Fassade (s. o., 33 ff). MARCHINI 1942, 36 f, stellt dagegen zwischen dem Strozzi-Modell und dem Palazzo Gondi eine »perfetta analogia« fest.
[583] DUSSLER 1924, 63 f
[584] STEGMANN/GEYMÜLLER IV, Benedetto da Maiano, 3 f
[585] FABRICZY, Chron. Prospekt (1903)

Benedetto, der als Steinmetz und Bildhauer ständig am Strozzi-Bau beschäftigt war[586], die Ausführung überwacht[587]. Diese Lösung unterstützen stilistische Parallelen zwischen Giulianos Palazzo Spannocchi in Siena[588] und dem Modell des Palazzo Strozzi: Hier wie dort findet man die gleiche Beschränkung auf ein konventionelles Vokabular, den gleichen dichtgedrängten Rhythmus der Öffnungen, die gleiche vertikale Tendenz der Fenster und Portale. Auch ein ungewöhnliches Detail wie das zweimalige Auftreten des Zahnschnitts an den Traufgesimsen ist beiden Bauten gemeinsam. Die trennenden Merkmale hingegen — einheitliche Plattenquaderung beim Palazzo Spannocchi, abgestufte Rustika beim Strozzi-Modell, unterschiedliche Gestaltung des Kranzgesimses — erklären sich jeweils aus lokalen Bautraditionen[589]. Auch den Entwurf des Grundrisses, der in seiner axialsymmetrischen Geschlossenheit den Einfluß von Poggio a Caiano verrät, kann man Giuliano da Maiano in diesen Jahren durchaus zutrauen. Schon in der Villa Poggio Reale bei Neapel (1487 ff) hatte er die neuen Baugedanken Sangallos aufgegriffen.

204

---

[586] GOLDTHWAITE 1973, 187 ff
[587] Schon Geymüller (STEGMANN / GEYMÜLLER IV, Benedetto da Maiano, 15) zog eine Beteiligung Giulianos am architektonischen Entwurf in Betracht.
[588] Die Zuschreibung ist dokumentarisch gesichert: FABRICZY, Giuliano da Maiano in Siena (1903), 320 ff. Dort auch die Datierung des Baubeginns: 1473
[589] Die einheitliche Plattenquaderung des Palazzo Spannocchi findet sich bereits am Sieneser Palazzo Piccolomini. Das Gesims mit portraitgeschmückten Tondi geht offenbar auf den Päpstefries im Langhaus des Doms zu Siena zurück; im übrigen stimmt der Gesimstypus mit dem des Modells überein.

Dokumente:

			Seite
I.	1451	Catasto	118
II.	1455	Giuliano Gondi kauft ein Haus an der Via de'Leoni.	119
III.	1457	Catasto	119
IV.	1459	»Registri« der Arte di Calimala	120
V.	1469	Catasto	121
VI.	1469	Catasto	122
VII.	1480	Catasto	122
VIII.	1480	Catasto	123
IX.	1485	Giuliano Gondi kauft drei Häuser von der Arte di Calimala	123
X.	1490	Tribaldo de'Rossi über den Baubeginn des Palazzo Gondi	124
XI.	1498	Decima Repubblicana	125
XII.	1501	Testament des Giuliano Gondi	126
XIII.	1501	Giovanni Cambi über den Palazzo Gondi	132
XIV.	1537	Aufstellung des städtischen Grundbesitzes der Familie Gondi	133
XV.	1550		
	1568	Giorgio Vasari über den Palazzo Gondi	133
XVI.	1567	Francesco da Sangallo an Vincenzo Borghini	134
XVII.	1584	Vincenzo Borghini über die römische Statue im Palazzo Gondi	135
XVIII.	17. Jh.	Topographische Beschreibung des Palazzo Gondi und seiner Umgebung	135
XIX.	1886	Giuseppe Poggi über die Restaurierung des Palazzo Gondi	136

I. Aus dem Catasto   1451

Giuliano et Antonio di Lionardo Ghondi ...
Sustanze che furono di detto Lionardo nel primo chatasto, lequale sono alienate:
... Una chasa insieme cholle rede di Giovanni di Gieri Ghondi, posta nel chorsso degli Strozzi, chonfinata da primo e 1/2 le rede di Matteo di Simone, 1/3 e 1/4 rede di Salustro
5 di Simone Ghondi, laquale non fu achastata perché ... la detta chasa vendè Lionardo nostro padre a dì 6 di settembre 1428 a messer Palla di Nofri degli Strozi per prezzo di F. ccxxx, carta per mano di Ser Tomaso Chalandrini ...
Beni immobili:
Abiamo el traficho del mestiero dell'oro di me Giuliano Ghondi.
10 Incharichi:
... Non abiamo chasa per nostro abitare ché stiamo a pigione in chasa di Carlo Borciani ...
Boche:
Checha nostra madre d'età d'anni   46

Giuliano d'età d'anni	30
15 Antonio d'età d'anni	8
Lisabella donna di Giuliano d'anni	18
Lionardo di Giuliano d'anni	mesi 2

(ASF, Catasto 707, fol. 131r)

II. Giuliano Gondi kauft ein Haus an der via de' Leoni   27. VI. 1455

Item postea dictis anno et indictione et die vigesimo septimo mensis Junii acta Florentie populo sancti Apolenaris in domo habitationis mei notarii infrascripti presentibus testibus ... [es folgen mehrere Namen] ...
Pateat omnibus evidenter qualiter venerabilis vir et egregius decretorum doctor dominus Ieronimus quondam Bernardi Dominici de Giugnis de Florentia canonicus florentinus et
5 Galeottus eius frater et filius dicti olim Bernardi Dominici de Giugnis eorum nominibus propriis et vice et nomine Antonii et Bartolomei et Aloysii eorum fratrum et filiorum dicti Bernardi Dominici de Giugnis ... promiserunt ut ... dederunt et vendiderunt, tradiderunt et concesserunt Iuliano olim Leonardi alterius Leonardi de Gondis civi et mercatori florentino ibidem presenti, ementi et recipienti pro se vel pro nominando ab eo in totum vel in
10 partem et eius seu eorum heredibus et successoribus integra infrascripta bona videlicet:
Unam domum magnam cum curia, lodia, cameris, terrenis, fundachotto, stabulo, voltis subtus terram, palchis, salis, cameris, tecto et omnibus aliis suis habituris, hedificiis et pertinentis, simul positam in civitate Florentie in populo sancti Firenzis de Florentia, cui a primo via de' Lioni, a secundo via delle Prestanze, a tertio et quarto bona artis et universitatis
15 mercatorum Callismale civitatis Florentie ...
Et venditionem fecerunt dicti venditores dictis modis et nominibus pro precio et communione veri et iusti precii florenorum mille ducentorum nitidorum ...

(ASF, Notarile antecosimiano G 25, Niccolò Galeotti, ohne Blattzählung)

III. Aus dem Catasto   1457

Sustanzie et incharichi di Giuliano di Lionardo Gondi, quartiere Santa Maria Novella, ghonfalone de Lione Rosso.
Sustanzie:
Una caxa per mio abitare a comune con Antonio mio fratello, posto nel popolo di San
5 Firenze, gonfalone del Bue, laquale comperai da messer Girolamo di Lionardo Giugni e fratelli, carta per mano di Ser Nicholo di Francesco Galeotto, dì 27 di giugno 1455, per pregio di f. 1200 netti, confinata da primo via da Lioni, secondo via dalle Prestanze, 3. et 4. arte e università de' merchantanti ...
Un podere posto nel popolo di Santo Stefano del Pane ...
10 Traffico:
Fo la bottega del mestiero dell'oro al canto de' Lioni, nella quale bottega mi truovo le sustanzie che apariranno nel bilancio fatto nel presente quaderno. Primo noterò e debiti:

Debitori buoni ...[1]
Debitori dei quali dubito e paiomi pegio assai come daxie, diremo ...[2]
15 Qui apresso seguono e creditori di detta mia bottega dell'oro filato ...[3]
Bocche:

Giuliano di Lionardo Gondi	anni 36	f. 200[4]
Lisabella mia donna	anni 24	f. 200
Lionardo mio figluolo	anni 7	f. 200
20 Giovanni Batista mio figluolo	anni 5	f. 200
Checha mia figluola	anni 3	f. 200
Bilicozzo mio figluolo	anni 2	f. 200
Simone mio figluolo	mesi 2	f. 200
Ho due figluoli non ligittimi:		
25 Ghaleotto mio figluolo	anni 5	f. 200
Franciescha mia figluola	anni 2	f. 200

(ASF, Catasto 817, fol. 411ʳ—416ʳ)

IV. Aus den »Registri« der Arte di Calimala   1459 (mit Hinzufügungen von 1485)

Assegnatione detta di Madonna Francesca delli Asini donna fu di Lotto Castellani
Una chasa posta nel popolo di San Firenze di Firenze, ch'ha da primo via, da secondo una chasetta della detta asseghnatione di m. Franc. di messer Lotto, a III la via della Prestanza, che va alla piazza de Signiori, a 1/6 la chasa della Merchatantia de Franza[5], 1/4 la casa di
5 Nicchollo delli Asini, con più edifici, sala con una volta, pozo e altr'edifici. ...
La detta casa si barattò cum Giuliano Ghondi alla infrascripta bottega ...
Una chasetta posta nel popolo di San Firenze in Firenze a lato alla sottoscritta casa, ch'à da primo via, secondo la chasa detta, 1/3 Giuliano di Lionardo Gondi, 1/4 la chasa di sotto scritta. ...
10 La detta casetta si barattò cum Giuliano Gondi alla infrascripta bottega ...
Assegnatione detta . — Un sito da uficio con androne e camera nella quale stanno al presente l'Uficio de Regolatori posto nel popolo di S. Firenze nella via delle Prestanze, ch'à da primo via, secondo la casa delle Mercatanzie, 1/3 case della detta Luguglione, 1/4 Giuliano di Lionardo Gondi. ...
15 E detto sito si barattò cum Giuliano Gondi alla infrascripta bottega.
Una bottega a suo uso d'arte di seta posta in Firenze nel popolo di S. Stefano a Ponte nella via che si dice di Porta S. Maria e che dal primo chonfina via, a II a III Lorenzo di Agnolo Carducci, a IIII beni dei frati di Certosa ...

[1] Es folgen 34 Positionen; Gesamtbetrag: f. 5942/s. 18/d. 8 (1 fiorino = 20 soldi a oro = 240 denari a oro; vgl. ROOVER 1963, 31 f.)
[2] 47 Positionen: f. 10925/s. 18/d.—; darunter Federigo da Montefeltre mit f. 5711
[3] 78 Positionen: f. 14812/s. 12/d.—
[4] Einlagen im Monte Comune
[5] Vermutlich ein Lesefehler — wahrscheinlich: »Fiorenza« oder »Firenze« (vgl. Dok. XIV, 1.)

Ebbesi in baratto da Giuliano di Lionardo Gondi con fiorini cento larghi in cambio del so-
prascritto sito da Uficio, androne, camera da udienza, dei quali nelle carte di sopra si fa
mentione et nella detta casa posta nel popolo di Santo Apollinari et dell' altra casetta ...
Con pacto che la detta bottega non si possa vendere nè alienare, ma stia con quella proibi-
tione, come stavano dette due case in detto sito.
Carte di detto baratto per mano di ser Giovanni di Jacopo Migliorelli sotto dì XII d'agosto
1485. Condusse detta bottega dal XII d'agosto 1485 per 3 anni futuri a questo dì comin-
ciati, per fl. 48 di sigillo, che sono fiorini 20 larghi ...

(SMIRAGLIA-SCOGNAMIGLIO 1900, 137 f.)

V. Aus dem Catasto 1469

Guliano di Lionardo Gondi detto quartiere S Croce. In tutte le altre gravezze in Lionardo
nostro padre e nel quartiere S. Maria Novella, gonfalone Lione Rosso ...
Sustanze:
Chasa per mio abitare posta nel popolo di San Firenze, da primo e secondo via, da 1/3,
1/4 l'arte de'merchatanti, chonperata da figliuoli di Bernardo di Domenicho Gugni insino
l'anno 1454 [sic!] e raportata nel 58 [sic!] per mio abitare a comune con Antonio mio
fratello, e nelle divise tochò tutto a me ...
Traffico:
Faciamo una bottecha di battiloro titolata in me e Antonio mio fratello, la quale è a comune l'utile chon Antonio mio fratello, e fo alchunaltre facendette fuori di detta bottecha che
abattuto e crediti de debiti traffìcho intutto.
...
Bocche:

Guliano sopradetto	anni 48	f. 200
Antonia mia donna	anni 25	f. 200
Lionardo mio figluolo	anni 17	f. 200
Giovanbattista mio figluolo	anni 16	f. 200
Checca mia figliuola	anni 13	f. 200
Billichozo mio figluolo	anni 12	f. 200
Simone ———	anni 11	f. 200
Lisabetta ———	anni 7	f. 200
Chasandra ———	anni 5	f. 200
Maddalena ———[1]	anni 3 1/2	f. —
Federicho ———	anni 2 1/2	f. 200
Alfonso ———	anni 1 1/2	f. 200
Ferando ———	mesi tre	f. 200
Ghaleotto ⎫ non ligittimi	anni 16	f. 200
Francesca ⎭	anni 14	f. 200

Incharichi:

---

[1] Name getilgt, am Rand: »morta«

... Tengho a pigione una chasetta alato alla mia in che tengho legna e polli; fovi una chuci-
30 na colla tenuta per anni fa dal arte de' merchatanti.
Donne l'anno ll.24 e carta per mano di Ser Batista di Francesco Guiardi, notaio al arte de' merchatanti.

(ASF, Catasto 912, fol. 536$^{r\text{-}v}$; vgl. SMIRAGLIA-SCOGNAMIGLIO 1900, 136f.)

VI. Aus dem Catasto   1469

Rede di Nicholo di Francesco degli Asini ...
Sustanze:
Una chasa chon chorte, pozo, volte e altri di Firenze, posta nel popolo di San Pulinari; da prima via, 1/2 l'arte di Chalimala, 1/3 chiaso del Fondelo, 1/4 rede di Ser Antonio d'Antonio ...

(ASF, Catasto 913, fol. 923^r)

VII. Aus dem Catasto   1480

Guliano di Lionardo Ghondi, detto quartiere e gonfalone ...
Sustanzia:
Una casa per mio abitare, posta nel popolo di San Firenze, da primo e secondo via, da 1/3 e 1/4 l'arte de' merchatanti, raportata per me nel 1457 e nel 1469 per mia abitazione.
5 Faciamo una bottegha d'oro filato titolata in Guliano e Antonio mio fratello, ed è a comune, della quale traiamo e faciamo lavorare una bottegha d'arte di seta che dicie in detto Guliano e Antonio Ghondi; e per smaltire le nostre merchatanzie faciamo un pocho di trafico a Napoli, che dicie nel medesimo nome, e traiamo a comune. E nei detti nostri trafichi tegniamo più giovani e omgni dì se ne muta secondo se occorre, e stanno a nostra
10 discrezione per ragione di f. 15 a f. 7 per ciascuno.
Bocche:

Guliano d'età d'anni	59	
Antonia sua donna	36	
Lionardo mio figlio d' anni	29	non fa nulla
15 Giovambattista anni	28	in Ghostantinopoli
Billichozo anni	24	a Napoli
+ Simone anni	23	in Ungheria
Lisabella anni	18	a di dota f. 1000 di suggello
Chasandra anni	15	farolla monacha
20 Federigho anni	14	al abacho
Alfonso anni	12	
Ferrando anni	11	
Nicholo anni	6	
La donna grossa di 5 mesi		

25 Incharichi:
Tengho a pigione tre chase dal arte de' merchatanti che confinono con la mia; donne l'anni
f. 25 larga e ll.24; repigionone una a Ser Piero da Vinci, l' altre due tenevo per me. Lui da
più mesi non vi sta benché la pigione gli duri sino a omgni santi, e dipoi la rio per me perché avendo la famiglia cresciuta ...
30 Tengho a pigione a comune con Antonio mio fratello una bottegha in Porta S. Maria a uso
d'arte di seta dalla Parte Ghuelfa, e paghiamone l'anno f. 38 di suggello.

(ASF, Catasto 1003, Bd. 2, fol. 434^{r-v}; vgl. SMIRAGLIA-SCOGNAMIGLIO 1900, 140)

VIII. Aus dem Catasto   1480

Mariotto e Luigi frategli e figluoli di Nicholo degli Asini e Bernardo loro nipote ...
Sustanze:
Una chasa ... posta nel popolo di Santo Pulinari di Firenze, la quale abitata per nostro uso
chola nostra famiglia.
[a] Et 95 Bue no. 256 chomprato Giuliano di Lionardo de Gondi per suo uso.[a]

(ASF, Catasto 1004, Bd. 1, fol. 174^r)

IX. Giuliano Gondi kauft drei Häuser von der Arte di Calimala   12. VIII. 1485

In dei nomine amen. Anno domini nostri Jesu Christi ab eius salutifera incarnatione quadringentesimo octuagesimo quinto, indictione tertia et die duodecima mensis augusti. Actum Florentie in populo Sancti Laurentii et in palatio et habitatione magnifici viri Laurentii Petri Cosme de Medicis presentibus ... [es folgen mehrere Namen] testibus ad infra-
5 scripta omnia et singula vocatis habitis et rogatis.
Pateat omnibus evidenter qualiter nobilis vir Johannes olim Simonis Johannis de Altovitis
sindicus et procurator artis mercatorum Kalismale civitatis Florentie et hominum et personarum ipsius et commesserie et executionis domine Francisce de Asinis et uxoris olim
domini Lotti de Castellanis ... dedit, tradidit et permutavit spectabili viro Juliani olim
10 Leonardi de Ghondis civi et mercatori florentino ibidem presenti et pro se et suis heredibus
et successoribus recipienti, permutanti et stipulanti infrascripta bona videlicet:
Unam domum cum suis habituris et hedificiis positam Florentie in populo Sancti Apulinaris, cui a primo via, a II° infrascripta domuncula, a III° via delle Prestanze, a IIII° palatium
sive domus Mercantie et universitatis mercatorum civitatis Florentie, a V^o heredium Nic-
15 cholai de Asinis, a VI° dicti Juliani de Ghondis.
Item unam domunculam positam in dicto populo, cui a primo via, a II° suprascripta domus, a III° dicti Juliani de Ghondis, a IIII° infrascripta domus.

[a] Am Rand

Item unam aliam domum sive situm pro residentia offitialium videlicet: androne et camere et audientia, quod est comprehensum cum suprascripta domo, in quo sito iam steterunt
20 reghulatores, positam Florentie et in populo Sancti Firenzis, cui a primo via, a II° dicti Juliani de Ghondis, a III° et IIII° dicte alie due domus, a V° dictum palatium sive domus Mercantie.

Ad habendum, tenendum et possidendum, vendendum et alienandum, locandum et finendum et quidquid dicto Juliano de Ghondis et eius heredibus et successoribus diversis pla-
25 cuerit perpetue faciendum. Et hoc spetialiter et nominatim pro una apotheca ad usum et exercitium artis sirici positam Florentie in populo Sancti Stefani ad Pontem in via, que dicitur di Porta Sancta Maria, super angulo Terme, cum suis hedifitiis et habituris, cui a primo dicta via vocata Porta Sancta Maria, a II° via Terme, a III° Laurentii Angeli de Carducciis, a IIII° bona fratrum capituli et conventus Certuse, quam apothecam et bona dic-
30 tus Julianus de Ghondis ... dedit, tradidit, concessit et permutavit dicte arti et executori et commisserie et dicto Johanni de Altovitis dictis modis et nominibus ... ac etiam pro pretio florenorum auri centum larghorum nove additionis sive melioramenti, quos dictus Julianus de Ghondis solvit dicte arti et executori et commesserie et pro eis Antonio Gregorii de Ubertinis camerario dicte artis ...
35 Ac etiam dictus Julianus de Ghondis solempni stipulatione promisit dicto Johanni de Altovitis et mihi Johanni notario infrascripto ... se facturum et curaturum ita et taliter cum effectu quod magnificus et generosus Laurentius Petri Cosme de Medicis consentiet dicte arti et commesserie et dicti Johanni de Altovitis et mihi Johanni notario infrascripto ... omnia iura pro defensione dictorum bonorum ... Promittentes sibi unus alteri ad invicem
40 solempnibus stipulationibus hinc prevenientibus aliquam litem non movere de bonis a se permutatis ..., scilicet unusquisque eorum bona a se permutata alteri et eius heredibus ad invicem ob omni legitime defendere ...

Cum pacto quod dicta apotheca et bona per dictum Julianum data dicte arti et commesserie non possint alienari nec vendi nec ad longum tempus locari, sed in perpetuum retineri
45 debeant per dictam artem; et sic prohibita et in se et supra se habeant illam prohibitionem vendendi et alienandi quam habeant dicta bona per dictum Johannem de Altovitis dictis nominibus data dicto Juliano de Ghondis. Cum pacto etiam inter predictos contrahentes et magnificum Laurentium Petri Cosme de Medicis presentem et acceptantem et paciscentem espresse addiecto et apposito in presenti permutatione et instrumento, quod dicta
50 bona permutata sint unus alteri et e converso obligata et ipothecata pro defensione, tuitione et evictione presentis permutationis ...

(ASF, Notarile antecosimiano M 264, Giovanni Migliorelli, Bd. 3, fol. 386ʳ—388ʳ; vgl. SMIRAGLIA-SCOGNAMIGLIO 1900, 114ff.)

X. Tribaldo de' Rossi über den Baubeginn des Palazzo Gondi　　　　　　　　1490

a)
In detto tenpo Giuliano Ghondi chominciò adifichare la casa sua, e fala di bozi anche lui belisima. Chominciò a fondare la faccia dinanzi a' dì 20 di Luglio 1490, di pocho era levato el sole.

b)
Richordo per questo dì 5 di giugno 1490, chome si vinse in Palagio per chonsigli che Giuliano Ghondi avessi quel'arte de' ....¹, ch'è drieto a la Merchatantia dirinpetto al Bargiello e dirinpetto ale Prestanze, per crescere la chasa sua che di nuovo fa abozata; per mezo di Lorenzo de'Medici l'à otenuta el merchato, cioè el pregio nano a fare gli uficiali del Monte.

In detto fondamento di Giuliano Ghondi gitai io un sasso. Parte si fondava a'dì 29 di luglio 1490 uno pozo dirinpetto cioè sotto la soglia dela porta sua v'era, e rienpieronlo di ghiaia, ed ivi gitai uno sasso detto dì.

(Rossi 1786, 250 und 253)

XI. Aus der Decima Repubblicana   1498

Quartiere Sta. Croce, ghonfalone Bue.
Guliano di Lionardo Ghondi disse la gravezza della schala inchamerata l'anno 1481 in detto Guliano.
Sustanzie:
Una chasa per suo habitare fatta di più chase come si dirà a piè, posta nel popolo di Santo Pulinari nella via de' Lioni, da primo detta via, da secondo la via delle Prestanze, da 1/3 la Merchatanzia, 1/4 chiasso detto el Fondello, 1/5 Nicholò di Francesco Tanini, dettila nella gravezza l'anno 1481 imparte e olla di poi acresciuta come a piè dirò.
Comperai più anni fa dall'arte de'Merchatanti una chasa, la quale loro aloghavano a tre pigionali, posta nella via de'Lioni, popolo di Santo Pulinari, che confinava meco, e dienne f. ottocento di suggello e f. cento larga, la quale chasa ho gittata in terra e muratala nella chasa in che habito.
E più comperai da Mariotto degl'Asini e Bernardo di Bernardo Asini suo nipote una casa posta in detta via e popolo che confinava meco e con Nicolò Tanini per f. mille dugento di suggello e gittala tutta in terra e muraila con la chasa in che habito.
E più comperai dal Comune uno certo sito in che stavano gl'uficiali della Crascia, posto nel popolo di San Firenze nella via delle Prestanze, e da secondo confinavo io medesimo, e da terzo la Merchatanzia, il quale sito ho in più parte ghuasto e missolo nella mia casa e per mio uso, dienne f. dugentocinquanta di suggello.
E più comperai da Lorenzo di Piero de'Medici una botegha a uso d'arte di Seta, nel popolo di Sto. Stefano a Ponte nella via di Porta Sta. Maria e in sul canto di Terma, che da primo via di Porta Sta. Maria, 2° via di Terma, 1/3 Lorenzo d'Agnolo Carducci, 1/4 Piero del Bonino overo rede di Neri del Bonino; costomi f. ottocento di suggello, la quale detti in paghamento per detto pregio al arte de' Merchatanti per la compera della chasa comperai da detta arte.

(ASF, Decima Repubblicana 12, fol. 604ʳ. Vgl. die paraphrasierte Wiedergabe bei Carocci 1899)

¹ Auslassung im Text

XII. Testament des Giuliano Gondi[1] 3. V. 1501

ᵃTestamentum Iuliani de Ghondisᵃ

(§ 1)
In eterni dei nomine, amen. Anno domini ab eius salutifera incharnatione millesimo quingentesimo primo, inditione quarta, die vero tertia mensis may, actum Florentie in populo santiᵇ Appollinarisᶜ et in domo habitationis infrascripti Iuliani testatoris presentibus infrascriptis venerabilibus religiosis videlicet
5 Dopno Alexandro Hypoliti de Florentia
  D. Paulo Manni Melchionis
  D. Paulo Francisci
  D. Muro Dominici
  D. Laurentio Andree
10 D. Ieronimo Vettorii
omnibus de Florentia monacis professis in eclesia seu conventu abbatie florentine ordinis santi Benedicti testibus ad infrascripta omnia et singula proprio ore infrascripti testatoris vocatis, habitis, adhibitis atque rogatis.

(§ 2)
... Nobilis, sapiens et prudens vir Iulianus quondam Leonardi alterius Leonardi de Ghondis, quoniam sue etatis annum ottuagesimum attigit et fere consumpsit, etiam qui sicut in rebus et negociis mercantilibus suis continuo vigilans in vita fuit non minus in disponendis in ultima sua voluntate ..., sanus per dei omnipotentis gratiam mente, visu, sensu et intellectu,
5 licet infirmus corpore, testatus fuit et disposuit de bonis et facultatibus ac substantia eius ... videlicet:

(§ 3)
/71ʳ/ Imprimis valde confidens de clementia, misericordia et bonitate summi dei animam suam cum toto corde et sincera devotione mentis dirigens oculos suos ad illam triumphantem curiam paradisi humile et devote commendavit omnipotenti domino Jeso Christo et summe trinitati et gloriose Marie santissime virgini et ceteris santis faventibus gaudios eterne
5 glorie. Sui vero corporis sepulturam elegit in sepulcro et urna noviter construenda iuxta ordinem capiendum per infrascriptos eius exequtores prout infra subdetur, et interim deponendum esse in eclesia sante Marie Novelle ad quam duci mandavit dictum corpus suum in onorantia fienda de eo vel anima cum ea expensa quam iudicaverint infrascripti sui filii et heredes convenire conditioni et qualitati dicti testatoris et moribus eius vite.

(§ 4)
Item legavit operi maioris eclesie florentine intotum libras tres.

---

[1] Die Wiedergabe folgt dem Konzept in den Akten des Notars Jacopo Martini. Eine Ausfertigung ist nicht erhalten. Zur Textgestalt: Die Handschrift ist in 42 Abschnitte unterteilt, die in der Wiedergabe durch (§ ...) gekennzeichnet sind. In der — z. T. gekürzten — Transkription erscheinen diejenigen Abschnitte, auf welche im Text Bezug genommen wird; die anderen Abschnitte sind als Regesten wiedergegeben. — ᵃ Am Rand. ᵇ Folgt »Firenzis« (getilgt). ᶜ Über der Zeile.

(§ 5)   Dem Franziskanerkonvent in Fiesole wird ein Legat von einem Krug Meßwein jährlich zugesprochen.

(§ 6)   Zehn Florentiner Klöstern wird ein Legat von zehn Stazien Korn zugesprochen; die Mönche und Nonnen sollen für die Seele des Verstorbenen beten.

(§ 7)   Legat von je 20 Lire an fünf Florentiner Klöster, verbunden mit der Auflage, jeweils 30 Totenmessen für den Verstorbenen zu lesen.

(§ 8)   /71ʳ⁻ᵛ/ Die Testamentsvollstrecker werden beauftragt, nach Giulianos Tod drei Jahre lang jeweils fünf heiratsfähigen Mädchen eine Aussteuer von 30 Lire zuzuwenden.

(§ 9)
Item in tuitu pietatis et ob bona et fidelia obsequia recepta per eum et suam familiam ab infrascripto Gahamino, legavit Gahamino eius sclavo libertatem et ipsum liberavit ab omni vinculo servitutis et eodem legavit ducatos decem largos auri in aurum deprecans et ortans ipsum Gahaminum ut recepto competenti mercede et salario ab infrascriptis eius filiis pro
5 tempore quo morabitur cum eis; nolit discedere ab eis et de domo ipsorum, quia valde dictus testator cum sese confidit in eius bonitate et fideli et diligenti servitio.

(§ 10)
Item ob singularem amorem quem gessit et getit ᶜinfrascripta Nastasiaᶜ erga suam familiam et fidelia servitia hactenus prestita in eius domo per eam legavit Nastasie olim eius sclavam, quamiam sub plures anni [!] liberavit a servitute, manu mei notarii infrascripti alymenta condecentia in domo dictorum suorum filiorum et heredium ᵃdonec ipsa vixeritᵃ et libras viginti
5 singulo anno quo morabitur in dicta domo pro vestitu et aliis suis indigentiis; non enim cogi possit dicta Nastasia ad prestandum aliqua servitia vel obsequia nec famulari in domo predicta plusquam eidem Nastasie videatur et sibi placuit.

(§ 11)
Item in tuitu pietatis et ut deus miseratur sui iussit Luiciam et Chaterinam nigras de portibus Ghinee eius sclavas fare liberas elapsis annis quatuor proxime subsequturis a die sue mortis et eas elapsis dictis quatuor annis liberavit ab omni vonculo servitutis.

(§ 12)
Item ex eadem causa pietatis iussit Agnesam eius sclavam albam elapsis decem annis a die sue mortis proxime subsequturis fare liberam et ipsam liberavit ab omni vinculo servitutis elapsis dictis decem annis.

(§ 13)
Item in casu viduitatis legavit unicuique ex filiabus dicti testatoris pro se sola et una famula reditam in domo habitationis dicti testatoris de Florentia posita in populo santiᵇ Appollinarisᶜ in sua locatione et confines.

(§ 14)
Item iussit unamquamque dictarum suarum filiarum indui debere clamide et velis infiniter dicti testatoris prout fieri consuevit et convenit. Sorori in Christo Chassandre eius filie mo-

127

niale professe in conventu monialium de Faventia legavit florenos decem de suggello quolibet anno durante eius vita pro eius indigentiis, et itaque non aquirantur monasterio nec in proprietate nec usufructo, sed ipsi sorori Chassandre proprie extra dequa super. Et ulterius iussit ipsam indui debere in morte dicti testatoris prout videbitur infrascriptis eius filiis et heredibus.

(§ 15)
Item ultra dotem quam dixit esse constitutam super monte comunis Florentie Lisabelle filie legitime et naturali Bilichotii filii dicti testatoris predefuncti iussit et voluit quod eidem Lisabelle quando nuptui tradetur augeatur dicta dos et dentur floreni mille larghi di grossis inter donamenta et contantes et seu pecuniam numeratam de bonis et facultatibus dicti Bilichotii sui patris …

(§ 16)
Item ultra dotes hactenus ordinatas Chamille et Angele filiabus naturalibus dicti quondam Bilichotii pro honore memorie dicti Bilichotii et ad preservationem honoris domus de Ghondis iussit et mandavit unicuique dictarum Chamille et Angele cum viro tradentur dari in augmentum dictarum suarum dotum /72^r/ florenos ducentos largos di grossis de facultatibus et bonis dicti Bilichotii eius patris …

(§ 17)
Item ordinavit et voluit quod pariente domina Chaterina uxore dicti Bilichotii relicta ex eo pregnante unam vel plures filias feminas tantundem constituatur et ordinetur pro dote uniuscuiusque talis filie nasciture super monte et in donamentis et contantis et eo modo et forma prout dicte Lisabelle provisum et ordinatum fuit in superiori legato facto pro dicta Lisabella.

(§ 18)
Item confisus de optima indole et conditione et bonis moribus dicte Chaterine vidue olim uxoris dicti Bilichotii et filie olim Bernardi Leonardi de Bartolinis ordinavit et voluit quod de bonis et facultatibus dicti Bilichotii dicta domina Chaterina alymentetur et vestiatur condecenter sue conditioni et qualitati in domo dicti testatoris etiam ea vidua stante et dotes suas non repetente et commorante in dicta domo cum eius filiis et filiabus natis et nascituris ex ea et dicto Bilichotio.

(§ 19)
Item in memoriam dicti testatoris et aliorum suorum predecessorum qui continuo tenuerunt apertum traficum battilori per annos septuaginta tres, ut asseruit dictus testator, disposuit et mandavit quod huiusmodi traficus et exercitium battilori continuo persequatur adminus per annos quinque subsequturos a die sue mortis sub nomine heredum Iuliani Leonardi de Ghondis et ad proutilia lucra et danna comunia sue hereditatis et heredum suorum, pro quibus iussit retineri libros, scripturas et computa ordinate et diligenter ad eo, quod videri et saldari possint computa pro omni tempore cum fuerit oportunum et videbitur dictis infrascriptis suis heredibus. Et ulterius ordinavit et voluit quod, si videbitur infrascriptis eius quatuor filiis vel [eis] qui supervixerent ex dictis eius quatuor filiis, et semper in concordia et nemine ex eis discrepante persequi ^{c}traficum et^c artem et seu artes lane que chantaverunt et chantant in Iohannem Batistam et Bilichotium de Ghondis et traficum dicti testatoris de Ne-

apoli aut alios traficus vel exercitia cuiuscuis qualitatis sint de novo erigere vel creare, quod huiusmodi trafici, artes et exercitia persequi, fieri, exerceri et de novo creari possint ᵃper dictos et infrascriptos eius filios et superviventes omnes semper in concordiaᵃ et cantent sub nomine heredum Iuliani Leornardi de Ghondis; et in eis et qualibus eorum ᵃet earumᵃ de omnibus utilibus lucris et dapnnis et bono et malo participare comuniter debeant infrascripti sui heredes pro portionibus equalibus hereditariis ... /72ᵛ/ ...

(§ 20)   Der Kapitalanteil des verstorbenen Bilicozzo am Familienunternehmen soll gleichmäßig unter die Söhne aufgeteilt werden.
Es folgen Legate an die einzelnen Söhne: An Leonardo, Giovambattista und Federigo je 800 Dukaten, an Alfonso 200 Dukaten und an Giovambattista außerdem 830 Dukaten.

(§ 21)   Betrifft einen Kredit (»bona et magna summa pecuniarum«) an den Monte Comune, der bei der Tilgung allen Söhnen zu gleichen Teilen zukommen soll.

(§ 22)
Item dictus testator recordatus benefitiorum receptorum a deo in presenti seculo et ad eius honorem et laudem santorum eius et remissionem peccatorum suorum cupiens partem substantie sue pie cause et divino cultui dedicare, et in memoriam sui et aliorum de Ghondis iussit, ordinavit et voluit quod per infrascriptos eius heredes attendatur cum omni diligentia et
5 sollicitudine ad exigendum et recuperandum a comuni Florentie /73ʳ/et ab illustrissimo domino duce Ferrarie debitoribus eiusdem testatoris in magna et grossa pecuniarum summa, et postquam exegerint et retraxerint aut se prevaluerint a dictis debitoribus de summa ducatorum quatuordecim milium ᵃlargorum de auro in aurumᵃ pro computo et ratione capitalium et sortis principalis ᶜsuccessioneᶜ de primis pecuniis exigendis et retraendis a
10 dictis huiusmodi duobus debitoribus ratione sortis principalis et capitalium expendantur etᶜ erogentur per infrascriptos eius exequtores ducati mille quingenti largi de grossis in erigendo aut noviter construendo vel aliter deputando vel designando unam cappellam sub titulo santi Iuliani in eclesia sante Marie Novelle de Florentia cum dote seu introitu adminus quolibet anno florenorum viginti quinque de suggello et cum eo apparatu aut ornamentis, paramentis
15 et aliis prout videbitur et placebit pro infrascriptis eius exequtoribus et prout et sicut per eos ordinabitur et designabitur et declarabitur ᵃiuxta auctoritatem et modum auctoritatis eisdem exequtoribus infra traditum in erogatione et expensa dictorum ducatorum mille quingentorum largorum de grossis circa huiusmodi cappellamᵃ. In qua cappella adminus tribus vicibus in ebdomada ᶜin tribus variis diebusᶜ et singulo die in quadragesima dicatur et celebratur una
20 missa pro anima dicti testatoris in perpetuum. Cui cappelle preesse et ordinari et deputari et eligi voluit et declaravit unum magistrum in sacra pagina aut baccellerium eiusdem conventus bone indolis et fame per infrascriptos eius heredes et maiorem partem ipsorum et per alterum superviventem et successive per alios descendentes dicti testatoris et maiorem partem ipsorum, salva tamen semper preroghativa graduum et deficiente linea descendentium per
25 maiorem natu de domo et familia de Ghondis proximiorem et potiorem in gradu dicto testatori. Et fiat huiusmodi deputatio et electio modo quo supra in perpetuum cum vacaverit huiusmodi cappella, et semper preferantur qui erunt in potiori gradu de dicta linea descendentium, et si reperientur pares in gradu, plures concurrant et concurrere debeant per stirpes et non per capita in dando et conferendo voces iuxta ordinem qui observatur in successionibus,
30 ubi admittitur successio in stirpes et non per capita.

(§ 23)
Item ad preservandam memoriam suam et pro honore suorum filiorum et domus et familie de Ghondis cupiens ne opus iam per eum inceptum ᶜcareat perfectioneᶜ, iussit et voluit quod domus magna nova sue habitationis omnino compleatur et perficiatur, cum et quando videbitur infrascriptis eius exequtoribus. Et fiat huiusmodi perfectio et completio usque ad angu-
5 lum prestantiarum seu conservatorum legum cum bogolis dumtaxat apparet et facie anteriori ad choequationem et seu raghuaglium et designationem faciei anterioris domus noveᶜ hactenus complete. Et cum ceteris hedifitiis, muramentis, habitationibus et cum illa expensa prout videbitur dictis et infrascriptis eius exequtoribus, non excedendo ducatos quatuormilia largos di grossis, et vel excedendo si et cum iudicaverint dicti et infrascripti exequtores
10 posse fieri omnemᶜ expensam sine magno incommodo aut detrimento vel danno infrascriptorum suorum heredum, circa quam expensam omne iuditium relaxavit in descretione et conscientia et arbitrio dictorum suorum et infrascriptorum exequtorum, qui bene et optime informati sunt de eius animo, voluntate et intentione.

(§ 24) /73ʳ⁻ᵛ/ Der nachgelassene Immobilienbesitz soll unter die vier Söhne aufgeteilt werden, wobei die männlichen Nachfahren des verstorbenen Bilicozzo ein Fünftel erhalten. Die Erbteilung kann nicht ohne Zustimmung der Testamentsvollstrecker erfolgen.

(§ 25) Von der dem Comune kreditierten Summe werden 274 Dukaten dem Sohn Federigo als Legat hinterlassen.

(§ 26)
Item ad preservandam memoriam suorum facultatum pro quibus aquirendis et manutenendis valde insudavit cum summa vigilantia et diligentia dictus testator, et ad finem quod semper pateat unicuique facultas et substantia sua, voluit et mandavit quod immediate sequta eius morte quam chomodius et citius fieri poterit per dictos et infrascriptos eius filios ordine-
5 tur et fiat unus liber novus sub nomine heredum Iuliani Leonardi de Ghondis, in quo inventarientur et per viam inventarii describentur omnes facultates et omnis substantia dicti Iuliani testatoris et nomina debitorum et creditorum suorum. Et simile in eodem libro ᵃvel alio particulo et singulo conficiendo pro hereditate dicti Bilichotiiᵃ inventarientur et per viam inventarii describentur et annotentur omnia bona et omnis facultas et substantia dicti Bilichotii
10 quondam sui filii cum nominibus debitorum et creditorum suorum ...

(§ 27)
/74ʳ/ In omnibus autem aliis suis bonis ubique positis et existentibus et in quibuscumque consistentibus suos heredes universales institui fecit et esse voluit
Leonardum
Iohannembatistam
5 Federicum
Alfonsium
fratres et filios legittimos et naturales dicti Iuliani testatoris et quemlibet ipsorum pro una quinta portione et Marchantonium et Iulianum fratres et filios legittimos et naturales dicti quondam Bilichotii filii premortui dicti testatoris et quemlibet alium filium masculum postu-
10 mum nasciturum ex dicto Bilichotio et domina Chaterina eius uxore relicta pregnante unum vel plures pro una alia quinta portione, et volens observare inter dictos eius filios et nepotes preroghativos iuris circa ordinem successionis.

130

(§ 28)   Regelt Einzelheiten der Erbfolge
(§ 29)   dto.
(§ 30)   dto.
(§ 31)   dto.
(§ 32)   dto.
(§ 33)   dto.
(§ 34) /74ʳ⁻ᵛ/ dto.
(§ 35)   dto.

(§ 36) /75ʳ/
Prohibuit insuper dictus testator omnem alienationem et omnem alienationis speciem et ad longum tempus locationem omnium bonorum immobilium dicti testatoris et omnem viam༠, actum et contractum vel obligationem quibus mediantibus directe vel indirecte perveniri posset quoquomodo ad aliquam alienationis speciem bonorum predictorum aut alicuius partis
5 ipsorum, quia huiusmodi bona permanere stabiliter et esse in perpetuum in dictos suos filios et descendentes masculos et alios de domo et familia de Ghondis de gradu in gradum, seriem, ordinem succedendi superius dispositum et ordinatum voluit et declaravit dictus testator; contrafacientium vero in aliquo portiones suas hereditarias non contrafacientibus et observantibus aplicavit et assignavit; contrafacientibus vero omnibus directe vel indirecte aut
10 sub aliquo pretextu vel quesito colore bona illa in quibus contrafactum fuerit devenire voluit ad hospitale Innocentium de Florentia et in tali casu talia bona huiusmodi hospitali reliquit.

(§ 37)
Insuper gravavit et oneravit dictos eius filios et heredes institutos quod, quam primum et chomodius poterint facere, sequta morte dicti testatoris acceptent tutelam et pro tempore curam et regimen et protectionem dictorum Marchantonii, Iuliani et Lisabelle ...

(§ 38)
Exequtores autem, erogatoresᶜ et fideicommissarios suos et huiusmodi presentis sui testamenti et relictorum et legatorum suprascrittorum fecit, deputavit et ordinavit prudentes et spectabiles viros amicos suos ᵃab eo valde dilectos et de quorum legalitate et bonitate et prudentia valde confiditᵃ Nerotium Pitti del Nero et Paulum Francisci de Falchoneriis cives et
5 mercatores florentinus [!] et alium quendam intimum et cordalem amicum ipsius testatoris ᶜab eo valde dilectumᶜ de quo valde confidit nominandum et declarandum post mortem suam ᶜipsius testatorisᶜ per dictos Nerotium et Paulum et per quemlibet ipsorum, quibus Nerotio et Paulo et ᶜcuilibet eorum ...ᶜ in secreto et sub fide commisit et nominavit huiusmodi amicum suum ab eis ᶜet quolibetᶜ vel altero eorum nominandum. Et facta et sequta huiusmodi
10 nominatione et declaratione quoscumque duos superviventes et superextantes et duobus morientibus alium superviventem et superextantem ex eis quibus exequtoribus, erogatoribus et fideicomissariis suis et duobus ex eis in concordia et vel superviventibus vel superviventi iuxta regulam et modum auctoritatis successive supra traditum prefatus testator concessit, dedit et atribuit omnem licentiam et liberam et absolutam libertatem, auctoritatem, potesta-
15 tem et baliam ... faciendi, gerendi et exequendi omnia et singula ea et omnes et singulos actus et contractus quos facere, gerere et exequi volent pro adimplendo et exequtione voluntatis dicti testatoris et per eum relictorum et dispositorum in presenti testamento. ... /75ᵛ/ ... quibus ᵃet quibuscumque duobus ex eisᵃ superviventibus ex eis atribuit plenissimam et libe-

131

ram potestatem et absolutam dividendi et faciendi huiusmodi divisionem bonorum immobi-
20 lium inter dictos suos filios et nepotes heredes ...

(§ 39)
Insuper advertens dictus testator ad ordinem ᶜsupra per eumᶜ traditum circa erogationem et
expensam ducatorum mille quingentorum largorum di grossis in erectione, fundatione, do-
tatione et seu nova constructione et ornamento cappelle in dicta eclesia sante Marie Novelle,
et confidens valde de bonitate, legalitate et diligentia dictorum suorum exequtorum ... decla-
5 ravit et voluit quod omnino huiusmodi cappella fiat et construatur et seu ordinetur ... prout
dictis exequtoribus ... videbitur. ...

(§ 40)
Et quantum ad novam hedificationem et constructionem et seu perfectionem nove domus
magne ᶜde Florentiaᶜ inchoate et seu pro dimidia iam perfecte declaravit et voluit, quod perficiatur et /76ʳ/ compleatur cum et quando dictis exequtoribus et duobus ex eis et cuicum-
que eorum superviventi libere videbitur et placebit, et cum illa ordine, forma et expensa
5 prout superius declaravit dictus testator. Et quia dicti exequtores et nominatim dictus nomi-
nandus a dictis Nerotio et Paulo est plenissime informatus et bene cognoscit et scit eius voluntatem et desiderium circa completionem et perfectionem dicte domus et qua de causa dictus testator precise non compulit et non reliquit ᶜet non declaravitᶜ precisam voluntatem
suam in perficiendo et complendo dictam domum, sed cum dictis exequtoribus videretur, ut
10 supra declaravit et voluit quod, quando videbitur dictis exequtoribus et duobus ex eis et superviventi, quod dicta completio et perfectio domus fiat et incipiat et prosequatur et finiatur; possint
et valeant ᵃdicti exequtores et duo ex eis et quicumque ex eis supervivens aliis predefunctisᵃ ex
tunc immediate omni via et omni remedio iuris oportuno cogere et compellere dictos et infrascriptos eius heredes ad inchoandum et perficiendum huiusmodi domus, etiam per viam iudicis
15 tam secularis quam eclesiastici, et omni alio et quocumque remedio, actione, iure, iudicis officio,
et prout eisdem exequtoribus ut supra libere videbitur et placebit ...

(§ 41) Das Testament wird ungültig, wenn zu späterem Zeitpunkt ein anderes
nachfolgt.
(§ 42) /76ʳ⁻ᵛ/ Beglaubigung durch den Notar.

(ASF, Notarile antecosimiano M 239, Jacopo Martini, Bd. »Testamenti«, fol. 70ᵛ—76ᵛ;
Vgl. CORBINELLI 1705 I, 196f)

XIII. Giovanni Cambi über den Palazzo Gondi   1501

In nel medesimo tempo[1] Giuliano di Lionardo Ghondi merchatante chominciò el suo
[palazzo] da'Lioni, dove el padre e lui anno senpre fatto battiloro, e dopoi la morte di
detto Giuliano non si seghuì di murare, nè di proseghuirsi più per l'oro, e chosì chominciò

---

[1] Vorausgegangen ist ein Bericht über den Baubeginn des Palazzo Strozzi

a fare una chapella che chomprò dagli operai, allato alla Chapella Grande a man manca, e sì l'anno lasciata a mezzo, che non passa con loro verghognia.

(CAMBI 1785, 51)

XIV. Aufstellung des städtischen Grundbesitzes der Familie Gondi   1537[1]

1537 — Lodo di divisione fra i figli e nipoti del S. Giuliano Gondi il Vecchio
...
1. Un palazzo nuovo con tutti suoi habituri et appartenenze, posto in Firenze et nel popolo di S. Pulinari, al quale a primo via, a secondo la casa vecchia posta verso i Lioni, proximo confinata a terzo beni della Mercatanzia di Firenze in parte, et in parte chiasso, a quarto la casa che fu di Niccolò Tanini di sotto 3. loro confinata.
2. Una casa grande vecchia posta allato a detto palazzo verso i Lioni et nel popolo di S. Firenze con magazine, volte, stalle, corte, battiloro e tutte sue appartenenze, a primo via, a secondo via va in piazza, a terzo beni della Mercanzia, a quarto detto palazzo sopra descritto.
3. Una casa con tutte sue habiture et appartenenze, posta in detto popolo di S. Pulinari, a primo via, secondo detto palazzo, a terzo chiasso, a quarto heredi di Niccolò Sachetti.

(AQF, filza 40 R² [= 323], fasc. 1599)

XV. Giorgio Vasari über den Palazzo Gondi[2]   1550/1568

Successe in quel tempo la morte del Re di Napoli, e Giuliano Gondi ricchissimo mercante Fiorentino se ne tornò a Fiorenza, e dirimpetto a S. Firenze, disopra dove stanno i Lioni di componimento rustico fece fabricare un Palazzo da Giuliano, col quale per la gita di Napoli, aveva stretta dimestichezza. Questo palazzo doveva fare la cantonata finita, e voltare
5 verso la mercatantia vecchia: ma la morte di Giuliano Gondi la fece fermare.

(VASARI 1550 III, 624)

Nel qual palazzo fece, fra l'altre cose, un cammino molto ricco d'intagli, e tanto vario di componimento e bello, che non se n'era insino allora veduto un simile, né con tanta copia di figure.[3]

(VASARI/Milanesi III, 275)

---

[1] Spätere Abschrift
[2] Aus der Vita des Giuliano da Sangallo
[3] Ergänzung von 1568

XVI. Francesco da Sangallo an Vincenzo Borghini 28. II. 1567

Reverendo Monsignore Spedalengo —
La notitia, ch'io ho delle statue antiche di Fiorenza, si è in questo modo: che io, era di pochi anni, la prima volta che io fui a Roma, che fu detto al papa, che in una vigna presso a Santa Maria Maggiore s'era trovato certe statue molto belle. El papa comandò a un
5 palafreniere: »va, et dì a Giuliano da S. Gallo che subito la vadia a vedere«; et così subito s'andò. Et per che Michelagnolo Bonarroti si tornava [= trovava?] continuamente in casa, che mio padre l'haveva fatto venire, et gli haveva allogata la sepoltura del papa, et volle, che ancor lui andasse; et io così in groppa a mio padre, et andamo; et scesi dove erano le statue.
10 Subito mio padre disse: »questo e Hilaoconte, che fa mentione Plinio«; et si fece crescere la buca per poterlo tirar fuora; et visto, ci tornamo a desinare, et sempre si ragionò delle cose antiche, discorrendo ancora di quella di Fiorenza, dove che allora mio padre disse a Michelagnolo, che quella statua, che era in casa i Gondi, era un consolo, et s'era trovato quando si fecero i fondamenti della Parte Guelfa, dove quivi erano le Therme, et che lui
15 l'haveva condotta in casa i Gondi, quando faceva il palazzo, per metterla sul canto, che va in piazza; et così non si misse, ché non si finì il palazzo.
Et così ment[r]e si desinava, sempre si ragionò delle cose antiche di Fiorenza, di San Giovanni, delle Therme, i molti marmi che vi si trovarono, del Culiseo, degl' archi, che conducevano l'acqua di Val di Marina, che ancora ve n'è dua fuori della mura, che io gli feci
20 salvare, ché per la guerra di Firenze non si rovinorono, come gl'altri che vi erano; et ancora in Val di Marina io ho visto il bottino che dava l'acqua, che veniva dalla doccia, che è fuori alla Porta a Pinti, si vede il condotto; et delle sepolture che sono a S. Zanobi, et molte altre cose.
Hora poi che io fui tornato a Fiorenza con mio padre, lo pregai mi facesse vedere quella
25 statua di casa i Gondi, ed egli mi menò dove ell'era, et mi replicò le medesime cose, che con Michelagnolo a Roma dette haveva, et mi fece vedere tutte le cose antiche di Fiorenza.
Hora acchadde, che, mentre era la guerra qui a Fiorenza, Giovambattista Cei amicissimo mio volle fare una volta, et così si cominciò; et si trovò fatta la volta, nella qua'era una statua appunto come quella de Gondi con l'habito consulare, et della medesima grandezza ed
30 altitudine, che veniva a essere la detta volta di quelle del Culiseo, che è appicato con detta casa di Giovambattista, che veniva a essere della prima circunferenza d[e]ll'ordine di fuori, et veniva a essere dalla parte d'una entrata, le quali sempre si facevano ornate di statue ed altri ornamenti, come si vede ancora per quelli che sono in essere. Et perché Giovambattista era amico mio et non haveva dove accomodarla, lui me la offerse; io l'accettai, et me la
35 portai a casa, dove ancora ogni huomo la può vedere.
Dipoi ritornando io a Roma ho molto osservato quelle statue antiche degli archi et in altri luoghi; et mi pare, che quell'habito non fusse usato se non per li consoli, et medesimamente me lo confermano le medaglie, che tante se ne vede. Hora per più confermatione, che quella parte, dove si trovò il consolo in casa il Ceo, fusse una entrata, lo fa credere, che
40 Galeotto, figlio del Ceo, faccendo certo fondamento presso alla volta, che si trovò cavata, ha trovato una statua di marmo della medesima grandezza, avvenga che la non sia del medesimo habito. Si può molto bene presumere che, come dissi, quive fusse una entrata dell'Amfiteatro, come per gl'altri si vede, che le entrate erano adorne con i statue.
Hora io mi scuso, che pensava essere breve, ed io ho scritto due faccie; et vi parrà troppo

45 lungo ragionamento, et forse impertinente, per ciò V. S. mi habbia per iscusato, ché quella
sa, che talvolta l'huomo ha piacere di riandare le cose passate, massime quelle, che tendano
alla virtù. Et senza dir' altro li bacio la mano; che Dio la conservi felice.
Allì xxviii. di febbraio 1567.
Franco da San Gallo. In casa

(Bibl.Ap.Vat., Ms.Chig. L. V. 178, fol. 104ᵛ—105ᵛ; vgl. FEA 1790, 329—331)

XVII. Vincenzo Borghini über die römische Statue im Palazzo Gondi 1584

E questo edificio [die römischen Thermen in Florenz] fusse magnifico e secondo l'uso di que'tempi ricco e bello; ce ne sono assai manifesti indizij, che, rifondandosi — è già molti anni — un canto della parte Guelfa, vi si trovaron molti pezzi di marmi et una statua bella et intera con abito Romano, che ancora oggi si vede in casa i Gondi da S. Firenze, destinata per mettersi in sul canto del loro palazzo ...

(BORGHINI 1584 I, 131f)

XVIII. Topographische Beschreibung des Palazzo Gondi und seiner Umgebung 17. Jh.

Dimostrazione intorno alla via delle Prestanze

Per venire in cognizione dove fosse la via delle Prestanze, oggi quasi smarrita, mentre nè nell'offizio della Parte nè in altri luoghi publici si trova positiva memoria, è necessario ricorrere a catasti antichi delle Decime e con essi alla mano osservare e riconoscere la qui
5 occlusa bozza pianta del ceppo e recinto isolato di case, che parte sono situate nel popolo di S. Pulinari e parte nel popolo di S. Firenze; alcune delle quali appartenavano già all'arte de'Mercatanti: Ci resideva l'offizio di Mercanzia e suo giudice e l'offizio della Grascia et altre università, e ci havevano anco più case altre persone particolari,
è necessario girare attorno detto recinto e dalla piazza di S. Pulinari e bottega del Cecchi
10 libraio entrare nella via del Garbo — oggi dicesi la Condotta —, a mezzo della quale via andando su a man' sinistra si trova l'entratura del chiasso del Garbo, che va dietro a Gondi, e, seguitando detta via del Garbo o Condotta, voltare e sboccare in piazza del Granduca andando rasente in detto recinto, dove è la Gabella de' Contratti et allato a essa l'uscio e scala che conduce al Monte del Sale;
15 e, passato detto uscio, vedrassi la porta dell'offizio del Sale che arriva e volta alla cantonata di esso quasi dirimpetto alla Porta della Dogana, e, voltando detto canto del recinto, camminare rasente le stanze e magazzini del Sale via detto oggi lo sdrucciolo della Dogana; e, passato detti magazzini, vedrassi la rimessa de' Gondi, sopra la quale si conosce che vi sboccava una stradella, la quale per di dentro entra et attaca alla via delle Prestanze, dove
20 a mezzo per di dentro resta servata da una porta de'Gondi,
alla quale rimessa ne segue rasente il recinto altra con case de'Gondi che arrivano all'angolo di detto recinto, detto da molti l'angolo delle Prestanze, in faccia alla piazza di S. Firenze; e lasciato a mano destra il cantone del Palazzo Vecchio, che per la via de' Lioni conduce

135

alla piazza del Grano, seguitando le altre case de' Gondi con uno scrittoio e poi la bottega
del castiere in faccia alla chiesa di S. Firenze per la via de' Lioni Vecchi, dove è il palazzo
de' Gondi con altra casa allato, ed a questo segue la torre hoggi detta de' Gondi, per l'uscio
della quale, entrando nell'androne, si riesce in diritura in detta via delle Prestanze
[gemeint ist der Chiasso del Fondello] e s'imbocca e si esce nel sopradetto chiasso del
Garbo in via detta la Condotta ossia braccio di S. Giorgio suo vero vocabolo; seguita poi,
passato detta torre, la casa del Mettidoro, e dopo si trova la casa di Magnano, che fa la
cantonata alla sopradetta via del Garbo, di dove si principò a girare detto recinto. ...
Si consideri ancora che tutto il palazzo de' Gondi, casa annessa del Bastiere, scrittoio,
angolo, rimesse de' Gondi, magazzini et offizio del Sale sono sotto la cura e popolo di
S. Firenze; e la casa e torre Mettidoro e Magnano con tutta la via del Garbo ossia Condotta e
chiasso che va dietro a Gondi fino alla Gabella dei Contratti incluso tutto è sotto la cura e
popolo di Sant'Apollinari.

(AQF, filza 40 R² [= 323], fasc. 1609)

XIX. Giuseppe Poggi über die Restaurierung des Palazzo Gondi 1886

Il marchese Eugenio Gondi, che vagheggiava da qualche tempo di compire e reordinare il
suo palazzo posto sulla Piazza di San Firenze e nell'angusta via che porta il nome di quella
illustre famiglia, si sentì come spinto a farlo quando il Governo ebbe formato un carcere di
provvisoria custodia nello stabile demaniale in Piazza della Signoria, che, rispondendo sul
cortile di tergo del palazzo de'Gondi, metteva la sua famiglia in condizione di udire clamori
e parole per cui non si vorrebbero avere orecchie. E una circonstanza poi si diede favore-
vole a facilitarne l'esecuzione, nella necessità che ebbe il Comune di allargare la via
de'Gondi, quando fu deposto il pensiero di ampliare la via di Condotta. Questi fatti die-
dero luogo a trattative fra il proprietario del palazzo, la Comunale Amministrazione e il
Demanio; le quali, mercé l'operosità intelligente del Sindaco e il concorso del Ministero di
Finanze, riuscirono di reciproca soddisfazione.
Si venne adunque a compire la facciata sulla Piazza di San Firenze, ed emulando l'animo
di Giuliano Gondi, volle l'onorevole patrizio costruire anche l'altra facciata sulla via che
porta il nome de' Gondi, non solo conservando le medesimi proporzioni e decorazioni, ma
con la stessa richezza di pietrami*. Nè contento di ciò, intese alla riparazione dei consunti
pietrami dell'antica facciata e del cortile, formando altresí un ingresso per le carozze,
senza offendere minimamente le ragioni architettoniche del palazzo.
Vinte così le difficoltà amministrative, restavano quelle più gravi per la esecuzione dei
lavori sia rispetto alla statica, sia all'estetica, onde completare opportunamente la bell'opera
del celebre architetto Giuliano da San Gallo. Per completare la facciata di San Firenze
bisognava costruire la terza porta, e quelle parti in alto che mancavano; costruire il sodo
finale in modo che fosse nè troppo esteso non troppo esile, ma che stesse in armonia coll'insieme dell'edifizio**. Tale necessità imprescindibile m'indusse a proporre l'allargamento
della via de' Gondi per altri due metri oltre la misura assegnata dall'Uffizio d'Arte, e la
proposta fu accolta con molto favore dal Comune per i vantaggi che ne risentiva il pubblico
transito, e per la maggiore luce che veniva godere il fianco di Palazzo Vecchio***.
Occorreva poi che la facciata di via de' Gondi resultasse non solo armonica, ma direi d' un

sol getto con l'altra di San Firenze, e che le tre porte da formarsi su questa via legassero bene con l'interno, e quella centrale imboccasse nel mezzo del classico cortile. Queste condizioni obbligarono a diminuire la facciata di due finestre rispetto al numero di quelle che sono nella facciata principale. E la limitazione era anche consigliata così dalla poca profondità che aveva il palazzo, come dall'essere la via de' Gondi in una pendenza alquanto sentita; il che avrebbe prodotto, ove la facciata fosse stata molto protratta, un taglio nell' imbasamento, sempre sgradevole alla vista.

Il fabbricato che era necessario aggiungere al palazzo, mercè l'acquisto di locali del Demanio per supplire a quelli perduti nella espropriazione, fu per più ragioni pensato che dovesse esternamente allontanarsi dallo stile del palazzo; ma fu per altro stimato bene che si conoscesse come n'era una dipendenza, creando a contatto di esso ed a livello del piano nobile una gran terrazza con estesa balustrata, e portando il fabbricato aggiunto, destinato all'abitazione, a una conveniente distanza dalla linea stradale, pure all'oggetto di dare luce a varie stanze sul tergo del antico palazzo.

* Nella perizia firmata dal primo ingegnere del Comune e da me, l'amministrazione Municipale abbondò soltanto la decorazione delle finestre e delle cornici, ma non il costoso bugnato di tutta la facciata.

** Il palazzo esigerebbe ancora il compimento del sodo finale sul confine opposto dalla parte di tramontana, ma di questo lavoro non fu allora tenuto proposito.

*** Ciò diede luogo ad una perizia suppletiva.

(POGGI 1886 II, Kap. 2)

Abkürzungen

1. Archive und Bibliotheken:
   AQF   = Archivio del Ritiro della Quiete, Firenze
   ASF   = Archivio di Stato, Firenze
   Bibl. Ap. Vat. = Biblioteca Apostolica Vaticana
2. Maße:
   br.   = braccio fiorentino (0,584 m)
3. Editionen und Signaturen:
   Cod. Barb.   = Codex Vaticanus Barberinianus latinus 4424 (Römisches Skizzenbuch des Giuliano da Sangallo, HÜLSEN 1910)
   Tacc. Sen.   = Siena, Biblioteca Comunale, Cod. S IV. 2 (Sieneser Skizzenbuch des Giuliano da Sangallo, FALB 1902)
   UA   = Firenze, Galleria degli Uffizi, Gabinetto dei Disegni, Disegno di Architettura

Literaturverzeichnis

ACKERMAN 1970 — Ackerman, James S., The architecture of Michelangelo, Harmondsworth 1970

ALBERTI 1960 — Alberti, Leone B., I libri della famiglia, ed. C. Grayson, Bari 1960 (= Opere volgari I)

ALBERTI, De re aed. — Alberti, Leone B., L'Architettura (De re aedificatoria), ed. G. Orlandi/ P. Portoghesi, 2 Bde, Milano 1966

AMMIRATO 1640 — Ammirato, Scipione, Istorie fiorentine, 6 Bde, Firenze 1640

ANZILOTTI 1915 — Anzilotti, Antonio, L'economia toscana e l'origine del movimento riformatore del secolo XVIII, in: Archivio storico italiano 73, 1915, 83—118, 308—352

ASHBY 1904 — Ashby, Thomas, Sixteenth-century drawings of Roman buildings attributed to Andreas Coner, in: Papers of the British School at Rome 2, 1904

BARDAZZI et al. 1978 — Bardazzi, Silvestro, Eugenio Castellani, Francesco Guerrieri, Paolo Brandinelli, Santa Maria delle Carceri a Prato, Prato 1978

BARON 1938 — Baron, Hans, Franciscan poverty and civic wealth as factors in the rise of humanistic thought, in: Speculum 13, 1938, 1—37

BARTOLINI SALIMBENI 1978 — Bartolini Salimbeni, Lorenzo, Una »fabbrica« fiorentina di Baccio d'Agnolo, in: Palladio N. S. 28, 1978, 7—28

BIERMANN 1969 — Biermann, Hartmut, Lo sviluppo della Villa toscana sotto l'influenza umanistica della corte di Lorenzo il Magnifico, in: Bollettino del Centro Internazionale di Studi di Architettura Andrea Palladio 11, 1969, 36—46

BIERMANN 1970 — Biermann, Hartmut, Das Palastmodell Giuliano da Sangallos für Ferdinand I., König von Neapel, in: Wiener Jahrbuch für Kunstgeschichte 23, 1970, 154—195

BIERMANN/WORGULL 1979 — Biermann, Hartmut, Elmar Worgull, Das Palastmodell Giuliano da Sangallos für Ferdinand I., König von Neapel — Versuch einer Rekonstruktion, in: Jahrbuch der Berliner Museen 21, 1979, 91—118

BOFFITO/MORI 1926 — Boffito, Giuseppe, Attilio Mori, Piante e vedute di Firenze, Firenze 1926

BOMBE 1911 — Bombe, Walter, Der Palazzo Davizzi-Davanzati in Florenz und seine Fresken, in: Zeitschrift für bildende Kunst N. F. 22, 1911, 253—263

BOMBE 1928 — Bombe, Walter (ed.), Nachlaß-Inventare des Angelo da Uzzano und des Ludovico di Gino Capponi, Leipzig/Berlin 1928

BORGHINI 1584 — Borghini, Vincenzo, Discorsi, 2 Bde, Firenze 1584

BORGO 1972 — Borgo, Lodovico, Giuliano da Maiano's Santa Maria del Sasso, in: The Burlington Magazine 114, 1972, 448—452

BORSI 1970 — Borsi, Franco, La capitale a Firenze e l'opera di G. Poggi, Roma 1970

BORSOOK 1970 — Borsook, Eve, Documents for Filippo Strozzi's chapel in Santa Maria Novella and other related papers, in: The Burlington Magazine 112, 1970, 737—745, 800—804

BOTTO 1932 — Botto, Carlo, L'edificazione della chiesa di Santo Spirito a Firenze, in: Rivista d'arte 14, 1932, 23—53

BRAUNFELS 1953 — Braunfels, Wolfgang, Mittelalterliche Stadtbaukunst in der Toskana, Berlin 1953

BRAUNFELS 1976 — Braunfels, Wolfgang, Abendländische Stadtbaukunst. Herrschaftsform und Baugestalt, Köln 1976

Brown 1979	Brown, Alison, Bartolommeo Scala, 1430—1497, chancellor of Florence. The humanist as bureaucrat, Princeton, N. J., 1979
Bucci/Bencini 1973	Bucci, Mario, Raffaello Bencini, Palazzi di Firenze, 4 Bde, Firenze 1973
Buddensieg 1975	Buddensieg, Tilmann, Bernardo della Volpaia und Giovanni Francesco da Sangallo. Der Autor des Codex Coner und seine Stellung im Sangallo-Kreis, in: Römisches Jahrbuch für Kunstgeschichte 15, 1975, 89—108
Buddensieg 1976	Buddensieg, Tilmann, Criticism of ancient architecture in the sixteenth and seventeenth centuries, in: Classical influences on European culture, AD 1500—1700, ed. R. R. Bolgar, Cambridge 1976, 335—348
Bulst 1969/70	Bulst, Wolfger A., Die ursprüngliche innere Aufteilung des Palazzo Medici in Florenz, in: Mitteilungen des Kunsthistorischen Institutes in Florenz 14, 1969/70, 369—392
Burckhardt 1891	Burckhardt, Jacob, Geschichte der Renaissance in Italien, ed. H. Holtzinger, Stuttgart 1891
Burckhardt 1962	Burckhardt, Jacob, Die Baukunst der Renaissance in Italien, Darmstadt 1962
Busse 1930	Busse, Kurt-H., Der Pitti-Palast. Seine Erbauung 1458—1466 und seine Darstellung in den ältesten Stadtansichten von Florenz, in: Jahrbuch der preußischen Kunstsammlungen 51, 1930, 110—132
Büttner 1969/70	Büttner, Frank, Der Umbau des Palazzo Medici-Riccardi zu Florenz, in: Mitteilungen des Kunsthistorischen Institutes in Florenz 14, 1969/70, 393—414
Cambi 1785	Cambi, Giovanni, Istorie, ed. I. di San Luigi, in: Delizie degli eruditi toscani 20—23, 1785/86
Carocci et al. 1889	Carocci, Guido, A. Artimini, G. Conti, I. Del Badia, Studi storici sul centro di Firenze, Firenze 1889
Carocci 1899	Carocci, Guido, Per la costruzione del Palazzo Gondi in Piazza di S. Firenze, in: Arte e storia 18, 1899, 136
Chastel 1982	Chastel, André, Art et humanisme à Florence au temps de Laurent le Magnifique, Paris ³1982
Chierici 1952	Chierici, Gino, Il palazzo italiano, 3 Bde, Milano 1952
Cicero	Cicero, The letters to his friends, transt. W. Glynn Williams, III (including the letters to Quintus): The letters to Brutus, transt. M. Cary, London/Cambridge, Mass., 1960 (= The Loeb Classical Library)
Coffey 1978	Coffey, Caroline, Pietro da Cortona's project for the church of San Firenze in Florence, in: Mitteilungen des Kunsthistorischen Institutes in Florenz 22, 1978, 85—118
Coradini 1960	Coradini, Francesco, La chiesa monumentale della SS. Annunziata in Arezzo, in: Rivista d'arte 35, 1960, 107—142
Corbinelli 1705	Corbinelli, Giovanni, Histoire généalogique de la maison de Gondi, 2 Bde, Paris 1705
Cox-Rearick 1982	Cox-Rearick, Janet, Themes of time and rule at Poggio a Caiano: The portico frieze of Lorenzo il Magnifico, in: Mitteilungen des Kunsthistorischen Institutes in Florenz 26, 1982, 167—210
Dacos 1969	Dacos, Nicole, La découverte de la Domus Aurea et la formation des grotesques à la Renaissance, London 1969
Davidsohn, Forschungen	Davidsohn, Robert, Forschungen zur älteren Geschichte von Florenz, 4 Bde, Berlin 1896—1908
Davidsohn, Geschichte	Davidsohn, Robert, Geschichte von Florenz, 4 Bde, Berlin 1896—1927
Degenhart 1955	Degenhart, Bernhard, Dante, Leonardo und Sangallo, in: Römisches Jahrbuch für Kunstgeschichte 7, 1955, 101—292
Del Migliore 1684	Del Migliore, Ferdinando L., Firenze città nobilissima illustrata, Firenze 1684

DOREN 1901	Doren, Alfred, Die Florentiner Wollentuchindustrie vom 14. bis zum 16. Jahrhundert. Ein Beitrag zur Geschichte des modernen Kapitalismus, Stuttgart 1901 (= Studien aus der Florentiner Wirtschaftsgeschichte I)
DUSSLER 1924	Dussler, Luitpold, Benedetto da Maiano, München 1924
ELAM 1978	Elam, Caroline, Lorenzo de'Medici and the urban development of Renaissance Florence, in: Art History 1, 1978, 43—66
ETTLINGER 1972	Ettlinger, Leopold D., Hercules Florentinus, in: Mitteilungen des Kunsthistorischen Institutes in Florenz 16, 1972, 119—142
ETTLINGER 1977	Ettlinger, Leopold D., The emergence of the Italian architect during the fifteenth century, in: The architect — chapters in the history of the profession, ed. S. Kostof, New York 1977, 96—123
FABRICZY 1891	Fabriczy, Cornel von, Il libro di Antonio Billi, in: Archivio storico italiano 7, 1891, 299—368
FABRICZY 1892	Fabriczy, Cornel von, Filippo Brunelleschi, Stuttgart 1892
FABRICZY 1897	Fabriczy, Cornel von, Toscanische und oberitalienische Künstler in Diensten der Aragonesen zu Neapel, in: Repertorium für Kunstwissenschaft 20, 1897, 85—120
FABRICZY, Chron. Prospekt (1902)	Fabriczy, Cornel von, Giuliano da Sangallo. Chronologischer Prospekt seiner Lebensdaten und Werke, in: Jahrbuch der königlich preußischen Kunstsammlungen 23, 1902, Beiheft, 1—42
FABRICZY, Handzeichnungen (1902)	Fabriczy, Cornel von, Die Handzeichnungen Giuliano's da Sangallo. Kritisches Verzeichnis, Stuttgart 1902
FABRICZY 1903	Fabriczy, Cornel von, Il convento di Porta S. Gallo, in: L'arte 6, 1903, 381—384
FABRICZY, Chron. Prospekt (1903)	Fabriczy, Cornel von, Giuliano da Maiano. Chronologischer Prospekt seiner Lebensdaten und Werke, in: Jahrbuch der königlich preußischen Kunstsammlungen 24, 1903, Beiheft, 137—176
FABRICZY, Giuliano da Maiano in Siena (1903)	Fabriczy, Cornel von, Giuliano da Maiano in Siena, in: Jahrbuch der königlich preußischen Kunstsammlungen 24, 1903, 320—337
FABRICZY 1905	Fabriczy, Cornel von, Aus dem Gedenkbuch Francesco Baldovinettis, in: Repertorium für Kunstwissenschaft 28, 1905, 539—544
FALB 1902	Falb, Rodolfo, Il taccuino senese di Giuliano da Sangallo, Siena 1902
FANELLI 1973	Fanelli, Giovanni, Firenze. Architettura e città, 2 Bde, Firenze 1973
FEA 1790	Fea, Carlo, Miscellanea filologica critica e antiquaria, Roma 1790
FINESCHI 1787	Fineschi, Vincenzio, Memorie sopra il cimitero antico della chiesa di S. Maria Novella di Firenze, Firenze 1787
FIORE 1979	Fiore, Francesco P., Diffusione e trasformazione del linguaggio architettonico fiorentino: Il Palazzo della Rovere in Savona, in: Bollettino del Centro di Studi per la Storia dell'Architettura 25, 1979, 23—30
FÖRSTER 1906	Förster, Richard, Laokoon im Mittelalter und in der Renaissance, in: Jahrbuch der königlich preußischen Kunstsammlungen 27, 1906, 149—178
FORSTER 1976	Forster, Kurt W., The Palazzo Rucellai and questions of typology in the development of Renaissance buildings, in: The Art Bulletin 58, 1976, 109—113
FOSTER 1969	Foster, Philip E., Lorenzo de'Medici's Cascina at Poggio a Caiano, in: Mitteilungen des Kunsthistorischen Institutes in Florenz 14, 1969, 47—56
FOSTER 1971	Foster, Philip E., Alberti, Lorenzo de'Medici and S. Maria delle Carceri in Prato, in: Journal of the Society of Architectural Historians 30, 1971, 238—239
FOSTER 1978	Foster, Philip E., A Study of Lorenzo de'Medici's villa at Poggio a Caiano, 2 Bde, New York 1978
FREY 1885	Frey, Carl, Die Loggia dei Lanzi, Berlin 1885

FREY 1937/40	Frey, Dagobert, Ein Entwurf Giulianos da Sangallo für das Gestühl in der Kapelle des Palazzo Medici-Riccardi, in: Mitteilungen des Kunsthistorischen Institutes in Florenz 5, 1937—1940, 197—202
FROMMEL 1961	Frommel, Christoph L., Die Farnesina und Peruzzis architektonisches Frühwerk, Berlin 1961
FROMMEL 1962	Frommel, Christoph L., S. Caterina alle Cavallerotte. Un possibile contributo alla tarda attività romana di Giuliano da Sangallo, in: Palladio N. S. 12, 1962, 18—25
FROMMEL 1973	Frommel, Christoph L., Der römische Palastbau der Hochrenaissance, 3 Bde, Tübingen 1973
FROMMEL 1976	Frommel, Christoph L., Die Peterskirche unter Papst Julius II. im Licht neuer Dokumente, in: Römisches Jahrbuch für Kunstgeschichte 16, 1976, 57—136
FROMMEL 1982	Frommel, Christoph L., Der Palazzo Venezia in Rom, Opladen 1982
FURTTENBACH 1628	Furttenbach, Joseph, Architectura civilis (1628), Hildesheim ʳ1971
GAMBUTI 1973	Gambuti, Alessandro, L'architettura di Palazzo Strozzi, in: Necropoli 17/18, 1973, 89—94
GAYE 1839	Gaye, Giovanni, Carteggio inedito d'artisti dei secoli XIV, XV, XVI, 3 Bde, Firenze 1839—1840
GINORI LISCI 1972	Ginori Lisci, Leonardo, I palazzi di Firenze nella storia e nell'arte, 2 Bde, Firenze 1972
GOLDTHWAITE 1968	Goldthwaite, Richard A., Private wealth in Renaissance Florence. A study of four families, Princeton, N. J., 1968
GOLDTHWAITE 1972	Goldthwaite, Richard A., The Florentine palace as domestic architecture, in: The American Historical Review 77, 1972, 977—1012
GOLDTHWAITE 1973	Goldthwaite, Richard A., The building of the Strozzi Palace: The construction industry in Renaissance Florence, in: Studies in Medieval and Renaissance History 10, 1973, 99—194
GOSEBRUCH 1958	Gosebruch, Martin, Florentinische Kapitelle von Brunelleschi bis zum Tempio Malatestiano und der Eigenstil der Frührenaissance, in: Römisches Jahrbuch für Kunstgeschichte 8, 1958, 63—191
GRANDJEAN/FAMIN 1815	Grandjean de Montigny, Auguste H. V., Auguste P.S.M. Famin, Architecture toscane ou palais, maisons et autres édifices de la Toscane, Paris 1815
GREGOROVIUS, ed. Kampf	Gregorovius, Ferdinand, Geschichte der Stadt Rom im Mittelalter, ed. W. Kampf, 3 Bde, Darmstadt 1978
GUIDONI 1971	Guidoni, Enrico, Arte e urbanistica in Toscana, 1000—1315, Roma 1971
HAUPT et al. 1886/1922	Haupt, Albrecht, Otto Raschdorff, Robert Reinhardt, Palast-Architektur von Ober-Italien und Toscana vom 15. bis zum 17. Jahrhundert, 6 Bde, Berlin 1886—1922
HEILMEYER 1970	Heilmeyer, Wolf-D., Korinthische Normalkapitelle. Studien zur Geschichte der römischen Architekturdekoration, Heidelberg 1970
HEYDENREICH 1937	Heydenreich, Ludwig H., Artikel »Architekturmodell«, in: Reallexikon zur deutschen Kunstgeschichte I, Stuttgart 1937, 918—940
HEYDENREICH 1977	Heydenreich, Ludwig H., Baluster und Balustrade. Eine »invenzione« der toskanischen Frührenaissancearchitektur, in: Festschrift Wolfgang Braunfels, Tübingen 1977, 123—132
HEYDENREICH/LOTZ 1974	Heydenreich, Ludwig H., Wolfgang Lotz, Architecture in Italy 1400—1600, Harmondsworth 1974
HIRSCH 1963	Hirsch, Rudolf, Gondi — Medici business records in the Lea Library of the University of Pennsylvania, in: Renaissance News 16, 1963, 11—14
HÜLSEN 1910	Hülsen, Christian, Il libro di Giuliano da Sangallo. Cod. Vat. Barb. lat. 4424, 2 Bde, Leipzig 1910

Hyman 1969	Hyman, Isabelle, Fifteenth century Florentine studies. The Palazzo Medici and a ledger for the church of San Lorenzo, Diss. New York 1969
Hyman 1975	Hyman, Isabelle, Notes and speculations on San Lorenzo, Palazzo Medici, and an urban project by Brunelleschi, in: Journal of the Society of Architectural Historians 34, 1975, 98—120
Kauffmann 1941	Kauffmann, Hans, Über »rinascere«, »Rinascita« und einige Stilmerkmale der Quattrocentobaukunst, in: Concordia Decennalis. Festschrift der Universität Köln aus Anlaß des zehnjährigen Bestehens des Deutsch-Italienischen Kulturinstitutes Petrarcahaus in Köln, Köln 1941, 123—146
Kent 1977	Kent, Francis W., ›Più superba de quella de Lorenzo‹: Courtly and family interest in the building of Filippo Strozzi's palace, in: Renaissance Quarterly 30, 1977, 311—323
Kent 1979	Kent, Francis W., Lorenzo de'Medici's acquisition of Poggio a Caiano in 1474 and an early reference to his architectural expertise, in: Journal of the Warburg and Courtauld Institutes 42, 1979, 250—257
Kent 1982	Kent, Francis W., New light on Lorenzo de'Medici's convent at Porta San Gallo, in: The Burlington Magazine 124, 1982, 292—294
Kliemann 1976	Kliemann, Julian, Politische und humanistische Ideen der Medici in der Villa Poggio a Caiano, Diss. Heidelberg 1976
Klotz 1969	Klotz, Heinrich, Leone Battista Albertis »De re aedificatoria« in Theorie und Praxis, in: Zeitschrift für Kunstgeschichte 32, 1969, 93—103
Klotz 1970	Klotz, Heinrich, Frühwerke Brunelleschis und die mittelalterliche Tradition, Berlin 1970
Kristeller 1956	Kristeller, Paul O., Studies in Renaissance thought and letters, Roma 1956
Landucci 1883	Landucci, Luca, Diario fiorentino dal 1450 al 1516, continuato da un anonimo fiorentino fino al 1542, ed. I. Del Badia, Firenze 1883
Lapini 1900	Lapini, Agostino, Diario fiorentino, ed. G. O. Corazzini, Firenze 1900
Leinz 1977	Leinz, Gottlieb, Die Loggia Rucellai. Ein Beitrag zur Typologie der Familienloggia, Diss. Bonn 1977
Lensi 1929	Lensi, Alfredo, Palazzo Vecchio, Milano/Roma ²1929
Liebenwein 1977	Liebenwein, Wolfgang, Studiolo. Die Entstehung eines Raumtyps und seine Entwicklung bis um 1600, Berlin 1977
Limburger 1910	Limburger, Walter, Die Gebäude von Florenz, Leipzig 1910
Lisner 1969	Lisner, Margrit, Zum bildhauerischen Werk der Sangallo, in: Pantheon 27, 1969, 99—119, 190—208
Lorenz 1971	Lorenz, Hellmut, Studien zum architektonischen und architekturtheoretischen Werk L. B. Albertis, Diss. Wien 1971
Luchs 1975	Luchs, Alison, Cestello. A Cistercian church of the Florentine Renaissance, Diss. New York/London 1975
Ludwig 1939	Ludwig, Rudolf M., Die Treppe in der Baukunst der Renaissance, Diss. Kassel 1939
Lupi 1866	Lupi, Clemente, Nuovi documenti intorno a Fra Girolamo Savonarola, in: Archivio storico italiano S. III, 3, 1, 1866, 3—77
Machiavelli 1971	Machiavelli, Niccolò, Istorie fiorentine e altre opere storiche e politiche, ed. A. Montevecchi, Torino 1971 (= Opere II)
Mack 1972	Mack, Charles R., Studies in the architectural career of Bernardo di Matteo Ghamberelli called Rossellino, Diss. Chapel Hill, N.C., 1972
Mack 1974	Mack, Charles R., The Rucellai Palace: Some new proposals, in: The Art Bulletin 56, 1974, 517—529
Malandra 1974/75	Malandra, Guido, Documenti sulla Cappella Sistina e sul Palazzo della Rovere a Savona, in: Atti e memorie. Società savonese di storia patria N. S. 8, 1974/75, 135—141

MARCHINI 1939	Marchini, Giuseppe, L'incrostazione marmorea della Cappella Gondi in S. Maria Novella, in: Palladio 3, 1939, 205—211
MARCHINI 1941	Marchini, Giuseppe, Il Cronaca, in: Rivista d'arte 23, 1941, 99—136
MARCHINI 1942	Marchini, Giuseppe, Giuliano da Sangallo, Firenze 1942
MARCHINI 1950	Marchini, Giuseppe, Aggiunte a Giuliano da Sangallo, in: Archivio storico pratese 26, 1950, 57—58
MARCHINI 1961	Marchini, Giuseppe, Il Palazzo Datini a Prato, in: Bollettino d'arte 46, 1961, 212—218
MARCHINI 1978	Marchini, Giuseppe, Facciate fiorentine, in: Antichità viva 17, 1978, 21—27
MARKS 1954	Marks, Louis F., La crisi finanziaria a Firenze dal 1494 al 1502, in: Archivio storico italiano 112, 1954, 1, 40—72
MARKS 1960	Marks, Louis F., The financial oligarchy in Florence under Lorenzo, in: Italian Renaissance Studies: A tribute to the late Cecilia M. Ady, ed. E. F. Jacob, London 1960, 123—147
MARTELLI 1966	Martelli, Mario, I pensieri architettonici del Magnifico, in: Commentari 17, 1966, 107—111
MARTIN 1974	Martin, Alfred von, Soziologie der Renaissance. Zur Physiognomik und Rhythmik bürgerlicher Kultur, München ^{4}1974
MERCKLIN 1962	Mercklin, Eugen von, Antike Figuralkapitelle, Berlin 1962
MIARELLI MARIANI 1972	Miarelli Mariani, Gaetano, Il disegno per il complesso mediceo di Via Laura a Firenze. Un significato urbano prefigurato da Giuliano da Sangallo per Lorenzo il Magnifico, in: Palladio N.S. 22, 1972, 127—162
MIDDELDORF 1934	Middeldorf, Ulrich, Giuliano da Sangallo und Andrea Sansovino, in: The Art Bulletin 16, 1934, 107—115
MINI 1593	Mini, Paolo, Difesa della città di Firenze et de i Fiorentini, Firenze ^{2}1593
MONTANARI 1959/60	Montanari, Mario, Palazzo Gondi a Firenze di Giuliano da Sangallo, in: L'Architettura 5, 1959/1960, 272—277
MORANDINI 1965	Morandini, Francesca, Palazzo Pitti. La sua costruzione e i successivi ingrandimenti, in: Commentari 16, 1965, 35—46
MORSELLI/CORTI 1982	Morselli, Piero, Gino Corti, La chiesa di Santa Maria delle Carceri in Prato. Contributo di Lorenzo de'Medici e Giuliano da Sangallo alla progettazione, Firenze 1982
MÜNTZ 1878/82	Müntz, Eugène, Les arts à la cour des papes pendant le XVe et le XVIe siècle, 3 Bde, Paris 1878—1882
MYLIUS 1867	Mylius, Carl J., Treppen-, Vestibül- und Hof-Anlagen aus Italien, Leipzig 1867
NAREDI-RAINER 1977	Naredi-Rainer, Paul von, Musikalische Proportionen, Zahlenästhetik und Zahlensymbolik im architektonischen Werk L. B. Albertis, in: Jahrbuch des Kunsthistorischen Institutes der Universität Graz 12, 1977, 81—213
NAREDI-RAINER 1982	Naredi-Rainer, Paul von, Architektur und Harmonie. Zahl, Maß und Proportion in der abendländischen Baukunst, Köln 1982
PAATZ, Kirchen	Paatz, Walter, Elisabeth Paatz, Die Kirchen von Florenz, 6 Bde, Frankfurt am Main 1952—1955
PAMPALONI 1963	Pampaloni, Guido, Palazzo Strozzi, Roma 1963
PAOLI 1883	Paoli, Cesare, Le carte dei Gondi donate all'Archivio di Stato di Firenze, in: Archivio storico italiano 12, 1883, 296—300
PARRONCHI 1964	Parronchi, Alessandro, The language of humanism and the language of sculpture, in: Journal of the Warburg and Courtauld Institutes 27, 1964, 108—136
PASTOR, Gesch. d. Päpste	Pastor, Ludwig von, Geschichte der Päpste seit dem Ausgang des Mittelalters, 16 Bde, Freiburg 1886—1933

PATZAK	Patzak, Bernhard, Die Renaissance- und Barockvilla in Italien, 3 Bde, Leipzig 1908—1913
PAUL 1963	Paul, Jürgen, Die mittelalterlichen Kommunalpaläste in Italien, Diss. Freiburg 1963
PAUL 1969	Paul, Jürgen, Der Palazzo Vecchio in Florenz. Ursprung und Bedeutung seiner Form, Firenze 1969
PEDRETTI 1962	Pedretti, Carlo, A chronology of Leonardo da Vinci's architectural studies after 1500, Genève 1962
PINI/MILANESI 1876	Pini, Carlo, Gaetano Milanesi, La scrittura d'artisti italiani, 3 Bde, Firenze 1876 — o. J.
PLINIUS d. Ä., Naturalis Historia	Plinius Secundus, Gaius, Naturalis Historia/Natural History, 10 Bde, London 1956—1963 (=The Loeb Classical Library)
POGGI 1886	Poggi, Giuseppe, Disegni di fabbriche eseguite per commissione di particolari, 2 Bde, Firenze 1886
POLIZIANO, Poesie 1867	Poliziano, Angelo Ambrogini, Poesie volgari inedite e poesie latine e greche edite e inedite, ed. I. Del Lungo, Firenze 1867
POPE-HENNESSY 1964	Pope-Hennessy, John, Catalogue of Italian sculpture in the Victoria and Albert Museum, 3 Bde, London 1964
PRAY BOBER 1964	Pray Bober, Phyllis, An antique sea-thiasos in the Renaissance, in: Essays in memory of Karl Lehmann, ed. L. Freeman Sandler, New York 1964, 43—48
PREYER 1977	Preyer, Brenda, The Rucellai Loggia, in: Mitteilungen des Kunsthistorischen Institutes in Florenz 21, 1977, 183—195
PREYER 1981	Preyer, Brenda, The Rucellai Palace, in: Giovanni Rucellai ed il suo Zibaldone II, London 1981, 153—225
RADICE 1976	Radice, Anne-Imelda Marino, Il Cronaca. A fifteenth-century Florentine architect, 2 Bde, Diss. Ann Arbor, Mich., 1976
REUMONT 1874	Reumont, Alfred von, Lorenzo de'Medici il Magnifico, 2 Bde, Leipzig 1874
RICHA 1754/62	Richa, Giuseppe, Notizie istoriche delle chiese fiorentine, 10 Bde, Firenze 1754—1762
RIDOLFI 1928	Ridolfi, Roberto, Gli archivi dei Gondi, in: Bibliofilia 30, 1928, 81—119
RODOLICO 1953	Rodolico, Francesco, Le pietre delle città d'Italia, Firenze 1953
ROCHON 1963	Rochon, André, La jeunesse de Laurent de Médicis (1449—1478), Paris 1963
ROOVER 1963	Roover, Raymond de, The rise and decline of the Medici bank, 1397—1494, Cambridge, Mass., 1963
ROSS 1905	Ross, Janet, Florentine palaces and their stories, London 1905
ROSSI 1786	Rossi, Tribaldo d'Amerigo dei, Ricordanze, ed. I. di San Luigi, in: Delizie degli eruditi toscani 23, 1786
RUBINSTEIN 1960	Rubinstein, Nicolai, Politics and constitution in Florence at the end of the fifteenth century, in: Italian Renaissance Studies. A tribute to the late Cecilia M. Ady, ed. E. F. Jacob, London 1960, 148—183
RUCELLAI 1770	Rucellai, Bernardo, De urbe Roma, ed. G. M. Tartini, Firenze 1770 (=Rerum Italicarum Scriptores, Ergänzung Tartini II)
SAALMAN 1964	Saalman, Howard, The authorship of the Pazzi Palace, in: The Art Bulletin 46, 1964, 388—395
SAALMAN 1965	Saalman, Howard, The Palazzo Comunale in Montepulciano. An unknown work by Michelozzo, in: Zeitschrift für Kunstgeschichte 28, 1965, 1—46
SAALMAN 1966	Saalman, Howard, Tommaso Spinelli, Michelozzo, Manetti, and Rossellino, in: Journal of the Society of Architectural Historians 25, 1966, 151—164
SANPAOLESI 1943	Sanpaolesi, Piero, Una rotonda Sangallesca scomparsa, in: Palladio N.S. 7, 1943, 51—58

SANPAOLESI 1962	Sanpaolesi, Piero, Brunelleschi, Milano 1962
SANPAOLESI 1963	Sanpaolesi, Piero, Precisazioni sul Palazzo Rucellai, in: Palladio N. S. 13, 1963, 61—66
SANPAOLESI 1964	Sanpaolesi, Piero, La casa fiorentina di Bartolommeo Scala, in: Studien zur toskanischen Kunst. Festschrift für L. H. Heydenreich zum 23. III. 1963, München 1964, 275—288
SANPAOLESI 1964/65	Sanpaolesi, Piero, Architetti premichelangioleschi toscani, in: Rivista dell'Istituto Nazionale d'Archeologia e Storia dell'Arte N.S. 13/14, 1964/65, 269—296
SCHIAPARELLI 1908	Schiaparelli, Attilio, La casa fiorentina e i suoi arredi nei secoli XIV e XV, Firenze 1908
SCHNITZER, Quellen und Forschungen	Schnitzer, Joseph, Quellen und Forschungen zur Geschichte Savonarolas, 4 Bde, München/Leipzig 1902—1910
SERLIO 1619	Serlio, Sebastiano, Tutte le opere d'architettura et prospetiva, Venezia 1619
SEVERINI 1970	Severini, Giancarlo, Architetture militari di Giuliano da Sangallo, Pisa 1970
SINDING LARSEN 1975	Sinding Larsen, Staale, A tale of two cities. Florentine and Roman visual context for fifteenth-century palaces, in: Institutum Romanum Norvegiae. Acta ad Archaeologiam et Artium Historiam pertinentia 6, 1975, 163—212
SMIRAGLIA SCOGNAMIGLIO 1900	Smiraglia Scognamiglio, Nino, Ricerche e documenti sulla giovinezza di Leonardo da Vinci (1452—1482), Napoli 1900
SPEZIALE 1973/74	Speziale, Onofrio, Antonio da Sangallo il Vecchio: Il cortile della Rocca di Civita Castellana, in: Annuario. Università degli Studi di Roma. Istituto di Storia dell'Arte 174, 1973/74, 199—210
STEGMANN/GEYMÜLLER	Stegmann, Carl von, Heinrich von Geymüller, Die Architektur der Renaissance in Toscana, 11 Bde, München 1885—1908
SUPINO 1893	Supino, Igino B., L'arte del rinascimento nella Primaziale di Pisa. I maestri di taglio e di tarsia in legno, Roma 1893
TEUBNER 1975	Teubner, Hans, Zur Entwicklung der Saalkirche in der Florentiner Frührenaissance, Diss. Heidelberg 1975
TEUBNER 1978	Teubner, Hans, Das Langhaus der SS. Annunziata in Florenz. Studien zu Michelozzo und Giuliano da Sangallo, in: Mitteilungen des Kunsthistorischen Institutes in Florenz 22, 1978, 27—60
THIEM 1964	Thiem, Günther, Christel Thiem, Toskanische Fassadendekoration in Sgraffito und Fresko, München 1964
THIEME/BECKER	Thieme, Ulrich, Felix Becker, Allgemeines Lexikon der bildenden Künstler von der Antike bis zur Gegenwart, Leipzig 1907—o.J.
THOENES 1972	Thoenes, Christof, »Sostegno ed adornamento«. Zur sozialen Symbolik der Säulenordnung (unveröffentlichtes Vortragsmanuskript); Zusammenfassung in: Kunstchronik 25, 1972, 343—344
THOENES 1973	Thoenes, Christof, Zu Brunelleschis Architektursystem, in: Architectura 3, 1973, 87—93
THOENES 1980	Thoenes, Christof, »Spezie« e »Ordine« di colonne nell'architettura del Brunelleschi, in: Filippo Brunelleschi. La sua opera e il suo tempo, 2 Bde, Firenze 1980, 459—469
TOMEI 1942	Tomei, Piero, L'architettura a Roma nel Quattrocento, Roma 1942
TÖNNESMANN 1984	Tönnesmann, Andreas, »Palatium Nervae«. Ein antikes Vorbild für Florentiner Rustikafassaden, erscheint in: Römisches Jahrbuch für Kunstgeschichte 21, 1984
TUTTLE 1976	Tuttle, Richard, A new attribution to Vignola. A doric portal of 1547 in the Palazzo Comunale in Bologna, in: Römisches Jahrbuch für Kunstgeschichte 16, 1976, 207—220

Utz 1973	Utz, Hildegard Kissel, Giuliano da Sangallo und Andrea Sansovino, in: Storia dell'arte 19, 1973, 209—216
Valentini/Zucchetti 1940/53	Valentini, Roberto, Giuseppe Zucchetti, Codice topografico della città di Roma, 4 Bde, Roma 1940—1953
Van Sasse 1980	Van Sasse van Isselt, Dorine, Il cardinale Alessandro de'Medici committente dello Stradano (1585—1587), in: Mitteilungen des Kunsthistorischen Institutes in Florenz 24, 1980, 203—236
Varchi, ed. Arbib	Varchi, Benedetto, Storia fiorentina, ed. L. Arbib, 3 Bde, Firenze 1838—1841
Vasari 1550	Vasari, Giorgio, Le vite de' più eccellenti architetti, pittori et scultori italiani, 3 Bde, Firenze 1550
Vasari/Milanesi	Vasari, Giorgio, Le vite de' più eccellenti architetti, pittori et scultori italiani, ed. G. Milanesi, 10 Bde, Firenze 1878—1881
Vasari/Barocchi	Vasari, Giorgio, La vita di Michelangelo nelle redazioni del 1550 e del 1568, ed. P. Barocchi, 5 Bde, Milano/Napoli 1962
Vasari d. J.	Vasari il Giovane, Giorgio, La città ideale. Piante di chiese (palazzi e ville) di Toscana e d'Italia, ed. V. Stefanelli, F. Borsi, Roma 1970
Villari 1910	Villari, Pasquale, La storia di Girolamo Savonarola e de' suoi tempi, 2 Bde, Firenze ³1910
Vitruv, ed. Fensterbusch	Vitruv, De architectura libri decem, ed. et transt. C. Fensterbusch, Darmstadt 1964
Voit 1961	Voit, Pal, Una bottega in Via dei Servi, in: Acta Historiae Artium 7, 1961, 187—228
Warburg 1932	Warburg, Aby, Francesco Sassettis letztwillige Verfügung, in: Gesammelte Schriften I, Berlin 1932, 127—158, 353—365
Weinstein 1970	Weinstein, Donald, Savonarola and Florence. Prophecy and patriotism in the Renaissance, Princeton, N. J., 1970
Wester/Simon 1965	Wester, Ursula, Erika Simon, Die Reliefmedaillons im Hofe des Palazzo Medici zu Florenz, in: Jahrbuch der Berliner Museen 7, 1965, 15—91
Willich 1914	Willich, Hans, Paul Zucker, Die Baukunst der Renaissance in Italien, Wildpark-Potsdam 1914
Winner 1974	Winner, Matthias, Zum Nachleben des Laokoon in der Renaissance, in: Jahrbuch der Berliner Museen 16, 1974, 83—121
Wittkower 1969	Wittkower, Rudolf, Grundlagen der Architektur im Zeitalter des Humanismus, München 1969
Zangheri 1972	Zangheri, Luigi, Antonio Ferri. Architetto granducale, in: Antichità viva 11, 1972, 45—56
Zanker 1968	Zanker, Paul, Forum Augustum. Das Bildprogramm, Tübingen o.J. (1968)

Abbildungsnachweis

Alinari, Florenz 1, 3, 5, 6, 8, 9, 12, 29, 30, 31, 45, 48, 49, 50, 52, 54, 56, 57, 58, 59, 60, 63, 65, 72, 73, 74, 75, 76, 77, 80, 84, 85, 86, 89, 91, 92, 94, 98, 106, 107, 109, 110, 113, 114, 119, 120, 126, 131, 132, 133, 152, 153, 154, 158, 161, 170, 171, 175, 178, 183, 184, 185, 186, 198, 199, 202, 203, 204, 208
Anderson, Florenz 112, 118, 124
Archivio Fotografico, Vatikan 53, 194, 196, 197
Artini, Florenz 16
Bibliotheca Hertziana, Rom 2, 4, 7, 26, 27, 139
Gabinetto Fotografico Nazionale, Rom 201

Kunsthistorisches Institut, Bonn (Universität) 43
Kunsthistorisches Institut, Florenz 13, 47, 51, 55, 61, 62, 66, 69, 78, 79, 81, 82, 83, 102, 103, 104, 108, 115, 125, 140, 141, 142, 143, 144, 145, 146, 147, 148, 149
Dr. Hilde Lotz, Rom / Kunsthistorisches Institut, Florenz 159, 163
Soprintendenza ai Beni Ambientali e Architettonici, Florenz 35, 135, 138, 162
Soprintendenza alle Gallerie, Florenz 14, 121, 127, 167, 191, 192, 193
Tönnesmann, Rom 23, 24, 25, 32, 33, 36, 38, 42, 46, 68, 155, 168, 187, 188, 189, 190
Victoria & Albert Museum, London 64

English Summary

The Palazzo Gondi (1490—1501) is in many ways one of the key buildings of the Early Renaissance. Designed at the end of the period, the palace offers important insights into the typology of Florentine Quattrocento palaces and thus into the beginnings of modern secular architecture. Additionally, this study of the palace, one of Giuliano da Sangallo's major works, contributes to the state of research on an architect whose significance for Italian architecture had not been investigated in depth.

Chapter I treats the biography of the patron, the history of ownership, and the question of the palace's authorship. It begins with the economic and political background of the commission. It is shown that Lorenzo de'Medici in all likelihood had an influence on the planning of the palace. The traditional attribution to Giuliano da Sangallo is proven by a letter written by his son Francesco.

The building history of the palace, heretofore only sketchily known, is analysed in detail in the second chapter with the aid of documentary sources and archaeological evidence. Due to the problematic division of the property, the palace was of necessity constructed one small portion at a time. The pre-existing Gondi house was to be incorporated in the new palazzo, but initially was kept intact. These conditions determined the compartmentalised layout of the new building's ground plan, whereas the facade was intended from the start to provide a unified exterior for the building complex.

Since after the patron's death construction was suspended prematurely, and the palace was completed only in the 19th century according to new plans, Chapter III deals with Sangallo's original project. A palace with eleven bays can be reconstructed from contemporary sources. It would thus have been one of the largest and most ambitious palaces in Florence.

Compared to other palaces, above all the contemporary Palazzo Strozzi, the Palazzo Gondi emerges as a new kind of solution to traditional architectural problems. In the formal analysis constituting Chapter IV, it is shown that Sangallo's project combined the existing type of Florentine family palace with a rich, decorative style derived from antiquity. The chapter proves both Sangallo's ancient and contemporary sources and is intended to define characteristics of his style.

Chapter V presents a typological synopsis of the development of the Florentine palace from 1450 to 1500. Against the background of medieval tradition, the palaces are examined initially in relation to their urban setting, and the contrasting Renaissance tendency toward the individualization of single buildings is traced step by step. Because the Palazzo Medici determined the architecture of palace facades up to the end of the Quattrocento, there was little formal innovation during this time, least of all in the buildings owned by the patrician ruling classes. This conservative attitude found its origins in non-artistic considerations. The exterior of the Palazzo Medici was rich in associations with the medieval communal palace. For this reason the Florentine rusticated facade served as a medium of political expression from the time the Medici palace was built (1446ff), only losing its significance with the end of the Medici leadership. The Palazzo Medici remained the model for the Quattrocento in the rational disposition of its interior space as well. Certain tendencies in its ground plan were already anticipated in palaces of the 1420's.

An examination of Sangallo's early works (1473—1490) in Chapter VI leads to a new evaluation of his architectural origins. While it is certain that there are no early works in Rome, a number of Florentine palaces dating in the 1470's can be ascribed to Sangallo on stylistic grounds. Their decor, executed in a decisively antique style, offered an alternative to the conventional buildings by Giuliano da Maiano then dominating Florentine architecture. Sangallo's relationship to the antique and his architectural style changed under the influence of Alberti's architectural treatise which strongly affected the Medici villa at Poggio a Caiano and S. Maria delle Carceri in Prato (both 1485). Sangallo's relationship to Alberti's architecture, to Brunelleschi and to the medieval architectural tradition are also examined.

(Translated by Nicola Courtright)

Personen- und Ortsregister

Aesop 53
Alberti, Leon Battista 8, 34, 43, 45, 59, 67—68, 76, 77, 93, 94, 95, 96, 103, 104—105, 106, 107, 108, 110, 111, 112
Alexander VI., Papst 6
Ammirato, Scipione 78
Aragon, Alfonso II. von 5
— Ferante I. von 5, 10
Arezzo, SS. Annunziata 100
— S. Maria delle Grazie 116
Asini, Familie 16
— Francesca 13
Avian 53

Bagno a S. Filippo 103
Bandini, Francesco 7—8
Benedetto da Maiano s. Maiano
Benedetto da Rovezzano s. Rovezzano
Bertoldo di Giovanni 94
Bibbiena, S. Maria del Sasso 109
Bilicozzi, Familie 1
Billi, Antonio 66
Bonechi, Matteo 21
Borghini, Vincenzo 11, 31
Borgo, Francesco del 94
Bramante, Donato 34, 41, 96, 114
Brunelleschi, Filippo 36, 38, 45, 46, 65, 66, 72, 76, 78, 81, 82, 84, 101, 102, 109, 110, 111, 112, 114
Buonsignori, Stefano 64

Cambi, Giovanni 17
Cavalcanti, Andrea 53
Cecca s. La Cecca
Ciceri, Giovanni Battista 21
Cicero 106
Città di Castello, Pal. Comunale 38
Civita Castellana, Rocca 88
Codex Barberini s. Rom, Vatikan, Biblioteca Apostolica
Codex Coner s. London, Sir John Soane's Museum
Colle Val d'Elsa, Stadtbefestigung 89, 92
Corbinelli, Familie 7
Corsi, Lisabella di Matteo s. Gondi
Cronaca (Simone del Pollaiuolo) 41, 45, 46, 47, 79, 97, 106, 113, 115

Del Borgo s. Borgo
Della Valle, Sammlung 61
Desiderio da Settignano s. Settignano
Dolci, Giovannino de' 92
Donatello 60, 62

Empoli, S. Andrea 45
Este, Ercole I. d' 3

Faenza, Dom 98
Falconieri, Paolo 8
Federigo da Montefeltre s. Montefeltre
Ferrante von Aragon s. Aragon
Ferri, Antonio 21
Fiesole, Badia 101, 109, 110
Filippi, Familie 1
Florenz, Alte Sakristei s. S. Lorenzo
— Baptisterium 45, 64, 112
— Bargello 74, 87
— — Kamin aus dem Pal. Rosselli del Turco 60
— Bischofspalast s. Palazzo Arcivescovile
— Borgo de'Greci 26
— Canto de'Leoni 13, 71, 27
— Chiasso del Fondello s. Vicolo de'Gondi
— Chiasso del Garbo s. Vicolo de'Gondi
— Chiasso degli Strozzi 69
— Chiassuolo de'Bucelli 26
— Collezione Bardini 23
— Dom 45, 64, 114
— Findelhaus s. Ospedale degli Innocenti
— Häuser
— — Arte di Calimala 12, 13, 14, 16, 18, 21, 22
— — Asini 13, 14, 15, 16, 18, 19
— — Bilicozzi 1
— — Gondi (Piazza S. Firenze) 2, 12—17, 18, 19, 20, 22, 30, 72
— — Gondi (Piazza degli Strozzi) 2, 4
— — Medici 86
— — Mercanzia 13, 14, 15, 16, 17
— — Sacchetti 16
— — Strozzi 1
— — Tanini 16, 18, 19, 20, 30, 31
— Loggia Rucellai 45, 67, 68
— Mercato Vecchio 69
— Or San Michele, Georgsstatue 62

Florenz, Ospedale degli Innocenti 10, 45, 47, 81, 82, 84
- Pal. Aldobrandini 74
- Pal. Alessandri 73, 74
- Pal. Antinori 35, 40, 83, 84
- Pal. Arcivescovile (Piazza S. Giovanni) 74
- Pal. Arcivescovile (S. Miniato) 74
- Pal. Bartolini-Salimbeni 32
- Pal. Busini 82, 83, 84
- Pal. Canigiani 51, 85
- Pal. Capponi s. Pal. Da Uzzano
- Pal. Cocchi 77, 98
- Pal. Corsi-Horne 83, 114
- Pal. Corsini-Serristori 83
- Pal. Da Uzzano-Capponi 73, 74, 82, 83, 84, 85, 86, 87
- Pal. Davanzati 44, 73, 74, 81, 82, 83, 84, 85, 86
- Pal. Gerini 77
- Pal. Guadagni 27, 28, 79
- Pal. Horne s. Pal. Corsi-Horne
- Pal. Medici-Riccardi 14, 29
- — Außenbau 33—34, 36, 38, 71—80
- — Bauskulptur 48
- — Hof und Innenbau 40, 42, 44, 45, 47, 48, 52, 54, 81—87, 93
- — Kapelle, Gestühl 90, 100
- — urbanistische Situation 65—67, 70, 71
- Pal. Mellini 79
- Pal. della Mercanzia 22
- Pal. Neroni 78, 79
- Pal. Niccolini 79
- Pal. Pandolfini 93
- Pal. di Parte Guelfa 36, 72, 74, 76
- Pal. Pazzi 45, 51, 78, 83, 84, 85, 86, 87, 98—99, 100, 101
- Pal. Pitti 28, 34, 65, 68, 69, 70, 77, 78, 86, 87
- Pal. Ricasoli 50, 52, 53, 54—55, 65, 79, 83, 85, 90, 99—100
- Pal. Rosselli del Turco 60, 79
- Pal. Rucellai 28, 32, 34, 37, 44, 67—68, 69, 70, 76—77, 78, 84, 94, 95, 107, 114
- Pal. Sassetti 87
- Pal. Scala 46, 77, 83, 87, 92, 93—98, 99, 100, 102, 106, 107, 114
- Pal. Serristori s. Pal. Cocchi, Pal. Corsini-Serristori
- Pal. dei Signori s. Pal. Vecchio
- Pal. Spinelli 61
- Pal. Spini 64, 65
- Pal. Strozzi 17, 27
- — Außenbau 33, 34, 35, 37, 38, 40, 41, 79, 80
- — Hof und Innenbau 42, 44, 45, 46, 47, 50, 60, 82, 83, 86, 87, 106, 113
- — Holzmodell 115—117
- — urbanistische Situation 69—70
- Pal. dello Strozzino 24, 40, 70, 75, 77, 83, 84
- Pal. Taddei 79, 83
- Pal. Tornabuoni 45, 46, 83
- Pal. Uzzano s. Pal. Da Uzzano-Capponi
- Pal. Vecchio 15, 27, 31, 72, 74, 75, 81, 82, 84
- — Judithstatue 60
- — Sala dei Gigli, Tür 89
- Pazzi-Kapelle s. S. Croce
- Piazza Marmora s. Piazza degli Strozzi
- Piazza Rucellai 67, 68
- Piazza S. Apollinare 26
- Piazza S. Croce 77
- Piazza S. Firenze 12—17, 18, 21, 26, 70, 71
- Piazza S. Giovanni 65, 74
- Piazza S. Lorenzo 65, 66, 67
- Piazza della Signoria 21, 26, 31, 64, 71
- Piazza degli Strozzi 1, 69, 70, 75, 115
- Piazza S. Trinità 64
- Ponte alla Carraia 67
- Porta S. Gallo 65, 88
- SS. Annuziata 89, 92, 96, 100, 101
- — Chorgestühl 89
- SS. Apostoli 45
- S. Croce, Marsuppini-Grabmal 61
- — Pazzi-Kapelle 38, 39, 96, 102, 109, 111
- — Zweiter Kreuzgang 99
- S. Felicità 68, 69
- S. Firenze 26
- S. Gallo 108
- S. Lorenzo 28, 45, 46, 65, 66, 95
- — Alte Sakristei 109
- S. Marco 66
- — »Hinrichtung Savonarolas« 27
- S. Maria degli Angeli 36
- S. Maria Maddalena dei Pazzi 45, 97, 100—103, 107, 110, 113
- S. Maria Novella 9, 112
- — Cappella Gondi 9
- — Cappella Strozzi 9
- — Kanzel 53
- S. Maria degli Ughi 9, 70
- S. Miniato al Monte, Cappella del Crocifisso 96
- S. Salvatore al Monte 113, 116
- S. Spirito 45, 95, 114
- — Sakristei 88, 89, 108, 112—114
- S. Trinità 87
- — Cappella Sassetti 64

— Stadtpläne
— — Buonsignori-Plan 26, 27, 64, 66, 68, 69
— — Kettenplan 64, 65, 68
— — Ptolemäuspläne 65
— Thermen 11
— Uffizien, Gabinetto dei Disegni
— — UA 132ʳ 70, 115
— — UA 134ʳ 28
— — UA 276ᵛ 28
— — UA 281ʳ 28
— — UA 1398ʳ 41
— — UA 1574ᵛ 108
— — UA 1606ʳ 108—109
— — UA 1607ʳ 108—109
— — UA 4329ᵛ 60
— Via degli Anselmi 70
— Via de'Bardi 65, 73, 85
— Via delle Belle Donne 74
— Via de'Calzaiuoli 64
— Via del Canestruccio 26
— Via Cavour 65, 66, 67
— Via Condotta 16
— Via de'Ferravecchi s. Via degli Strozzi
— Via de'Ginori 65
— Via de'Gondi 12—17, 18, 21, 22, 23, 26-27, 30, 70, 71
— Via de'Gori 65, 66
— Via Larga s. Via Cavour
— Via Larga di S. Trinità s. Via Tornabuoni
— Via de'Leoni s. Piazza S. Firenze
— Via de'Palchetti 67
— Via Por S. Maria 14
— Via delle Prestanze s. Via de'Gondi
— Via del Purgatorio 67
— Via Romana 68
— Via S. Reparata 64
— Via degli Strozzi 69, 70
— Via Tornabuoni 69, 70
— Via della Vigna Nuova 67
— Vicolo de'Gondi 16, 17, 18, 22, 27, 31
Francesco del Borgo s. Borgo
Francesco di Giorgio 113
Francione (Francesco di Giovanni) 89, 90, 92, 100, 104

Gellius, Aulus 106
Genua, Pal. Vechio del Comune 38
Ghirlandaio, Domenico 64
Giamberti, Francesco di Bartolo 88
Giugni, Galeotto 12
— Girolamo 12
Giulio Romano 38, 98
Gondi, Familie 1—10, 80

— Angelo di Amerigo 10
— Antonio di Leonardo 3, 4, 10
— Antonia di Rinieri Scolari 7
— Bilicozzo di Giuliano 7, 8
— Cassandra di Giuliano 8
— Eugenio 21
— Federigo di Giuliano 7, 8, 9
— Federigo di Giuliano II. 10
— Geri 9
— Giovambattista di Giuliano 7, 8
— Giovanna Francesca 1
— Giuliano di Federigo 21
— Giuliano di Leonardo 1—10, 12, 13, 14, 15, 17, 19, 22, 24, 30, 32, 61, 70, 71, 80
— Giuliano di Leonardo II. 10
— Leonardo di Giuliano 7, 8
— Leonardo di Leonardo 2, 3, 9
— Lisabella di Matteo Corsi 7
— Simone di Geri 2
— Simone di Giuliano 7
— Vincenzo di Amerigo 10
Gozzoli, Benozzo 90

La Cecca (Francesco d'Angelo) 89
Landino, Cristoforo 105
Landucci, Luca 17, 37
Laurana, Luciano 107
Leonardo da Vinci 13, 21, 66
Lippi, Filippino 107
London, Sir John Soane's Museum, Codex Coner 107, 111
London, Victoria & Albert Museum, Reliefs aus dem Pal. Gondi 23
Lorenzo il Moro 21
Loreto, Marienkirche 114

Machiavelli, Niccolò 78
Maiano, Benedetto da 89, 115—117
— Giuliano da 89, 90, 95, 97, 98, 100, 108—109, 114, 116—117
Mailand 6
Manetti, Antonio 102
Mantua, S. Andrea 95
— S. Sebastiano 106, 109
Mariani, Lorenzo 27, 28
Mattei, Sammlung 113
Medici, Familie 4, 5, 7, 79, 80
— Cosimo (il Vecchio) 4, 65, 66, 67, 70, 73, 75, 76, 78, 86, 103
— Lorenzo (il Magnifico) 5, 7, 8, 11, 14, 15, 79, 80, 92, 103—109, 112, 115
— Lorenzo, Herzog v. Urbino 66
— Nannina 76

153

Medici, Piero di Cosimo 5, 6
Michelangelo 11
Michelozzi, Niccolò 103
Michelozzo di Bartolommeo 40, 45—49, 65, 71, 72, 73, 75, 76, 82, 83, 84, 85, 96, 105
Montefeltre, Federigo da 3, 4
Mulinelli, Luigi 21, 27

Neapel 3, 4, 5, 6, 109
— Palazzo Reale s. Sangallo, Giuliano da, Palastentwurf
Neroni, Diotisalvi 78

Pacioli, Luca 35
Parenti, Piero 6
Paul II., Papst 92
Pazzi, Familie 79
— Jacopo 78, 79, 80, 99
Pecci, G. A. 97
Perugia, S. Pietro de'Cassanesi, ehem Chorgestühl 90
Peruzzi, Baldassare 93, 98
Phaedrus 53
Pienza, Dom 106
— Pal. Piccolomini 67, 77, 84, 87, 94, 99, 114
Piero da Vinci 13
Pisa 6
— Dom 48
— — ehem. Chorgestühle 89
Pisano, Giovanni 49
Pitti, Luca 68, 69, 78, 79, 80
Pius II., Papst 92
Plinius d. Ä. 102
Plinius d. J. 104
Poggi, Giuseppe 12, 13, 14, 15, 16, 19, 21—24, 25, 26, 27, 29, 30, 32, 56, 57, 58, 59, 63, 85
Poggio a Caiano, Villa Medici 89, 92, 97, 100, 103—108, 113, 114, 117
Poggio Reale, Villa 117
Polizian 94
Pollaiuolo, Simone del s. Cronaca
Pontelli, Baccio 89, 107
Poppi, Castello Guidi 85
Pozzuoli, Augustustempel 41
Prato, Kastell 38
— Pal. Datini 85
— S. Maria delle Carceri 28, 92, 96, 99, 100, 103, 104, 108—112, 113, 114

Raffael 41, 93, 96
Recanati, Pal. Venieri 95
Rimini, Augustusbogen 95
— Tempio Malatestiano 95

Ritiro della Quiete 1
Robbia, Andrea della 110
Rom 6, 91, 92, 97
— Argentarierbogen 112
— Augustusforum 38, 76, 77
— — Mars-Ultor-Tempel 110
— Basilica Aemilia 41, 111
— Farnesina 93
— Kolosseum 96, 112
— Konstantinsbogen 38, 95
— Lateransbaptisterium 112
— Pal. Alberini-Cicciaporci 96
— Pal. Baldassini 46
— Pal. Farnese 46
— Pal. della Rovere bei SS. Apostoli 92
— Pal. Venezia 39, 87, 94, 95, 96
— Pantheon 41, 110
— Piazza S. Eustachio, Gesimsfragment 111
— Porticus Octaviae 107
— S. Giovanni in Laterano 49
— S. Marco, Benediktionsloggia 92, 94
— S. Maria della Pace, Kreuzgang 96
— St. Peter 41
— — Benediktionsloggia 94
— Septimius-Severus-Bogen 95
— Trajansforum 28
— Vatikan, Biblioteca Apostolica, Cod. Barb. lat. 4424 28, 38, 41, 51, 52, 90—92, 99, 107, 108, 112, 113
— — Cortile del Belvedere 96
— — Laokoon 11
— — Torre Borgia 28
Rosellino, Bernardo 38, 45, 68, 94, 95, 97, 99, 106, 110
Rossi, Tribaldo de' 15, 17, 18, 19
Rovezzano, Benedetto da 60
Rucellai, Bernardo 103—104, 107
— Giovanni 67, 68, 76, 77
— Pandolfo 76

Salviati, Familie 7
Sangallo (Name) 88, 92
— Antonio da (d. Ä.) 88
— Antonio da (d. J.) 41, 46, 91
— Francesco da 11, 17, 31
— Giuliano da 10, 11, 33—63 (passim), 77, 84, 85, 88—114, 115—117
— — Codex Barberini s. Rom, Vatikan, Biblioteca Apostolica
— — Entwürfe für S. Lorenzo in Florenz 28
— — Entwurf für die Sapienza in Siena 97
— — Entwurf für Villa Medici in Florenz (Borgo Pinti) 108

— — Palastentwurf für Ferrante von Aragon 11, 97, 108, 112
— — Taccuino Senese s. Siena, Biblioteca Comunale
Sanpaolesi, Piero 93
Sansovino, Andrea 113
Savona, Pal. della Rovere 77, 99, 111, 114
Savonarola, Fra Girolamo 6—7, 27
Scala, Bartolommeo 93—94, 99
Scolari, Antonia di Rinieri s. Gondi
Serlio, Sebastiano 96
Settignano, Desiderio da 61
Siena, Biblioteca Comunale, Cod. S. IV. 2 38, 51, 91, 97, 104, 108, 111, 114
— Dom 117
— Pal. Piccolomini 40
— Pal. Spannocchi 40, 117
— Sapienza 97
Simone del Pollaiuolo s. Cronaca
Stradano, Giovanni 93
Strozzi, Familie 2, 7
— Filippo d. Ä. 3, 9, 10, 69, 70, 79, 80

Strozzi Lorenzo 70
— Palla 2

Taccuino Senese s. Siena, Biblioteca Comunale
Terracina, Iuppiter-Anxur-Tempel 106
Turin, Torri Palatine 76

Urbino 4
— Pal. Ducale 60, 86, 87, 107
Uzzano, Niccolò da 73

Valle s. Della Valle
Varchi, Benedetto 10, 20
Vasari, Giorgio 10, 11, 17, 41, 60, 83, 84, 88, 92, 115
— Giorgio d. J. 20, 27
Vergil 105
Vignola, Jacopo Barozzi da 96
Vinci s. Leonardo da Vinci, Piero da Vinci
Vitruv 40, 46, 91, 96, 104, 112

Zanobi del Rosso 21
Zocchi, Giuseppe 64

Tafeln

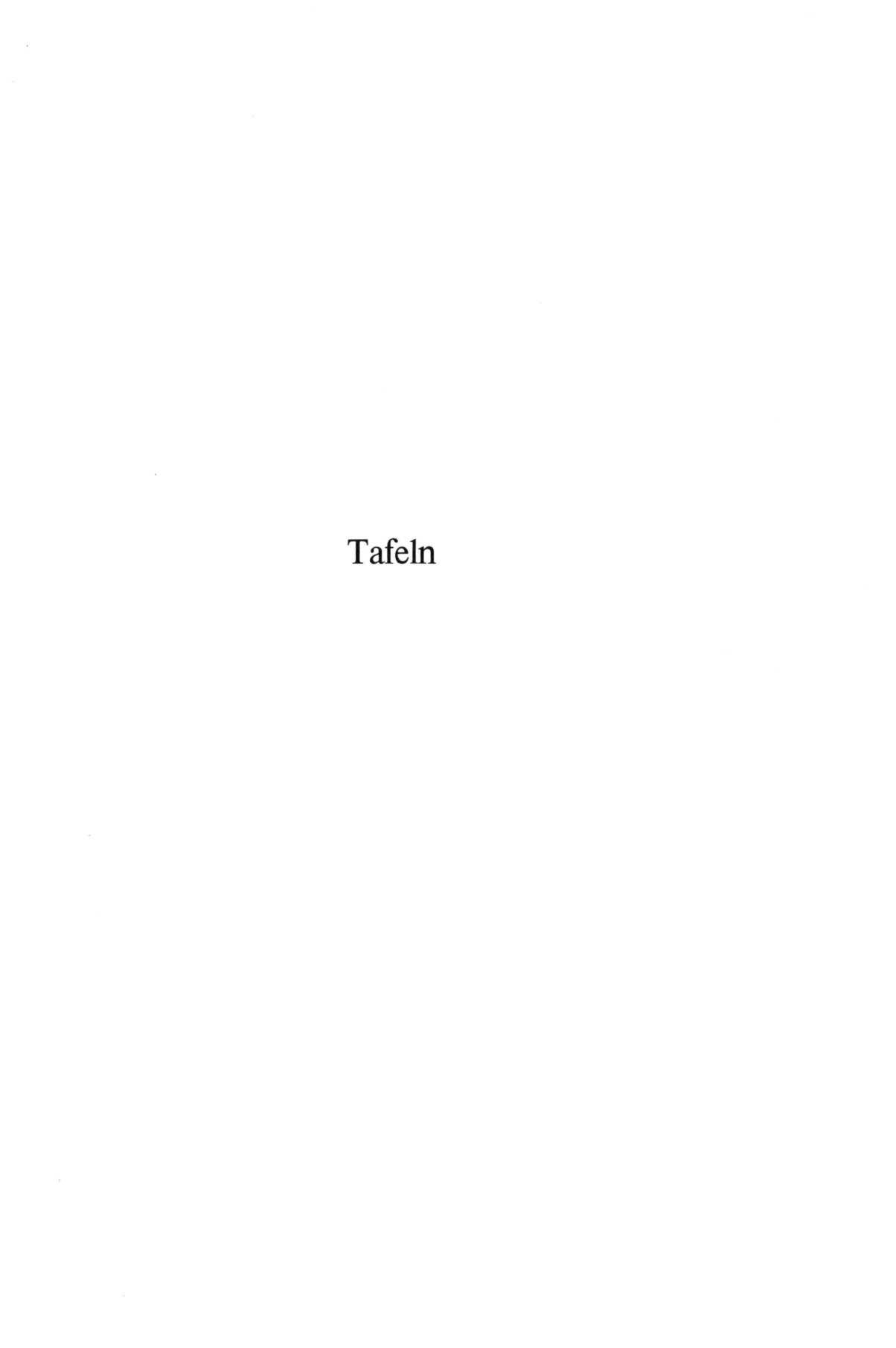

1. Palazzo Gondi, Wappenschild im Treppenhaus

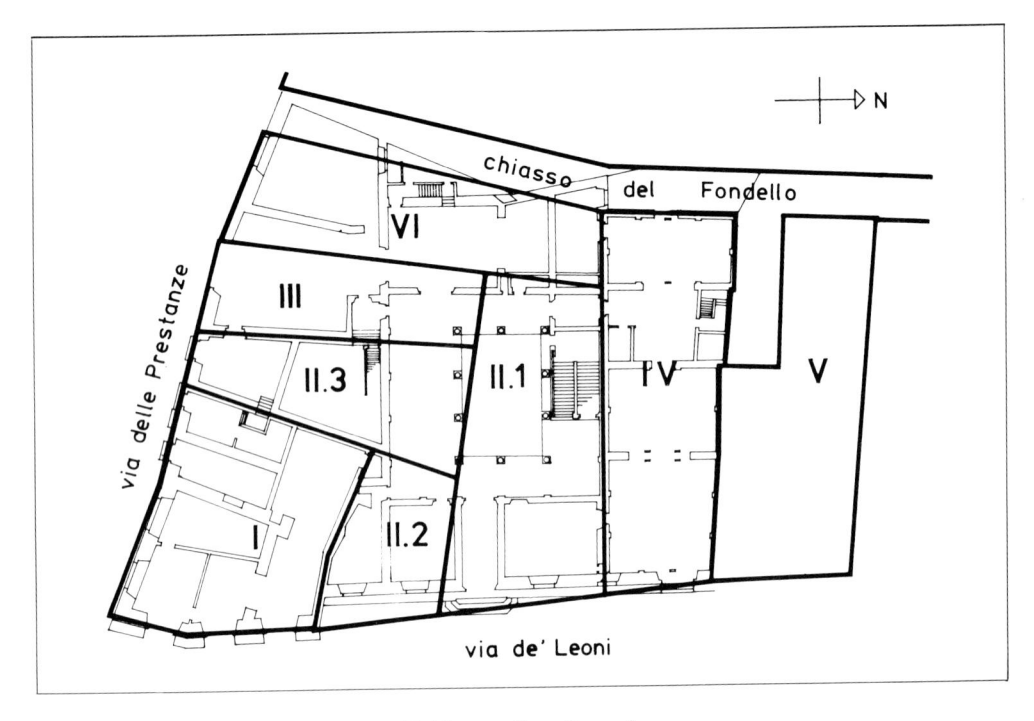

2. Palazzo Gondi, Grundstückssituation (Zeichnung: E. v. Branca)

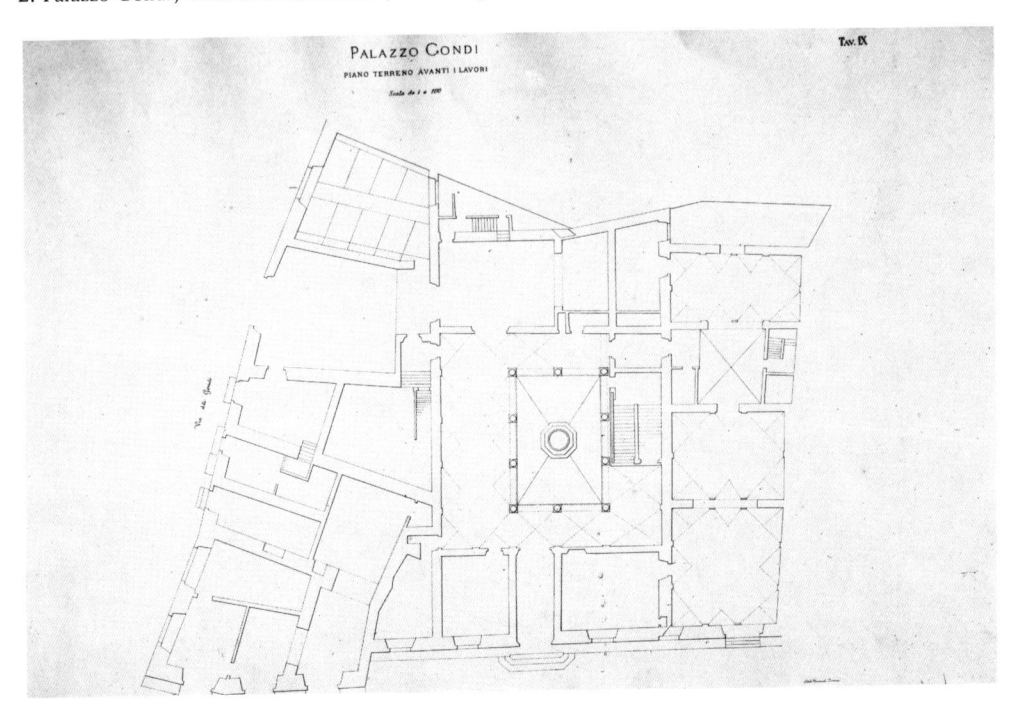

3. Palazzo Gondi, Grundriß des Erdgeschosses vor 1874 (G. Poggi)

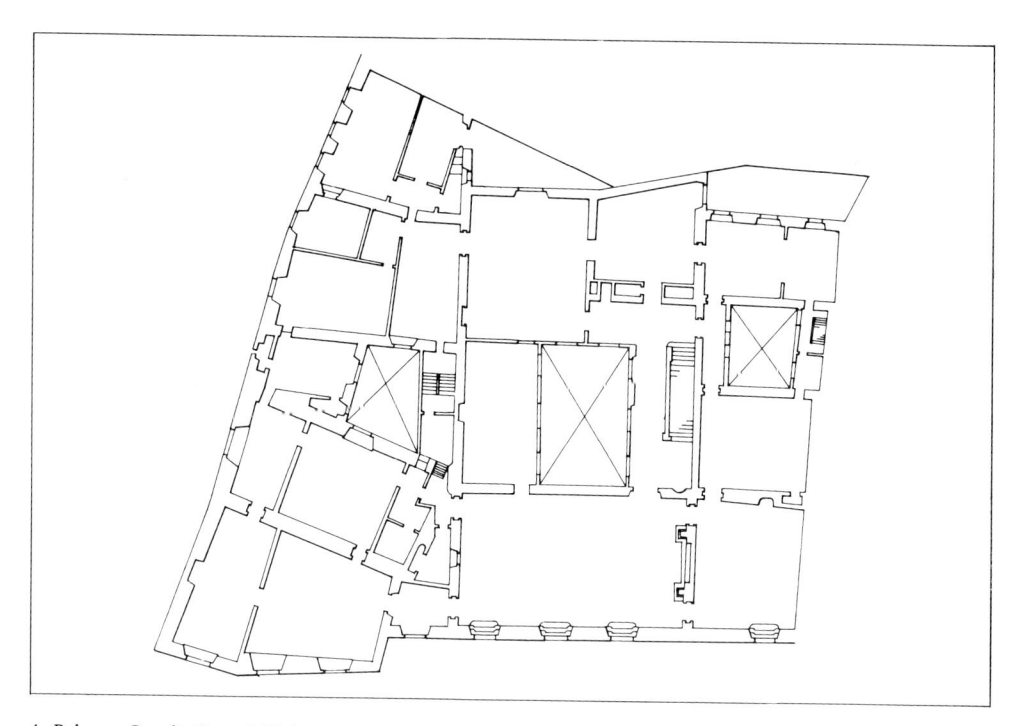

4. Palazzo Gondi, Grundriß des Piano Nobile vor 1874 (nach G. Poggi; Zeichnung: E. v. Branca)

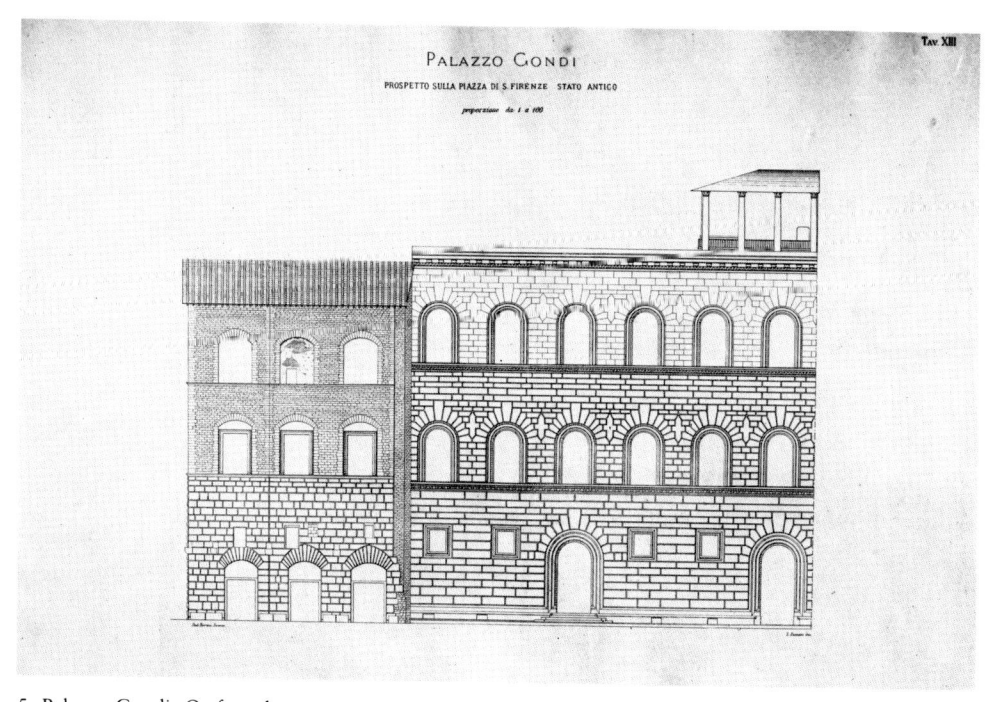

5. Palazzo Gondi, Ostfassade vor 1874 (G. Poggi)

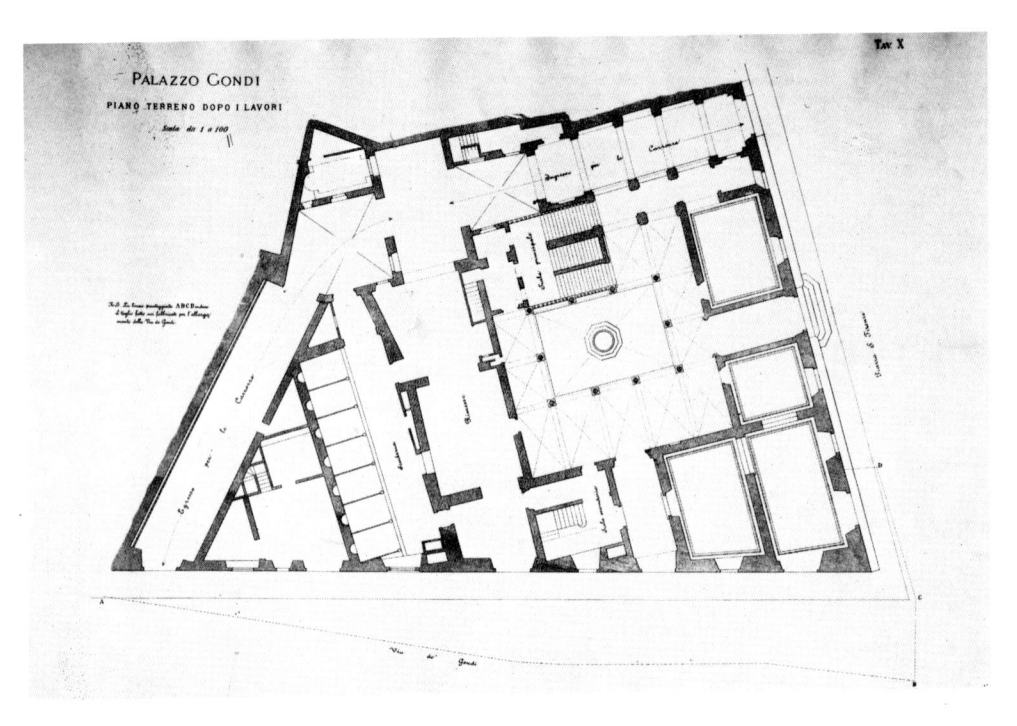

6. Palazzo Gondi, Grundriß des Erdgeschosses nach 1874 (G. Poggi)

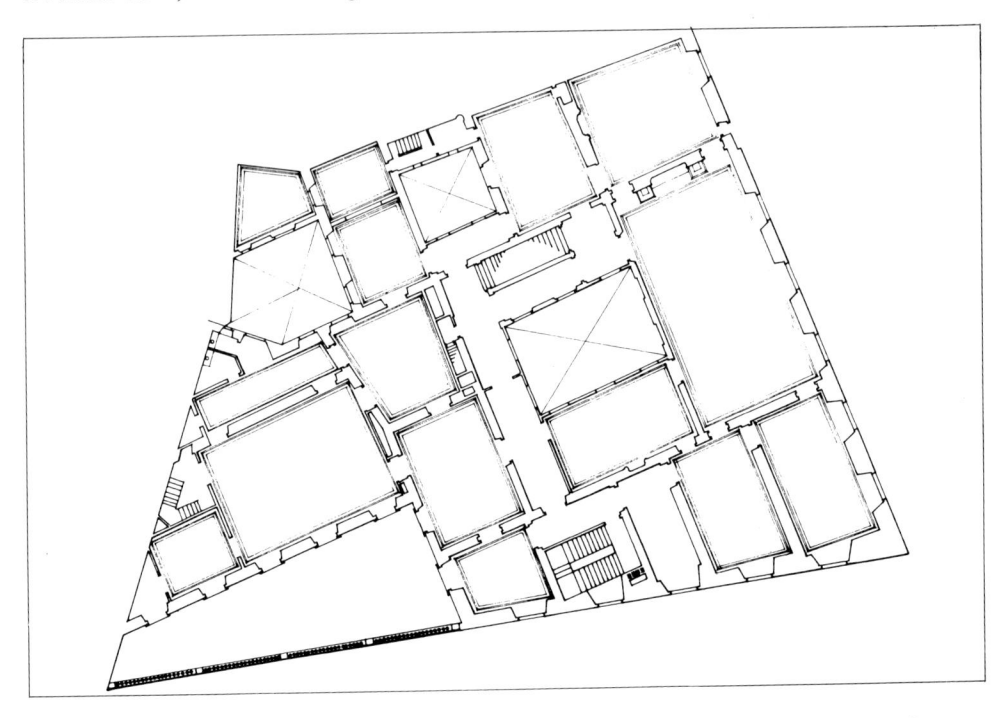

7. Palazzo Gondi, Grundriß des Piano Nobile nach 1874 (nach G. Poggi; Zeichnung: E. v. Branca)

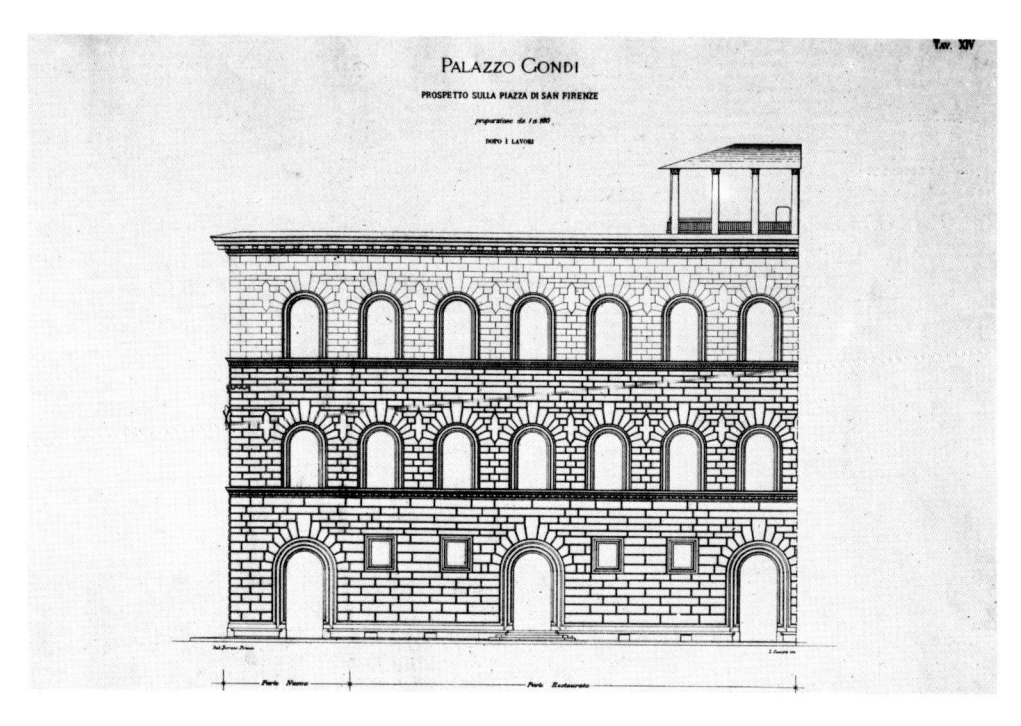

8. Palazzo Gondi, Ostfassade nach 1874 (G. Poggi)

9. Palazzo Gondi, Südfassade nach 1874 (G. Poggi)

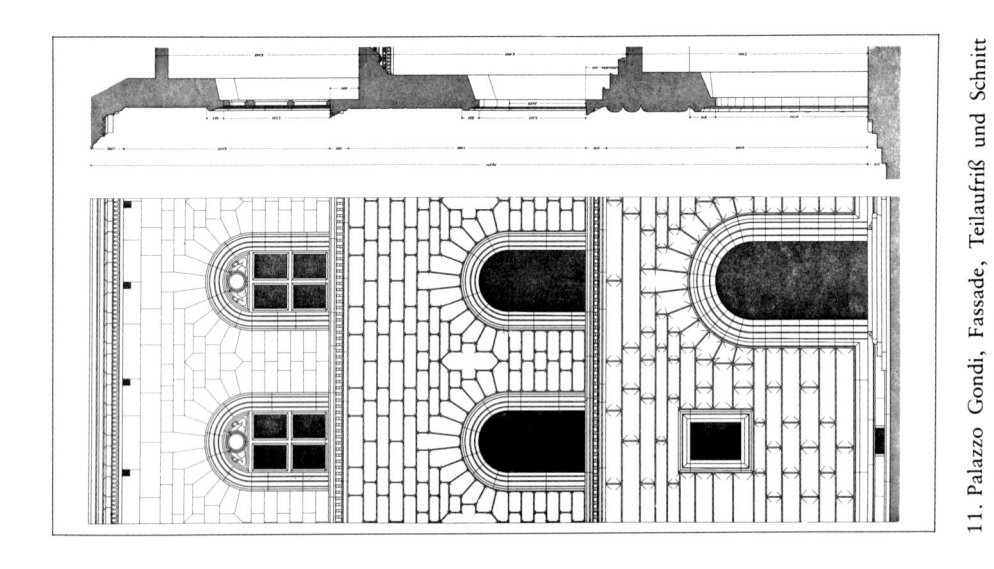

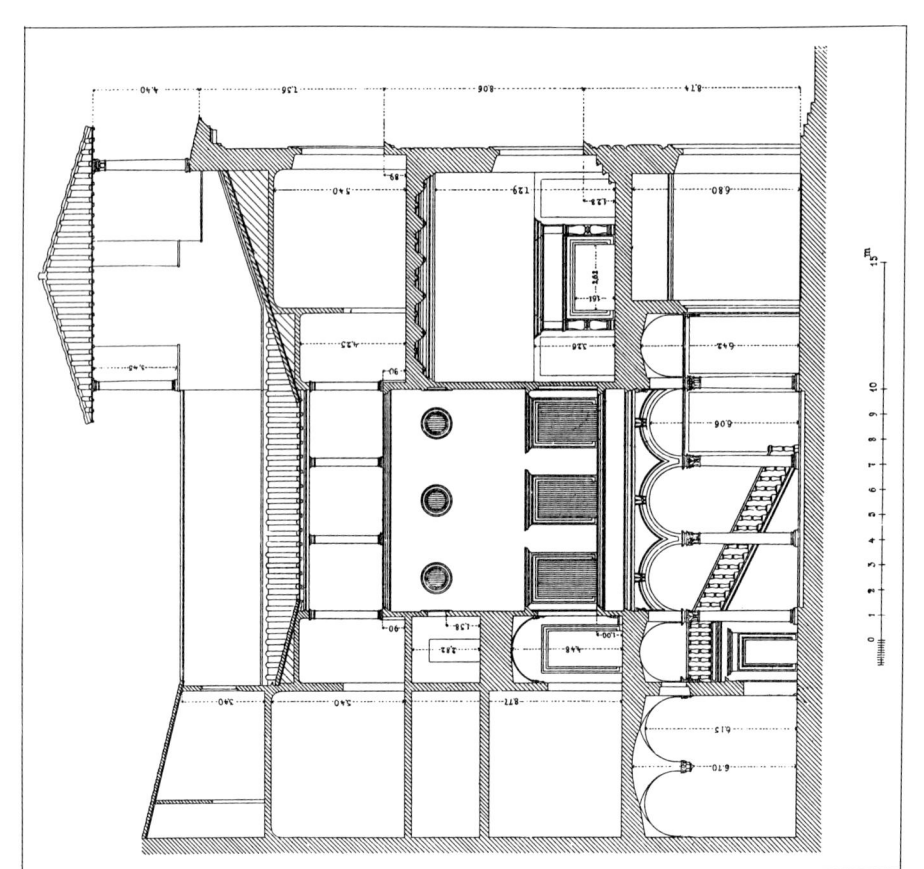

11. Palazzo Gondi, Fassade, Teilaufriß und Schnitt (Stegmann/Geymüller)

10. Palazzo Gondi, Schnitt in Ost-West-Richtung (Stegmann/Geymüller)

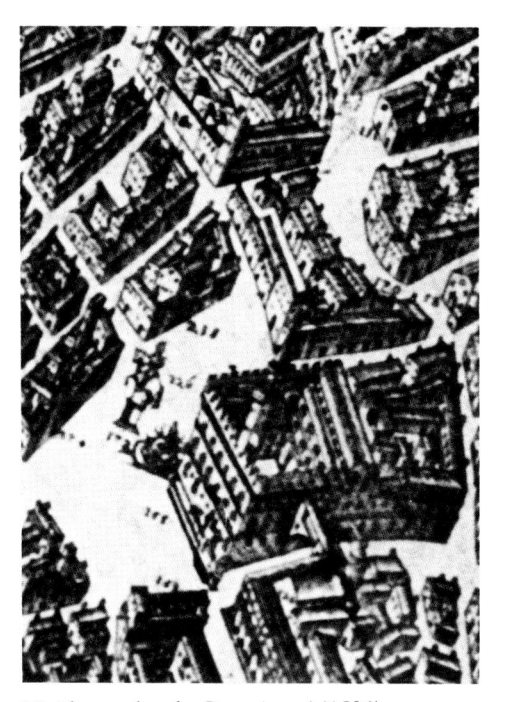

12. Florenzplan des Buonsignori (1584) mit Palazzo Gondi

13. Unbekannter Maler, Hinrichtung Savonarolas auf der Piazza Signoria (Ausschnitt)

14. Giorgio Vasari d.J., Palazzo Gondi, idealisierter Aufriß der Ostfassade von 1598 (UA 4940)

15. Palazzo Gondi, Aufriß der Ostfassade (Corbinelli, 1705)

16. Lorenzo Mariani, Grundsteinlegung des Chorneubaus von S. Firenze, 1645 (Ausschnitt)

17. Luigi Mulinelli, Ansicht der Piazza S. Firenze, nach 1775 (Ausschnitt)

19. Palazzo Gondi, Schnitt in West-Ost-Richtung (Grandjean/Famin, 1815)

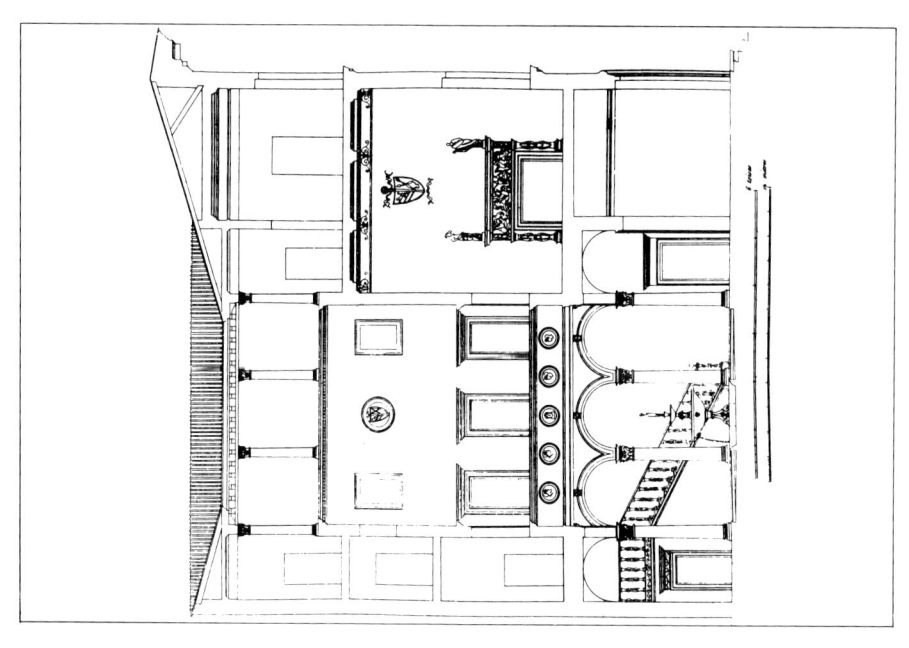

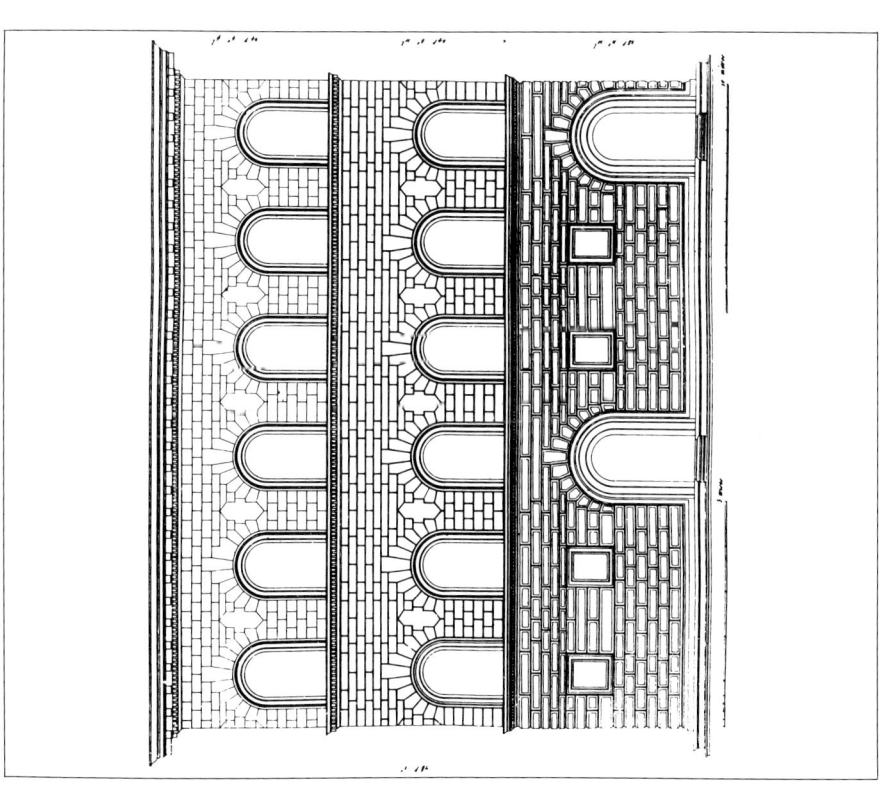

18. Palazzo Gondi, Aufriß der Ostfassade (Grandjean/Famin, 1815)

20. Palazzo Gondi, Hof, Blick aus dem südlichen Portikus (Grandjean/Famin, 1815)

21. Palazzo Gondi, Hof, Blick aus dem Eingangsportikus (C. J. Mylius, 1867)

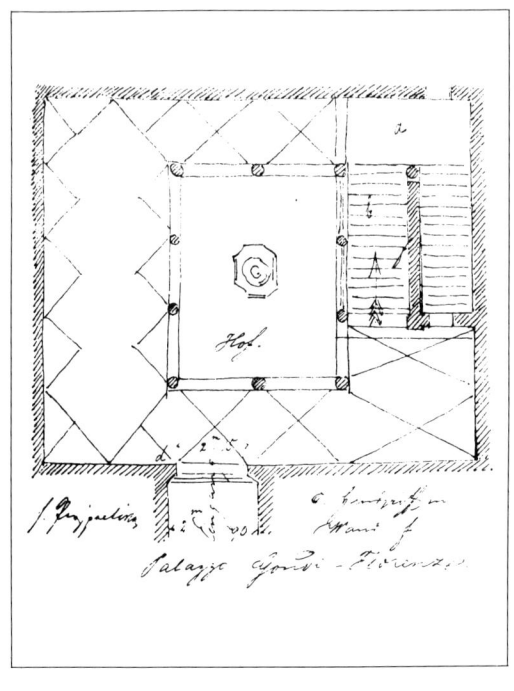

22. Palazzo Gondi, Grundriß des Hofes (C. J. Mylius, 1867)

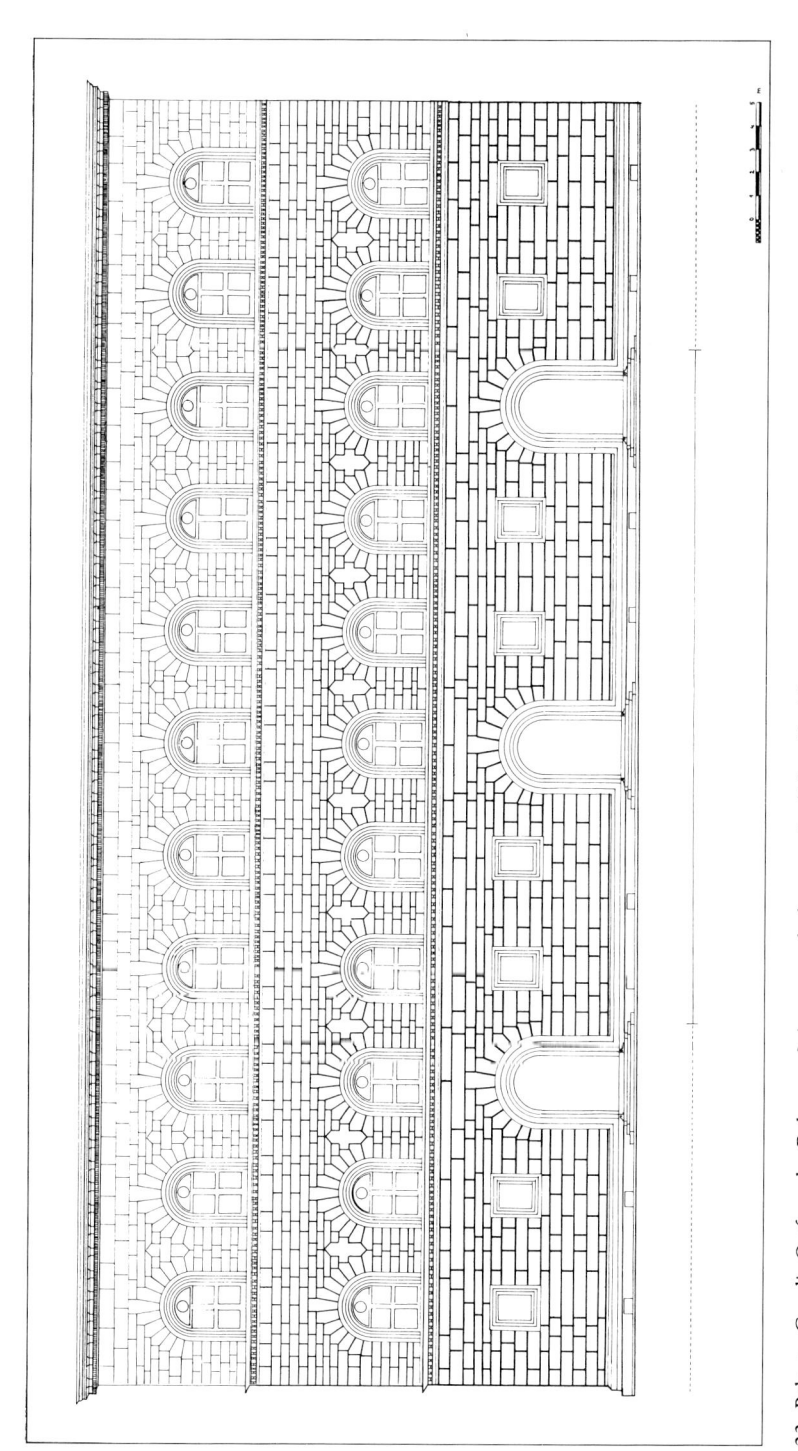

23. Palazzo Gondi, Ostfassade, Rekonstruktionsversuch des ursprünglichen Projekts

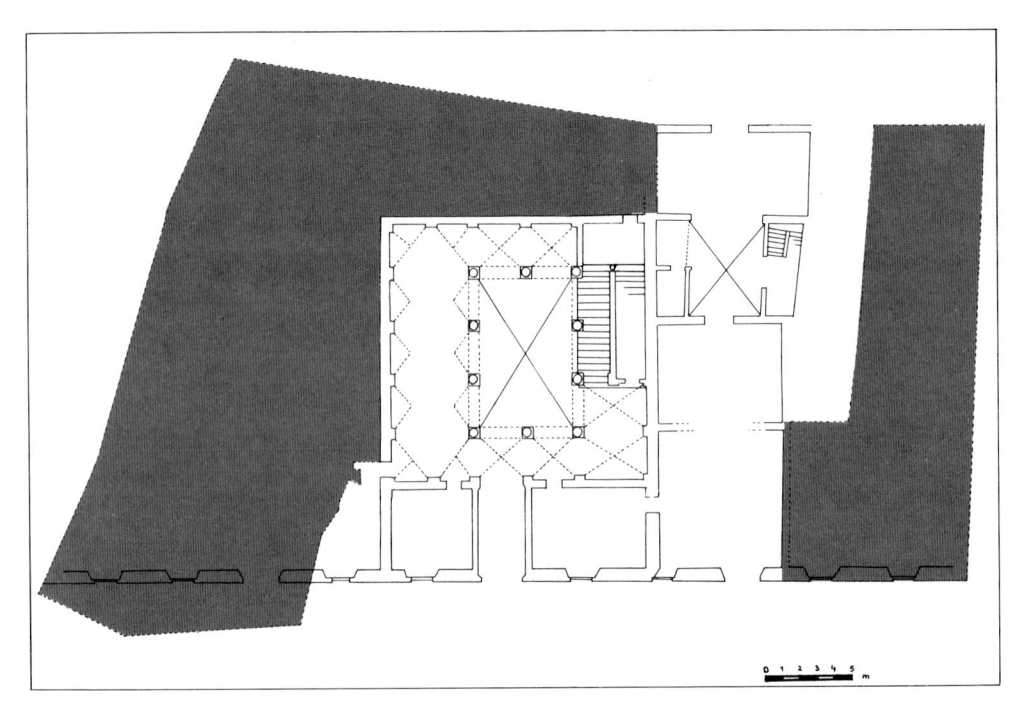

24. Palazzo Gondi, Grundriß des Neubaus von 1501 und Gesamtfläche des ursprünglichen Projekts.

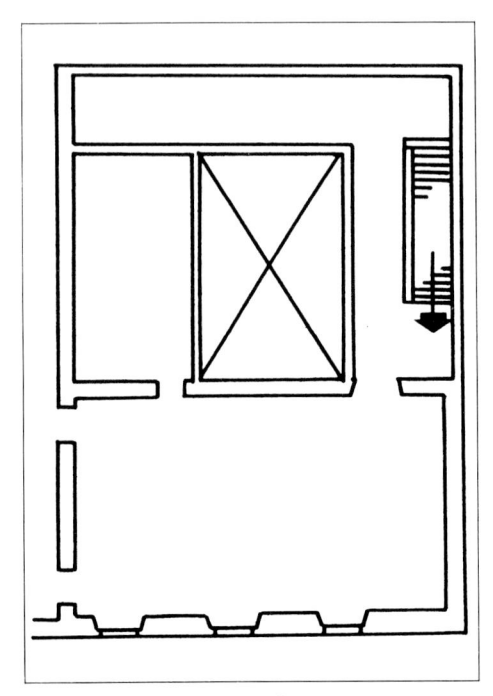

25. Palazzo Gondi, Grundrißschema des Piano Nobile im 1. Bauabschnitt (1490—1501)

26. Palazzo Gondi, Ostfassade, Rekonstruktion eines Fensters im Piano Nobile (Zeichnung: E. v. Branca)

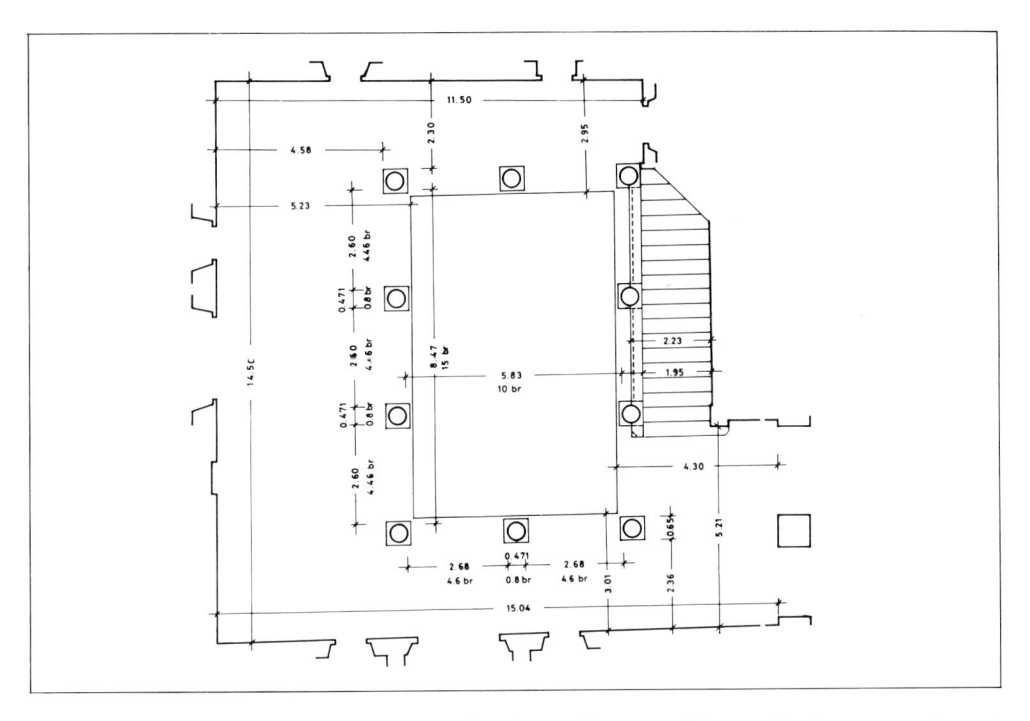

27. Palazzo Gondi, Grundriß des Hofes mit Maßangaben in Metern und Braccia (Zeichnung: E. v. Branca)

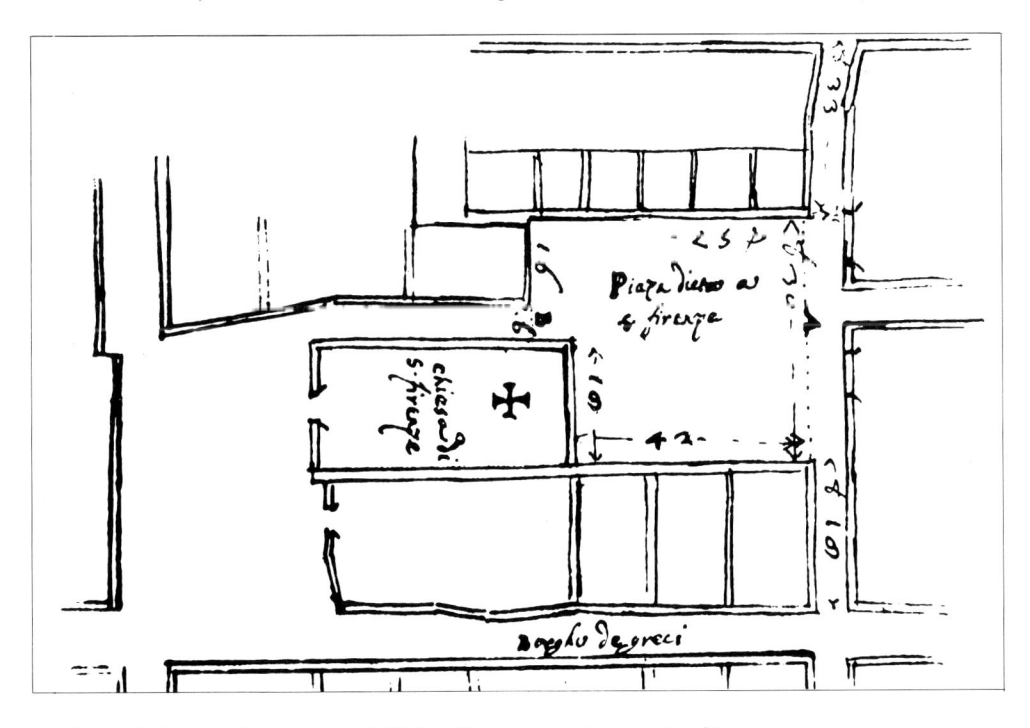

28. Piazza S. Firenze, Lageplan von 1645 (am linken Rand: Palazzo Gondi)

29. Palazzo Gondi, Ostfassade

30. Palazzo Strozzi, Ostfassade

31. Palazzo Gondi, Ansicht von Südosten

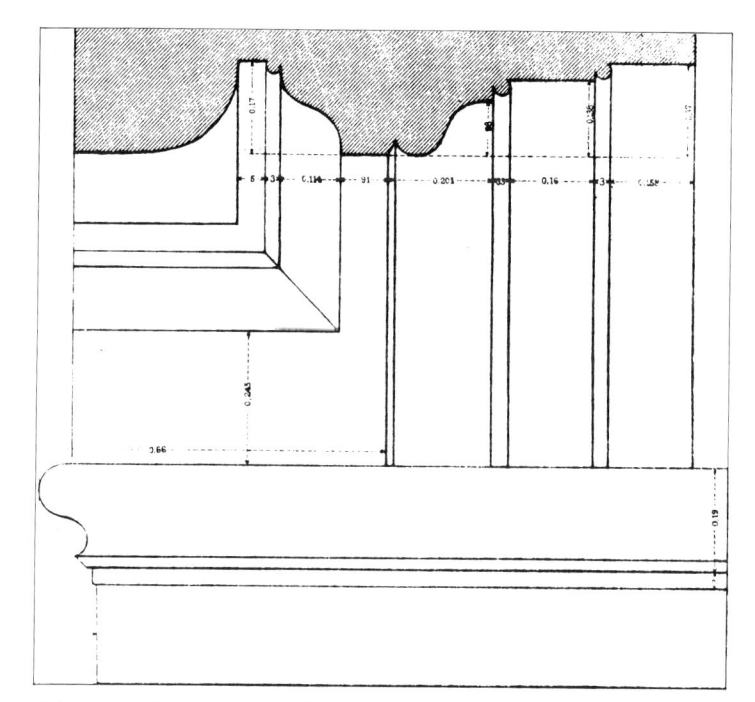

Palazzo Gondi, Ostfassade: 32. Sockel und Portalrahmung (Haupt/Raschdorff) 33. Sockel und Rahmung des Mittelportals

34. Palazzo Gondi, Ostfassade, Fackelhalter

35. Palazzo Strozzi, Westfassade, Portal

36. Palazzo Gondi, Ostfassade, Rahmung des Mittelportals

37. Palazzo Gondi, Fassade, Gesims des Erdgeschosses

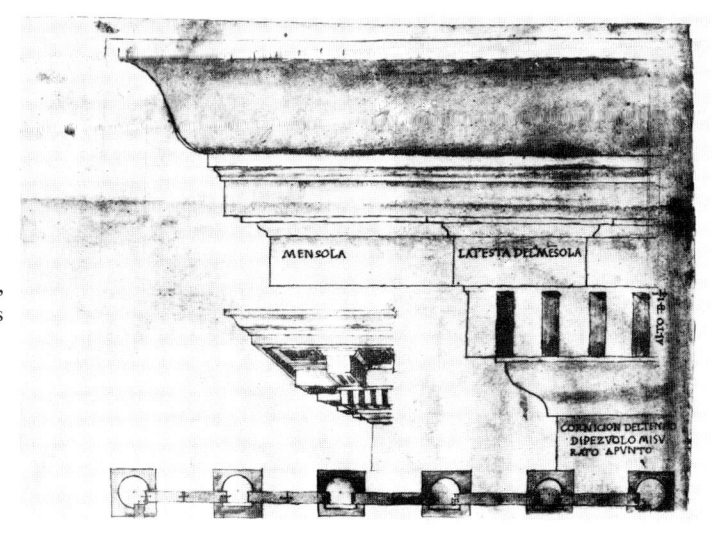

38. *oben* Palazzo Gondi, Ostfassade, Kranzgesims
39. *Mitte* Palazzo Gondi, Kranzgesims (Haupt/Raschdorff)
40. *unten* G. da Sangallo, Gesims des Augustustempels in Pozzuoli (Cod. Barb. fol 6v)

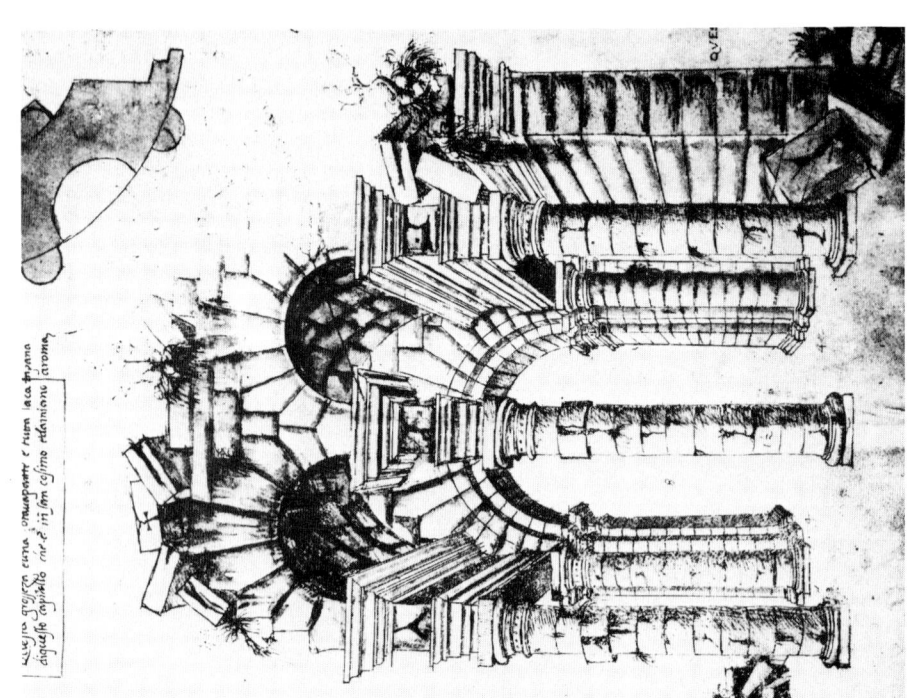

41. G. da Sangallo, antike Porticus (Cod. Barb. fol. lv)

42. Prato, Kastell Friedrichs II., Bogenöffnung im Hof

43. Palazzo Gondi, Hof nach Nordwesten (Aufnahme vor 1874)

44. Palazzo Gondi, Hof nach Nordwesten

45. Palazzo Gondi, Hof nach Südosten

46. Palazzo Gondi, Hof, südwestliche Ecke

47. Palazzo Gondi, Hof, Tür unter dem Treppenpodest

48. Palazzo Gondi, Hof, Kapitell 3

49. Palazzo Gondi, Hof, Kapitell 6

50. Palazzo Gondi, Hof, Kapitell 7

51. Palazzo Gondi, Hof, Kapitell 8 (Rückseite zum Treppenpodest)

52. Palazzo Gondi, Hof, Kapitell 9

53. G. da Sangallo, Kapitell
(Cod. Barb. fol. 10v)

54. Palazzo Gondi, Hof, Kapitell 10

55. Palazzo Gondi, Hof, Pilasterkapitell am Treppenaufgang

56. Palazzo Gondi, Hof, Konsole im Eingangsportikus

57. Palazzo Gondi, Hof, Konsole im südlichen Portikus

58. Palazzo Gondi, Hof, Konsole im Eingangsportikus

59. Palazzo Gondi, Hof, Konsole im südlichen Portikus

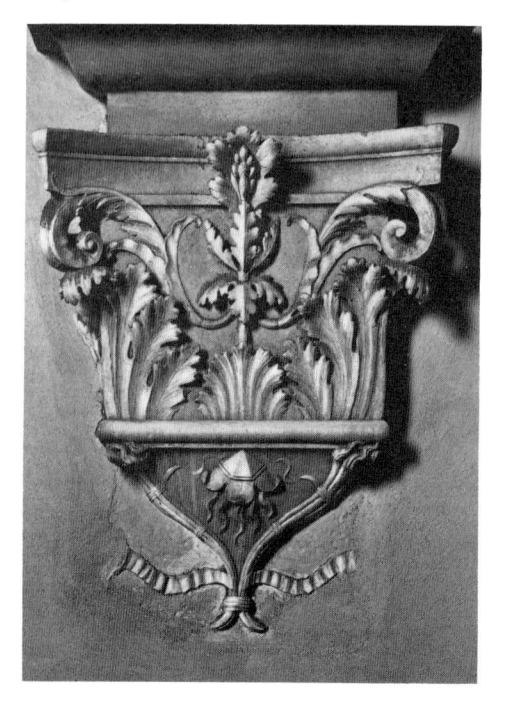

60. Palazzo Gondi, Hof, Konsole im westlichen Portikus

61. Palazzo Gondi, westlicher Hofportikus, Konsole am Treppenpodest

63. Palazzo Gondi, Treppenausgang im Hof

62. Palazzo Gondi, antike Statue im westlichen Hofportikus

65. Palazzo Gondi, Treppengeländer zum Hof

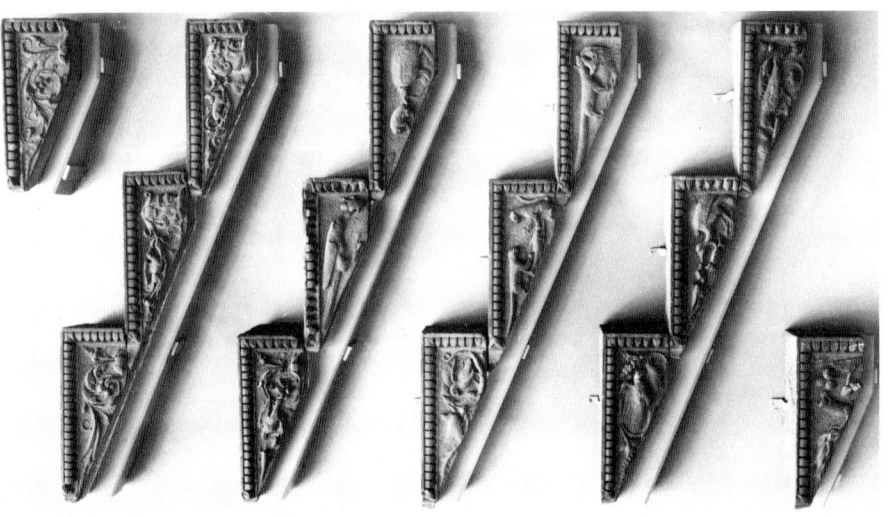

64. Palazzo Gondi, Stufenwangen von der Hoftreppe (London, Victoria and Albert Museum)

66. Palazzo Gondi, Treppe, Wendepodest

68. Palazzo Gondi, Treppe, Deckenfeld über dem Antrittslauf

69. Palazzo Gondi, Treppe, Deckenfeld über dem Wendepodest

71. Palazzo Gondi, Vestibül im Piano Nobile, Blick in die nordöstliche Ecke (Tür zur Sala Grande vermauert)

70. Palazzo Gondi, Deckenansatz des zweiten Treppenlaufs

72.—74. Palazzo Gondi, Vestibül im Piano Nobile, Pilaster des 15. Jhs.

75.–77. Palazzo Gondi, Vestibül im Piano Nobil, Pilaster des 19. Jhs.

78. Palazzo Gondi, Sala Grande, Kassettendecke

79. Palazzo Gondi, Kassettendecke der Sala Grande, nordwestliche Ecke

81. Palazzo Gondi, Sala Grande, Nische in der linken Kaminwange

80. Palazzo Gondi, Sala Grande, Kamin an der Nordwand

83. Palazzo Gondi, Sala Grande, Kamin, Verkröpfung des Gebälks über dem rechten Baluster

82. Palazzo Gondi, Sala Grande, Detail vom rechten Baluster des Kamins

84. Palazzo Gondi, Sala Grande, Kaminfries

85. Palazzo Gondi, Sala Grande, Samsonstatue auf dem Kamin

86. Palazzo Gondi, Sala Grande, Herkulesstatue auf dem Kamin

87. Florenz, Palazzo Spini mit Ponte S. Trinità (Zocchi)

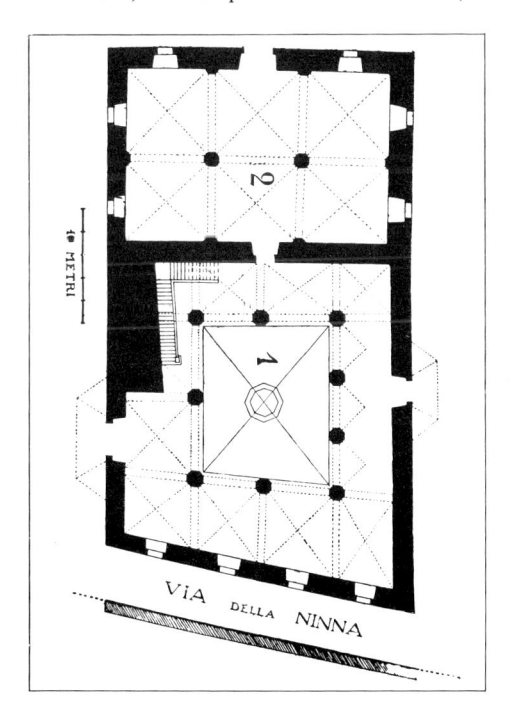

88. Florenz Palazzo Vecchio, Grundriß des Erdgeschosses (Rekonstruktion Lensi)

89. Florenz, Palazzo Vecchio, Außenbau

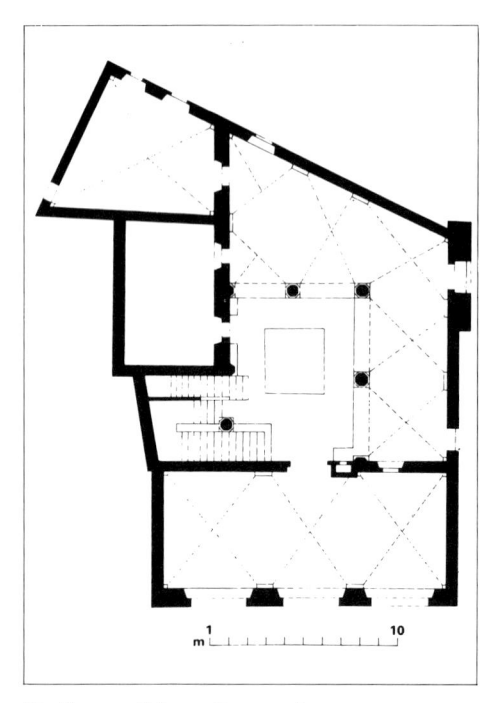

90. Florenz, Palazzo Davanzati, Grundriß des Erdgeschosses

91. Florenz, Palazzo Davanzati, Fassade

92. Florenz, Palazzo Davanzati, Hof

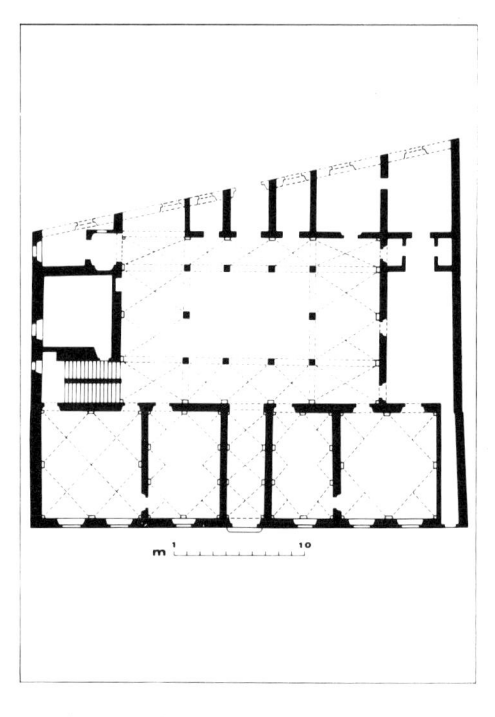

93. Florenz, Palazzo Da Uzzano-Capponi, Grundriß des Erdgeschosses

94. Florenz, Palazzo Da Uzzano-Capponi, Fassade

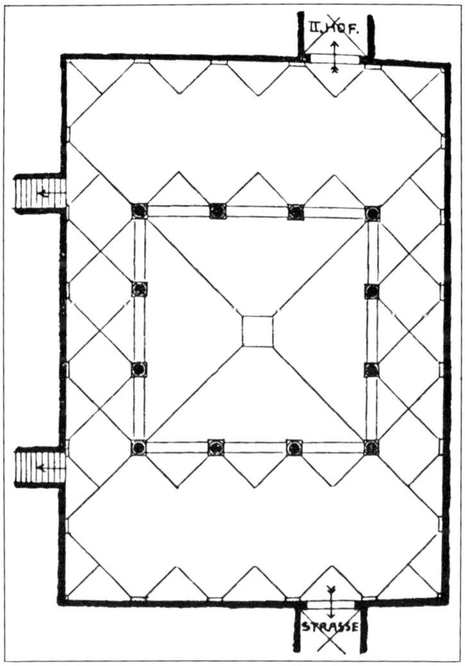

95. Florenz, Pal. Busini, Grundrißschema des Hofes

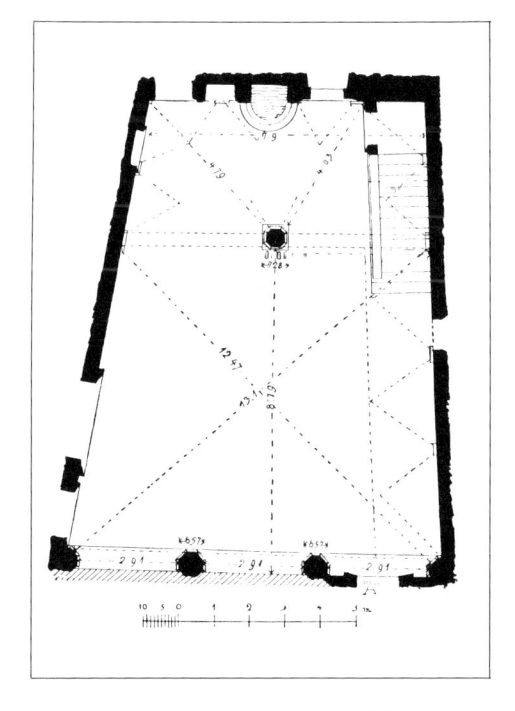

96. Florenz, Pal. Canigiani, Grundriß des Hofes (Stegmann/Geymüller)

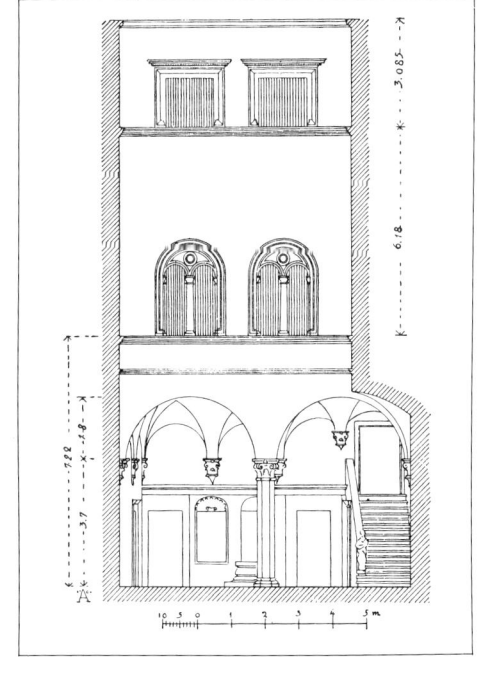

97. Florenz, Pal. Canigiani, Schnitt durch den Hof in Eingangsrichtung (Stegmann/Geymüller)

98. Florenz, Palazzo Canigiani, Treppenaufgang im Hof

99. Florenz, Pal. di Parte Guelfa, Fenster des Obergeschosses

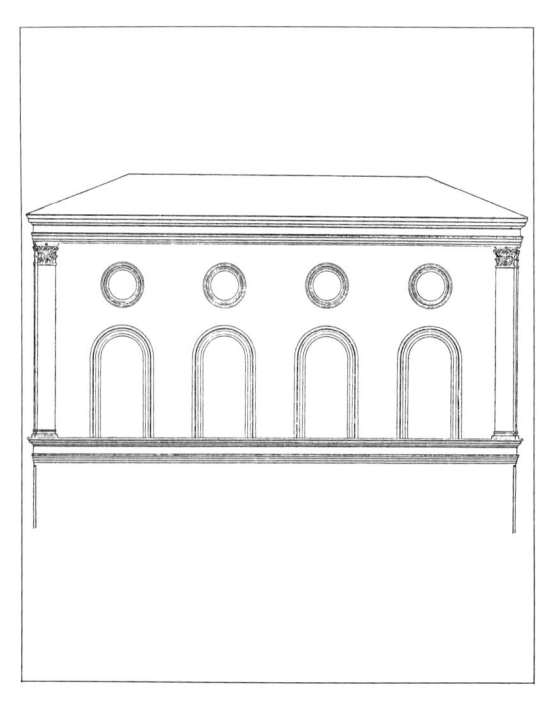

100. Florenz, Palazzo di Parte Guelfa (Rekonstruktion Salmi)

101. Florenzplan des Buonsignori (1584): Pal. Medici und Piazza S. Lorenzo

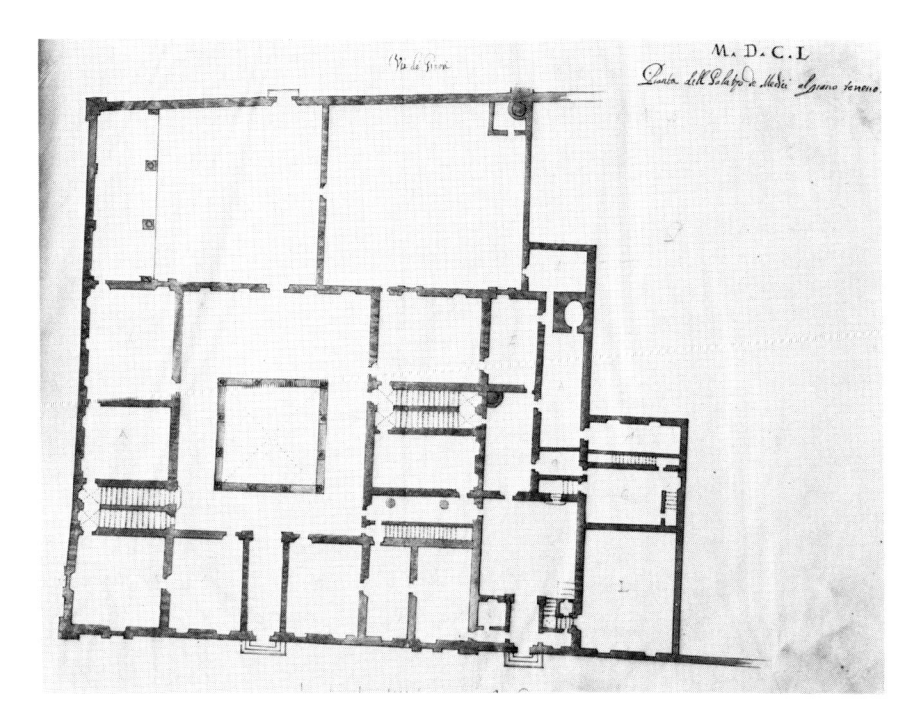

102. Florenz, Palazzo Medici, Grundriß des Erdgeschosses (1650)

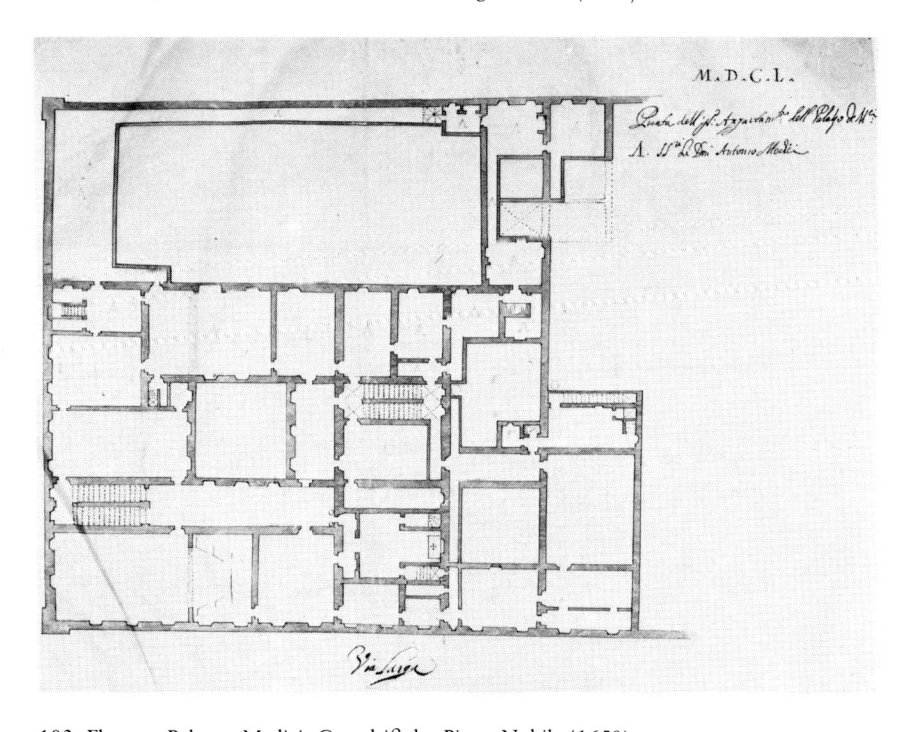

103. Florenz, Palazzo Medici, Grundriß des Piano Nobile (1650)

104. Florenz, Palazzo Medici, Eckansicht (Del Migliore, 1684)

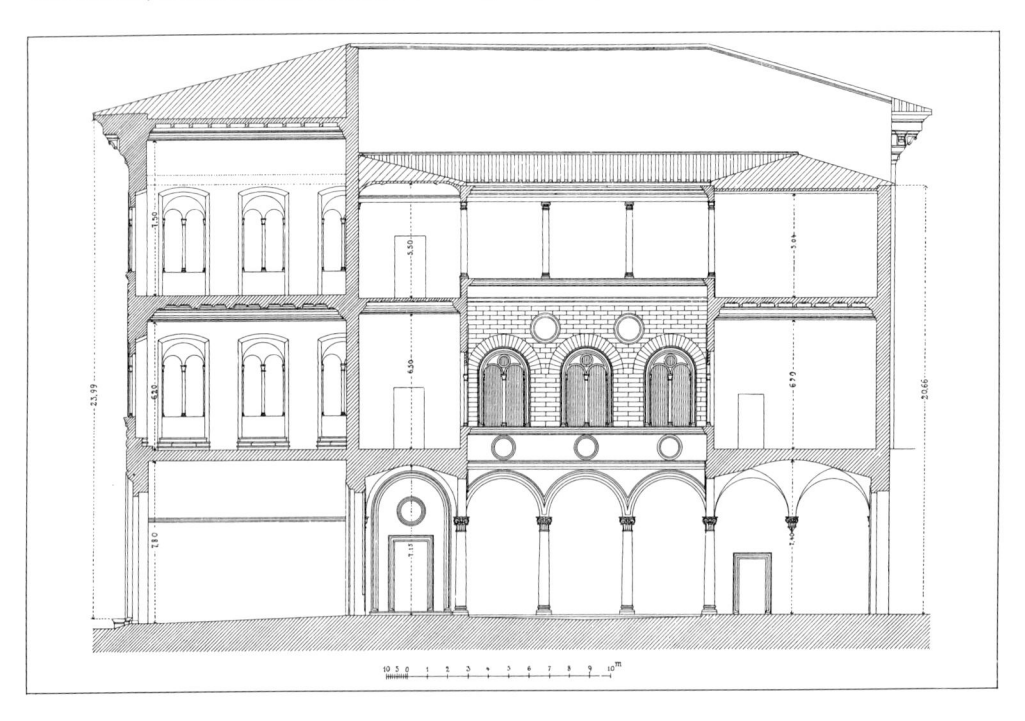

105. Florenz, Palazzo Medici, Schnitt durch Quertrakte und Hof (Stegmann/Geymüller)

106. *oben* Florenz, Palazzo Medici, Außenbau von Südosten
107. *unten* Florenz, Palazzo Medici, Kranzgesims am Außenbau

108. Florenz, ehem. Bischofspalast, Biforienfenster

109. Florenz, Palazzo Vecchio, Fenster am Außenbau

110. Florenz, Palazzo Medici, Fassade, Fenster des 2. Obergeschosses

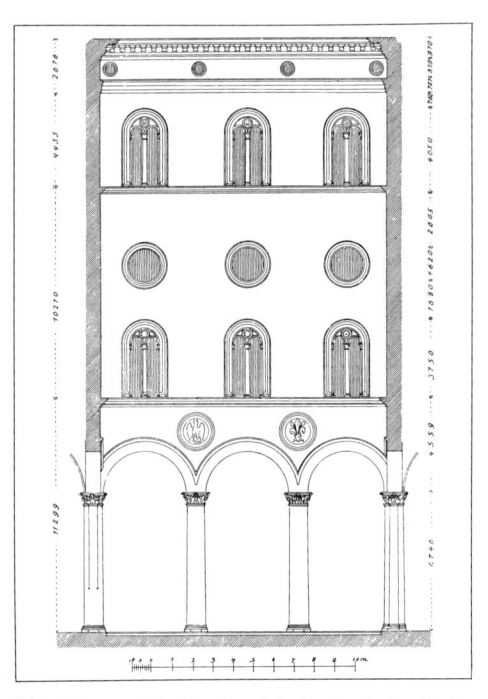

111. Florenz, Pal. Vecchio, Schnitt durch den Hof mit den Fenstern Michelozzos (Stegmann/Geymüller)

112. Florenz, Palazzo Medici, Hof nach Nordwesten

113. Florenz, Palazzo Medici, Säulenkapitell im Hof

114. *oben* Florenz, Palazzo dello Strozzino, Fassade vor der Restaurierung
115. *Mitte* Florenz, Palazzo dello Strozzino, ehem. Hof
116. *unten* Florenz, Palazzo Tornabuoni, Hof

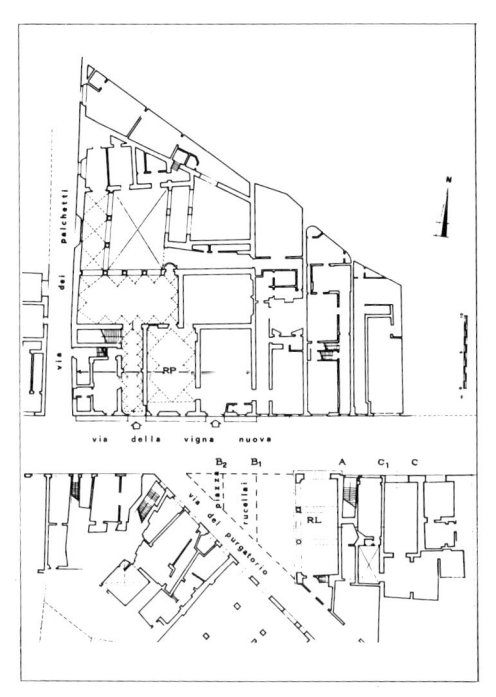

117. Florenz, Palazzo Rucellai, Grundriß und Lageplan (nach Preyer)

118. Florenz, Palazzo Rucellai, Fassade

119. Florenz, Pal. Rucellai, Fassade, Fenster des Piano Nobile

120. Florenz, Loggia Rucellai

121. Stadtplan von Florenz (»Kettenplan« 1480—90), Ausschnitt mit Palazzo Pitti

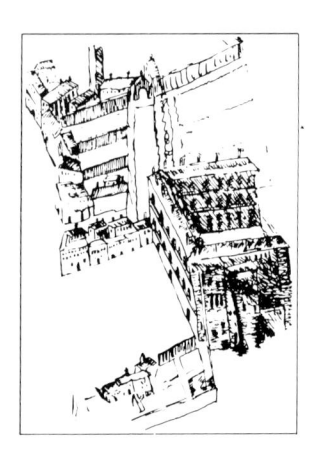

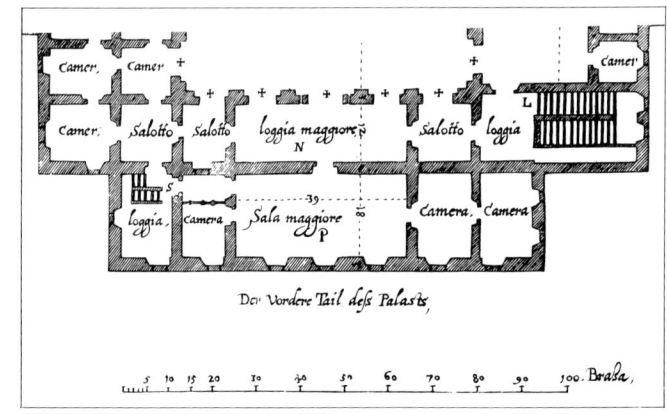

122. Florenzplan des Stefano Buonsignori (1584), Ausschnitt mit Palazzo Pitti (Umzeichnung Busse)
123. Florenz, Palazzo Pitti, Grundriß des Piano Nobile, Fassadentrakt (Furttenbach, 1628, Ausschnitt)

124. *oben* Florenz, Pal. Pitti, Mittelteil der Fassade
125. *unten* Florenz, Palazzo Neroni, Fassade

126. Florenz, Palazzo Cocchi, Fassade

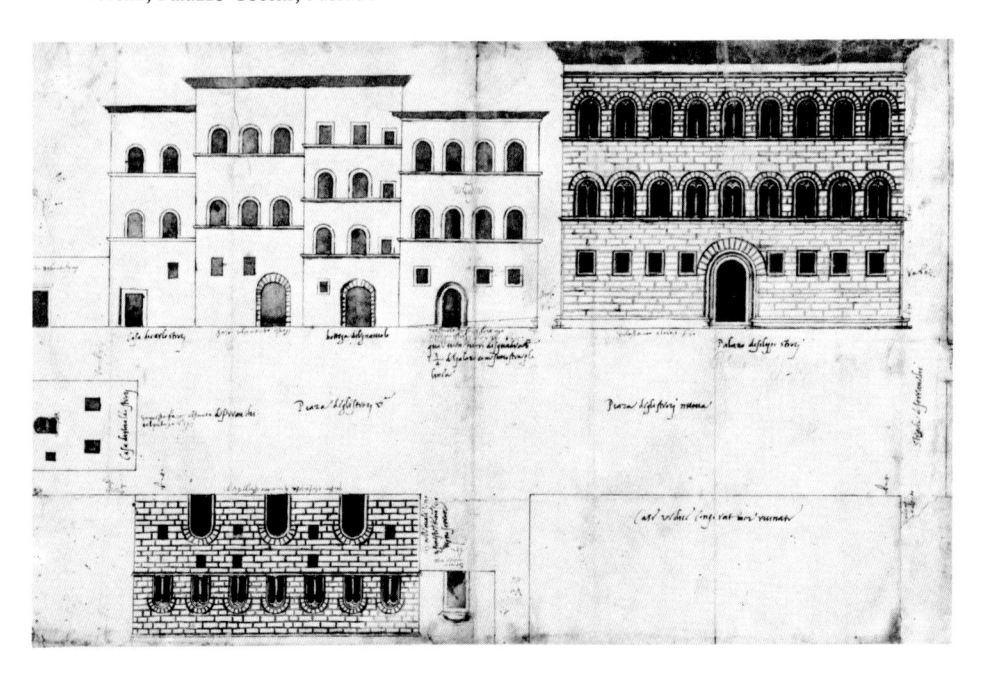

127. Italienischer Zeichner, Piazza degli Strozzi um 1534 (UA 132r)

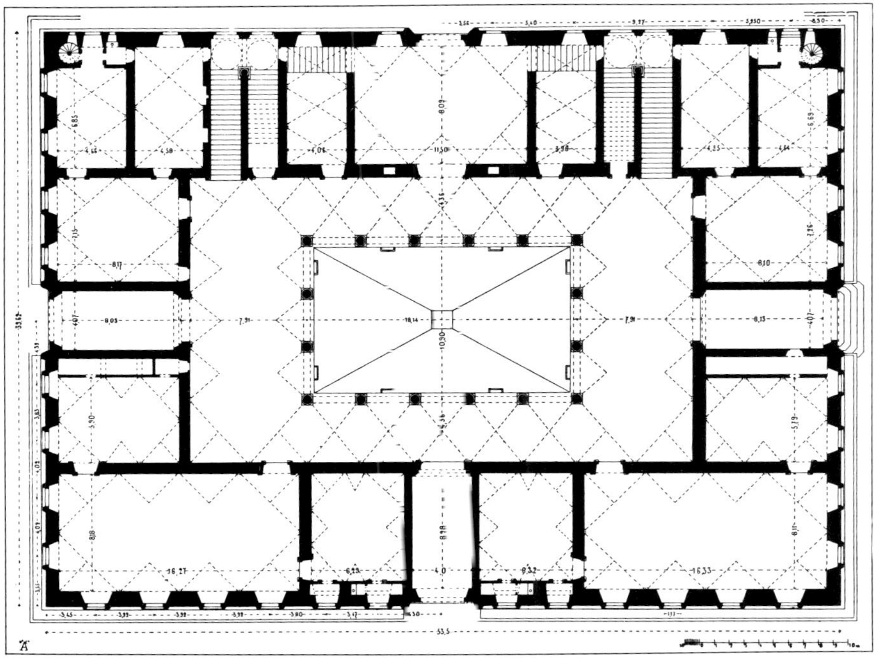

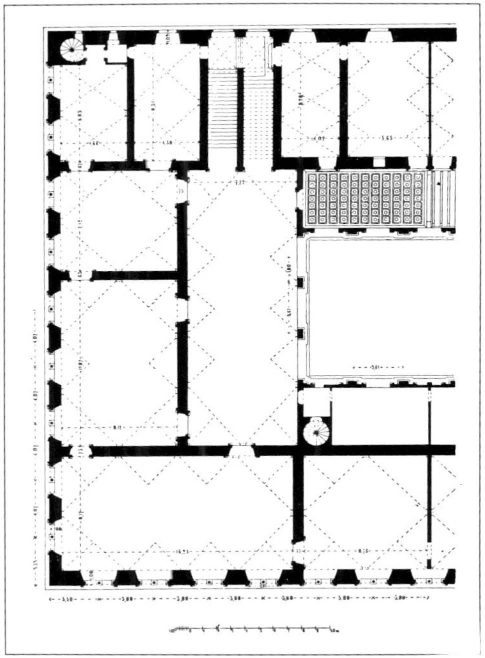

129. Florenz, Palazzo Strozzi, Grundriß der östlichen Hälfte des Piano Nobile (Stegmann/Geymüller)

128. Florenz, Palazzo Strozzi, Grundriß des Erdgeschosses (Stegmann/Geymüller)

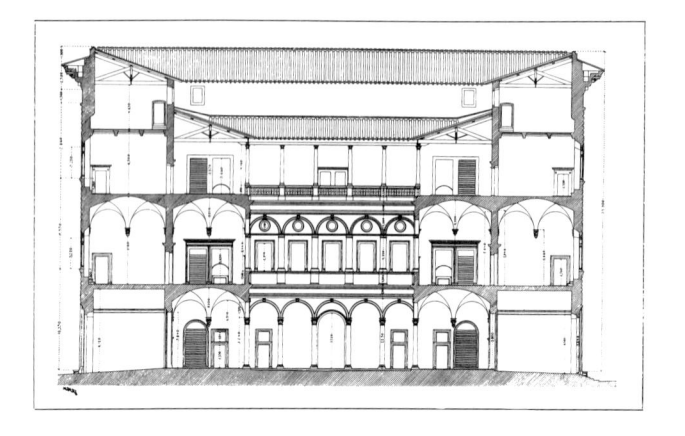

Florenz, Palazzo Strozzi
130. *oben* Schnitt in Ost-West-Richtung (Stegmann/Geymüller)
131. *Mitte* Ansicht von Nordosten
132. *unten* Fenster im Piano Nobile

133. Florenz, Palazzo Strozzi, Hof nach Westen

134. Florenz, Palazzo Strozzi, Säulenkapitell des Hofes

135. Holzmodell für den Palazzo Strozzi (Florenz, Palazzo Strozzi, Museum)

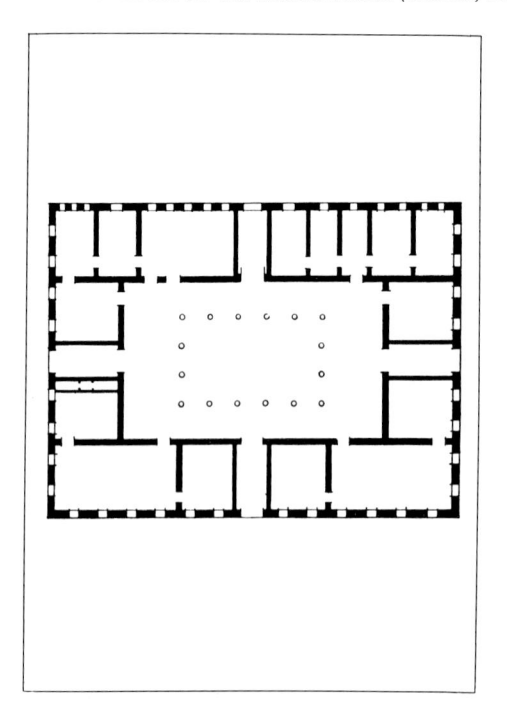

136. Holzmodell des Palazzo Strozzi, Grundriß des Erdgeschosses (Stegmann/Geymüller)

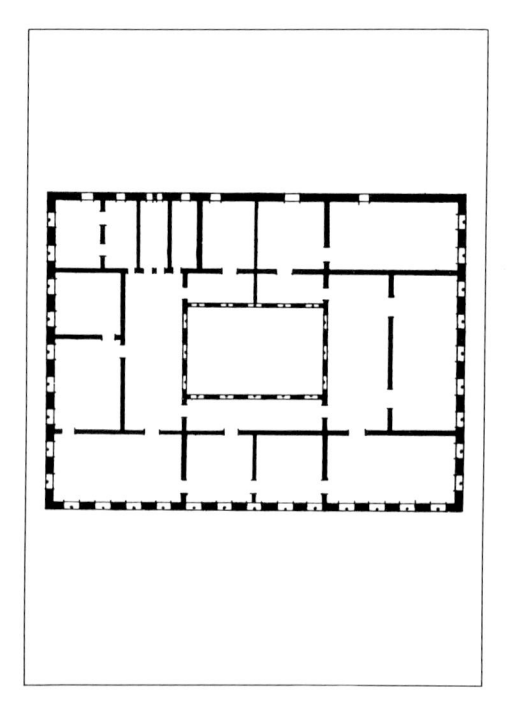

137. Holzmodell des Palazzo Strozzi, Grundriß des Piano Nobile (Stegmann/Geymüller)

138. Holzmodell des Palazzo Strozzi, Alternativen

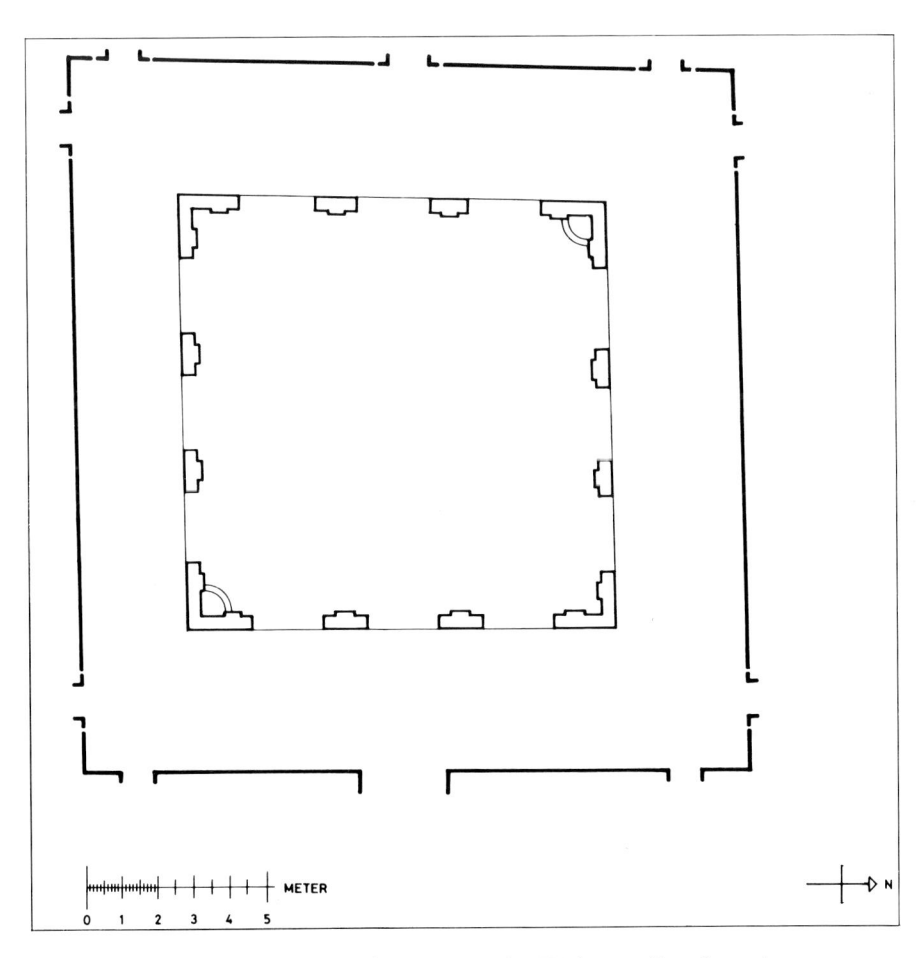

139. Florenz, Palazzo Scala, Grundrißskizze des Hofes (Zeichnung: E. v. Branca)

Florenz, Palazzo Scala
140. *oben* Hof nach Nordwesten
141. *Mitte* Hof, Kapitelle in der Nordwestecke des Erdgeschosses
142. *unten* Hof, nordwestliche Ecke

143. Florenz, Palazzo Scala, Hof, südwestliche Ecke

144. Florenz, Palazzo Scala, Hof, ionischer Pilaster des Obergeschosses

145. Florenz, Palazzo Scala, Hof, südwestliche Ecke des Erdgeschosses

146. Florenz, Palazzo Scala, nördlicher Hofportikus

147. Florenz, Palazzo Scala, westlicher Hofportikus, Detail des Gewölbes.

148. Florenz, Palazzo Scala, Kapelle

149. Florenz, Palazzo Scala, Gewölbe im Erdgeschoß des Fassadentraktes

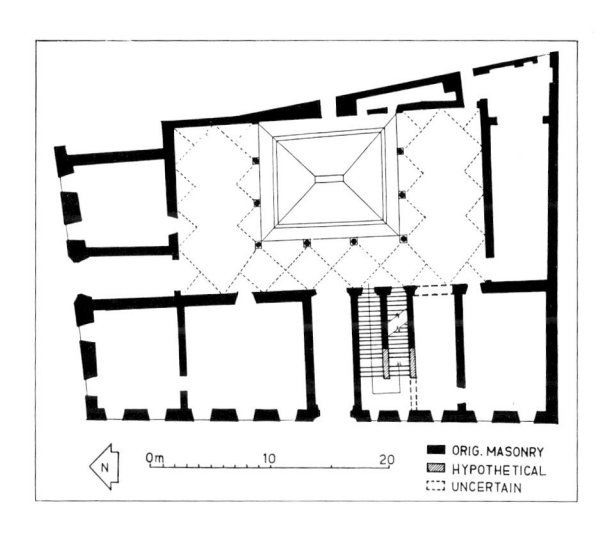

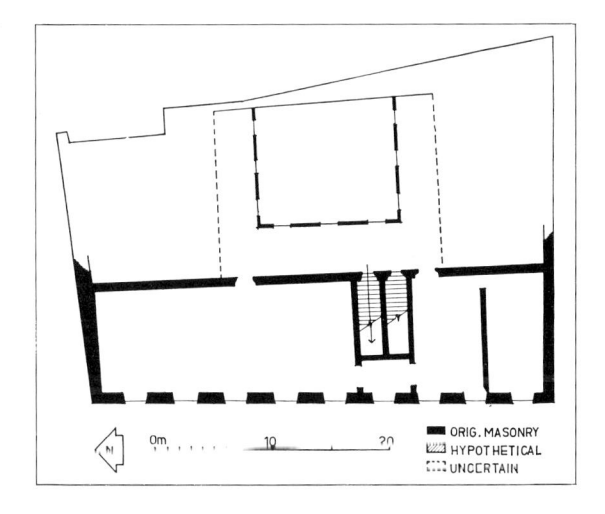

Florenz, Palazzo Pazzi
150. *oben* Grundriß des Erdgeschosses
 (Rekonstruktion Saalman)
151. *Mitte* Grundriß des Piano Nobile
 (Rekonstruktion Saalman)
152. *unten* Biforienfenster der Fassade

153. Florenz, Palazzo Pazzi, Fassade

154. Florenz, Palazzo Pazzi, Säulenkapitell im Hof

155. Florenz, Palazzo Pazzi, Hof nach Südosten

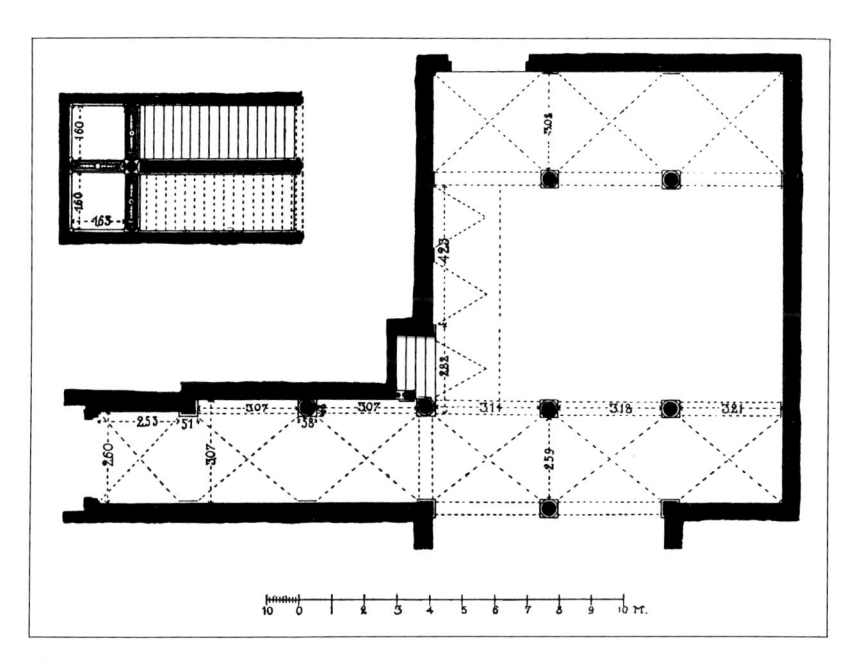

156. Florenz, Palazzo Ricasoli, Grundriß des Hofes (Stegmann/Geymüller)

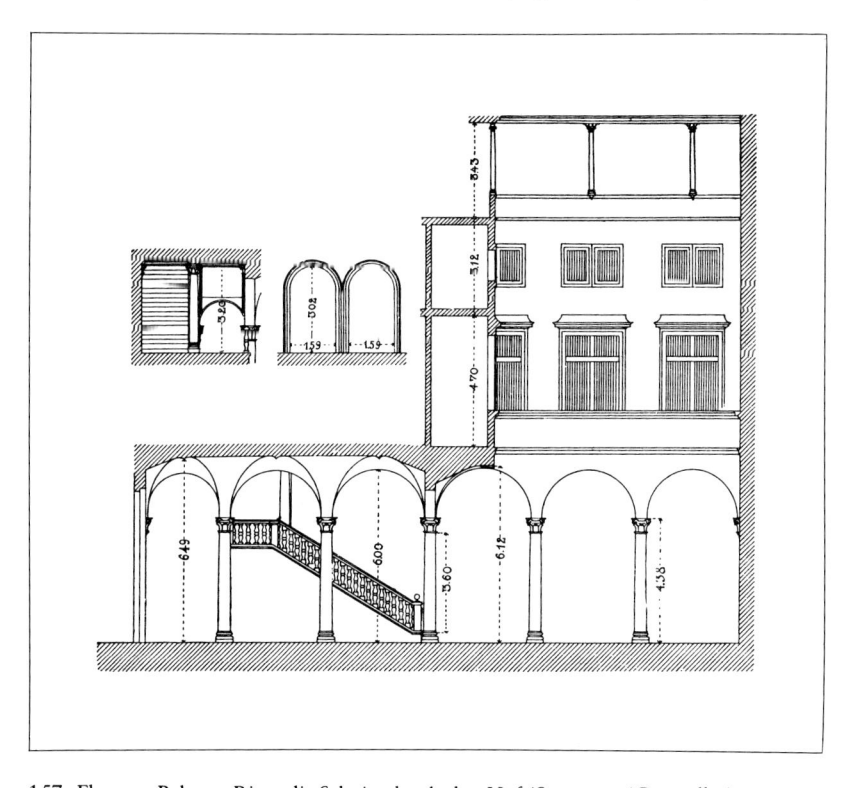

157. Florenz, Palazzo Ricasoli, Schnitt durch den Hof (Stegmann/Geymüller)

158. Florenz, Palazzo Ricasoli, Außenbau

159. Florenz, Palazzo Ricasoli, Treppenaufgang

160. Florenz, Palazzo Ricasoli, Wendepodest der Treppe

161. Florenz, S. Maria Maddalena de'Pazzi, Inneres nach Osten

162. Florenz, S. Maria Maddalena de'Pazzi, Kapellen-
öffnung

163. Florenz, S. Maria Maddalena de'Pazzi,
Atrium

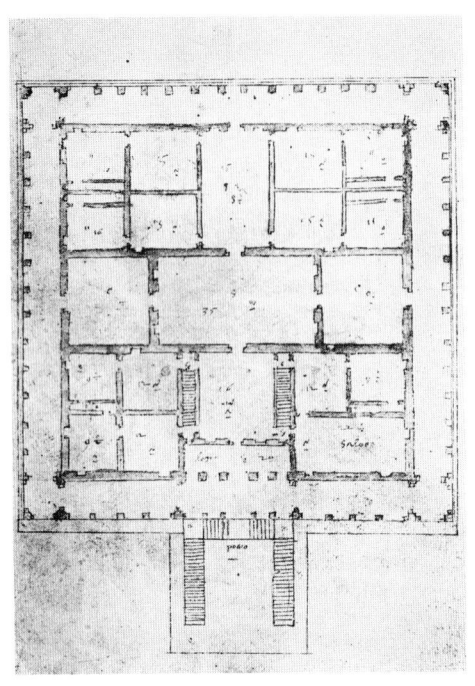

164. G. da Sangallo, Grundriß der Villa Medici in Poggio a Caiano (Taccuino Senese fol. 19v)

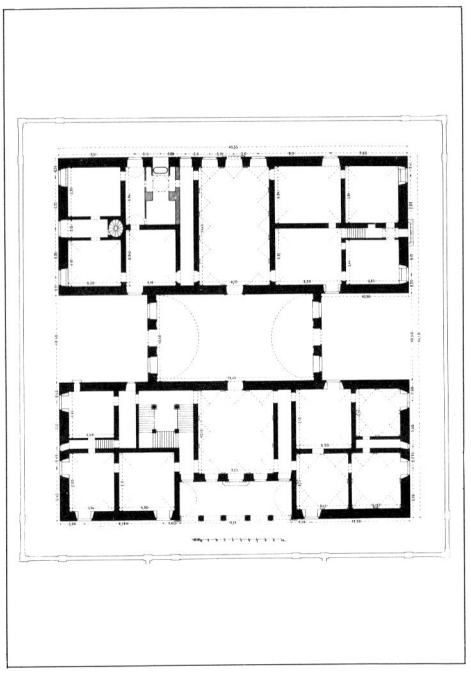

165. Poggio a Caiano, Villa Medici, Grundriß des Hauptgeschosses (Stegmann/Geymüller)

166. Poggio a Caiano, Villa Medici, Längsschnitt (Stegmann/Geymüller)

167. Poggio a Caiano, Villa Medici, Vedute von Giusto Utens

168. Poggio a Caiano, Villa Medici, Portikus des Sockelgeschosses

Poggio a Caiano, Villa Medici
169. *oben* Eingangsloggia
 (Stegmann / Geymüller)
170. *Mitte* Eingangsloggia
171. *unten* Eingangsloggia, Detail
 des Gewölbes

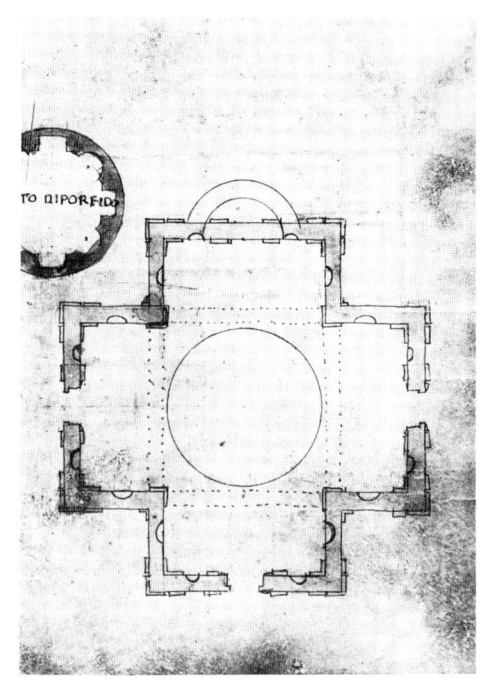

172. G. da Sangallo, Grundriß von S. Maria delle Carceri in Prato (Taccuino Senese fol 19r)

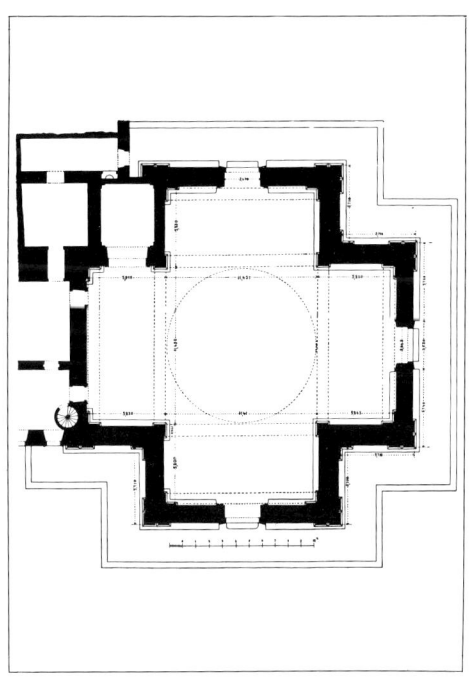

173. Prato, S. Maria delle Carceri, Grundriß (Stegmann/Geymüller)

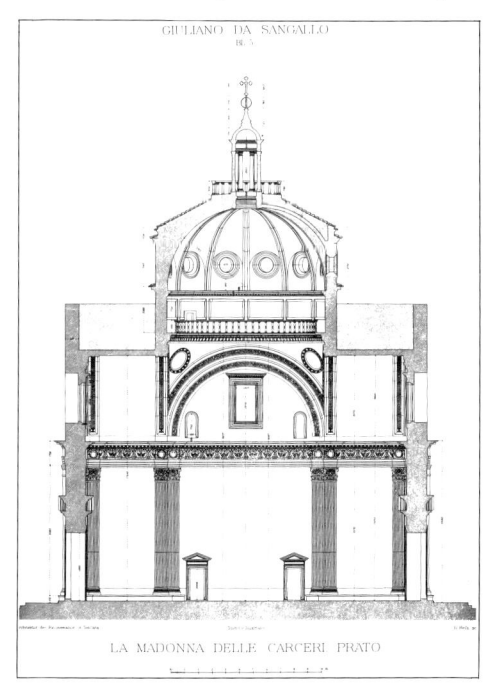

174. Prato, S. Maria delle Carceri, Schnitt (Stegmann/Geymüller)

175. Prato, S. Maria delle Carceri, Außenbau

Prato, Santa Maria delle Carceri
176. *oben* Außenbau, Pilasterbasen des Erdgeschosses
177. *Mitte* Pilasterkapitell des Erdgeschosses
178. *unten* Inneres

180. Prato, S. Maria delle Carceri, Pilasterkapitell im Inneren

179. Prato, S. Maria delle Carceri, Blick in die Kuppel

181. Prato, S. Maria delle Caceri, Pilasterschaft im Inneren

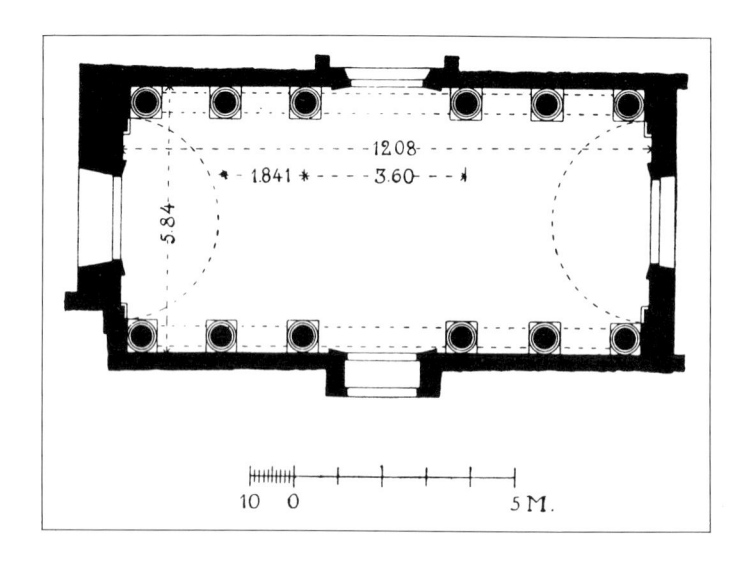

Florenz, S. Spirito
182. *oben* Vorhalle der Sakristei, Grundriß (Stegmann/Geymüller)
183. *unten* Vorhalle der Sakristei

184. Florenz, S. Spirito, Sakristei

185. Florenz, S. Spirito, Altarraum der Sakristei

186. Florenz, S. Spirito, Pilasterkapitell in der Sakristei

187. Savona, Palazzo della Rovere, Fassade

188. Savona, Palazzo della Rovere, Fassade, Pilasterkapitell des Erdgeschosses

189. Savona, Palazzo della Rovere, Andito, Detail des Gewölbes

190. Savona, Palazzo della Rovere, Fassade, Pilasterbasis des Erdgeschosses

Florenz, Palazzo Corsi-Horne
191. *oben* Hof, Erdgeschoß
192. *Mitte* Obere Hofloggia
193. *unten* Pilasterkapitell am Treppenaufgang

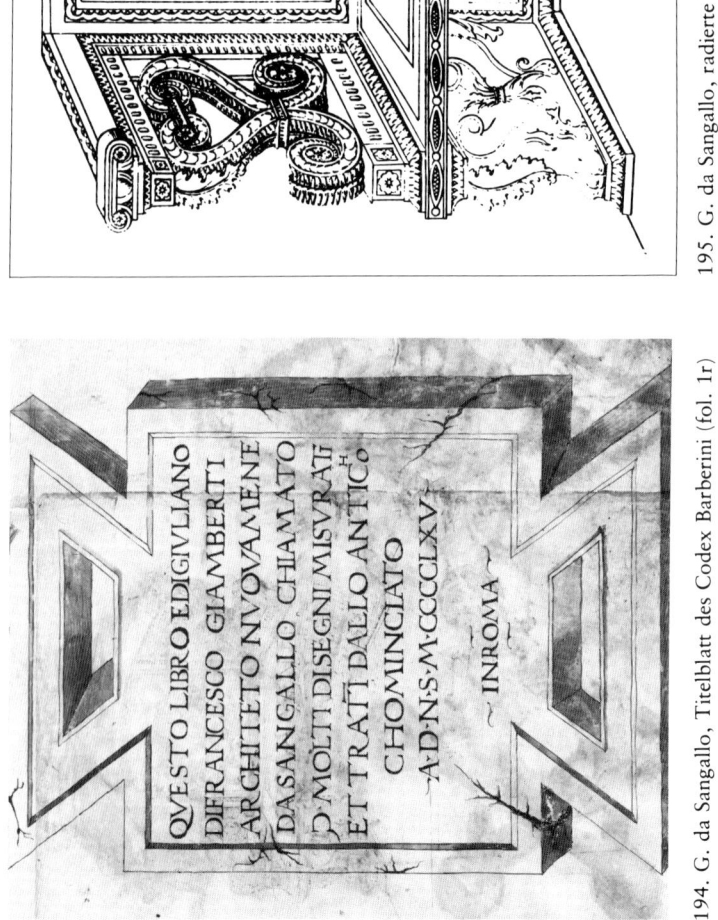

194. G. da Sangallo, Titelblatt des Codex Barberini (fol. 1r)

195. G. da Sangallo, radierte Zeichnung auf fol. 1r des Codex Barberini (Umzeichnung nach Huelsen)

196. G. da Sangallo, Ornamentfriese aus dem „Libro piccolo"
des Codex Barberini (fol. 16v)

197. G. da Sangallo, Konstantinsbogen (Cod. Barb. fol 19v)

198. Florenz, Pazzikapelle, Obergeschoß der Fassade

199. Florenz, SS. Apostoli, Säulenkapitell des Langhauses

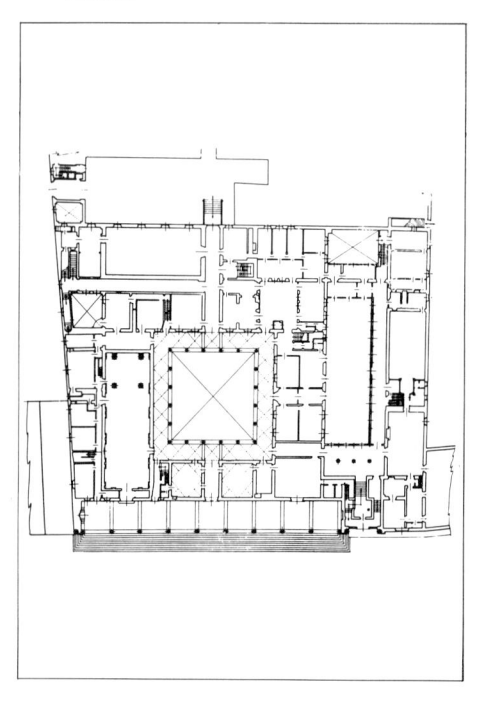

200. Florenz, Ospedale degli Innocenti, Grundriß (nach Morozzi)

201. Rom, Palazzo Venezia, Hoffragment

202. Florenz, S. Miniato a Monte, Cappella del Crocifisso, Detail des Gewölbes

203. Fiesole, Badia, Blick in die Vierung

204. Siena, Palazzo Spannocchi, Detail der Fassade

205. Kapitell aus dem Codex Coner (Ashby Nr. 140, Ausschnitt)

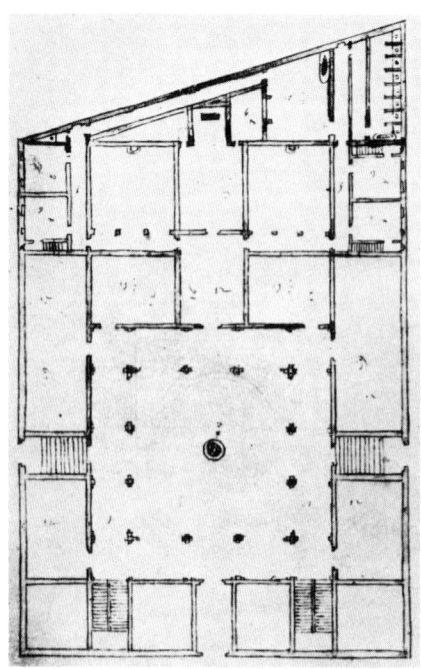

206. G. da Sangallo, Entwurf für die Sapienza in Siena, Grundriß des Erdgeschosses (Taccuino Senese fol. 20v)

207. Florenz, S. Maria degli Angeli, Inneres, Türrahmung

208. Florenz, S. Salvatore al Monte, Blick zum Chor